인적성검사

2023

최신 LG그룹
출제 경향
완벽 반영

60문항/40분
온라인
시험대비

6회

고시넷 대기업

LG그룹 온라인 인적성검사
최신기출유형 모의고사

LG Way Fit Test

정오표 및 학습 질의 안내

고시넷은 오류 없는 책을 만들기 위해 최선을 다합니다. 그러나 편집에서 미처 잡지 못한 실수가 뒤늦게 나오는 경우가 있습니다. 고시넷은 이런 잘못을 바로잡기 위해 정오표를 실시간으로 제공합니다. 감사하는 마음으로 끝까지 책임을 다하겠습니다.

WWW.GOSINET.CO.KR

고시넷
홈페이지 접속 ▶ 고시넷 출판
-커뮤니티 ▶ 정오표

모바일폰에서 QR코드로 실시간 정오표를 확인할 수 있습니다.

학습 질의 안내

학습과 교재선택 관련 문의를 받습니다. 적절한 교재선택에 관한 조언이나 고시넷 교재 학습 중 의문 사항은 아래 주소로 메일을 주시면 성실히 답변드리겠습니다.

이메일주소
qna@gosinet.co.kr

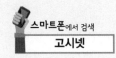

스마트폰에서 검색
고시넷

차례

LG그룹 온라인 인적성검사 정복

- LG그룹 알아두기
- 모집공고 및 채용절차
- 기출 유형분석

파트 1 LG그룹 온라인 인적성검사 최신기출유형모의고사

파트 **2** 인성검사

책속의 책

파트 **1** LG그룹 온라인 인적성검사 최신기출유형모의고사 정답과 해설

개요

- LG Way는 LG 고유의 경영철학이자, LG 전 임직원이 지키고 실천해야 할 사고와 행동의 기반입니다.
- LG Way는 경영이념인 '고객을 위한 가치창조'와 '인간존중의 경영'을 LG의 행동방식인 '정도경영'으로 실천함으로써 LG의 비전인 '일등LG'를 달성하자는 것입니다.

비전

일등LG는 LG의 궁극적인 지향점으로 시장에서 인정받으며 시장을 리드하는 선도기업이 되는 것을 의미합니다.

고객들이 신뢰하는 LG	탁월한 품질과 브랜드 가치로 고객을 감동시켜 고객 스스로 LG가 최고라고 인정하게 만드는 것
투자자들에게 가장 매력적인 LG	높은 투자수익률로 투자자들에게 가장 매력적인 가치를 지닌 회사로 인정받는 것
인재들이 선망하는 LG	최고의 인재가 모여 주인의식을 가지고 신명나게 일할 수 있는 최고의 직장이 되는 것
경쟁사들이 두려워하면서도 배우고 싶어하는 LG	일등 경영을 통해 탁월한 성과를 창출함으로써 경쟁사들이 두려워하면서도 배우고 싶어하는 기업이 되는 것

행동방식

정도경영은 윤리경영을 기반으로 꾸준히 실력을 배양해 정정당당하게 승부하는 LG만의 행동방식입니다.

정직	공정한 대우	실력을 통한 정당한 경쟁
원칙과 기준에 따라 투명하게 일한다.	모든 거래관계에서 공평하게 기회를 제공하고 공정하게 대우한다.	정정당당하게 경쟁하여 이길 수 있는 실력을 키운다.

경영이념

LG의 경영이념은 기업활동의 목적인 '고객을 위한 가치창조'와 회사 운영 원칙인 '인간존중의 경영'입니다.

⊘ 고객을 위한 가치 창조

- 고객중시

  경영의 출발점이 되는 고객을 최우선으로 생각한다.

  항상 최종소비자 관점을 중시하여 판단하고 평가한다.

- 실질적 가치 제공

  고객의 잠재적 요구까지도 한 발 앞서 찾아낸다.

  고객의 기대를 뛰어넘는 최고의 제품과 서비스를 제공한다.

- 혁신을 통한 창조

  기존의 틀을 깨는 차별화된 아이디어를 창출한다.

  끊임없이 더 나은 방식을 찾아 실행한다.

⊘ 인간존중의 경영

- 창의 · 자율

  고정관념에서 탈피하여 새로운 생각과 시도를 추구한다.

  자기 책임과 권한에 따라 주인의식을 가지고 일한다.

- 인간중시

  개개인의 인격과 다양성을 존중한다.

  고객가치 창출의 원천인 구성원을 가장 중요한 자산으로 여긴다.

- 능력개발 및 발휘 극대화

  스스로 세계 최고가 되겠다는 신념으로 일하고 능력을 개발한다.

  개개인의 잠재력이 최대한 발휘될 수 있도록 기회를 제공한다.

- 성과주의

  도전적인 목표를 세우고 지속적인 성과 창출에 노력한다.

  능력과 장단기 성과에 따라 공정하게 평가하고 보상한다.

LG[LG way fit test]

- LG 임직원의 사고 및 행동 방식의 기본 틀인 LG Way에 적합한 인재를 선별하고자 하는 LG만의 평가 방식이다.
- 2022년 하반기부터 직무적성검사는 온라인 방식으로 실시되면서 적성검사는 4개 영역으로 총 60문항, 40분간 진행된다.
- 인성검사는 점수척도형, 가깝다 · 멀다 선택형이며 직무적성검사 당일 시행한다.

채용 절차

기존 채용절차

서류전형 → 인적성검사 → 면접전형 → 인턴십 → 건강검진 → 최종 합격

온라인 인적성검사 채용절차

서류전형 → 온라인 인적성검사 → 면접전형 → 인턴십 → 건강검진 → 최종 합격

※ 2022년 9월부터 LG 인적성검사는 온라인 방식으로 실시되었다.

시험영역 및 유의사항

구분	개요	문항 수
인성	• LG Way에 맞는 개인별 역량 또는 직업 성격적인 적합도 확인 • 총 183문항으로 20분간 진행	183문항 (20분)
적성	• 신입사원의 직무수행 기본 역량을 검증하기 위한 평가 • 언어이해/언어추리/자료해석/창의수리 15문제씩 4가지 영역으로 구성, 총 60문항 40분간 진행	60문항 (영역별 10분)

온라인 인적성검사 특징

:: 시험 응시 시 화면

시간 표시	(화면) 본인/감독관
문제	번호 안내
	정답 입력 + 메모 또는 그림
	계산기

:: 시험 장소

타인과의 접촉이 없고 1인 1실로 응시가 가능한 독립된 공간이어야 한다.

:: 준비물

노트북 또는 데스크탑, 웹캠, 헤드셋, 키보드, 마우스를 준비해야 하며, 태블릿 PC나 모바일은 불가능하다.

:: 신분증

주민등록증, 운전면허증, 여권(유효기간 내), 외국인등록증 중 1개를 시험 보기 전 등록해야 한다.

온라인 인적성검사 주의사항

☑ 검사 시작 10분 전부터 화장실 이용이 금지되며, 휴대 전화가 꺼져 있는지 확인한다.

☑ 우측 상단에 메모를 하거나 그림을 그릴 수 있으며, 우측 하단에는 계산기가 있다.

☑ 정답을 입력하거나 메모 또는 그림을 그릴 시 타자와 드로잉 모두 가능하다.

☑ 프로그램에서 제공한 기능을 제외한 별도의 종이, 계산기, 필기도구는 사용할 수 없다.

☑ 영역별 시험이 끝날 때마다 1분간의 쉬는 시간이 주어지며, 이때 다음 영역에 대한 예제가 나온다.

☑ 문제를 풀었을 때와 문제를 푸는 중일 때를 의미하는 아이콘의 색이 다르다.

언어이해

[영역별 유형 비중]

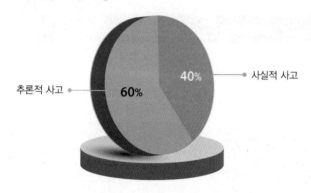

추론적 사고 ● 60% 40% ●— 사실적 사고

[출제경향 및 학습전략]

언어이해는 크게 사실적 사고와 추론적 사고로 구분할 수 있다. 주제 및 제목을 찾는 문제나 글의 내용을 요약하는 문제 등이 주로 출제되며, 글의 내용과 일치 또는 불일치하는 여부를 묻는 등의 일반적인 문제도 다수 출제되었다. 글의 제목 또는 주제 등을 묻는 문제 역시 출제됨에 따라 빠른 시간 내에 글의 전반적인 맥락을 파악하는 능력이 요구되었다. 또한 지문의 길이가 짧은 편이므로 난이도보다는 글을 파악하는 정확도를 요구하는 문제가 주로 출제되었다.

언어추리

[영역별 유형 비중]

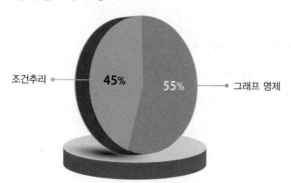

조건추리 ● 45% 55% ●— 그래프 명제

[출제경향 및 학습전략]

언어추리의 경우 난이도가 쉽게 출제되는 편이지만, 한눈에 보고 풀이할 수 있을 만큼 간단한 유형은 아니라는 점에 유의해야 한다. LG그룹 온라인 인적성검사는 메모를 할 수 있는 공간이 제공되므로, 이 공간을 이용해 풀이하는 것이 유용하다. 제시된 명제를 통해서 참인 명제 또는 거짓인 명제를 추론해 내는 문제가 다수 출제되었으며, 나열된 정보를 이용해 순서 또는 당번 등을 추론하는 문제도 출제되었다.

자료해석

[영역별 유형 비중]

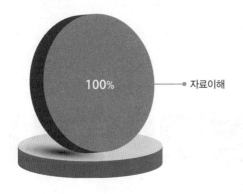

100% ● 자료이해

[출제경향 및 학습전략]

제시된 표 또는 그래프를 통해 수치를 계산하고 이해하는 문제가 출제된다. 숫자의 계산이 까다롭지 않고 필요한 값을 도출하는 계산식이 복잡하지 않아 난이도가 높다고 볼 수는 없지만, 숫자를 계산하는 영역인 만큼 정확도가 요구된다. LG그룹 온라인 인적성검사에서는 계산기를 제공하므로, 이 기능을 이용해 풀이하는 것이 유용하다. 증감 또는 비중과 같은 문제들도 출제되지만, 수치 등을 확인하는 것으로도 충분히 풀이할 수 있는 수준의 문제 역시 다수 출제되었다. 이처럼 난이도는 낮은 영역이지만, 문제를 풀이함에 소요되는 시간이 길어 문제를 빠르게 푸는 연습을 하는 것이 필요하다.

창의수리

[영역별 유형 비중]

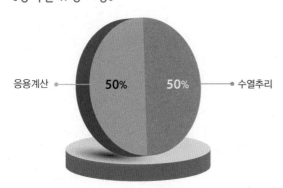

응용계산 ● 50% 50% ● 수열추리

[출제경향 및 학습전략]

수 추리 문제는 특정한 규칙을 가진 수열을 파악하는 문제이다. 단순한 등차, 등비와 같은 규칙을 가진 문제도 출제되지만 십의 자리 숫자와 일의 자리 숫자를 곱하고 더하는 등 단순하지 않은 규칙도 다수 출제되므로 창의적인 규칙을 떠올릴 수 있는 능력을 키워야 한다. 응용계산의 경우 거리, 속력, 시간을 구하는 문제, 소금물 또는 설탕물의 농도를 구하는 문제, 일률을 계산하는 문제, 경우의 수와 확률, 일차방정식이나 연립방정식을 활용해서 푸는 문제 등이 출제되었다. 난이도는 높지 않았지만 기본적인 수학 공식을 모른다면 풀 수 없는 문제 위주로 출제되었다. 따라서 기본적인 응용계산을 풀이하기 위한 공식 등을 미리 외워두는 것이 중요하다.

파트 1

LG그룹 온라인 인적성검사
최신기출유형모의고사

＊주어진 상황을 유연하게 대처하고 해결할 수 있는 종합적인 능력을 평가하는 인적성 검사.

문항 수 · 시험 시간

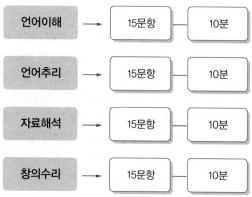

언어이해	→	15문항	10분
언어추리	→	15문항	10분
자료해석	→	15문항	10분
창의수리	→	15문항	10분

언어이해 _15문항

01. 다음 ㉠ ~ ㉣을 문맥에 따라 적절하게 배열한 것은?

> ㉠ 이윽고 화약에 불이 붙고 작은 불꽃이 세차게 여기저기 타오릅니다.
> ㉡ 그 안에서 새빨간 불씨가 생겨납니다.
> ㉢ 폭죽 하나를 꺼내 그 앞에 불을 붙입니다.
> ㉣ 불은 곧바로 주변의 종이에 옮겨 붙어 타오르기 시작합니다.

① ㉢-㉠-㉡-㉣ 　　② ㉢-㉡-㉠-㉣ 　　③ ㉢-㉣-㉠-㉡
④ ㉣-㉠-㉡-㉢ 　　⑤ ㉣-㉡-㉠-㉢

02. 다음 사건을 통해 필자가 강조하고자 하는 바로 적절한 것은?

> 2015년 7월, 스스로 '임팩트 팀'이라 밝힌 해커 집단이 웹사이트 애슐리 매디슨(ashley madison)을 해킹했단 사실을 알려 왔다. 애슐리 매디슨은 기혼자들이 불륜 상대를 찾는 웹사이트로, 이 해킹 사건의 피해자들에게 엄청난 정신적 피해를 주었다. 유출된 데이터는 3,700만 건의 고객 기록과 취약 비밀번호 수백만 건이었다. 하지만 애슐리 매디슨은 해커들이 직원들의 로그인 화면을 통해 해킹 사실을 알려 주기 전까지 이 사실을 파악조차 못하고 있었다. 해커들은 애슐리 매디슨 고객들의 개인 정보를 공개해 버렸고, 불륜자로 낙인찍힌 이들은 정신적 고통을 호소하다가 결국 두 건의 자살 사건까지 발생하고 말았다.

① 개인정보 보호의 방법 　　　　② 해킹에 대한 철저한 대비
③ 불륜의 심각성 　　　　　　　④ 해킹 기술의 놀라운 발달
⑤ 개인정보 유출 피해의 심각성

03. 다음 글의 중심 내용으로 적절한 것은?

> 소위 말하는 특종을 잡기 위해서는 재정적 뒷받침이 필요한데 그럴 여력이 없는 상태에서 언론사가 선택할 수 있는 가장 좋은 전략은 정치적 지향성을 강하게 드러내는 것이다. 구독자들은 언론사와 자신의 정치적 지향점이 같다고 느끼면 더 많은 후원을 하는 경향이 있기 때문이다. 특히 대안언론은 재정적으로 매우 열악하여 자체적인 수익 없이 구독자들의 후원을 통해 유지되는 곳이 대부분이다. 구독자 수가 많지 않은 언론에 광고할 회사를 찾기 쉬운 것도 아니고, 광고를 수주해도 수익성이 낮은 실정이니 사실상 구독자들에게 받는 후원금이 대안언론의 가장 큰 수입원이 된다. 따라서 대안언론에게는 후원금을 많이 받아내는 전략이 곧 생존전략이다.

① 대안언론이 정치성을 띠는 것은 불가피한 측면이 있다.
② 언론사에 대한 기부 활동은 제한되어야 한다.
③ 대안언론에 대한 지원을 확대해야 한다.
④ 언론은 공정해야 하므로 정치적인 행태를 보여서는 안 된다.
⑤ 대안언론의 수익구조를 개선할 필요가 있다.

04. 다음 글의 흐름상 ㉠, ㉡에 들어갈 단어를 올바르게 나열한 것은?

> 언젠가부터 우리 바다 속에 해파리나 불가사리와 같이 특정한 종들만이 크게 번창하고 있다는 우려의 말이 들린다. 한마디로 (㉠)이 크게 줄었다는 이야기다. 척박한 환경에서는 몇몇 특별한 종들만이 득세한다는 점에서 자연 생태계와 우리 사회는 닮은 것 같다. 어떤 특정 집단이나 개인들에게 앞으로 어려워질 경제 상황은 새로운 기회가 될지도 모른다. 하지만 이는 사회 전체로 볼 때 그다지 바람직한 현상이 아니다. 왜냐하면 자원과 에너지 측면에서 보더라도 이들 몇몇 집단들만 존재하는 세계에서는 이들이 쓰다 남은 물자와 이용하지 못한 에너지는 고스란히 버려질 수밖에 없어 (㉡)이 극히 낮기 때문이다.

	㉠	㉡			㉠	㉡			㉠	㉡
①	특수성	활용성		②	통일성	안정성		③	다양성	효율성
④	차이성	수용성		⑤	복합성	일체성				

www.gosinet.co.kr gosinet

1회 기출유형
2회 기출유형
3회 기출유형
4회 기출유형
5회 기출유형
6회 기출유형
인성검사

05. 다음 글의 전개방식에 관한 설명으로 적절한 것은?

바위와 달은 서로 다른 존재인가? 달이라는 것은 결국 바윗덩어리가 아니었던가? 그렇다면 우리가 바위의 성질을 모두 이해한다면 달의 성질도 이해하게 될 수 있지 않을까? 공기 속에서 부는 바람을 바다에 이는 파도와 비슷한 원리로 이해할 수 있을까? 서로 다른 것으로 보이는 여러 움직임의 공통점은 무엇인가? 이런 질문들에 대한 올바른 답을 구하려면 우리는 언뜻 보기에 전혀 다른 듯한 대상들을 순차적으로 분석하여 다른 점이 별로 없는 근본까지 파고 들어가야 한다. 계속 파고 들어가다 보면 공통점이 발견되리라는 희망을 가지고 모든 물질과 자연 현상을 낱낱이 분석해야 한다. 이러한 노력 속에서 우리의 이해는 한층 더 깊어지게 된다.

무언가를 이해한다는 것의 진정한 의미는 무엇인가? 이 우주의 진행 방식을 하나의 체스 게임에 비유해 보자. 그렇다면 이 체스 게임의 규칙은 신이 정한 것이며, 우리는 규칙을 제대로 이해하지 못한 채로 게임을 관람하는 관객에 불과하다. 우리에게 허락된 것은 오로지 게임을 지켜보는 것뿐이다. 물론 충분한 시간을 두고 지켜본다면 몇 가지 규칙 정도는 알아낼 수도 있다. 체스 게임이 성립되기 위해 반드시 요구되는 기본 규칙들, 이것이 바로 기초 물리학이다. 그런데 체스에 사용되는 말의 움직임이 워낙 복잡한 데다가 인간의 지성에는 명백한 한계가 있기 때문에 모든 규칙을 다 알고 있다 해도 특정한 움직임이 왜 행해졌는지를 전혀 이해하지 못할 수도 있다. 체스 게임의 규칙은 비교적 쉽게 배울 수 있지만, 매 순간 말이 갈 수 있는 최선의 길을 찾아내는 것은 결코 쉬운 일이 아니기 때문이다.

① 대상의 변화 과정을 살펴본 뒤 전망을 제시하고 있다.
② 새로운 이론을 소개한 뒤에 이를 구체적인 현상에 적용하고 있다.
③ 개념에 대한 정의를 분명하게 제시하여 대상의 본질을 나타내고 있다.
④ 상반된 입장의 문제점을 모두 비판하여 종합적인 결론에 이르고 있다.
⑤ 낯설고 익숙하지 않은 개념을 쉽고 친숙한 대상에 빗대어 설명하고 있다.

06. 다음 글을 읽고 MBTI에 대해 추론한 내용으로 적절하지 않은 것은?

> MBTI는 융의 심리유형론을 근거로 캐서린 쿡 브릭스와 이사벨 브릭스 마이어스가 고안한 자기보고서 성격유형 자료이다. MBTI에 따르면 개인은 4가지 양극적 선호경향을 가지고 있다. 자신의 기질과 성향에 따라 에너지의 방향과 주의 초점이 외향형(E)이거나 내향형(I)이며, 정보를 수집하는 인지기능이 감각형(S)이거나 직관형(N)이며, 판단기능이 사고형(T)이거나 감정형(F)이고, 이행/생활양식이 판단형(J)이거나 인식형(P)에 해당한다. MBTI는 이와 같은 4가지 선호성향에 따라 개인을 여러 성격유형으로 구분한다.
>
> MBTI 결과는 인터넷 등을 통한 간이 테스트가 아닌 MBTI를 전문적으로 다루는 기관에서 검사를 받고 전문가의 해석을 듣는 것이 가장 좋다. MBTI는 자기를 이해하는 도구이자 다른 유형의 타인을 이해하고 존중하기 위한 목적을 가지고 있기 때문에 MBTI 결과에 따라 타인을 특정 집단 안에 집어넣고 판단하는 도구로 쓰여서는 안 된다.
>
> MBTI의 유행은 코로나19 영향 중 하나로 설명할 수 있다. 코로나19로 집에 머무는 시간이 많아지고 코로나19 이전에 당연시했던 '일상의 소중함'을 인식하게 되면서 '나'라는 사람의 본질에 집중하려는 흐름이 생겨나고 이것이 MBTI의 유행으로 이어졌다고 볼 수 있다. '어느 직장·학교에 다니는 나'가 아닌 있는 그대로의 나를 설명하고 이해하는 도구로써 MBTI가 사용되고 있는 것이다.

① 사회적 상황의 변화에 따라 유행하게 되었다고 볼 수 있다.

② 자신의 본질뿐 아니라 나를 설명하고 이해하는 도구로 유용하다고 볼 수 있다.

③ 자신을 정확히 이해하기 위해서는 인터넷보다 전문가의 해석을 듣는 것이 낫다.

④ 캐서린 쿡 브릭스와 이사벨 브릭스 마이어스의 이론을 바탕으로 만들어졌다.

⑤ MBTI 결과에 따라 타인에 대해 선입견을 가지는 것은 MBTI의 의미를 훼손하는 것이다.

1회 기출유형
2회 기출유형
3회 기출유형
4회 기출유형
5회 기출유형
6회 기출유형
인성검사

07. 다음 글에 나타난 어린이용 해열제 보관 및 복용 시 주의사항으로 옳지 않은 것은?

어린이용 약은 어른들이 먹는 제형과 다른 데다 아이들에게 사용해선 안 되는 성분이 따로 있기 때문에 반드시 어른용과 구분해서 사용해야 한다. 또한, 연령별, 체중별로 사용 방법에 맞게 투여해야 안전하고 효과적이다.

아이는 해열제 복용 시 교차복용을 하는 경우가 많다. 일반의약품의 해열제는 크게 아세트아미노펜 성분의 해열진통제와 이부프로펜 또는 덱시부프로펜 성분의 비스테로이드성 소염진통제 두 가지로 나뉜다. 시럽 형태를 가장 많이 사용하고, 츄어블정(알약)과 좌약 형태가 있는데, 아이가 약을 먹고 토하거나 다른 이유로 먹이지 못할 경우 해열 좌약을 사용할 수 있다.

아이마다 먹는 용량이 정해져 있기 때문에 약 복용 시 용법·용량에 더욱 주의해야 한다. 해열제를 보관할 때는 복약지시서나 케이스를 함께 보관하고, 복용 전 성분명을 반드시 확인해 중복 복용하지 않도록 해야 한다. 복용 시간도 매우 중요하다. 보통 아세트아미노펜과 덱시부프로펜은 4 ∼ 6시간 간격, 이부프로펜은 6 ∼ 8시간 간격으로 복용하는 것이 일반적이며, 교차 복용을 하더라도 투여 간격은 최소 2 ∼ 3시간을 유지하는 것이 좋다. 그리고 교차 복용 시에도 각 성분의 일일 섭취량을 꼭 지켜야 한다.

마지막으로 아이가 열이 난다는 것은 감염성 질환의 증후일 수 있으니 통증이 5일 이상, 발열이 3일 이상 지속되어 해열진통제를 복용하게 될 경우 반드시 소아과를 방문해야 한다.

① 약의 복약지시서나 케이스는 버리지 않고 약과 같이 보관한다.
② 발열로 3일 이상 해열진통제를 복용하는 경우 반드시 소아과 진료가 필요하다.
③ 아이가 약을 먹고 토할 경우 시럽 형태보다 좌약을 사용하는 것이 좋다.
④ 해열진통제와 소염진통제의 교차 복용 시 투여 간격은 최소 2 ∼ 3시간을 유지한다.
⑤ 이부프로펜과 덱시부프로펜은 비스테로이드성 소염진통제로 4 ∼ 6시간 간격을 두고 복용한다.

08. 다음 중 글쓴이가 말하고자 하는 바를 반박하는 내용으로 적절한 것은?

> 우리가 기술을 만들지만 기술은 우리 경험과 인간관계 및 사회적 권력관계를 바꿈으로써 우리를 새롭게 만든다. 어떤 기술은 인간 사회를 더 민주적으로 만드는 데 기여하지만 어떤 기술은 독재자의 권력을 강화하는 데 사용된다. 예를 들어 라디오는 누가, 어떻게, 왜 사용하는가에 따라서 다른 결과를 낳는다. 그렇지만 핵무기처럼 아무리 민주적으로 사용하고 싶어도 그렇게 사용할 수 없는 기술도 있다. 인간은 어떤 기술에 대해서는 이를 지배하고 통제하는 주인 노릇을 할 수 있다. 그렇지만 어떤 기술에는 꼼짝달싹 못하게 예속되어 버린다.
>
> 기술은 새로운 가능성을 열어 주지만 기존의 가능성 중 일부를 소멸시키기도 한다. 따라서 이렇게 도입된 기술은 우리를 둘러싼 기술 환경을 바꾸고, 결과적으로 사회 세력들과 조직들 사이의 역학 관계를 바꾼다. 새로운 기술 때문에 더 힘을 가지게 된 그룹과 힘을 잃게 된 그룹이 생기며 이를 바탕으로 사회 구조의 변화가 수반된다.
>
> 기술 중에는 우리가 잘 이해하고 통제하는 기술도 있지만 대규모 기술 시스템은 한두 사람의 의지만으로는 통제할 수 없다. '기술은 언제나 사람에게 진다.'라고 계속해서 믿다가는 기술의 지배와 통제를 벗어나기 힘들다. 기술에 대한 철학과 사상이 그것도 비판적이면서 균형 잡힌 철학과 사상이 필요한 것은 이 때문이다.

① 전문가를 통해 충분히 기술을 통제할 수 있다.

② 기술의 양면성은 철학과 사상이 아닌 새로운 기술로 보완해야 한다.

③ 기술의 순기능만을 더 발전시켜야 한다.

④ 새로운 기술로 힘을 잃게 된 그룹을 지원해 주는 정책이 필요하다.

⑤ 철학과 사상은 기술을 지배하고 통제할 수 있다.

1회 기출유형

2회 기출유형

3회 기출유형

4회 기출유형

5회 기출유형

6회 기출유형

인성검사

09. 다음 중 문단 (가)와 (나)의 내용상의 관계를 가장 잘 표현한 것은?

(가) 20세기 후반, 복잡한 시스템에 관한 연구에 몰두하던 일련의 물리학자들은 기존의 경제학 이론으로는 설명할 수 없었던 경제 현상을 이해하기 위해 물리적인 접근을 시도하기 시작했다. 보이지 않는 손과 시장의 균형, 완전한 합리성 등 신고전 경제학은 숨 막힐 정도로 정교하고 아름다웠지만, 불행히도 현실 경제는 왈라스나 애덤 스미스가 꿈꿨던 '한 치의 오차도 없이 맞물려 돌아가는 톱니바퀴'가 아니었다. 물리학자들은 인간 세상의 불합리함과 혼잡함에 관심을 가지고 그것이 만들어 내는 패턴들과 열린 가능성에 주목했다.

(나) 우리가 주류 경제학이라고 부르는 것은 왈라스 이후 체계가 잡힌 신고전 경제학을 말한다. 이 이론에 의하면 모든 경제주체는 완전한 합리성으로 무장하고 있고 항상 최선의 선택을 하며, 자신의 효용이나 이윤을 최적화한다. 개별 경제주체의 공급곡선과 수요곡선을 합하면 시장에서의 공급곡선과 수요곡선이 얻어진다. 이 두 곡선이 만나는 점에서 가격과 판매량이 동시에 결정된다. 더 나아가 모든 주체가 합리적 판단을 하기 때문에 모든 시장은 동시에 균형에 이르게 된다.

① (가)보다 (나)가 경제 공황을 더 잘 설명한다.
② (나)는 (가)로부터 필연적으로 도출된다.
③ (나)는 (가)의 한 부분에 대한 부연설명이다.
④ (나)는 (가)를 수학적으로 다시 설명한 것이다.
⑤ (나)는 (가)와 상반되는 내용을 설명한다.

10. 다음 (가) ~ (바)를 문맥에 맞게 순서대로 배열한 것은?

(가) 이는 최근 빈번히 발생하고 있는 터널 사고 같은 대형 사고를 사전에 막기 위한 조치로, 고속도로 터널에 무인 단속 시스템이 설치되는 것은 이번이 처음이다.

(나) CCTV는 터널 양방향에 2대씩 설치되며 대열 운행 등을 단속하는데 특히 CCTV는 달리는 차량의 번호판을 자동으로 인식해 저장하는 기능도 갖추게 된다.

(다) 우선 도로공사는 남해고속도로 창원 1터널에 CCTV 4대와 터널 진입부의 무인센서를 설치, 시범 운영할 예정이다.

(라) 지난 31일 한국도로공사는 고속도로 터널에 CCTV와 무인센서로 이뤄진 불법 운전 자동 적발 시스템을 설치할 예정이라고 밝혔다.

(마) 터널 진입부의 센서와 감지용 카메라는 터널에 들어오는 차량들의 적재불량, 차체 높이 초과여부를 확인한다.

(바) 도로공사는 이렇게 수집된 차량 정보를 근거로 즉각적인 고발 조치를 할 수 있도록 경찰청과 협의 중이다.

① (라) − (가) − (나) − (다) − (마) − (바)
② (라) − (가) − (다) − (나) − (마) − (바)
③ (라) − (가) − (다) − (나) − (바) − (마)
④ (라) − (다) − (가) − (나) − (마) − (바)
⑤ (라) − (다) − (나) − (가) − (바) − (마)

11. 다음 글에 사용된 설명 방법에 대해 적절하게 이해한 것은?

> 중고차 시장에서 판매되는 중고차의 흠이나 내력에 대해서는 구매자보다 판매자가 더 많이 알고 있을 것이다. 판매자는 팔려는 자동차가 언제 물에 잠겼고 언제 사고를 당해서 고쳤는지, 내재되어 있는 치명적인 결함은 무엇인지를 잘 알고 있다. 반면에 구매자는 판매자가 이러한 자동차의 결함을 감추기 때문에 그 자동차의 결함에 대해 충분히 알 수 없으므로 자동차의 겉모양만 보고 판단할 수밖에 없다. 이와 같이 거래의 양 당사자가 그 상품에 대한 정보를 균등하지 않게 보유하고 있는 경우를 '정보의 비대칭성(Asymmetric Information)'이라 한다.
>
> 이러한 정보의 비대칭성은 생명보험의 판매에서도 찾을 수 있다. 생명보험회사는 건강한 사람들을 가능하면 많이 가입시키는 것이 유리하다. 반면에 보험가입자의 경우에는 건강상태가 나쁠수록 보험가입에 적극적이다. 보험가입자들의 다수가 병에 걸려 있다면 생명보험회사는 막대한 손실을 보거나 파산할 수도 있다. 따라서 생명보험회사는 병에 걸린 사람들이 보험에 가입하는 것을 방지하고자 최대한의 노력을 기울일 것이나 보험가입자는 자신의 건강상태에 대해서 생명보험을 판매하는 생명보험회사보다 훨씬 더 잘 알고 있다. 이와 같은 경우도 정보의 비대칭성에 해당한다.

① 구체적인 예시를 들어 대상을 쉽게 설명하고 있다.

② 사례 간의 비교를 통해 대상의 특징을 설명하고 있다.

③ 여러 대상을 일정한 기준에 따라 나누어 설명하고 있다.

④ 대상의 부분을 체계적으로 조직하여 내적인 연관관계를 설명하고 있다.

⑤ 대상에 대한 이해를 높이기 위해 필자의 인상과 느낌을 강조하고 있다.

12. 다음 글을 읽고 알 수 있는 필자의 생각으로 적절하지 않은 것은?

우리는 자신이 소유하고 있는 것을 알고 있기에 그것에 매달림으로써 안정감을 찾는다. 그런데 만약 자기가 소유하고 있는 것을 잃어버리면 어떻게 될까? 소유하고 있는 것은 잃어버릴 수 있기 때문에 필연적으로 가지고 있는 것을 잃어버릴까 봐 항상 걱정하게 된다. 도둑을, 경제적 변화를, 혁신을, 병을, 죽음을 두려워한다. 따라서 늘 걱정이 끊이질 않는다. 건강을 잃을까 하는 두려움뿐만 아니라 자신이 소유한 것을 상실할까 하는 두려움까지 겹쳐 만성 우울증으로 고통받게 된다. 더 잘 보호받기 위해서 더 많이 소유하려는 욕망 때문에 방어적이게 되고 경직되며 의심이 많아지고 외로워진다.

그러나 존재 양식의 삶에는 자기가 소유하고 있는 것을 잃어버릴지도 모르는 위험에서 오는 걱정과 불안이 없다. 나는 '존재하는 나'이며 내가 소유하고 있는 것이 내가 아니기 때문에, 아무도 나의 안정감과 주체성을 빼앗거나 위협할 수 없다. 나의 중심은 나 자신 안에 있으며 나의 존재 능력, 나의 기본적 힘의 발현 능력은 내 성격 구조의 일부로서 나에 근거하고 있다. 물론 이는 정상적인 삶의 과정에 해당하며 사람을 무력하게 만드는 병이나 고문, 그 밖의 강력한 외부적 제약이 있는 상황에는 해당되지 않는다. 소유는 사용함으로써 감소되는 반면, 존재는 실천함으로써 성장한다. 쓰는 것은 잃어버리는 것이 아니고 반대로 보관하는 것이 잃어버리는 것이다.

존재 양식의 삶을 살 때도 위험은 있지만, 유일한 위험은 내 자신 속에 있다. 그것은 삶에 대한 믿음의 결핍, 창조적 능력에 대한 믿음의 부족, 퇴보적 경향, 내적인 나태, 내 삶을 다른 사람에게 떠맡기려는 생각 등에 도사리고 있다. 그러나 이들 위험이 존재에 반드시 내재하는 것은 아니다. 소유 양식의 삶에 상실의 위험이 늘 있는 것과는 사정이 다르다. 아예 비교할 수조차 없는 것이다.

① 소유하려는 욕망 때문에 인간이 외로워진다.
② 소유 양식의 삶에는 늘 상실의 위험이 있다고 볼 수 있다.
③ 존재 양식의 삶은 소유 양식의 삶보다 주체성이 있다고 본다.
④ 존재 양식의 삶에는 위험이 전혀 존재하지 않는다.
⑤ 존재 양식의 삶에서는 보관하는 것이 잃어버리는 것이라고 할 수 있다.

13. 다음 글을 통해 알 수 있는 내용으로 적절한 것은?

> 이미 1990년대부터 대부분의 선진국에서는 저숙련 서비스 일자리가 증가하였다. 기술혁신은 일자리를 대체하지만 새로운 상품을 창출한다. 기술혁신이 일반화되어 혁신상품이 흔해지고 가격이 하락함에 따라 보완재 관계에 있는 음식, 레저, 운송 등에서 서비스 수요와 일자리가 증가한다.
>
> 이러한 일자리 창출 메커니즘에서 핵심은 기술혁신의 성과가 재화가격 하락으로 연결되어야 한다는 점이다. 혁명적인 정보통신 발전이 있더라도 낮은 가격으로 일반화되지 않으면 서비스 일자리는 증가하지 않는다. 그러므로 서비스 일자리가 창출되려면 규제를 완화하고 경쟁을 촉진하여 가격 인하를 유도하는 것이 중요하다.
>
> 고졸임금 상승에 대한 최저임금의 영향을 검토하기 위하여 2010년과 2016년을 비교하면, 임금 상승은 최저임금 인상을 수반하였다. 그러나 최저임금이 임금 상승의 주요인이라고 볼 수는 없다. 왜냐하면 해외에서도 저숙련직 임금은 상승하였기 때문이다. 과거에는 생산직과 사무직이 주된 일자리이며 이 직업에서는 노동조합이 근로조건 보호의 기제였다. 반면 새로운 서비스 일자리에서는 노조가 없으며 정부역할이 요구된다. 각국 정부가 최저임금을 인상하는 이유가 여기에 있다.
>
> 실업률은 4년 대졸에서 상승하였다. 직업 분포에서는 전문 · 준 전문직이 감소하였으며, 주로 기술직, 교육, 경영금융 분야의 준 전문직이 감소하였다. 또한 대졸 고용률은 계속 하락하고 있으며, 고등학교 졸업생의 상급학교 진학률 역시 2008년을 정점으로 최근에는 약 70%로 하락하였다. 이러한 변화들은 숙련인력에 대한 수요의 감소를 시사한다.

① 대부분의 선진국에서는 저숙련 서비스 일자리가 증가하는 추세이다.
② 서비스 일자리가 증가하기 위해서는 규제완화와 경쟁촉진이 필요하다.
③ 임금 상승은 최저임금 상승을 수반하며 최저임금이 고졸임금 상승의 주요인이다.
④ 서비스 중심 일자리 창출 시대에서 최저임금은 더 이상 필요한 제도적 장치가 될 수 없다.
⑤ 청년실업률 상승은 고졸의 실업률 상승에 기인하며 구체적으로 서비스 일자리 감소에 기인한다.

14. 다음 (가) ~ (라)를 〈보기〉의 소제목 순서에 맞게 재배열한 것은?

> (가) 온실가스 배출권을 적극적으로 확보하여 2015년 도입된 배출권거래제에 대응할 계획이 며, 2025년까지 약 338만 톤의 온실가스 배출권을 확보할 계획입니다. 또한 2030년 BAU(Business As Usual) 대비 국내 감축목표 25.7% 달성을 위해 최선을 다하겠습니다.
>
> (나) △△발전은 산업안전보건법에 따라 노동조합과의 단체협약에 안전보건과 재해보상에 대 해 회사의 의무사항, 근로자의 건강에 대한 권리사항, 노동조합과의 협의사항 등의 내용 을 담고 있습니다. 관계법령 및 단체협약에 따라 매분기 산업안전보건위원회를 5개 사업 장에서 개최하고 있으며, 작업환경 측정 및 개선을 통하여 안전한 작업환경 구축에 노력 하고 있습니다. 또한 직원건강 증진을 위해 본사 및 전 사업소에 보건관리자 9명을 선임 하였으며, 협력업체 포함하여 약 2,000여 명이 근무하는 보령의 경우 2명의 보건관리자 를 운영하고 있습니다.
>
> (다) 온실가스 감축 잠재량을 파악하고 경제적인 감축수단으로 노후설비 성능개선, 신재생에 너지 개발, 이산화탄소 포집 및 저장기술 상용화 등에 2025년까지 8.4조 원을 투자하여 1,246만 톤의 온실가스를 감축할 계획입니다. 온실가스 감축 옵션별로 바이오매스 혼소 에 1조 8천억 원, 신재생설비 확대 2조 6천억 원, 노후설비 성능개선 등에 1조 1천억 원을 투자할 계획입니다.
>
> (라) 기후변화협약 체계적 대응, 녹색성장, 온실가스 감축 등을 위하여 조직정비 및 본사 처 · 실 간 업무분장을 조정하였으며, 탄소경영시스템을 효율적으로 운영하기 위하여 최고경 영자부터 탄소담당 부서장까지 조직의 책임과 권한을 명확히 규정하였고 의사결정 주요 내용을 외부에 공개하고 있습니다.

> | 보기 |
>
> 1. 기후변화 대응 역량 강화   2. 온실가스 배출권 확보
> 3. 기술개발 투자   4. 재난안전경영

① (가)-(라)-(다)-(나)   ② (나)-(가)-(다)-(라)   ③ (라)-(가)-(나)-(다)

④ (라)-(가)-(다)-(나)   ⑤ (라)-(다)-(가)-(나)

15. 다음 글에 제시된 데카르트의 견해에 대한 반론으로 옳지 않은 것은?

> 데카르트가 진리 추구를 위해 이것만 견지해도 충분하다고 한 네 가지 규칙을 보면 학문을 하는 사람이나 아니면 실용적 판단과 결정을 하는 사람에게도 매우 유용한 가치가 있다. 이 규칙들은 진리 탐구의 길에서뿐만이 아니라, 일상생활의 바람직한 규칙으로 활용할 수도 있을 것이다.
>
> 첫째, 명증적으로 참이라고 인식한 것 외에는 참된 것으로 받아들이지 말 것
> 둘째, 어려움을 가능한 한 작은 부분으로 나눌 것
> 셋째, 단순한 대상에서 출발하여 조금씩 올라가 가장 복잡한 것의 인식에까지 이를 것
> 넷째, 빠트리지 않았다는 확신이 들 정도로 완벽한 열거와 전반적인 검사를 행할 것
>
> 그는 이 방법을 통해 가장 밑바닥 기초부터 새롭게 다져나가, 모든 앎의 출발점이 될 확실한 지식을 발굴해 내고, 여기에서부터 세계에 대한 지식을 다시 구성하려 했다. 모든 지식의 기초가 될 확실한 지식은 어떻게 얻을 수 있을까? 그는 그 방법으로 '방법적 회의'를 전개한다. 데카르트는 우리가 보고 듣는 모든 것이 과연 확실한지 되묻는다. 먼저, 일상의 경험이 혹시 꿈에 지나지는 않는지 의심해 본다. 다음으로 그는 '2+3=5'와 같은 논리적 지식에 대해서도 의심한다. 사실은 '2+3=7'인데 악마가 '5'라고 믿도록 우리를 속이는 것은 아닐까?
>
> 그러나 아무리 의심해 보아도 도저히 의심할 수 없는 지식이 있다. 그것은 '내가 생각한다는 사실'이다. 이 세상에서 일어나는 일이 모두 꿈에 지나지 않는다 해도, 나는 반드시 존재한다. 이로부터 데카르트는 세상에서 가장 확실한 지식으로 다음과 같은 명제를 이끌어 냈다. '나는 생각한다. 그러므로 존재한다.'
>
> 『성찰』에서 그는 이 확실한 명제에서 출발하여 신과 세상의 모든 지식을 다시금 구성한다. 먼저 신의 존재를 증명하는데 그 증명 과정은 이렇다. 신은 완전하다. 반면 인간은 불완전하다. 불완전한 존재가 완전한 것을 상상하고 만들어 낼 수 없다. 그렇다면 완전한 신이 있다는 생각은 신에게서 나왔다. 그러므로 신은 있다.
>
> 이어 그는 세상의 존재도 증명해 낸다. 완전한 신이 우리가 보고 듣고 생각하는 것을 속이고 있을 리는 없다. 그렇다면 내가 몸이 있으며 그런 내가 보고 느끼는 세상이 있다는 사실과 '2+3=5' 같은 지식은 참이 분명하다.
>
> 그의 증명은 이성의 힘에 의존해 논리적 방법으로 이루어지고 있다. '내가 존재한다.'라는 필연적이면서도 확실한 명제를 토대 삼아 다른 사실들을 논리적으로 추론해 내고 있는 것이다. 결국 그는 이러한 방법으로 세상의 확실성을 증명하는 데 성공했다.

① 데카르트의 주장에는 순환 논증의 오류가 나타난다.
② 이성이 신의 존재를 증명할 수는 없으므로 '신의 존재' 증명은 성립하지 않는다.
③ 데카르트는 잘못된 전제에 근거하여 자신의 입장을 성립시키고 있다.
④ 내가 사유한다는 사실은 의심할 수 없는 사실이다.
⑤ 인간에게 무의식이 존재하므로 데카르트의 '나의 존재' 증명은 성립하지 않는다.

언어추리 _15문항

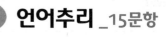

01. 다음 조건이 성립한다고 가정할 때, 반드시 참인 것은?

> • 바람을 쐬면 기분이 좋다.
> • 행복하면 하루가 즐겁다.
> • 기분이 좋으면 행복해진다.

① 하루가 즐겁지 않으면 바람을 쐰다.
② 행복하지 않으면 바람을 쐰 것이다.
③ 기분이 좋지 않으면 행복하지 않다.
④ 행복하지 않으면 바람을 쐬지 않은 것이다.
⑤ 바람을 쐬지 않으면 기분이 좋지 않은 것이다.

02. 영업본부의 A, B, C, D 네 개의 부서가 한 달간 부서 대항 축구시합을 벌였다. 리그전을 통해 이길 경우 승점 3점, 비길 경우 승점 1점, 질 경우 승점 0점이 주어지며 승점이 높은 상위 2개 부서가 결선에 진출한다. 다음과 같은 결과를 근거로 할 때 결선에 진출할 두 부서는?

> • A 부서는 D 부서에게 이겼고, 승점은 총 7점을 기록했다.
> • 어느 부서와도 무승부를 기록하지 않은 부서가 있다.
> • D 부서는 단 한 번 이겼다.
> • C 부서의 승점은 총 2점이다.

① A, B 부서   ② B, C 부서   ③ A, C 부서
④ A, D 부서   ⑤ 정할 수 없다.

03. 다음 결론이 참이 될 때, 빈칸에 들어갈 전제로 적절한 것은?

> [전제] 은둔 생활을 지속하면 이웃과 사이가 나빠진다.
>
> 질투하는 마음이 많으면 정서가 불안하다.
>
> _____
>
> [결론] 질투하는 마음이 많으면 이웃과 사이가 나빠진다.

① 정서가 불안하면 은둔 생활을 지속하지 않는다.

② 이웃과 사이가 좋아지면 은둔 생활을 지속한다.

③ 정서가 불안하면 이웃과 사이가 나빠지지 않는다.

④ 은둔 생활을 지속하지 않으면 정서가 불안하지 않다.

⑤ 질투하는 마음이 많으면 은둔 생활을 지속하지 않는다.

04. 각각 직업이 판사, 검사, 변호사인 A, B, C 세 사람이 다음과 같이 진술하였다. A는 진실만 말하고 B는 거짓만 말할 때, 반드시 참인 것은?

> • A : 검사는 거짓말을 하고 있다.
> • B : C는 검사이다.
> • C : B는 변호사이다.

① 검사는 A이다.　　　　　　　　② C의 진술은 거짓이다.

③ 변호사는 거짓말을 하고 있다.　　④ 모든 경우의 수는 세 가지이다.

⑤ 판사는 진실을 말하고 있다.

05. 카페 원탁에 A ~ F 6명이 같은 간격으로 앉아 커피, 홍차, 콜라 중 각각 하나씩을 주문하였다. 좌석과 주문한 음료가 다음과 같을 때, 확실하게 알 수 있는 사실은?

> (가) A 옆으로 한 좌석 건너 앉은 E는 콜라를 주문하였다.
> (나) B의 맞은편에 앉은 사람은 D이다.
> (다) C의 양 옆에 앉은 사람은 모두 커피를 주문하였다.

① A는 커피를 주문했다.　　　　　　② B는 A 옆에 앉지 않았다.

③ E의 양 옆은 D와 F였다.　　　　　④ F는 홍차를 주문했다.

⑤ 옆에 앉은 사람끼리는 각각 다른 음료를 주문했다.

06. 다음 명제가 모두 참일 때, 성립하지 않는 것은?

> • 책 읽기를 좋아하는 사람은 영화 감상을 좋아한다.
> • 여행 가기를 좋아하지 않는 사람은 책 읽기를 좋아하지 않는다.
> • 산책을 좋아하는 사람은 게임하기를 좋아하지 않는다.
> • 영화 감상을 좋아하는 사람은 산책을 좋아한다.

① 책 읽기를 좋아하는 사람은 산책을 좋아한다.

② 책 읽기를 좋아하는 사람은 게임하기를 좋아하지 않는다.

③ 게임하기를 좋아하는 사람은 영화 감상을 좋아하지 않는다.

④ 책 읽기를 좋아하는 사람은 여행 가기를 좋아한다.

⑤ 여행 가기를 좋아하는 사람은 책 읽기를 좋아한다.

07. 다음 〈보기〉를 통해 성립할 수 있는 결론으로 적절한 것은?

─────────| 보기 |─────────

[전제] 아기는 천사다.
　　　 천사는 번개를 부릴 수 있다.
　　　 천사가 아니면 신의 노예다.

[결론] (　　　　　　　　　　　　　　　)

① 천사는 아기다.
② 아기는 번개를 부릴 수 없다.
③ 번개를 부릴 수 있으면 아기다.
④ 신의 노예가 아니면 번개를 부릴 수 있다.
⑤ 아기는 신의 노예이다.

08. A, B, C, D 네 명이 12시에 만날 약속을 하였다. 다음 사항이 참일 때, 이에 따른 추론으로 적절한 것은? (단, 모든 시계의 속도는 정상이다)

• A는 자신의 시계로 5분 늦게 도착했다.
• B는 A의 도착 후에 2분 지나서 도착하였고 자신의 시계로 정오 7분 전이라고 말했다.
• C는 B의 도착 후에 2분 지나서, D는 B의 도착 후에 5분 지나서 도착하였다.
• D는 자신이 정시에 도착했다고 말했다.
• 얼마 후에 정확한 12시를 알리는 종이 울렸고 D가 자신의 시계를 보니 3분이 빨랐다.

① A가 도착한 실제 시각은 11시 52분이다.
② C는 실제 정오보다 10분 늦게 도착했다.
③ A, B, D의 시계 중 실제 시간과 가장 오차가 적은 것은 B의 시계이다.
④ C가 도착한 것은 B의 시계로 12시 5분이었다.
⑤ A가 도착하고 5분 후에 12시 종이 울렸다.

09. 갑 ~ 정 4명 중 2명은 학생, 2명은 회사원이다. 4명은 〈보기〉와 같이 말했으며, 회사원 2명은 모두 거짓말을 하고 학생 2명은 모두 사실을 말하고 있다. 다음 중 진실을 말하는 학생 2명은 누구인가?

| 보기 |

- 갑 : 저와 정은 학생입니다.
- 을 : 저는 회사를 다니지 않습니다.
- 병 : 갑은 회사를 다니지 않습니다.
- 정 : 병은 회사를 다닙니다.

---

① 갑, 을   ② 갑, 병   ③ 갑, 정

④ 을, 정   ⑤ 병, 정

10. 다음을 근거로 A ~ G 7개 부서의 예산을 대소 부호를 사용하여 낮은 부서부터 표기한 것은?

- G 부서의 예산은 F 부서 예산의 3배이다.
- A 부서의 예산과 C 부서의 예산은 같다.
- B 부서의 예산은 F 부서의 예산과 G 부서의 예산을 합한 것과 같다.
- D 부서의 예산은 A 부서의 예산과 B 부서의 예산을 합한 것과 같다.
- E 부서의 예산은 B 부서, C 부서, F 부서의 예산을 모두 합한 것과 같다.
- A 부서의 예산은 B 부서 예산과 G 부서 예산을 합한 것과 같다.

① F<G<A=C<B<E<D   ② F<G<A=C<B<D<E   ③ F<G<B<A=C<D<E

④ F<G=B=A<C<E<D   ⑤ F<G<A=C<D<B<E

1회 기출유형

2회 기출유형

3회 기출유형

4회 기출유형

5회 기출유형

6회 기출유형

인성검사

11. 용의자 세 명 중 한 명의 진술은 거짓이고, 나머지 두 명의 진술이 진실이라고 했을 때, 거짓을 말하는 사람과 범인을 순서대로 바르게 짝지은 것은?

> ○○기업은 경쟁사에 기밀을 유출한 것으로 추정되는 용의자를 3명으로 추렸다. 진술은 다음과 같다.
>
> ---
>
> 사원 A : 저는 거짓말을 하는 것이 아닙니다. 제가 유출하지 않았습니다.
> 사원 B : 저는 정직합니다. A가 유출했고 거짓말을 하고 있습니다.
> 사원 C : 저는 사실을 말하고 있습니다. B가 거짓을 말하고 있으므로 B가 범인입니다.

① 사원 A – 사원 B ② 사원 B – 사원 A ③ 사원 B – 사원 B
④ 사원 C – 사원 B ⑤ 사원 C – 사원 C

12. 다음을 읽고 〈보기〉 중 항상 참인 것을 모두 고르면?

> H사에 다니고 있는 남자사원 A가 하는 말은 모두 거짓이고, 여자사원 B가 하는 말은 모두 진실이다. 어느 날 H사에 A와 B의 후임으로 신입사원 C, D가 들어왔는데 둘 중 한 명이 하는 말은 모두 거짓이고 나머지 한 명이 하는 말은 모두 진실이다. 여자사원 B는 "신입사원 중 여자사원이 한 명 이상 있고, 여자사원이 하는 말은 모두 진실이다."라고 말했다.

─────| 보기 |─────

㉠ 신입사원 C가 하는 말은 모두 거짓이다.
㉡ 신입사원 D가 하는 말은 모두 진실이다.
㉢ 남자사원 A가 "신입사원 D는 남자이다."라고 말했다면, D가 하는 말은 모두 거짓이다.
㉣ 신입사원 C가 하는 말이 모두 거짓이라면, D는 여자이다.

① ㉢ ② ㉣ ③ ㉠, ㉡
④ ㉠, ㉣ ⑤ ㉡, ㉢

13. 다음은 모임의 현재 상황에 관한 설명이다. 〈정보〉를 토대로 알 수 없는 것은?

─────| 정보 |─────

- 오늘 모임은 19시에 시작할 예정이며, 총 3시간이 소요된다.
- 모임은 모든 사원이 도착해야 시작된다.
- 모임시간에 늦으면 벌금을 내야 한다.
- 민아는 현재 약속장소에 도착해 있으며 벌금을 낸다.
- 천호가 민아보다 늦게 도착한다.

① 모임에 참가하는 사람은 최소 2명이다.
② 민아는 19시까지 약속장소에 도착하지 못했다.
③ 천호는 벌금을 내야 한다.
④ 천호가 도착하면 모임이 시작된다.
⑤ 모임은 22시가 넘어서야 끝난다.

14. A, B, C, D, E 5명의 사원이 출퇴근 방법에 관한 설문조사에 참여하였다. 다음 〈보기〉는 다섯 사원들이 설문에서 말한 내용이다. 5명 중 2명이 거짓말을 하고 있을 때, 사원들과 이용하는 교통수단이 바르게 짝지어진 것은?

─────| 보기 |─────

5명의 사원이 이용한다고 대답한 교통수단은 자가용(2명), 택시(2명), 버스(3명), 지하철(3명)이고, 5명의 사원은 각각 두 가지 교통수단을 이용한다고 대답하였다.

────────────────────

A 사원 : 저는 자가용을 이용한다고 대답했고, E는 거짓말을 하고 있습니다.
B 사원 : 저는 버스를 이용하지 않는다고 대답했고, D는 진실을 말하고 있습니다.
C 사원 : 저는 버스를 이용하지 않는다고 대답했고, E는 진실을 말하고 있습니다.
D 사원 : 저는 자가용과 지하철을 이용한다고 대답했습니다.
E 사원 : 저는 택시를 이용한다고 대답했고, B와 D는 거짓말을 하고 있습니다.

① A : 택시　　　　　② A : 버스　　　　　③ C : 자가용
④ C : 지하철　　　　⑤ E : 자가용

15. 다음 명제가 모두 참이라고 할 때, 〈결론〉에 대한 설명으로 옳은 것은?

- 장갑을 낀 사람은 운동화를 신지 않는다.
- 양말을 신은 사람은 운동화를 신는다.
- 운동화를 신은 사람은 모자를 쓴다.
- 장갑을 끼지 않은 사람은 목도리를 하지 않는다.
- 수민이는 목도리를 하고 있다.

─| 결론 |─

(가) 장갑을 낀 사람은 양말을 신지 않는다.
(나) 수민이는 운동화를 신고 있다.
(다) 양말을 신은 사람은 목도리를 하지 않는다.

---

① (가)만 항상 옳다.　　② (나)만 항상 옳다.　　③ (다)만 항상 옳다.
④ (나), (다) 모두 항상 옳다.　　⑤ (가), (다) 모두 항상 옳다.

자료해석 _15문항

01. 다음은 A 씨의 자녀 a, b, c의 한 달 사교육비를 나타낸 자료이다. c의 사교육비가 전체 사교육비에서 차지하는 비중의 2019년 대비 2022년의 변동 폭으로 알맞은 것은?

(단위 : 만 원)

구분	계	a	b	c
2019년	73.2	23.2	27.0	23.0
2020년	74.2	23.1	27.5	23.6
2021년	77.8	24.1	27.5	26.2
2022년	82.8	25.3	29.1	28.4

① 약 3%p 증가하였다.   ② 약 3%p 감소하였다.   ③ 약 2.9%p 감소하였다.
④ 약 2.9%p 증가하였다.   ⑤ 약 0.3%p 감소하였다.

02. 다음 20XX년 국내 주요 도시의 전출·입 인구 자료에 대한 해석으로 적절하지 않은 것은?

〈국내 5개 도시 전출·입 인구 자료〉

(단위 : 명)

전출＼전입	서울	부산	대구	인천	광주	계
서울	190,065	183	1,029	50,822	95	242,194
부산	3,225	81,566	75	4,550	152	89,568
대구	2,895	622	69,255	202	122	73,096
인천	8,622	326	192	19,820	256	29,216
광주	3,022	118	82	268	36,562	40,052
계	207,829	82,815	70,633	75,662	37,187	474,126

① 대구에서 부산으로 전입해 온 사람의 수는 622명이다.
② 같은 도시로 전출 간 사람의 수가 3번째로 적은 곳은 대구이다.
③ 국내 5개 도시에서 서울로 전출 간 전체 인구 중 서울로 진입해 온 다른 도시 사람의 수는 약 10% 이상을 차지한다.
④ 인천으로 전입해 온 사람의 수는 75,662명이다.
⑤ 광주에서 다른 도시로 전출을 제일 많이 간 곳은 서울이다.

03. 다음은 청년들의 주택 점유형태를 나타내는 자료이다. 자료에 대한 이해로 옳지 않은 것은?

〈청년(20 ~ 39세)의 연령계층별 점유형태 비율〉

(단위 : %)

구분	자가	임차			무상	계
		전세	보증부월세	순수월세		
20 ~ 24세	5.1	11.9	62.7	15.4	4.9	100
25 ~ 29세	13.6	24.7	47.7	6.5	7.5	100
30 ~ 34세	31.9	30.5	28.4	3.2	6.0	100
35 ~ 39세	45.0	24.6	22.5	2.7	5.2	100

① 20 ~ 24세 청년의 약 78.1%가 월세 형태로 거주하고 있으며 자가 비율은 5.1%이다.

② 20 ~ 24세 청년을 제외한 연령계층별 무상 거주 비율은 순수월세 비율보다 항상 높다.

③ 20 ~ 39세 전체 청년의 자가 거주 비중은 약 31.1%이나 이 중 20대 청년의 자가 거주 비중은 약 9.4%로 매우 낮은 수준이다.

④ 연령계층이 높아질수록 자가 비율이 높아지고 월세 비중은 작아지는 것으로 나타났다.

⑤ 25 ~ 29세 청년의 경우, 20 ~ 24세에 비해서 자가 거주의 비중이 높으며 전체의 78.9%가 임차로, 54.2%가 월세로 거주한다.

04. 다음은 20XX년 5월 전체 영화 박스오피스 상위 10위에 관한 자료이다. 이에 대한 설명으로 적절하지 않은 것은? (단, 12·15세 등급 영화는 만 12·15세부터 관람할 수 있다)

집계기간 : 20XX년 5월 1일 ~ 31일						
순위	영화제목	배급사	개봉일	등급	스크린수(관)	관객 수(명)
1	신세계	C사	4. 23.	15세	1,977	4,808,821
2	위대한 쇼맨	L사	4. 9.	12세	1,203	2,684,545
3	날씨의 아이	M사	4. 9.	15세	1,041	1,890,041
4	킬러의 보디가드	A사	5. 13.	전체	1,453	1,747,568
5	패왕별희	B사	5. 1.	12세	1,265	1,545,428
6	비커밍제인	C사	5. 1.	12세	936	697,964
7	오퍼나지	C사	5. 1.	15세	1,081	491,532
8	동감	A사	5. 17.	15세	837	464,015
9	이별의 아침에	W사	5. 10.	전체	763	408,088
10	언더워터	L사	4. 1.	12세	1,016	393,524

① 20XX년 5월 박스오피스 상위 10개 중 C사가 배급한 영화가 가장 많다.

② 20XX년 5월 박스오피스 상위 10개 중 20XX년 5월 6일에 갑(만 12세)과 을(만 13세)이 함께 볼 수 있었던 영화는 총 4편이다.

③ 20XX년 5월 '신세계'의 관객 수는 '언더워터'의 관객 수보다 10배 이상 많다.

④ 스크린당 관객 수는 '오퍼나지'가 '동감'보다 많다.

⑤ 4월 개봉작의 총 관객 수가 5월 개봉작의 총 관객 수보다 많다.

05. 다음은 출발지에서 목적지로 항해하는 선박이 중국으로 표류한 횟수를 나타낸 자료이다. 이에 대한 설명으로 옳지 않은 것을 〈보기〉에서 모두 고르면?

(단위 : 회)

출발지＼목적지	A	B	C	D	E	F	G	합계
A	7	(나)	5	58	2	1	0	138
B	(가)	68	22	16	2	0	1	(마)
C	22	30	(다)	1	13	9	1	(바)
D	6	24	0	7	2	0	0	39
E	11	6	11	2	7	2	3	42
F	0	0	4	0	2	0	7	13
G	0	2	1	1	9	4	1	18
합계	73	195	136	(라)	37	16	13	(사)

| 보기 |

㉠ 목적지를 기준으로 할 때, 중국으로 표류한 횟수의 합이 세 번째로 많은 곳은 D이다.

㉡ 출발지와 목적지가 같은 선박이 중국으로 표류한 횟수를 모두 합하면 출발지가 C인 선박이 중국으로 표류한 횟수의 합보다 많다.

㉢ 출발지를 기준으로 할 때, 출발지가 B인 선박이 중국으로 표류한 횟수의 합이 가장 적다.

㉣ 중국으로 표류한 횟수의 총합은 555회이다.

㉤ 출발지를 기준으로 할 때, 중국으로 표류한 횟수의 합이 가장 많은 곳은 D이다.

① ㉠, ㉢　　　　　　② ㉢, ㉤　　　　　　③ ㉣, ㉤

④ ㉡, ㉢, ㉣　　　　⑤ ㉢ ,㉣, ㉤

06. 다음 자료는 202X년 A, B기업의 2 ∼ 3분기 매출액 증감지수를 나타낸 것이다. A, B 기업의 202X년 1분기 매출액이 각각 200억 원, 150억 원일 때, 이에 대한 설명으로 옳지 않은 것은?

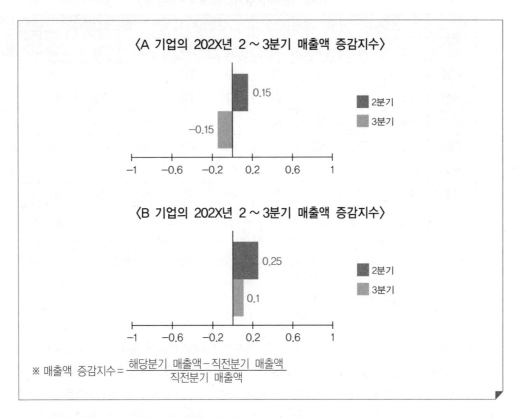

※ 매출액 증감지수 = $\dfrac{\text{해당분기 매출액} - \text{직전분기 매출액}}{\text{직전분기 매출액}}$

① A 기업의 202X년 3분기 매출액은 200억 원 미만이다.

② B 기업의 202X년 3분기 매출액은 A 기업의 202X년 3분기 매출액보다 많다.

③ 두 기업의 3분기 매출액 합계는 2분기 매출액 합계보다 작다.

④ A 기업의 202X년 매출액이 800억 원을 초과하려면 4분기 매출액은 3분기 대비 10% 이상 증가해야 한다.

⑤ 202X년 1 ∼ 3분기 매출액의 총합은 A 기업이 B 기업보다 크다.

07. 다음은 최근 5년간의 주요 대도시 환경 소음도를 나타낸 자료이다. 이에 대한 설명으로 옳은 것은?

〈주요 대도시 주거지역(도로) 소음도〉

구분	2018년		2019년		2020년		2021년		2022년	
	낮	밤	낮	밤	낮	밤	낮	밤	낮	밤
서울	68	65	68	66	69	66	68	66	68	66
부산	67	62	67	62	67	62	67	62	68	62
대구	68	63	67	63	67	62	65	61	67	61
인천	66	62	66	62	66	62	66	62	66	61
광주	64	59	63	58	63	57	63	57	62	57
대전	60	54	60	55	60	56	60	54	61	55

※ 소음환경기준의 개념 : 사람의 건강을 보호하고 쾌적한 환경을 조성하기 위한 환경정책의 목표치
※ 주거지역(도로) 소음환경기준 : 낮(06 : 00 ~ 22 : 00) 65dB 이하, 밤(22 : 00 ~ 06 : 00) 55dB 이하
※ 주요 대도시 환경소음도의 개념 : 소음환경기준의 달성여부 측정을 위하여 환경부 및 지방자치단체에서 운영하고 있는 전국 44개 도시의 소음측정망 중 주요 대도시의 도로변 주거지역 소음도를 의미
※ 지표의 활용 : 생활 소음 줄이기 종합대책을 수립, 추진에 활용
※ 수치해석방법 : 소음도가 낮을수록 정온하고 쾌적한 환경을 나타냄.

① 조사기간 중 낮 시간대 소음환경기준을 만족한 도시는 대구와 광주 두 도시뿐이다.
② 2020 ~ 2022년 동안 모든 주요 대도시의 밤 시간대 소음도의 증감 폭은 1dB 이하이다.
③ 2021년 이후로 밤 시간대 소음도는 대전을 제외한 주요도시 모두 환경기준을 초과하였다.
④ 조사기간 중 밤 시간대 평균 소음도가 가장 높았던 해는 2020년으로 소음환경기준보다 6dB이 더 높았다.
⑤ 조사기간 중 낮 시간대 주거지역 소음의 평균이 가장 높은 대도시는 서울이었으며 대전의 낮 시간대 평균보다 9dB 이상 높았다.

08. 다음 자료에서 국내 임금 근로자 대비 비정규직 근로자가 차지하는 비중이 가장 높은 해는? (단, 소수점 아래 둘째 자리에서 반올림한다)

〈국내 임금 근로자 및 비정규직 근로자 현황〉

(단위 : 천 명)

구분	20X3년	20X4년	20X5년	20X6년	20X7년
임금 근로자	18,240	18,776	19,312	19,627	19,883
비정규직 근로자	4,092	4,065	4,302	4,293	4,106

① 20X3년   ② 20X4년   ③ 20X5년   ④ 20X6년   ⑤ 20X7년

09. 다음은 20X0 ~ 20X1년 콘텐츠 산업별 매출액에 관한 자료이다. 이에 대한 설명으로 적절하지 않은 것은?

〈콘텐츠 산업별 매출액〉

(단위 : 백만 원)

매출액 / 산업	20X0년		20X1년
	상반기	하반기	상반기
출판	10,390,607	10,657,888	10,526,705
만화	552,687	605,118	610,185
음악	2,906,453	3,586,648	3,065,949
게임	7,072,792	6,860,742	7,074,465
영화	2,759,731	2,829,843	2,960,095
애니메이션	311,088	341,748	324,644
방송	8,714,075	10,462,023	8,812,945
광고	7,622,069	9,596,675	7,810,356
캐릭터	6,118,504	6,167,550	6,158,875
지식정보	7,588,077	8,914,879	8,330,152
콘텐츠 솔루션	2,334,846	2,716,259	2,456,268
합계	56,370,929	62,739,373	58,130,639

① 20X0년 게임 산업의 매출액은 13.9조 원 이상이다.

② 20X1년 상반기 매출액 규모는 출판산업에서 가장 컸다.

③ 20X0년 콘텐츠 산업 총 매출액은 상반기보다 하반기에 더 높았다.

④ 20X1년 상반기 음악 산업 매출액은 전반기 대비 14% 이상 감소했다.

⑤ 20X1년 상반기 애니메이션 산업 매출액은 전년 동기 대비 5% 이상 감소했다.

10. 2020년 기준 11개국 중 1985년 대비 기대수명의 변화가 가장 큰 국가와 가장 작은 국가를 순서대로 바르게 나열한 것은?

〈자료 1〉 한국의 성별 기대수명

(단위 : 세)

구분	1985년	1990년	1995년	2000년	2005년	2010년	2015년	2020년
남자	61.89	64.60	67.46	69.70	72.35	74.89	76.84	78.96
여자	70.41	73.23	75.87	77.94	79.67	81.60	83.63	85.17
전체	66.15	68.91	71.66	73.81	76.01	78.24	80.24	82.06

※ 기대수명은 연령별 사망률 통계를 기반으로 사람들이 평균적으로 얼마나 오래 살 것인지를 산출한 것임. 흔히 현 시점에서 0세의 출생자가 향후 생존할 것으로 기대되는 평균 생존 연수

〈자료 2〉 주요국의 기대수명

(단위 : 세)

구분	1985년	1990년	1995년	2000년	2005년	2010년	2015년	2020년
중국	65.5	67.7	68.9	69.7	70.9	73.1	74.7	75.7
미국	73.3	74.4	74.9	75.7	76.5	77.2	78.2	78.9
영국	73.0	74.2	75.1	76.2	77.2	78.4	79.7	81.0
독일	72.3	73.6	75.0	76.0	77.3	78.6	79.7	80.4
프랑스	73.5	74.6	75.9	77.2	78.3	79.4	80.8	81.9
호주	73.6	75.1	76.2	77.7	78.8	80.3	81.5	82.3
스페인	74.4	76.1	76.9	77.6	78.8	79.9	81.2	82.5
스위스	75.2	76.1	77.2	77.9	79.2	80.5	81.8	82.7
이탈리아	73.5	74.9	76.4	77.5	78.8	80.3	81.5	82.3
일본	75.4	77.0	78.5	79.4	80.5	81.8	82.7	83.3

① 한국, 미국   ② 한국, 영국   ③ 한국, 스위스

④ 호주, 미국   ⑤ 호주, 스위스

11. 다음은 세계 주요국의 20XX년 1 ～ 3분기 수출액 동향에 대한 자료이다. 이에 대한 설명으로 적절하지 않은 것은?

〈20XX년 분기별 수출액〉

(단위 : 억 $)

순위 / 국가명		1분기 수출액	2분기 수출액	3분기 수출액	1 ～ 3분기 합계 수출액
1	중국	4,800	5,633	5,891	16,324
2	미국	3,729	3,851	3,811	11,391
3	독일	3,403	3,516	3,736	10,655
4	일본	1,674	1,692	1,764	5,130
5	네덜란드	1,534	1,551	1,642	4,727
6	한국	1,321	1,471	1,510	4,302
7	홍콩	1,246	1,370	1,429	4,045
8	프랑스	1,248	1,321	1,312	3,881
9	이탈리아	1,159	1,261	1,261	3,681
10	영국	1,076	1,076	1,107	3,259
11	벨기에	1,025	1,060	1,093	3,178
12	캐나다	1,034	1,068	1,015	3,117
13	멕시코	947	1,028	1,018	2,993
14	싱가포르	889	906	943	2,738
15	러시아	826	835	844	2,505
16	스페인	777	795	764	2,336
17	대만	721	756	838	2,315
18	인도	770	718	749	2,237
19	스위스	712	762	723	2,197
20	태국	565	571	619	1,755

※ 국가별 순위는 20XX년 1 ～ 3분기 수출액 합계를 기준으로 한다.

① 20XX년 1 ～ 3분기 수출액을 각각 기준으로 한 국가별 순위는 모두 표에 제시된 순위와 다르다.

② 20XX년 1분기부터 3분기까지 수출액의 증감 방향이 중국과 동일한 국가는 10개 국가이다.

③ 20XX년 1 ～ 3분기 수출 합계가 1조 달러를 초과하는 국가는 3개국이다.

④ 20XX년 1분기에 벨기에보다 수출액이 많은 국가는 10개국이다.

⑤ 4 ～ 6순위의 1 ～ 3분기 수출액 합계를 모두 합해도 1위의 수출액 합계에 못 미친다.

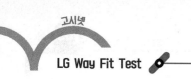
12. 다음 자료에 대한 설명으로 옳은 것은?

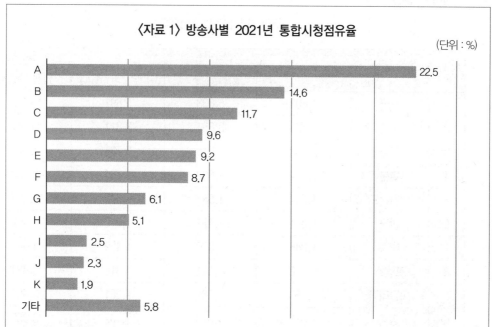

〈자료 1〉 방송사별 2021년 통합시청점유율

(단위 : %)

A	22.5
B	14.6
C	11.7
D	9.6
E	9.2
F	8.7
G	6.1
H	5.1
I	2.5
J	2.3
K	1.9
기타	5.8

※ 통합시청점유율은 N 스크린(스마트폰, PC, VOD) 시청기록 합산 규정을 적용한 시청점유율을 말하며, 시청점유율은 전체 텔레비전 방송의 총 시청시간 중 특정 채널의 시청시간이 차지하는 비율을 말한다.

〈자료 2〉 2020 ~ 2021년 방송사별 기존시청점유율(N 스크린 미포함) 비교

(단위 : %)

구분	A	B	C	D	E	F	G	H	I	J	K
2020년	25	12.6	12.1	8.4	9	8.5	5.8	5	2.4	2.3	2.2
2021년	25	12.5	11	10	8	8	6	5.2	2.5	2.4	2

① 2021년 통합시청점유율 상위 3개 방송사가 전체의 50% 이상을 차지한다.

② 기존시청점유율 순위가 2020년 대비 2021년에 상승한 방송사는 2개이다.

③ 2021년 기존시청점유율이 전년 대비 5% 이상 증가한 방송사는 D 방송사뿐이다.

④ 2021년에 기존시청점유율보다 통합시청점유율이 더 높은 방송사는 4개이다.

⑤ 2021년 기존시청점유율이 전년 대비 감소한 방송사는 그 해 통합시청점유율이 기존시청점유율보다 높다.

13. 다음은 어느 지방자치단체의 결혼이민자에 관한 자료이다. 자료를 통해 알 수 있는 것은? (단, 모든 계산은 소수점 아래 첫째 자리에서 반올림한다)

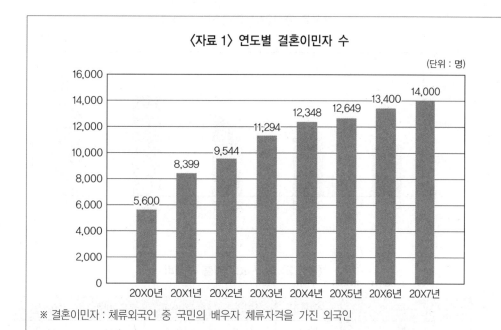

〈자료 1〉 연도별 결혼이민자 수

(단위 : 명)

※ 결혼이민자 : 체류외국인 중 국민의 배우자 체류자격을 가진 외국인

〈자료 2〉 20X7년 국적별 결혼이민자 수

(단위 : 명)

국적	베트남	중국 (한국계)	중국	필리핀	일본	캄보디아	태국	기타
결혼 이민자 수	3,920	3,360	2,800	1,260	560	420	280	1,400

※ 기타 : 200명 미만인 16개 국적의 결혼이민자 수의 합계

① 20X7년 결혼이민자 수는 20X2년 대비 약 147% 증가하였다.

② 20X0년 대비 20X1년의 결혼이민자 수 증가율은 약 55%이다.

③ 기타에 해당하는 국적 중 결혼이민자 수가 87명 이하인 국적이 존재한다.

④ 20X7년 필리핀 국적의 결혼이민자 수는 해당 연도 전체 결혼이민자의 28%에 해당한다.

⑤ 20X7년 중국(한국계)과 중국 국적의 결혼이민자 수의 합은 전년도 전체 결혼이민자 수 대비 과반수를 차지한다.

14. 다음 자료에 대한 해석으로 옳지 않은 것은?

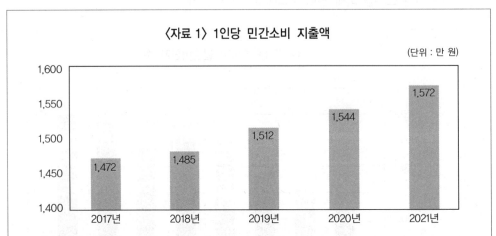

〈자료 1〉 1인당 민간소비 지출액

(단위 : 만 원)

※ 1인당 민간소비 지출＝민간소비 지출÷총인구

〈자료 2〉 가구 소비지출 구성비

(단위 : %)

구분	2017년	2018년	2019년	2020년	2021년
교통	12.4	13.0	12.6	12.0	14.3
식료품 / 비주류음료	14.0	13.8	13.8	13.7	14.1
음식 / 숙박	12.9	13.1	13.2	13.5	13.9
주거 / 수도 / 광열	10.8	10.4	10.8	10.7	11.1
기타 상품 / 서비스	8.2	8.4	8.4	8.6	7.9
교육	11.4	11.2	11.1	11.1	7.4
보건	6.6	6.6	6.8	7.0	7.1
오락 / 문화	5.6	5.8	5.8	5.9	6.8
의류 / 신발	6.8	6.6	6.3	6.2	6.2
통신	6.2	5.9	5.8	5.6	5.4
가정용품 / 가사서비스	4.0	4.1	4.1	4.3	4.4
주류 / 담배	1.1	1.1	1.3	1.4	1.4

① 2019년 4인 가족은 주거 / 수도 / 광열 부문의 비용으로 약 653만 원을 지출하였다.

② 가구 소비지출에서 통신 부문 비용이 차지하는 비율과 지출액은 점점 줄어들고 있다.

③ 2020년과 2021년 주류 / 담배 부문의 소비지출 비율은 동일하나, 지출액은 3,000원 이상 차이가 난다.

④ 가구 소비지출 전체 부문 중 음식 / 숙박 부문에서만 유일하게 지출액 구성비율이 매년 지속적으로 증가하였다.

⑤ 1인당 민간소비 지출액은 꾸준히 증가하였으며, 2021년 1인당 민간소비 지출액은 2017년 대비 100만 원 증가하였다.

15. 민 대리는 다음 자료를 참고하여 보고서에 그래프를 추가하고자 한다. 민 대리가 그린 그래프 중 적절하지 않은 것은?

○○공단 민 대리는 고용동향에 관한 통계를 바탕으로 보고서를 작성하려고 한다.

〈자료 1〉 실업률 동향

		2X17년	2X18년	2X19년					2X20년	
		연간*	연간	연간	1분기*	2분기	3분기	4분기	1분기	2분기
• 실업자 수(만 명)		102.3	107.3	106.4	124.8	117.6	94.6	89.1	116.2	122.6
• 실업자 수 증감** (만 명)	-남성	1.2	2.3	△0.3	3.3	△2.7	△12.7	△3.2	17.1	4.1
	-여성	0.1	2.7	△0.6	2.2	△4.0	△10.8	△2.3	10.0	2.3
• 실업률(%)		3.7	3.8	3.8	4.5	4.1	3.3	3.1	4.2	4.4
-15 ~ 29세		9.8	9.5	8.9	9.7	10.6	8.1	7.1	8.8	10.1
-30 ~ 39세		3.3	3.4	3.3	3.4	3.8	3.2	2.9	3.2	3.7
-40 ~ 49세		2.1	2.5	2.3	3.6	2.4	2.1	2.0	2.4	2.8
-50 ~ 59세		2.2	2.5	2.5	3.0	2.6	2.3	2.2	3.0	3.5
-60 ~ 69세		2.9	3.1	3.4	5.7	3.1	2.3	2.8	5.3	3.5

△ : 감소율 의미

* 연간은 연간 평균값을 의미, 각 분기는 각 분기별 평균 평균값을 의미

** 전년 동기와 비교하여 증감된 값

(예 : 2X19년 1분기 여성 실업자 수 증감=2X19년 1분기 여성 실업자 수-2X18년 1분기 여성 실업자 수)

〈자료 2〉 비경제활동인구 동향

	2X17년	2X18년	2X19년					2X20년	
	연간*	연간	연간	1분기*	2분기	3분기	4분기	1분기	2분기
• 비경제활동인구 (만 명)	1,618.0	1,628.4	1,632.1	1,627.0	1,628.8	1,638.8	1,635.8	1,647.1	1,711.4
• 경제활동참가율(%)	63.2	63.1	63.3	62.4	63.9	63.6	63.4	62.5	62.7
• 비경제활동인구 증감**(만 명)	△1.3	10.4	3.7	4.4	1.8	8.0	△1.0	11.3	64.3
－ 육아	△9.6	△7.5	△1.5	△2.6	△1.1	△0.1	△2.4	0.2	4.9
－ 가사	0.8	7.6	△13.7	△8.8	△14.3	△13.0	△16.9	△7.9	19.6
－ 재학·수강 등	△9.1	△10.6	△12.7	△14.1	△14.6	△9.2	△13.1	△9.8	△8.2
－ 연로	8.1	1.5	0.3	2.8	△0.4	△0.3	△1.1	△1.0	5.6
－ 쉬었음	10.8	11.8	23.8	15.2	22.4	29.9	27.7	25.1	35.0
－ 취업준비	4.5	2.4	3.4	10.7	3.2	4.1	1.9	△0.9	6.4

△ : 감소율 의미

* 연간은 연간 평균값을 의미, 각 분기는 각 분기별 평균 평균값을 의미

** 전년 동기와 비교하여 증감된 값

(예 : 2X19년 1분기 비경제활동인구증감＝2X19년 1분기 비경제활동인구－2X18년 1분기 비경제활동인구)

① [2X16 ~ 2X19년 연간 평균 실업자 수]

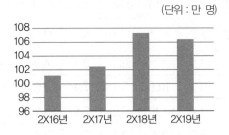

(단위 : 만 명)

② [2X19년 분기별 경제활동참가율]

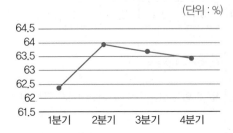

(단위 : %)

www.gosinet.co.kr gosinet

1회 기출유형

2회 기출유형

3회 기출유형

4회 기출유형

5회 기출유형

6회 기출유형

인성검사

③ [2X19년 분기별 평균 실업자 수 증감]

(단위 : 만 명)

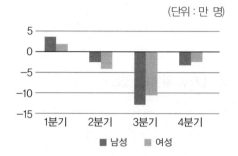

■ 남성 ■ 여성

④ [2X19년 분기별 전체 실업률]

(단위 : %)

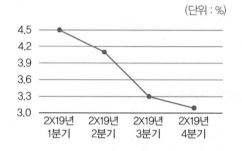

⑤ [분기별 30 ~ 40대 실업률]

(단위 : %)

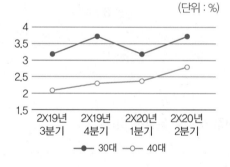

—●— 30대 —○— 40대

창의수리 _15문항

01. 다음 숫자들의 배열 규칙에 따라 '?'에 들어갈 숫자로 알맞은 것은?

> 2.2   4.3   6.6   9.1   11.8   14.7   (?)

① 15.9   ② 17.8   ③ 19.2
④ 21.1   ⑤ 22.5

02. 다음 숫자들의 배열 규칙에 따라 '?'에 들어갈 숫자로 알맞은 것은?

> 36 3 6   44 7 4   32 5 (?)

① 3   ② 5   ③ 6
④ 7   ⑤ 8

03. 다음 숫자들의 배열 규칙에 따라 '?'에 들어갈 숫자로 알맞은 것은?

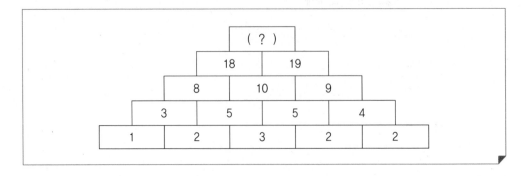

① 20   ② 26   ③ 31
④ 37   ⑤ 41

04. 다음 A와 B에 들어갈 숫자를 곱한 값은?

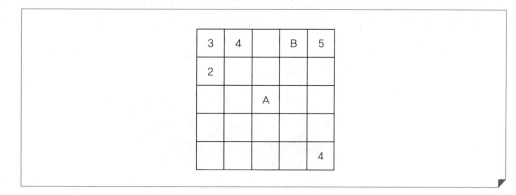

① 1   ② 2   ③ 4

④ 5   ⑤ 6

05. 다음 숫자들의 배열 규칙에 따라 '?'에 들어갈 숫자로 알맞은 것은?

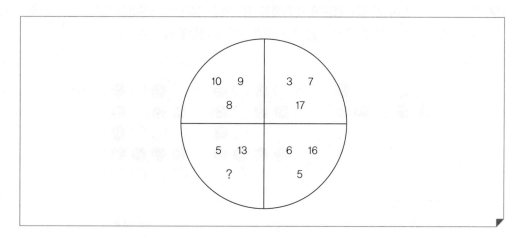

① 6   ② 7   ③ 8

④ 9   ⑤ 10

06. 다음 톱니바퀴 A, B에는 각각 톱니의 튀어나온 부분(바깥쪽)과 들어간 부분(안쪽)의 서로 다른 일정한 규칙에 따라 숫자가 적혀 있다. 두 톱니바퀴가 서로 맞물리는 부분의 두 수 관계에 따른 규칙이 동일하다고 할 때 '?'에 들어갈 숫자로 알맞은 것은?

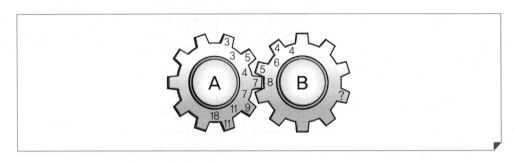

① 16 　　　　　 ② 29 　　　　　 ③ 30
④ 46 　　　　　 ⑤ 48

07. 다음 그림과 같이 흰색과 검은색 바둑돌을 정사각형 형태로 나열하고 있다. 검은색 바둑돌의 수가 총 171개일 때의 가장 작은 정사각형 1변의 바둑돌의 개수는?

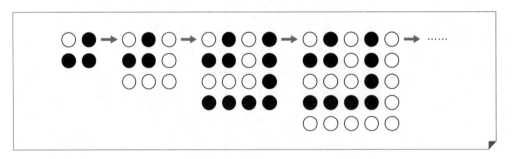

① 14개 　　　　　 ② 16개 　　　　　 ③ 18개
④ 20개 　　　　　 ⑤ 22개

08. A 컨트리클럽 관리과 김 대리는 골프코스 경계에 흰색 OB 말뚝을 설치하려 한다. 처음 7m 간격으로 설치하려던 계획을 5m 간격으로 바꾸었더니 6개의 말뚝이 더 필요하게 되었다. 코스의 양끝에도 말뚝을 설치한다면, 골프코스의 길이는 몇 m인가?

① 100m   ② 105m   ③ 107m
④ 110m   ⑤ 112m

09. 100명이 응시한 자격증 시험에서 20%가 합격하였는데 합격자의 평균이 80점이었다. 전체 평균이 70점이라고 할 때 불합격자의 평균은 몇 점인가?

① 65점   ② 67.5점   ③ 69점
④ 69.5점   ⑤ 70점

10. 무궁화호가 출발하고 1시간 뒤 시속 120km로 출발한 새마을호가 출발한 지 3시간 후 무궁화호를 따라잡았다. 서울과 부산까지의 거리가 400km라면, 무궁화호가 서울에서 출발하여 부산에 도착하는 데 걸리는 시간은 얼마인가? (단, 소수점 아래 둘째 자리에서 반올림한다)

① 4.2시간   ② 4.4시간   ③ 5.2시간
④ 5.4시간   ⑤ 5.6시간

www.gosinet.co.kr gosinet

1회 기출유형
2회 기출유형
3회 기출유형
4회 기출유형
5회 기출유형
6회 기출유형
인성검사

11. K 회사는 이번에 새로 출시된 상품들을 광고하려 한다. 광고 시간은 상품별로 20초와 25초 두 종류로 나누어 진행하며, 다음 광고로 넘어갈 때마다 1초의 간격이 있다고 한다. 정확하게 4분 30초 동안 11개의 상품을 광고하고 싶다면, 최대 몇 개의 상품을 25초로 광고할 수 있는가?

① 3개　　　　　　　② 5개　　　　　　　③ 6개
④ 7개　　　　　　　⑤ 8개

12. 톱니 수가 각각 24개, 54개, 36개인 톱니바퀴 A, B, C가 서로 맞물려 있다. 이 세 개의 톱니바퀴들이 한 지점에서 회전을 시작하여 다시 같은 지점으로 돌아오려면, 톱니바퀴 A는 최소 몇 번을 회전해야 하는가?

① 7번　　　　　　　② 9번　　　　　　　③ 11번
④ 13번　　　　　　　⑤ 15번

13. 20XX 프로야구 페넌트레이스는 총 10개 구단이 리그전 방식으로 9차전에 걸쳐 진행된다고 한다. 모든 경기를 단판전으로 진행한다면 진행될 야구 경기는 몇 경기인가?

① 315경기　　　　　② 360경기　　　　　③ 405경기
④ 450경기　　　　　⑤ 495경기

14. A와 B는 빨간 구슬, 파란 구슬, 하얀 구슬이 각각 한 개씩 담겨 있는 주머니를 가지고 다음의 규칙에 따라 게임을 하려고 한다. 빨간 구슬을 뽑는 사람이 이긴다고 할 때, A가 이길 확률은?

- A부터 번갈아서 구슬을 한 개씩 뽑는다.
- 빨간 구슬을 뽑으면 게임이 종료된다.
- 파란 구슬을 뽑으면 구슬을 주머니에 다시 넣지 않는다.
- 하얀 구슬을 뽑으면 하얀 구슬을 제외한 모든 구슬을 주머니에 다시 넣는다.

---

① $\dfrac{1}{2}$　　　　　② $\dfrac{7}{12}$　　　　　③ $\dfrac{2}{3}$

④ $\dfrac{3}{4}$　　　　　⑤ $\dfrac{5}{6}$

15. A, B 2개의 용기가 있다. A에는 15%의 소금물이, B에는 6%의 소금물이 각각 100g씩 들어 있다. A, B 각각 Mg의 소금물을 덜어 A의 것을 B에, B의 것을 A에 넣고 섞은 결과 A의 농도는 12%가 되었다. 다시 한 번 Mg씩을 덜어 교환했다면 A의 농도는 몇 %인가?

① 7%　　　　　② 8%　　　　　③ 9%

④ 10%　　　　　⑤ 11%

1회 기출유형　2회 기출유형　3회 기출유형　4회 기출유형　5회 기출유형　6회 기출유형　인성검사

2회 기출유형모의고사

▶ 정답과 해설 16쪽

언어이해 _15문항

01. 다음 글의 맥락상 ㉠에 들어갈 단어로 적절하지 않은 것은?

> 전쟁의 상흔은 민초의 삶을 어떻게 바꿔 놓을까? 삶의 (㉠)이/가 달라지는 고통은 상상 이상이다. 삶이 변화하는 게 아니라 망가지고, 파괴된다. 일본의 식민지배는 우리나라와 주변국에 역사적 상흔을 안겼다. 지배적 역사가 개인의 삶을 어떻게 파괴하는지, 역사에 담지 못한 개인의 삶을 따라가다 보면 그 참상은 더욱 처참하다.

① 갈피   ② 궤도   ③ 궤적

④ 방향   ⑤ 행보

02. 다음 문장을 문맥에 따라 순서대로 배열한 것은?

> ㉮ 이러한 상황에서 고령층은 새로운 소득 작물을 재배하기도 하고, 지역 농산물을 활용해 독창적인 상품을 만들어 내기도 한다.
>
> ㉯ 그러나 이제는 농촌에서 태어나는 아이도 없을뿐더러 그나마 있는 청년들도 도시로 떠나려 한다.
>
> ㉰ 그럼에도 농촌에서 능력을 발휘하며 열정을 불태우는 청년들이 있다는 것은 매우 고무적인 일이다.
>
> ㉱ 사회 전반적으로 고령화가 진행되고 있지만 농촌은 특히나 심각하다.

① ㉱ – ㉮ – ㉯ – ㉰   ② ㉱ – ㉮ – ㉰ – ㉯   ③ ㉱ – ㉯ – ㉮ – ㉰

④ ㉱ – ㉯ – ㉰ – ㉮   ⑤ ㉱ – ㉰ – ㉯ – ㉮

03. 다음 중 주제와 다른 이야기를 하는 사람은?

> A : 아이들 자신과 관련 있는 이야기를 쓴 책이 좋다고 생각해. 자신과 관련 있는 이야기라면 재미도 있고 공감도 많이 할 수 있어.
>
> B : 아이들은 재미가 없으면 책을 잘 읽으려고 하지 않아. 하지만 재미가 없더라도 좋은 책을 많이 읽는 습관을 기르는 것이 중요해.
>
> C : 많이 팔리는 책이 좋다고 생각해. 많은 사람들이 읽었다면 좋은 책일 거야.
>
> D : 누가 책을 썼느냐가 중요하다고 생각해. 글쓴이가 유명하면 책 내용도 좋지 않겠어?
>
> E : 그런 책이 모두 좋다고는 할 수 없어. 그보다는 아이들 수준에 맞아야 한다고 생각해. 어른들이 좋다고 해도 너무 어려워서 읽지 못한다면 소용없어.

① A
② B
③ C
④ D
⑤ E

04. 다음 (가)와 (나)의 공통된 서술 방식으로 적절한 것은?

> (가) 신화는 인류의 보편적 속성에 기반하여 형성(形成)되고 발전되어 왔지만 그 구체적인 내용은 각 민족마다 다르게 나타난다. 즉, 나라마다 각각 다른 지리 · 기후 · 풍습 등의 특성이 반영되어 각 민족 특유의 신화가 만들어지는 것이다. 그래서 고대 그리스의 신화와 중국의 신화는 신화적 발상과 사유에 있어서는 비슷하지만 내용은 전혀 다르게 전개되고 있다.
>
> (나) 자본주의 시장경제가 잘 굴러가기 위해서는 끝없는 욕망으로 인해 늘 불만족해 하는 사람들이 있어야 한다. 그런 사람들은 열심히 일해서 돈을 벌고자 하는 욕심이 강하기 때문에 노동시장에서 노동공급을 원활하게 하며 다른 한편으로는 노동시장에서 번 돈을 상품시장에서 펑펑 써서 상품이 잘 팔리게 해 준다. 달리 말하면 자본주의 시장경제는 다른 어떤 체제보다도 인간을 더 행복하게 만들 수 있는 능력을 가지고 있지만, 결국 사람들을 끊임없이 불만족하게 해야 잘 굴러갈 수 있다는 모순을 내포하고 있다.

① 전제 – 예시
② 주지 – 부연
③ 전제 – 주지
④ 주장 – 이유 제시
⑤ 주장 – 예시

1회 기출유형 2회 기출유형 3회 기출유형 4회 기출유형 5회 기출유형 6회 기출유형 인성검사

05. 다음 글의 빈칸에 들어갈 내용으로 적절한 것은?

> 우리는 환경이 우리가 존중하는 분위기와 관념을 구현하고, 우리에게 그것을 일깨워 주기를 은근히 기대한다. 건물이 일종의 심리적 틀처럼 우리를 지탱하여 우리에게 도움이 되는 우리 자신의 모습을 유지해 주기를 기대한다. 우리 내부에 필요한 것—그러나 필요하다는 사실 자체를 잊을 위험이 있는 것—을 표현해 주는 물질적 형태들을 주위에 배치한다. 벽지, 벤치, 그림, 거리가 우리의 진정한 자아의 실종을 막아 주기를 기대한다.
>
> 어떤 장소의 전망이 우리의 전망과 부합되고 또 그것을 정당화해 준다면 우리는 그곳을 '집'이라는 말로 부르곤 한다. 꼭 우리가 영구히 거주하거나 우리 옷을 보관해 주어야 집이라는 이름을 붙이는 것은 아니다. 어떤 건물과 관련하여 집 이야기를 하는 것은 단지 그것이 우리가 귀중하게 여기는 내적인 노래와 조화를 이룬다는 사실을 인정하는 방식일 뿐이다. 집은 공항이나 도서관일 수도 있고, 정원이나 도로변 식당일 수도 있다.
>
> 집을 사랑한다는 것은 또 우리의 정체성이 스스로 결정되는 것이 아님을 인정하는 것이다. (   ) 우리의 약한 면을 보상하기 위해서다. 우리에게는 마음을 받쳐줄 피난처가 필요하다. 세상의 아주 많은 것이 우리의 신의와 대립하기 때문이다. 우리에게는 우리 자신이 바람직한 모습을 바라보게 해 주고, 중요하면서도 쉬이 사라지는 측면들이 살아있도록 유지해 줄 방이 필요하다.

① 벽지, 벤치, 그림 등을 진정한 자아의 실종을 막도록 배치해야 한다.

② 삶을 통해 얻게 되는 다양한 스트레스를 집에서 풀 수 있어야 한다.

③ 우리의 정체성을 견지하기 위해 타인과 함께 사는 지혜가 필요하다.

④ 우리에게는 물리적인 집뿐만 아니라 심리적인 의미의 집도 필요하다.

⑤ 우리가 인간으로서 가지는 정체성은 우리가 사는 집에 의해서 결정된다.

06. 다음 글에서 추론할 수 없는 내용은?

> 우주는 물체와 허공으로 구성된다. 물체와 허공 이외에는 어떠한 것도 존재한다고 생각할 수 없다. 그리고 우리가 허공이라고 부르는 것이 없다면 물체가 존재할 곳이 없고 움직일 수 있는 공간도 없을 것이다. 허공을 제외하면 비물질적인 것은 존재하지 않는다. 허공은 물체에 영향을 주지도 받지도 않으며 다만 물체가 자신을 통과해서 움직이도록 허락할 뿐이다. 물질적인 존재만이 물질적 존재에 영향을 줄 수 있다.
>
> 영혼은 아주 미세한 입자들로 구성되어 있기 때문에 몸의 나머지 구조들과 더 잘 조화를 이룰 수 있다. 감각의 주요한 원인은 영혼에 있다. 그러나 몸의 나머지 구조에 의해 보호되지 않는다면 영혼은 감각을 가질 수 없을 것이다. 몸은 감각의 원인을 영혼에 제공한 후 자신도 감각 속성의 몫을 영혼으로부터 얻는다. 영혼이 몸을 떠나면 몸은 더 이상 감각을 소유하지 않는다. 왜냐하면 몸은 감각 능력을 스스로 가진 적이 없으며 몸과 함께 태어난 영혼이 몸에게 감각 능력을 주었기 때문이다. 물론 몸의 일부가 소실되어 거기에 속했던 영혼이 해체되어도 나머지 영혼은 몸 안에 있다. 또한 영혼의 한 부분이 해체되더라도 나머지 영혼이 계속해서 존재하기만 한다면 여전히 감각을 유지할 것이다. 반면에 영혼을 구성하는 입자들이 전부 몸에서 없어진다면 몸 전체 또는 일부가 계속 남아 있더라도 감각을 가지지 못할 것이다. 더구나 몸 전체가 분해된다면 영혼도 더 이상 이전과 같은 능력을 가지지 못하고 해체되며 감각 능력도 잃게 된다.

① 허공은 물체의 운동을 위해 반드시 필요하다.
② 감각을 얻기 위해서는 영혼과 몸 모두가 필요하다.
③ 영혼은 비물질적인 존재이며 몸에게 감각 능력을 제공한다.
④ 영혼이 담겨 있던 몸 전체가 분해되면 영혼의 입자들은 흩어져 버린다.
⑤ 육체의 일부가 소실되면 영혼의 일부가 해체되지만 나머지 영혼은 여전히 감각 능력을 유지할 수 있다.

www.gosinet.co.kr gosinet

1회 기출유형

2회 기출유형

3회 기출유형

4회 기출유형

5회 기출유형

6회 기출유형

인성검사

07. 다음 글에 나타난 저자의 견해로 적절하지 않은 것은?

> 가림토 문자는 논란이 되고 있는 〈환단고기〉라는 책에 등장하는 고대 한국의 문자이다. 이 책이 세간의 관심을 끈 것은 기원전 2181년에 이미 고대 한국의 문자가 만들어졌다는 기록 때문이다. 흥미롭게도 그 기록은 훈민정음의 서문이나 신숙주의 〈동국정운〉의 서문과 너무도 흡사하다. 그런데 문제는 만약 이러한 고대 한국의 문자가 있었다면 왜 우리의 고대 자료에 한 번도 등장하지 않았는가 하는 점이다.
>
> 일본에서는 훈민정음이 일본의 신대 문자를 본뜬 것이라는 주장이 있어 왔다. 두 문자가 모양과 음까지 너무도 닮았고, 신대 문자는 이미 오래 전부터 전해 내려오고 있었다니 훈민정음이 이 문자의 영향을 받지 않았나 하는 주장이 제기되었던 것이다. 그러나 이러한 주장은 그 진위를 다시 한 번 고려해 볼 필요가 있다. 일본에서의 신대 문자 사용에 대한 문헌조사 결과 그 문자의 존재를 뒷받침할 근거가 불충분하여, 학계에서도 그러한 문자가 존재했을 가능성은 거의 없다는 것이 정설이다. 우리의 가림토 문자도 이와 비슷한 문제점을 가지고 있으니 언어학적으로는 그리 큰 의미가 없다고 하겠다.

① 훈민정음은 가림토 문자의 영향을 받아 만들어졌다.

② 가림토 문자는 언어학적으로 큰 의미를 가지고 있지 않다.

③ 일본의 신대 문자는 그 존재의 확실성이 부족하다.

④ 훈민정음이 일본의 신대 문자를 본뜬 것이라는 주장은 사실이 아닐 가능성이 높다.

⑤ 고대 한국의 문자가 있었다면 우리의 고대 자료에 등장했어야 한다.

08. 다음 글의 제목으로 적절한 것은?

> 저탄소 녹색성장은 생산과 소비라는 두 가지 기본 요소로 구성되는 경제계에서 자원과 자연을 포함하는 광의의 경제관을 전제로 경제활동 및 환경 문제를 해결하겠다는 인식의 대전환을 요구하고 있다. 자연환경 및 자원이 유한하다는 인식을 기초로 경제활동을 하고 있지만, 실제 경제활동은 자연환경이 자정역량에 의해서 항상 깨끗할 것이고 자원은 무한히 공급될 수 있다는 인식하에 이루어지고 있다. 그 결과 지구의 성장은 환경 문제로 둔화될 것이라는 주장이 확산되고 있을 뿐만 아니라 환경오염은 인류의 삶을 위협할 정도로 악화되고 있으며, 자원, 특히 에너지 자원 부족현상은 가속화되고 있다. 이 같은 환경오염 문제를 해결하고, 특히 성장의 동력으로 활용하기 위해서는 경제계와 환경계가 상호 영향을 주고 있는 불가분의 관계에 있다는 사실을 인식해야 할 것이다. 그리고 환경계까지 포함하는 광의의 시장이 형성되어야 한다.
>
> 그 이유는 첫째, 환경이 경제에 영향을 미치고 있기 때문이다. 환경은 생산과 소비활동에 필요한 자원과 에너지를 공급하는 동시에 경제활동을 일부 제약하기도 한다. 둘째, 환경은 경제활동의 결과 발생된 잔여물을 일정한도 내에서 흡수하여 정화하는 역할을 수행하고 있다. 셋째, 환경은 자연경관, 깨끗한 공기와 물 등을 통해 사람들에게 직접적인 만족을 제공하고 있다. 한편 생산자, 소비자, 정부 등 모든 경제 주체는 경제활동 결과 필연적으로 발생하는 잔여물을 환경계로 방출하고 있다. 이처럼 환경과 경제는 서로 영향을 주고받으면서 양자 간에 순환하는 구조를 갖고 있다. 따라서 경제활동에 공급되는 자연자원은 가급적 효율적으로 사용되어야 할 것이고 배출되는 잔여물의 재생 또는 재활용 기능을 강화한 자원순환형 경제 구조를 요구해야 할 것이다.

① 저탄소 녹색성장의 배경　　　　　② 자연의 위대한 재활용 기능

③ 환경과 경제의 중요성　　　　　　④ 자원순환형 경제의 필요성

⑤ 환경이 경제에 미치는 영향

09. 다음 중 바이오시밀러 산업을 지원해야 하는 이유에 해당되지 않는 것은?

바이오시밀러(Biosimilar)는 사람이나 다른 생물체에서 유래된 세포 · 조직 · 호르몬 등의 유효물질을 이용하여 유전자재결합 또는 세포배양기술을 통해 분자생물학적 기법으로 개발한 의약품인 바이오의약품(생물학적제제 · 유전자재조합의약품 · 세포배양의약품 · 세포치료제 · 유전자치료제 등)의 복제약(특허가 만료된 오리지널 의약품을 모방하여 만든 약품)을 뜻하는 말이다. 또한 바이오시밀러는 동등생물의약품 또는 FOB(Follow-on Biologics)라고도 하며, 오리지널 바이오의약품과 동등한 품목 · 품질을 지니며, 비임상 · 임상적 비교동등성이 입증된 의약품이다.

화학 합성의약품 복제약(제네릭, Generic)의 경우 오리지널 약품의 화학식만 알면 쉽게 만들 수 있고, 화학반응에 이변이 없어 오리지널 의약품의 공정과 똑같이 생산된다. 반면 살아 있는 단백질 세포 등을 이용하여 만드는 바이오시밀러의 경우, 아무리 염기서열이 동일한 의약품을 개발하려 해도 구조적 복잡성으로 인하여 특성 분석이 어렵다. 단백질 세포는 배양배지 · 배양온도 · 배양크기에 매우 민감하여 오리지널 약품과 똑같은 복제약을 제조하는 것은 불가능하며 단지 유사한 복제약을 개발할 수 있을 뿐이다. 또 합성의약품 복제약을 개발할 때에는 임상시험이 생략되지만 바이오시밀러의 경우에는 비임상 · 임상시험에 통과해야 한다.

바이오시밀러는 고가의 오리지널 바이오의약품에 비해 상대적으로 저렴하다는 장점이 있으며, 많은 오리지널 바이오의약품들이 2012년 이후 특허가 만료되어 바이오시밀러 시장이 확대될 것으로 보인다.

① 오리지널 바이오의약품과 거의 동일한 효과를 보인다면 바이오시밀러가 가격면에서 경쟁력이 있다.

② 가격이 비싸 의약품 혜택을 못 받는 저개발국 환자들을 치료할 수 있는 길을 열 수 있다.

③ 제네릭에 비해 엄격한 허가 기준을 충족시켜야 하므로 진입 장벽이 높아 경쟁력이 있고, 오리지널 바이오의약품만큼 또는 그 이상으로 좋은 제품이 될 수 있다.

④ 고령화 등으로 인하여 고가의 바이오의약품에 대한 수요가 증가하는 상황에서 바이오시밀러가 의료 관련 사회적 부담 비용을 낮출 수 있다.

⑤ 임상시험이 생략되는 화학 합성의약품 복제약과 달리, 오리지널 바이오의약품과 똑같은 복제약을 제조하기 위해 비임상 · 임상시험에 통과해야 한다.

10. 다음 글의 중심 내용으로 적절한 것은?

도시의 모든 것은 도시설계자의 발상과 계획대로 만들 수 있는 것은 아니며, 항상 변화와 성장을 반복해 마치 살아 있는 생물과 같은 것이라 할 수 있다. 다만 확실한 것은 사람들이 모여 살아가기 위해서는 그 성장을 제어하고 조종하는 계획적 개념이 필요하다는 것이다. 그러나 도시의 생명력과 어쩌면 혼돈스럽기도 할 만큼 다양한 분위기는 통치자도 설계자도 아닌 그곳에 사는 주민들의 손에서 탄생한다. 그리고 그런 논리성 혹은 합리성으로 묶이지 않는 도시일수록 그곳의 문화는 발전해 나간다. 사람들의 일상생활 속에서 긴 시간에 걸쳐 배양된 문화가 오직 그곳에만 존재하는 개성적인 모습일수록 사람들은 그 도시에 매료돼 모여들기 때문이다.

한국의 도시에 대해 말하자면 근대 이후부터는 항상 서구 도시의 방식을 따르려 하고 경제성만을 강조해 온 나머지 무질서가 만연한 모습이 되었다. 그 무질서함을 말할 때도 우연으로 바라보면서 도시적이라고 만족스럽게 평가하는 의견도 있기는 하다.

물론 여러 요소가 복잡하게 얽혀 만들어진 도시에 대해 이렇게 만들어야 한다고 한마디로 정의할 수 있는 해답은 없다. 그러나 도시가 쾌적하고 매력적이며 사람들이 꿈을 펼칠 수 있는 공간이 되기 위해서는 도시가 잘 기능할 수 있도록 질서를 마련할 수 있는 유능한 지도자가 필요하며 공동체로서의 도시를 만들려는 사람들의 공적 의식이 있어야 하는 것은 분명한 사실이다. 그런 의미에서 19세기 도시개조를 하던 시절에 급속도로 근대 도시로서의 골격을 갖췄으며, 20세기 후반부터 세계에 도시 사업에 대해 다시금 새로운 도시재생의 방식을 보여 주고 있는 파리에게 배울 점이 많다.

① 도시설계자의 발상대로 모든 도시를 계획적으로 만들 수 있는 것은 아니며 오히려 도시는 항상 변화와 성장을 반복하므로 마치 살아 있는 생물과 같은 것이라 할 수 있다.

② 도시의 생명력이 가장 잘 느껴지면서 혼돈스러울 수도 있는 다양한 분위기는 통치자도 설계자도 아닌 그곳에 사는 주민들의 손에서 탄생한다.

③ 한국의 도시는 근대 이후부터 항상 서구 도시의 방식을 따르려 한 결과, 결국 무질서가 만연한 도시의 모습을 띠고 있다.

④ 한국 도시의 무질서함은 우연에 따른 현상으로, 오히려 도시적인 것으로 만족스럽게 평가할 수도 있다.

⑤ 도시가 쾌적하고 매력적이며 사람들이 꿈을 펼칠 수 있는 공간이 되기 위해서는 도시가 잘 기능할 수 있도록 질서를 마련할 수 있는 유능한 지도자와 공동체로서의 도시를 만들려는 사람들의 공적 의식이 필요하다.

1회 기출유형
2회 기출유형
3회 기출유형
4회 기출유형
5회 기출유형
6회 기출유형
인성검사

11. 다음 발표 내용으로 알 수 없는 것은?

> 저는 신제품 개발 프로젝트를 위해 식품의 맛에 대해 고민하였습니다. 다양한 맛 중에 떫은 맛에 대해 이야기하려고 합니다. 단맛, 짠맛 등의 기본적인 맛은 혀의 미각 세포를 통해 느낄 수 있습니다. 그러면 떫은맛은 어떻게 느끼게 될까요? 떫은맛은 입속 점막과 같은 피부 조직이 자극을 받아 느껴지는 촉각입니다. 떫은맛을 내는 성분은 입안에서 혀 점막의 단백질과 결합합니다. 그 과정에서 만들어진 물질이 혀의 점막을 자극하면 우리는 입안이 텁텁하다고 느낍니다. 그 텁텁한 느낌이 바로 떫은맛입니다.
>
> 떫은맛은 우리 몸에 어떤 영향을 줄까요? 최근 발표된 Y 대학교 연구팀의 연구결과에 따르면 떫은맛을 내는 타닌이 들어 있는 감과 녹차는 당뇨와 고혈압 등을 개선하는 기능이 있다고 합니다. 그렇지만 떫은맛이 나는 식품을 많이 섭취하면 입이 마르고 대장에서 수분 흡수율이 지나치게 높아져서 속이 불편할 수 있다고 합니다.
>
> 떫은맛을 꺼리는 사람도 있지만 떫은맛은 다른 맛과 혼합하여 독특한 풍미를 형성하기도 합니다. 그 풍미를 즐기려고 녹차나 홍차를 마시는 사람도 많습니다. 타닌이 풍부한 감의 경우 덜 익은 감의 타닌은 침에 녹아서 떫은맛을 강하게 내지만, 감이 익으면서 타닌이 침에 녹지 않는 성질로 변하기 때문에 잘 익은 감에서는 떫은맛이 느껴지지 않습니다. 이런 감에서 저는 제 프로젝트 방향의 감을 잡았습니다. 하하하. 농담이구요, 여하튼 저는 이 잘 익은 감의 타닌 성분을 이용하여 고혈압에 도움을 줄 수 있는 새로운 건강식품 개발 프로젝트를 제안하고 싶습니다.

① 떫은맛을 이용한 다양한 타 회사의 건강식품의 예
② 떫은맛이 잘 익은 감에서는 느껴지지 않는 이유
③ 떫은맛이 포함된 음식들
④ 떫은맛을 느끼는 과정
⑤ 떫은맛의 효능

1회 기출유형

2회 기출유형

3회 기출유형

4회 기출유형

5회 기출유형

6회 기출유형

인성검사

12. 다음 글의 빈칸 ㉠에 들어갈 내용으로 적절한 것은?

> 키치(Kitsch)란 미학에서 보기 괴상한 것, 저속한 것과 같은 사물을 뜻하는 미적 가치이다. 키치라는 용어는 그것이 지칭하는 개념처럼 매우 근대적인 것이다. 키치는 1860년대에서 1870년대 사이에 뮌헨의 화가와 회상(畵商)의 속어로 사용되었으며, 하찮은 예술품을 지칭하는 데 사용되었다. 1910년대에 이르면 느슨하고 널리 유통되는 호칭으로서 국제적인 용어가 된다.
>
> 키치는 대중적 취향과 심리가 산업 사회에 직면하는 생생한 태도와 산물을 반영하고 있다. 이러한 의미에서 키치는 결코 쉽게 단정 짓고 파기할 수 없는 대중문화의 중요한 자원인 것이다. 또한 문화 내에 만연된 키치적 속성은 디자인이 반영해야 할 문화적 의미뿐만 아니라 표현성 면에서 미적 범주를 확장시킬 수 있는 가능성을 제공할 수 있다. 왜냐하면 만일 어떤 특정 시공간에 좋은 취향(good taste)과 좋은 디자인(good design)이 존재한다고 가정한다면 거기에는 언제나 키치의 모습이 함께 존재하기 때문이다.
>
> 키치와 좋은 취향의 예술 또는 디자인 사이의 관계는 '같은 동전의 양면'과 같은 것으로 우리는 이 모두를 함께 문화 현상으로 파악해야 한다. 따라서 그것이 미술, 디자인 또는 그 어떤 예술 형태이든 간에 일상 삶으로부터 유래하는 키치 현상을 이해하지 못한 채 막연히 '순수하고 진정하게 아름다운 것'을 만든다고 한다면 마치 그림자 없이 빛이 존재한다고 주장하는 것과 같다고 하겠다. 그러나 무엇이 빛이고 그림자인지는 오직 대중적 선택에 의해 결정될 일이다. 대중문화는 (㉠   )

① 키치와 고급 예술을 분류하는 확실한 기준이 되기 때문이다.

② 문화 현상에서 '동전의 양면'과 같은 역할을 담당하기 때문이다.

③ 영원히 고정된 것도 불변적인 것도 아니기 때문이다.

④ 산업 사회에 대한 인간의 태도를 반영하기 때문이다.

⑤ 대중의 미적 범주를 확장시키는 기능을 갖고 있기 때문이다.

13. 다음 (가) ~ (마) 문단 각각의 주제로 적절하지 않은 것은?

(가) 계절풍은 세계 곳곳에 나타나지만 아시아는 세계 최대의 계절풍 지역이다. 아시아 계절풍의 특징은 여름에는 남풍계의 바람이, 겨울에는 북풍계의 바람이 부는 것이지만, 지역의 위치와 지형에 따라 계절풍의 방향은 약간의 차이가 있다. 예를 들면 남부 아시아의 인도에서는 여름에는 남서풍, 겨울에는 북동풍이 불지만, 동부 아시아에서는 여름에는 남동풍, 겨울에는 북서풍이 분다.

(나) 우리나라 각 지점의 풍향을 보면 겨울(12 ~ 2월)에는 서북서 · 북서 · 북북서 등 북서풍계의 비율이, 여름(6 ~ 8월)에는 남서 · 남동 등 남풍계의 비율이 높다. 이와 같이 계절에 따라 탁월풍(卓越風)의 방향이 바뀌는 것이다. 지역에 따라 계절풍이 시작되는 시기와 빈도에 차이가 있으나 대체로 우리나라는 여름에는 남서 · 남동풍, 겨울에는 북서풍이 분다. 이는 이 두 계절풍이 발달할 때 우리나라 주변의 기압배치가 여름에는 남고북저형, 겨울에는 서고동저형으로 변하기 때문이다.

(다) 겨울 계절풍은 기압경도가 크기 때문에 풍속이 강하고, 여름 계절풍은 겨울 계절풍에 비하면 기압경도가 작아서 풍속이 약하다. 그리고 바람의 물리적 성질도 겨울 계절풍은 차고 건조한 데 비하여 여름 계절풍은 무덥고 습기가 많다. 이와 같은 계절풍의 특성은 우리나라의 여름과 겨울의 기후적 특징을 결정짓는 중요한 요인이 된다.

(라) 계절풍에 따른 기후 현상은 우계(雨季)와 건계(乾季)의 뚜렷한 구분이다. 우리나라를 비롯한 아시아에서 여름 계절풍이 불 때는 우계가 되고, 겨울 계절풍이 불 때는 건계가 된다. 우리나라의 여름 강수량은 연강수량의 약 50 ~ 60%를 차지한다. 해안 지방은 약 50%, 내륙 지방은 약 60%이고, 남부의 다우지에서는 65% 정도를 차지한다.

(마) 겨울 계절풍은 여름 계절풍보다 강하게 발달한다. 겨울이 되면 차가운 시베리아 기단이 우리나라에 영향을 미치는데, 시베리아 기단은 차고 건조한 대륙성 고기압으로 세계에서 가장 강력한 고기압이다. 시베리아 기단이 발달하면 동부 아시아 일대에는 북서풍이 분다. 한번 차가운 대기가 빠져 나가면 새로운 대기가 축적되는 데 보통 3, 4일이 걸리며, 그 동안 북서풍은 악화된다. 그 틈을 타서 양쯔강 부근이나 동경국해의 온대 저기압이 동쪽으로 이동해, 상대적으로 따뜻한 날씨가 된다.

① (가) 계절풍에 따른 아시아 지역의 풍향
② (나) 계절에 따른 우리나라의 풍향과 기압 배치
③ (다) 우리나라의 지역 및 계절별 강수량의 차이
④ (라) 계절풍에 따른 기후현상
⑤ (마) 우리나라 겨울철 기후에 영향을 미치는 요인

14. 다음 글을 통하여 유추할 수 있는 내용으로 적절하지 않은 것은?

여러 SF 영화나 액션 영화 등에서 자주 등장하는 것 중에 하나로 홍채인식이나 얼굴인식 등 첨단의 생체인식 장면들이 있다. 각종 생체인식 기술들은 보안장치, 신원조회 등에 실제로 도 이미 널리 쓰이고 있는데 최근 온라인 금융, 전자상거래 등의 증가와 함께 발전하게 된, 금융기술과 IT를 결합시킨 핀테크(FinTech) 기술에서도 이는 매우 중요하다.

핀테크에서 신용카드 등으로 결제할 경우 인증을 위해 비밀번호나 공인인증서 등을 사용하 지만 이 역시 정보유출의 우려 등 보안상의 문제가 여전하고 번거롭기도 하다. 따라서 지문, 음성, 홍채, 걸음걸이 등 사람의 신체를 이용하여 개인의 신원을 확인하는 생체인식 결제 (Biometric payment) 기술이 이런 문제를 보완하고 더욱 편리하게 이용할 수 있는 신기술로 부상하고 있다.

생체인식 기술 중에서도 비교적 오래된 지문인식은 사람들의 손가락무늬인 지문이 모두 다르다는 점에서 착안한 것으로, 우리나라에서는 만 17세가 되면 발급되는 주민등록증에도 본인의 지문이 찍혀 있다. 또 한 가지 기술 발전이 거듭되고 있는 생체인식 분야는 홍채인식 기술이다. 홍채인식 장면이 가장 인상적으로 등장한 영화로는 톰 크루즈가 주연을 맡았던 스 필버그 감독의 '마이너리티 리포트(Minority Report, 2002)'가 떠오르는데, 사람의 눈에서 빛 의 양을 조절하는 홍채는 신체 부위 중에서도 개인 간의 차이를 가장 잘 드러낸다고 한다. 홍채의 독특한 무늬는 생후 6개월경부터 형성되어 두세 살이 되면 거의 완전한 모양을 지니 고 이후로 평생 변하지 않으므로, 홍채의 무늬패턴 및 망막의 모세혈관 모양 등을 인식하여 보안시스템 등에 활용할 수 있게 된다. 홍채의 특징적인 패턴은 지문패턴보다 훨씬 다양해서 식별력과 보안성이 더욱 우수하다고 한다.

얼굴인식은 결제용 인증에도 사용될 수 있지만 원래는 CCTV 등에 찍힌 영상으로부터 사 람의 얼굴을 구분하고 확인하는 보안용으로 사용하기 위하여 개발됐다. 최근 얼굴인식 기술 을 이러한 용도에 도입하는 데에 가장 적극적인 나라는 중국인데, 베이징의 서우두공항을 비 롯해서 수십 개 이상의 공항에 이미 이 시스템을 도입했다. 또한 중국 주요 도시 기차역에도 얼굴인식 검표 시스템을 도입했을 뿐 아니라, 주요 시설들을 순찰하는 공안의 상당수는 얼굴 인식 기능이 탑재된 '스마트 선글라스'를 착용하여 수많은 인파 속에서도 범죄용의자, 외국의 스파이 등을 순식간에 찾아낸다고 한다.

① 생후 3개월의 아이에게는 홍채인식을 사용할 수 없다.
② 홍채 인식을 위해서는 인식에 필요한 특수 안경 등의 장비가 필요하다.
③ 지문과 홍채가 생체인식의 방법이 되는 이유는 모든 인간이 지닌 특징이기 때문이다.
④ 생체인식 기술은 타고난 인간의 신체적 외모에 한정된 기술 분야이다.
⑤ 얼굴인식 기술은 범죄자 색출뿐 아니라 광고, 사람 찾기 등의 방면에도 활용될 수 있다.

15. 다음 글을 읽고 맹그로브 나무가 사라질 경우 발생할 수 있는 상황에 대한 추론으로 적절하지 않은 것은?

◎ 맹그로브 나무란?

맹그로브는 꽃이 피는 육상식물로서 동남아시아와 열대, 아열대 해안가와 갯벌에서 자라는 식물입니다. 넓은 의미로 열대 해안의 맹그로브 식물 군락을 일컬을 때 사용하기도 합니다.

맹그로브 나무는 뿌리가 밖으로 노출되어 있는 것이 특징이며 물고기의 산란장소, 은신처가 되어 줍니다. 또한, 해안 지반을 지지하고 수질을 맑게 유지해 주어 멸종위기종의 서식지가 되고, 태풍이 왔을 때 바람을 막아 주는 역할을 하는 유용한 식물입니다.

◎ 이산화탄소를 흡수하는 맹그로브

우리나라 나무 중 소나무, 상수리나무, 잣나무는 이산화탄소 흡수량이 높은 나무로 알려져 있습니다. 맹그로브 나무는 소나무에 비해 3배 정도 높은 이산화탄소 흡수량을 가지고 있습니다. 전 세계에 있는 맹그로브 숲은 연간 약 2,280만 톤의 이산화탄소를 흡수합니다.

◎ 점차 사라지고 있는 맹그로브

다양한 역할을 하는 고마운 식물 맹그로브! 그런데 맹그로브 군락지가 점점 사라지고 있다고 합니다. 특히 동남아 지역에서 맹그로브 숲이 빠르게 파괴되고 있는데요. 그 원인으로 무분별한 새우 양식이 꼽히고 있습니다. 맹그로브 숲은 천연 영양분이 많아 새우를 양식하는 데 적합한 장소입니다. 이 때문에 동남아 지역에서는 저렴한 가격으로 수출용 새우를 양식하기 위해 맹그로브 숲을 벌목하고 그 자리에 양식장을 세우고 있습니다.

또한, 지구온난화로 해수면이 높아짐에 따라 맹그로브 나무가 살기 어려워지고 있습니다. 맹그로브 나무가 살아남으려면 연간 해수면 상승이 5mm 미만이어야 하는데, 지금과 같은 수준으로 지구온난화가 계속될 경우 해수면 상승 속도는 연간 약 7mm가 되어 맹그로브 나무가 살기 어려워지게 됩니다.

맹그로브는 해양생태계에서 중요한 역할을 하고 있을 뿐 아니라 많은 양의 이산화탄소 흡수에 도움을 주기 때문에 지구 환경에 중요한 식물입니다. 이에 유네스코는 맹그로브 숲 복원을 위해 매년 7월 26일을 국제 맹그로브 생태계 보전의 날로 지정하고 있습니다. 더 이상 맹그로브 숲이 파괴되지 않도록 지속적인 관심과 보전이 필요한 시점입니다.

① 멸종되는 생물이 늘어날 수 있다.
② 태풍이 왔을 때 큰 피해를 입을 수 있다.
③ 해안가 주변에 모래가 퇴적되어 사막화가 진행될 수 있다.
④ 맹그로브 나무가 있던 지역의 어업이 피해를 입을 수 있다.
⑤ 이산화탄소 흡수량이 저조해진다.

언어추리 _15문항

01. 다음 조건이 성립한다고 가정할 때, 반드시 참인 것은?

> • 오래 앉아 있으면 목이 아프다
> • 앉아 있기 힘들면 공부하기가 어렵다.
> • 앉아 있기 쉬우면 목이 아프지 않다.

① 목이 아프면 앉아 있기 쉽다.
② 앉아 있기 쉬우면 공부하기가 쉽다.
③ 공부하기가 어려우면 목이 아픈 것이다.
④ 오래 앉아 있으면 공부하기가 어려워진다.
⑤ 앉아 있기 쉽지 않으면 목이 아픈 것이다.

02. A, B, C, D, E 다섯 사람이 〈조건〉에 맞추어 일렬로 서 있을 때, 항상 옳은 것은?

> ──────| 조건 |──────
> (가) D는 A의 왼쪽에 있다.
> (나) E와 D의 사이에 C가 있다.
> (다) A는 다섯 번째 자리에 있지 않다.
> (라) A와 C의 사이에 B가 있다.

① A는 3번째에 있다.　　② B는 4번째에 있다.　　③ D는 2번째에 있다.
④ E는 5번째에 있다.　　⑤ C는 1번째에 있다.

1회 기출유형
2회 기출유형
3회 기출유형
4회 기출유형
5회 기출유형
6회 기출유형
인성검사

03. 다음 대화의 내용이 모두 참일 때, 반드시 참인 것은?

> • 갑 : 땅콩을 먹으면 아몬드를 먹지 않아.
> • 을 : 밤을 먹으면 아몬드도 먹어.
> • 병 : 호두를 먹지 않는 사람은 잣을 먹어.

① 밤을 먹은 사람은 잣을 먹지 않는다.
② 아몬드를 먹지 않은 사람은 밤을 먹는다.
③ 땅콩을 먹은 사람은 호두를 먹는다.
④ 호두를 먹으면 아몬드를 먹지 않는다.
⑤ 땅콩을 먹으면 밤을 먹지 않는다.

04. A ~ E는 각각 독일어, 스페인어, 일본어, 중국어 중 1개 이상의 언어를 구사할 수 있다. 다음 진술들을 토대로 E가 구사할 수 있는 언어를 모두 고른 것은?

> A : 내가 구사할 수 있는 언어는 C와 겹치지 않아.
> B : 나는 D가 구사할 수 있는 언어와 독일어를 제외한 언어를 구사할 수 있어.
> C : 나는 스페인어를 제외하고 나머지 언어를 구사할 수 있어.
> D : 3개 언어를 구사할 수 있는 C와 달리 내가 구사할 수 있는 언어는 A와 동일해.
> E : 나는 B와 C를 비교했을 때, C만 구사할 수 있는 언어만 구사할 수 있어.

① 독일어   ② 스페인어   ③ 독일어, 스페인어
④ 일본어, 중국어   ⑤ 독일어, 일본어, 중국어

05. 명품 매장에서 도난 사건이 발생했다. CCTV 확인 결과, A ~ E가 포착되어 이들을 용의자로 불러서 조사했다. 다음 진술에서 범인인 한 사람만 거짓을 말한다고 할 때, 범인은 누구인가?

> A : B는 범인이 아니다.
> B : C 또는 D가 범인이다.
> C : 나는 절도하지 않았다. B 또는 D가 범인이다.
> D : B 또는 C가 범인이다.
> E : B와 C는 범인이 아니다.

① A   ② B   ③ C
④ D   ⑤ E

06. 다음 〈조건〉이 성립한다고 가정할 때, 반드시 참인 것은?

───| 조건 |───

• 안경을 쓰면 사물이 또렷하게 보인다.
• 헤드폰을 쓰면 소리가 크게 들린다.
• 안경을 쓰면 소리가 작게 들린다.
• 헤드폰을 쓰면 사물이 흐리게 보인다.

① 안경을 쓰면 헤드폰을 쓴 것이다.
② 소리가 크게 들리면 헤드폰을 쓴 것이다.
③ 헤드폰을 쓰면 안경을 쓰지 않은 것이다.
④ 사물이 또렷하게 보이면 안경을 쓴 것이다.
⑤ 소리가 작게 들리면 사물이 또렷하게 보인다.

07. 다음 〈보기〉의 내용 중 하나만 진실이고, 나머지는 모두 거짓이다. 갑, 을, 병 세 사람이 강아지, 고양이, 토끼 중 각각 서로 다른 동물을 키운다고 할 때, 다음 중 옳은 것은?

───────────| 보기 |───────────

⊙ 갑은 강아지를 키우지 않는다.　　　ⓒ 갑은 고양이를 키우지 않는다.
ⓒ 병은 고양이를 키우지 않는다.　　　ⓔ 병은 토끼를 키운다.

① 을은 토끼를 키우지 않는다.　　　② 병은 고양이를 키우지 않는다.
③ 갑은 강아지를 키우지 않는다.　　　④ 을은 고양이를 키우지 않는다.
⑤ 갑은 토끼를 키운다.

08. L 기업의 야유회에서 10명의 사원들을 5명씩 두 팀으로 나누어 보물찾기를 하고 있다. 한 팀이 먼저 보물을 숨기고 다른 팀에게 다음과 같이 힌트를 주었는데 두 명은 거짓을 말하고 있다. 거짓을 말하는 사람은 누구인가? (단, 보물은 한 개다)

• A : 보물은 풀숲 안에 숨겼습니다.
• B : 텐트 안에 보물이 있습니다.
• C : D는 진실만 말하고 있습니다.
• D : 풀숲 안에 보물을 숨기는 것을 보았습니다.
• E : 저희는 나무 아래에 보물을 숨겼습니다.

① A, B　　　　　② A, D　　　　　③ B, C
④ B, E　　　　　⑤ C, E

09. A, B, C, D, E 다섯 사람이 함께 모이기로 하였다. 다음 〈조건〉이 모두 참일 때, 항상 참인 것은?

───── | 조건 | ─────

• D가 도착했다면 A는 도착하지 않았다.
• E가 도착했다면 D도 도착하였다.
• C가 도착하지 않았다면 B도 도착하지 않았다.
• D가 도착하지 않았다면 B도 도착하지 않았다.
• E가 도착했다면 B도 도착하였다.

① A가 도착했다면 E도 도착하였다.
② B가 도착했다면 A도 도착하였다.
③ C가 도착했다면 A도 도착하였다.
④ D가 도착하지 않았다면 C도 도착하지 않았다.
⑤ E가 도착했다면 C도 도착하였다.

10. 다음 〈조건〉이 성립한다고 가정할 때, 반드시 참인 것은?

───── | 조건 | ─────

• 제품 출시일이 당겨지면 퇴근시간이 늦어진다.
• 수면시간이 길어지면 건강이 좋아진다.
• 야식을 먹으면 살이 찐다.
• 퇴근시간이 빨라지면 야식을 먹지 않는다.
• 건강이 좋아지면 제품 출시일이 늦춰진 것이다.

① 야식을 먹으면 수면시간이 짧아진다.
② 수면시간이 짧아지면 건강이 나빠진다.
③ 제품 출시일이 늦춰지면 건강이 좋아진다.
④ 제품 출시일이 당겨지면 야식을 먹지 않는다.
⑤ 제품 출시일이 당겨지면 수면시간이 짧아진다.

11. 다음 〈사실〉에 근거하여 논리적으로 추리할 때, 옳지 않은 것은?

―――――| 사실 |―――――

- a, b, c, d, e 다섯 명이 아파트에 입주를 시작한다.
- e는 세 번째 입주자이며, b가 그 바로 다음으로 입주한다.
- c는 b보다 먼저 입주한다.
- a와 d 사이에는 두 명의 입주자가 있다.
- d와 e는 연달아 입주하지 않는다.

① a는 e보다 먼저 입주한다.　　　　　② b는 d보다 먼저 입주한다.

③ d는 마지막 입주자이다.　　　　　　④ 첫 번째 입주자는 a이다.

⑤ c의 뒤에는 세 명 이상의 입주자가 있다.

12. 어느 모임에서 지갑 도난 사건이 있었다. 여러 가지 증거를 근거로 혐의자는 A, B, C, D, E로 좁혀졌다. A, B, C, D, E 중 한 명이 범인이고, 그들의 진술은 다음과 같다. 각각의 혐의자들이 말한 세 가지 진술 중에 두 가지는 참이지만 한 가지는 거짓이라고 밝혀졌을 때, 지갑을 훔친 사람은?

- A : 나는 훔치지 않았다. C도 훔치지 않았다. D가 훔쳤다.
- B : 나는 훔치지 않았다. D도 훔치지 않았다. E가 진짜 범인을 알고 있다.
- C : 나는 훔치지 않았다. E는 내가 모르는 사람이다. D가 훔쳤다.
- D : 나는 훔치지 않았다. E가 훔쳤다. A가 내가 훔쳤다고 말한 것은 거짓말이다.
- E : 나는 훔치지 않았다. B가 훔쳤다. C와 나는 오랜 친구이다.

① A　　　　　　　　　② B　　　　　　　　　③ C

④ D　　　　　　　　　⑤ E

13. A, B, C, D, E, F 여섯 사람은 공동명의로 8층짜리 건물을 매입하여 각자 한 층씩 사용하고 있다. 사용하는 층에 대한 정보가 〈조건〉과 같을 때, 항상 옳은 것은?

―| 조건 |―

⊙ A와 E가 사용하는 층 사이에 B가 사용하는 층이 있다.

ⓒ D는 A보다 높은 층을 사용하고, C는 5층을 사용한다.

ⓒ A가 사용하는 층의 아래층 또는 위층은 누구도 사용하지 않는다.

ⓔ F가 사용하는 층은 C가 사용하는 층보다 낮고, 2층은 E가 사용한다.

ⓜ 3층과 4층 중 하나는 아무도 사용하지 않는다.

① A는 6층을 사용한다.　　　　　　② B가 사용하는 층은 3층이다.

③ F는 E보다 높은 층을 사용한다.　　④ D가 사용하는 층은 8층이다.

⑤ 4층을 사용하는 사람은 없다.

14. A팀 3명, B팀 3명이 각각 색깔 카드를 한 장씩 가지고 있다. 카드는 빨강, 초록, 노랑, 3가지 색이고 팀 내에서 같은 색을 가지고 있는 사람은 없다. 이 중에서 3명을 선출할 때, 〈보기〉의 추론 중 항상 참인 것은?

⊙ 선출한 3명은 같은 팀이다.

ⓒ 선출한 3명의 카드에는 빨강과 초록이 들어있다.

ⓒ 선출한 3명의 카드는 다른 색이다.

―| 보기 |―

추론 1 : ⊙이 참이면 ⓒ도 반드시 참이다.

추론 2 : ⓒ이 참이면 ⓒ도 반드시 참이다.

추론 3 : ⓒ이 참이면 ⊙도 반드시 참이다.

① 추론 1　　　　　　② 추론 2　　　　　　③ 추론 3

④ 추론 1, 추론 2　　⑤ 추론 2, 추론 3

15. 다음은 알레르기 반응과 알레르기 약의 효능에 관한 진술이다. 알레르기 반응(두드러기)의 원인이 새우, 복숭아 또는 땅콩이라고 할 때, 다음의 진술 가운데 참이 아닌 것은? (단, 알레르기의 원인이 있는 요인들은 독립적으로 영향을 준다. 모든 사람들은 동일한 알레르기 약을 먹었으며, 동일한 효과를 보인다)

> ㉠ A는 새우를 먹었고 두드러기가 났다.
> ㉡ A는 새우와 복숭아를 먹고 알레르기 약도 먹었으나 두드러기가 났다.
> ㉢ B는 복숭아를 먹고 두드러기가 났으나 알레르기 약을 먹고 가라앉았다.
> ㉣ C는 땅콩을 먹었고 두드러기가 났다.
> ㉤ C는 땅콩을 먹으면서 알레르기 약을 같이 먹었고 두드러기가 나지 않았다.

① ㉠, ㉡의 경우만 고려하면 A는 새우와 복숭아 알레르기를 모두 가지고 있다.

② ㉣, ㉤의 경우만 고려하면 알레르기 약은 땅콩 알레르기에 효과가 있다.

③ ㉠, ㉡, ㉢의 경우만 고려한다면 알레르기 약은 새우 알레르기에는 효과가 없다.

④ ㉢, ㉣, ㉤의 경우만 고려하면 알레르기 약은 복숭아와 땅콩 알레르기 모두에 효과가 있다.

⑤ ㉠, ㉡, ㉢, ㉣, ㉤ 모두를 고려한다면 A, B, C, 세 사람은 모두 최소한 한 가지 이상의 알레르기가 있다.

자료해석 _15문항

01. 다음 2017 ~ 2021년 동안 근로소득세, 법인세 실효세율 추이를 비교한 표에 대한 설명으로 옳지 않은 것은?

〈근로소득세, 법인세 실효세율 추이 비교〉

(단위 : %)

구분	2017년	2018년	2019년	2020년	2021년
근로소득세	10.59	10.77	11.00	11.14	11.30
법인세	19.59	16.56	16.65	16.80	15.99

① 근로소득세 실효세율의 증감이 가장 낮은 해는 2020년이다.

② 2018년 대비 2020년 법인세 실효세율의 증가율은 약 1.45%이다.

③ 2021년 법인세의 실효세율은 근로소득세 실효세율의 약 1.42배이다.

④ 근로소득세의 실효세율은 2017년부터 2021년까지 매년 증가하는 추세를 보인다.

⑤ 2019년 대비 2020년 세금 실효세율의 증감률은 법인세가 근로소득세보다 높았다.

02. 다음은 연료별 자동차의 연간 총 주행거리 및 비중을 나타낸 자료이다. 이에 대한 설명으로 옳지 않은 것은?

구분	연간 총 주행거리(백만 km)					비중(%)			
	전체	휘발유	경유	LPG	전기	휘발유	경유	LPG	전기
20X0년	290,009	108,842	130,146	45,340	5,681	38	45	16	2
20X1년	298,323	110,341	137,434	44,266	6,282	37	46	15	2
20X2년	311,236	115,294	149,264	39,655	7,023	37	48	13	2
20X3년	319,870	116,952	156,827	37,938	8,153	37	49	12	3
20X4년	327,073	116,975	164,264	36,063	9,771	36	50	11	3

① 20X0년 대비 20X4년의 연간 총 주행거리 증가율이 가장 큰 것은 경유 자동차이다.

② LPG를 사용하는 자동차의 연간 총 주행거리는 매년 감소하고 있다.

③ 휘발유를 사용하는 자동차의 연간 총 주행거리는 매년 증가하고 있다.

④ 20X4년 기준 경유 자동차는 총 주행거리의 50%를 차지하고 있다.

⑤ 전기를 사용하는 자동차의 연간 총 주행거리는 매년 증가하고 있다.

03. 다음은 A 시, B 시의 물가 변동률을 나타낸 자료이다. 이에 대한 설명으로 옳은 것은?

〈A 시, B 시의 물가 변동률〉

(단위 : %)

구분	A 시	B 시
20X0년	0.62	2.45
20X1년	2.00	2.17
20X2년	4.47	3.43
20X3년	3.17	4.62
20X4년	4.98	4.95
20X5년	7.19	6.62
20X6년	10.19	6.07

① B 시의 물가 변동률은 매년 상승하고 있다.

② A 시의 물가 변동률은 매년 B 시 물가 변동률의 2배 이하이다.

③ A 시 물가 변동률의 전년 대비 증가율이 가장 높은 해는 20X6년이다.

④ B 시의 물가 변동률이 A 시의 물가 변동률보다 높은 연도는 4개이다.

⑤ 20X1 ~ 20X6년 중 전년 대비 물가 변동률의 차이가 가장 큰 연도는 A 시와 B 시가 동일하다.

04. 다음 자료에 대한 설명으로 옳지 않은 것을 〈보기〉에서 모두 고르면?

〈전공과 직업의 일치 여부〉

(단위 : %)

구분		일치한다	보통이다	일치하지 않는다	계
성별	남	33.3	40.4	26.3	100
	여	33.7	32.1	34.2	100
연령대별	10 ~ 20대	31.6	38.0	30.4	100
	30 ~ 40대	33.0	38.3	28.7	100
	50대 이상	36.7	30.7	32.6	100
직종별	전문직	45.3	30.5	24.2	100
	사무직	29.7	41.9	28.4	100
	서비스직	22.3	25.2	52.5	100
	기타	31.0	51.9	17.1	100

──────| 보기 |──────

ⓐ 전공과 직업이 일치한다고 응답한 비율이 가장 높은 항목은 성별에서는 여성, 연령대별에서는 50대 이상, 직종별에서는 전문직으로 나타났다.

ⓑ 만약 조사대상이 600명, 남녀 비율이 2 : 3이라면, 여성 중 전공과 직업이 일치한다고 응답한 사람은 120명 이하이다.

ⓒ 만약 조사대상이 1,000명이고 그중 서비스직에 종사하는 사람이 35%라면, 서비스직에 종사하는 사람 중 전공과 직업이 일치하지 않는다고 응답한 사람은 185명 이상이다.

① ⓐ   ② ⓑ   ③ ⓒ

④ ⓐ, ⓒ   ⑤ ⓑ, ⓒ

05. 다음은 주요 5개 도시의 미세먼지 및 초미세먼지 농도에 대한 자료이다. 이 중에서 통합미세먼지 지수가 '보통' 단계인 도시는 몇 곳인가?

〈주요 5개 도시 미세먼지 및 초미세먼지 농도〉

(단위 : $\mu g/m^3$)

구분	서울	부산	광주	인천	대전
미세먼지	86	77	43	63	52
초미세먼지	40	22	27	23	38

단계	좋음	보통	나쁨	매우 나쁨
통합미세먼지 지수	0 이상 ~ 90 미만	90 이상 ~ 120 미만	120 이상 ~ 160 미만	160 이상

―| 계산식 |―

- 통합미세먼지 지수＝미세먼지 지수＋초미세먼지 지수
- 미세먼지 지수
  - 미세먼지 농도가 70 이하인 경우 : 0.9×미세먼지 농도
  - 미세먼지 농도가 70 초과인 경우 : 1.0×(미세먼지 농도−70)+63
- 초미세먼지 지수
  - 초미세먼지 농도가 30 미만인 경우 : 2.0×초미세먼지 농도
  - 초미세먼지 농도가 30 이상인 경우 : 3.0×(초미세먼지 농도−30)+60

① 1곳   ② 2곳   ③ 3곳
④ 4곳   ⑤ 5곳

www.gosinet.co.kr

1회 기출유형
2회 기출유형
3회 기출유형
4회 기출유형
5회 기출유형
6회 기출유형
인성검사

06. 다음 L 지역 건축물의 현황의 ㉠ ~ ㉣에 들어갈 수치를 옳게 연결한 것은? (단, 소수점 아래 첫째 자리에서 반올림한다)

〈L 지역 건축물 현황〉

L 지역 건축물은 상업용, 주거용, 공업용, 문화·교육·사회용과 기타로 구성되어 있다. 상업용이 4만 3,846동, 공업용이 1만 4,164동, 문화·교육·사회용이 6,378동, 기타가 1만 1,598동이다.

구분	합계		주거용	
	동 수(동)	연면적(m²)	동 수(동)	연면적(m²)
합계	220,573	189,019,253	144,587	95,435,474
10년 미만	35,541	53,926,006	19,148	25,000,123
10년 이상 ~ 15년 미만	17,552	26,141,452	8,035	13,447,067
15년 이상 ~ 20년 미만	23,381	24,463,931	13,716	11,443,662
20년 이상 ~ 25년 미만	20,587	26,113,376	11,449	13,176,750
25년 이상 ~ 30년 미만	30,279	30,608,783	20,129	17,948,163
30년 이상 ~ 35년 미만	23,442	12,875,191	17,220	7,409,831
35년 이상	48,724	12,114,897	37,972	6,001,760
기타	21,067	2,775,617	16,918	1,008,118
노후건축물 비중(%)	㉠	㉡	㉢	㉣

※ 노후건축물=사용승인 후 30년 이상 된 건물(기타 건축물은 포함하지 않음)

① ㉠ 43%　　　　② ㉡ 13%　　　　③ ㉢ 21%

④ ㉣ 30%　　　　⑤ 정답 없음.

07. 다음 그래프는 국민건강통계자료 중 월간음주율에 관한 것이다. 이를 바르게 이해한 것은?

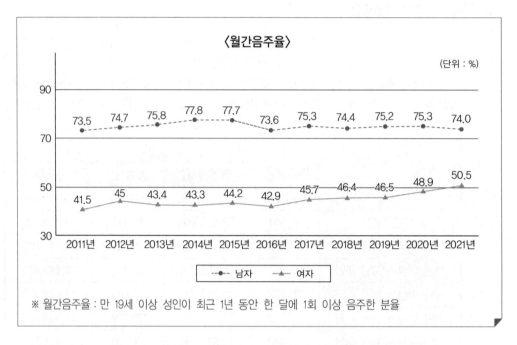

〈월간음주율〉

(단위 : %)

※ 월간음주율 : 만 19세 이상 성인이 최근 1년 동안 한 달에 1회 이상 음주한 분율

① 2015년 이후로 남성의 월간음주율은 매년 증가와 감소가 교대로 반복되었다.

② 2021년 여성의 월간음주율은 지난해에 비해 1.6%p 증가하였으나 남성의 월간음주율은 지난해에 비해 1.2%p 줄었다.

③ 2012년 만 19세 이상 여성인구를 1,160만 명으로 보면 2012년 매달 1번 이상 음주한 여성의 수는 500만 명보다 많다.

④ 2014년 만 19세 이상 남성인구를 1,390만 명이라고 보면 2014년 매달 1번도 음주하지 않은 남성의 수는 약 309만 명이다.

⑤ 조사기간 중 남성의 월간음주율이 70% 이하로 떨어진 해는 없었지만 여성의 월간음주율에 비해 1.4배 이하로 떨어진 해는 2021년이 처음이다.

08. 다음은 20X7년 설비투자 집행률에 대한 자료이다. 자료에 대한 해석으로 옳지 않은 것은? (단, 집행률은 소수점 아래 둘째 자리에서 반올림한다)

〈20X7년 설비투자 집행률〉

(단위 : 조 원, %)

구분		계획(A)	실적(B)	집행률($\frac{B}{A} \times 100$)
전체	합계	181.8	189.8	
	대기업	133.5	150.5	
	중견기업	23.6	18.0	
	중소기업	24.7	21.3	
제조업	합계	89.9	106.0	
	대기업	67.2	86.4	
	중견기업	13.1	10.8	
	중소기업	9.6	8.8	
비제조업	합계	91.9	83.8	
	대기업	66.3	64.1	
	중견기업	10.5	7.2	
	중소기업	15.1	12.5	

① 제조업 중 중소기업의 집행률은 91.7%이다.

② 제조업, 비제조업 모두 대기업, 중견기업, 중소기업의 집행률은 각각 70%를 웃돈다.

③ 제조업, 비제조업 모두 대기업의 집행률이 가장 높고, 중견기업의 집행률이 가장 낮다.

④ 제조업 중 중견기업은 20X7년 설비투자 계획에 비해 실적이 적었다.

⑤ 기업 단위로 비교할 때, 비제조업에 비해 제조업의 집행률이 모두 높았다.

09. 의류회사에 근무하는 박 사원은 지난주의 시간대별 모바일 쇼핑 매출 기록을 다음과 같이 정리하였다. 〈자료 1〉, 〈자료 2〉를 바탕으로 평일(5일) 시간대별 모바일 쇼핑 매출 비율을 추정할 때, 15 ~ 21시 구간이 매출에서 차지하는 비율은 얼마인가? (단, 모든 계산은 소수점 아래 둘째 자리에서 반올림한다)

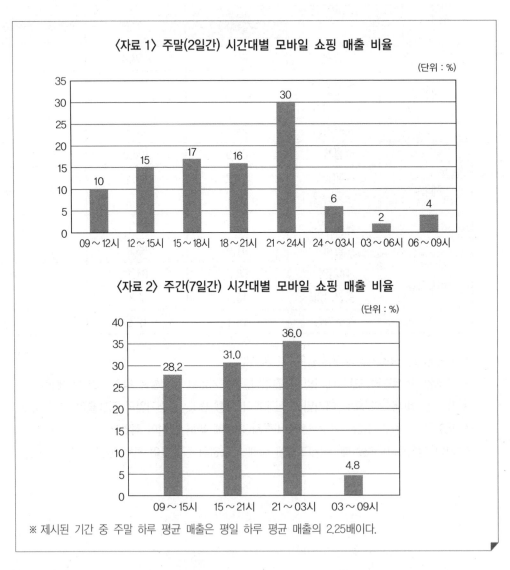

〈자료 1〉 주말(2일간) 시간대별 모바일 쇼핑 매출 비율

(단위 : %)

〈자료 2〉 주간(7일간) 시간대별 모바일 쇼핑 매출 비율

(단위 : %)

※ 제시된 기간 중 주말 하루 평균 매출은 평일 하루 평균 매출의 2.25배이다.

① 28%　　　　　　② 29%　　　　　　③ 30%

④ 31%　　　　　　⑤ 32%

10. 다음 자료에 대한 설명으로 옳지 않은 것은?

〈자료 1〉 생활체육참여율

(단위 : %)

구분	2016년	2017년	2018년	2019년	2020년	2021년
주 1회	43.3	45.5	54.8	56.0	59.6	50.2
주 2회 이상	35.0	31.4	41.5	45.3	49.3	48.2

※ 생활체육참여율 : 10세 이상 인구 중 1회당 30분 이상 규칙적인 체육활동에 참여하는 인구의 비율

〈자료 2〉 성별 및 연령집단별 주 2회 이상 생활체육참여율

(단위 : %)

구분		2016년	2017년	2018년	2019년	2020년	2021년
성별	남성	35.1	29.8	41.2	44.1	49.2	45.6
	여성	34.9	33.0	43.9	46.6	49.3	50.8
연령집단	20세 미만	27.4	24.8	38.9	36.2	45.9	45.3
	20 ~ 29세	30.3	28.7	47.2	46.0	46.9	56.5
	30 ~ 39세	32.1	30.6	40.3	42.3	46.8	51.1
	40 ~ 49세	38.5	31.1	44.3	48.3	50.7	47.8
	50 ~ 59세	41.4	36.0	45.9	47.9	51.0	47.2
	60 ~ 69세	39.8	37.4	48.1	51.0	54.2	52.1
	70세 이상	37.1	34.9	39.4	44.6	49.5	48.8

① 2019년에 주 1회 생활체육참여율은 전년 대비 2% 이상 증가하였다.

② 연령집단 중 2016년에 주 2회 이상 생활체육참여율이 두 번째로 높은 연령대는 60대이고, 2018년에는 20대가 두 번째로 높다.

③ 2018년 이후 매년 10세 이상 인구의 절반 이상이 주 1회 30분 이상 규칙적으로 체육활동에 참여하였다.

④ 2021년 주 2회 이상 규칙적인 체육활동을 하는 70세 이상 인구의 비율은 2016년 대비 35% 이상 증가하였다.

⑤ 조사기간 중 주 2회 이상 규칙적인 체육활동을 하는 인구의 비율이 전년 대비 가장 큰 폭으로 증가한 해는 2018년이다.

11. 다음은 지역 A ~ F에서 발생한 교통사고에 대한 자료이다. 〈조건〉에 따를 때, A, C에 해당하는 도시를 적절하게 연결한 것은?

〈교통사고 발생 현황〉

(단위 : 건)

구분	A	B	C	D	E	F
20X9년	37,219	63,360	44,006	45,555	53,692	219,966
20X8년	36,330	61,017	40,698	44,304	51,784	217,598
20X7년	34,794	57,837	37,766	40,510	52,055	204,313
20X6년	34,934	57,816	36,333	40,017	48,031	203,197

〈교통사고 사망자 수〉

(단위 : 명)

구분	A	B	C	D	E	F
20X9년	185	354	77	238	308	250
20X8년	197	409	93	246	354	304
20X7년	236	425	86	307	351	343
20X6년	219	495	99	284	388	368

〈교통사고 부상자 수〉

(단위 : 명)

구분	A	B	C	D	E	F
20X9년	64,851	100,425	70,908	75,377	92,635	321,675
20X8년	63,242	96,775	64,612	70,737	88,928	318,192
20X7년	20,982	91,447	59,579	66,704	91,852	297,364
20X6년	63,032	94,882	57,920	67,922	85,282	296,073

─── | 조건 | ───

- 교통사고 건수가 매년 증가하는 지역은 경북, 대전, 전북, 서울이다.
- 교통사고 건수와 교통사고 사망자 수가 반비례하는 지역은 강원, 경북, 충남, 서울이다.
- 교통사고 사망자 수와 부상자 수가 반비례하는 지역은 강원, 전북, 충남, 서울이다.
- 20X7년 교통사고 사망자 수는 전년 대비 증가했지만, 교통사고 부상자 수는 전년 대비 감소한 지역은 강원, 전북이다.

	A	C
①	서울	강원
②	충남	대전
③	대전	서울
④	경북	충남
⑤	강원	대전

12. 다음은 국내 저가항공사 실적에 대한 자료이다. 20X2년 11월 A사의 공급석은 모두 몇 석인가?

〈자료 1〉 국내 저가항공사 국내선 여객실적(11월 기준)

(단위 : 천 석, %, 천 명)

구분	20X1년 11월		20X2년 11월	
	공급석	탑승률	국내여객	국내여객 전년 동월 대비 증감량
A사	250	70	( )	105
B사	80	50	102	62
C사	200	90	198	18
D사	400	87.5	480	130
E사	350	90	420	105
소계	1,280		1,480	

※ 탑승률(%)=$\dfrac{국내여객}{공급석}\times100$

※ 국내여객 전년 동월 대비 증감량=20X2년 11월 국내여객－20X1년 11월 국내여객

〈자료 2〉 20X2년 11월 기준 탑승률의 전년 동월 대비 증감률

(단위 : %)

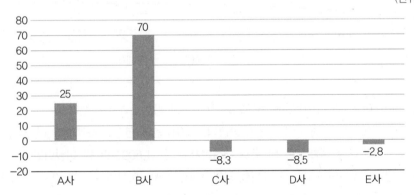

① 206,000석   ② 217,000석   ③ 268,800석
④ 320,000석   ⑤ 342,000석

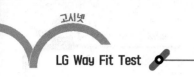

13. 다음 자료에 대해 적절하게 파악한 사람은?

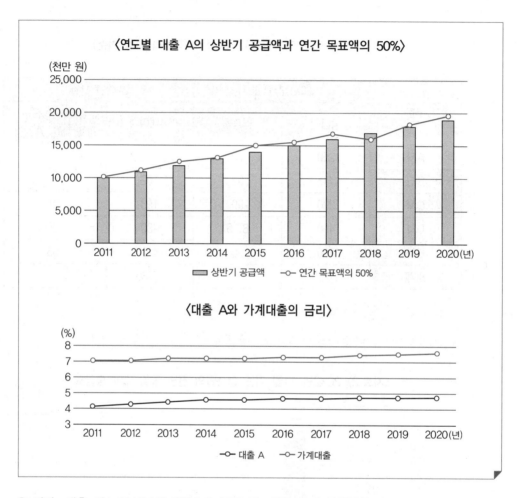

〈연도별 대출 A의 상반기 공급액과 연간 목표액의 50%〉

〈대출 A와 가계대출의 금리〉

① 지민 : 대출 A는 2018년에 처음으로 연간 목표액을 초과 달성했어.

② 민영 : 2020년 대출 A의 상반기 공급액은 2012년의 연간 목표액보다 더 높아.

③ 호연 : 2015년 대출 A의 연 목표 대출이자수익은 1,500천만 원 이상이었어.

④ 수빈 : 대출 A의 금리는 가계대출 금리와 매년 2%p 이상의 차이를 계속 유지하고 있어.

⑤ 진아 : 2016년에 대출 A 대신 가계대출로 70천만 원을 대출한 채무자가 부담해야 했던 이자지
출의 차이는 2.8천만 원 이상이었어.

www.gosinet.co.kr **gosinet**

1회 기출유형

2회 기출유형

3회 기출유형

4회 기출유형

5회 기출유형

6회 기출유형

인성검사

14. 다음은 연도별 및 지역별 전기차 등록 추이에 대한 그래프이다. 현재가 20X7년 6월이라고 가정했을 때, 다음 중 옳지 않은 것은?

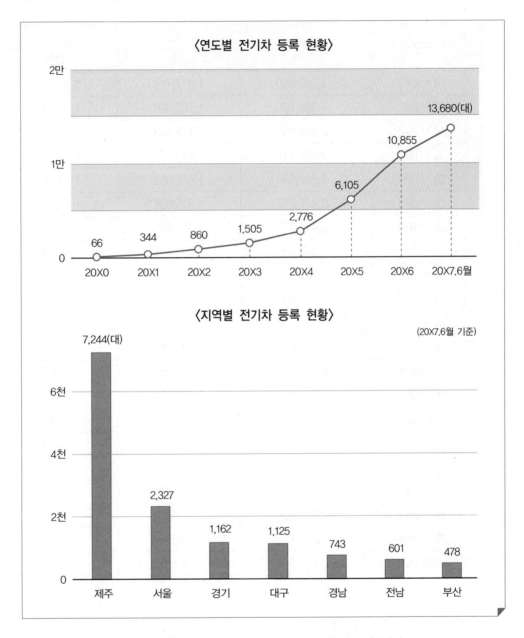

① 경기와 대구의 전기차 등록 수의 합은 서울의 전기차 등록 수보다 적다.

② 대구의 전기차 등록 수는 부산의 전기차 등록 수의 3배보다 적다.

③ 현재 전체 전기차 등록 수 대비 제주의 전기차 등록 수의 비는 50% 이하이다.

④ 현재 전체 전기차 등록 수 대비 대구, 경남, 부산의 전기차 등록 수의 비는 15%보다 높다.

⑤ 전기차 등록 수가 1,000대가 안 되는 지역의 전기차 등록 수 평균은 600대보다 높다.

15. 다음 우리나라의 연령별 인구를 나타낸 자료를 바탕으로 〈보기〉에서 옳지 않은 설명을 모두 고른 것은?

(단위 : 명)

구분	총인구	남성	여성
0 ~ 4세	2,102,959	1,077,714	1,025,245
5 ~ 9세	2,303,030	1,185,280	1,117,750
10 ~ 14세	2,276,763	1,178,964	1,097,799
15 ~ 19세	2,922,140	1,523,741	1,398,399
20 ~ 24세	3,517,690	1,872,652	1,645,038
25 ~ 29세	3,407,757	1,815,686	1,592,071
30 ~ 34세	3,447,773	1,804,860	1,642,913
35 ~ 39세	4,070,681	2,100,211	1,970,470
40 ~ 44세	4,037,048	2,060,634	1,976,414
45 ~ 49세	4,532,957	2,295,736	2,237,221
50 ~ 54세	4,122,551	2,082,358	2,040,193
55 ~ 59세	4,258,232	2,120,781	2,137,451
60 ~ 64세	3,251,699	1,596,954	1,654,745
65 ~ 69세	2,315,195	1,113,374	1,201,821
70 ~ 74세	1,756,166	802,127	954,039
75 ~ 79세	1,543,849	643,508	900,341
80 ~ 84세	943,418	335,345	608,073
85 ~ 89세	434,947	119,540	315,407
90 ~ 94세	141,555	31,590	109,965
95 ~ 99세	32,154	6,435	25,719
100세 이상	3,943	565	3,378

※ 성비 : 여성 100명에 대한 남성의 수

─| 보기 |─

㉠ 15세 미만 총인구는 55세 이상 총인구보다 많다.

㉡ 20대의 성비가 가장 높다.

㉢ 성비는 100세 이상 연령에서 가장 낮게 나타난다.

㉣ 남성과 여성 모두 전체 인구 중 40대가 차지하는 비율이 가장 높다.

㉤ 0세에서 50대까지의 연령에서는 남성의 비율이 높고, 60대에서 100세 이상의 연령에서는 여성의 비율이 높다.

① ㉠, ㉢   ② ㉠, ㉤   ③ ㉡, ㉣

④ ㉡, ㉤   ⑤ ㉣, ㉤

창의수리 _15문항

01. 다음 숫자들의 배열 규칙에 따라 '?'에 들어갈 숫자로 알맞은 것은?

> 1   6   −7   18   −23   38   (?)

① −41   ② −47   ③ −53
④ −69   ⑤ −70

02. 다음 숫자들의 배열 규칙에 따라 '?'에 들어갈 숫자로 알맞은 것은?

> (?)   9.5   19.5   39.5   79.5

① 2.5   ② 4.5   ③ 5.5
④ 6.5   ⑤ 7

03. 다음 숫자는 일정한 규칙에 의해 나열되어 있다. '?'에 들어갈 숫자로 알맞은 것은?

10	10	→ 5
3	6	→ 2
6	12	→ 4
10	15	→ (?)

① 4   ② 5   ③ 6
④ 7   ⑤ 8

04. 다음 숫자들의 배열 규칙에 따라 '?'에 들어갈 숫자로 알맞은 것은?

$$\frac{1\ \ 3\ \ 6\ \ 8}{3} \qquad \frac{2\ \ 5\ \ 9\ \ 14}{5} \qquad \frac{3\ \ 7\ \ 13\ \ 19}{7} \qquad \frac{4\ \ 9\ \ 16\ \ (\ ?\ )}{9}$$

① 21   ② 22   ③ 23

④ 24   ⑤ 25

05. 다음 도형의 ⇩자리부터 시작해 시계방향으로 돌아가는 규칙에 따라 '?'에 들어갈 알맞은 숫자는?

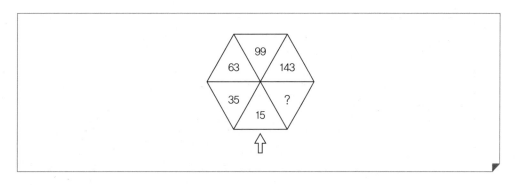

① 167   ② 186   ③ 195

④ 204   ⑤ 205

06. 다음에 적용된 숫자의 규칙에 따를 때, ★+☆의 값은?

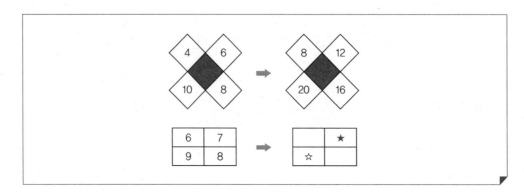

① 20   ② 24   ③ 28

④ 32   ⑤ 36

07. 다음 숫자들의 배열 규칙에 따라 '?'에 들어갈 숫자로 알맞은 것은?

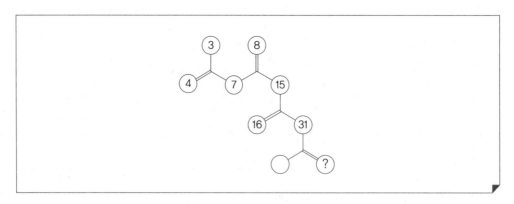

① 32   ② 36   ③ 40

④ 54   ⑤ 63

08. 최 대리는 김 부장의 고등학교 후배로 둘은 12살 차이인 띠동갑이다. 4년 전에 최 대리 나이의 3배 값과 김 부장 나이의 2배 값이 같았다면, 현재 최 대리의 나이는 몇 살인가?

① 28살   ② 30살   ③ 32살

④ 34살   ⑤ 35살

09. 새로운 프로젝트에 사원 A, B, C를 투입해 진행하려고 한다. A와 B가 투입되면 5일이 걸리고, B와 C가 투입되면 10일이 걸리며, A와 C가 투입되면 8일이 걸린다. C 사원이 혼자 프로젝트를 진행한다면 프로젝트를 끝내는 데 최소 며칠이 걸리겠는가?

① 40일   ② 60일   ③ 70일

④ 80일   ⑤ 120일

10. 8%의 소금물에 12%의 소금물을 섞은 다음 물 200g을 더 넣었더니 7%의 소금물 600g이 되었다. 첨가된 12%의 소금물은 몇 g인가?

① 150g   ② 200g   ③ 250g

④ 350g   ⑤ 400g

11. 어느 카페에서 개업 이벤트로 가로세로 5칸의 총 25칸짜리 박스 안에 무료 음료 쿠폰 5개를 서로 다른 칸에 하나씩 넣어 두고, 한 사람당 칸을 고를 기회를 3번씩 준다고 한다. 2번만에 쿠폰이 있는 칸을 고를 확률은? (단, 소수점 첫째 자리에서 반올림한다)

① 9% ② 11% ③ 14%
④ 16% ⑤ 17%

12. 어떤 물건의 가격을 50% 인상하였다가, 얼마 후 다시 20% 인하하였더니 A원이 되었다. 이 물건의 원래 가격은?

① $\dfrac{3}{4}A$원 ② $\dfrac{4}{5}A$원 ③ $\dfrac{5}{6}A$원

④ $\dfrac{6}{7}A$원 ⑤ $\dfrac{7}{8}A$원

13. 정사면체의 네 면에 각각 1, 1, -1, 0이 적혀 있다. 이 정사면체를 두 번 던졌을 때 바닥에 깔리는 숫자의 합이 0이 될 확률은?

① $\dfrac{5}{9}$ ② $\dfrac{2}{3}$ ③ $\dfrac{3}{8}$

④ $\dfrac{5}{16}$ ⑤ $\dfrac{8}{17}$

14. 1부터 9까지의 자연수가 적힌 9장의 카드가 있다. A는 숫자 2, 5, 9가 적힌 카드를, B는 숫자 1, 7, 8이 적힌 카드를, C는 숫자 3, 4, 6이 적힌 카드를 각각 가지고 있다. A, B, C 세 사람이 동시에 카드를 한 장씩 꺼낼 때, A가 뽑은 카드의 숫자가 가장 큰 수가 되는 경우의 수는?

① 8가지　　　　　　　② 9가지　　　　　　　③ 10가지
④ 11가지　　　　　　　⑤ 12가지

15. 어떤 기차가 800m 길이의 터널로 들어가 마지막 칸까지 모두 통과하는 데 36초가 걸렸다. 기차의 총 길이가 100m라면 이 기차의 속력은 몇 km/h인가?

① 60km/h　　　　　　　② 70km/h　　　　　　　③ 80km/h
④ 90km/h　　　　　　　⑤ 100km/h

언어이해 _15문항

01. 다음 글의 논리 전개에 대한 전제로 적절한 것은?

> 정의사회란 별다른 것이 아니다. 군인은 자신의 임무인 국토방위를 충실히 하고 근로자는 자신의 직장에서 성실히 일을 하며, 학생은 자신의 본분인 학업에 열중하고 정치가는 자신의 영역에서 최선을 다하면 저절로 이루어지는 것이다.

① 개인적인 의식 개혁이 바로 정의사회를 건설하는 것은 아니다.

② 사회의 구성원이 전부 옳다고 해서 그 구성원으로 조직된 사회가 반드시 정의사회가 되는 것은 아니다.

③ 사회 윤리란 개인 윤리의 확대가 아니다.

④ 전체는 부분의 합계가 아니다.

⑤ 남의 일에 간섭하지 말아야 한다.

02. 다음 글의 서술상 특징에 대한 설명으로 적절한 것은?

> 체계를 이루는 각 항목이나 범주는 서로 긴밀히 연관되어 있기 때문에 그중 하나가 변화하게 되면 다른 항목이나 체계 전체에 영향을 끼쳐서 변화 전까지 유지되어 있던 균형이 깨지기도 한다. 즉, 체계 전체에 걸쳐 변화가 일어나는 것이다. 예를 들어 중세 국어의 ' · '는 'ㅡ'로 바뀌었으며 어떤 것은 'ㅗ'로 변하기도 했다. 이러한 예를 토대로 국어의 모음 체계 자체가 달라진 것을 파악하는 일이 가능하다. ' · ' 모음이 소멸된 결과, 해당 모음이 담당하고 있던 기능이 'ㅏ', 'ㅡ', 'ㅗ'의 모음에 분산되어 이 세 모음이 담당해야 하는 단어가 늘어난 것이라고 볼 수 있기 때문이다.

① 현상의 원인과 결과를 분석하여 상술하고 있다.

② 구체적인 예를 들어 독자의 이해를 돕고 있다.

③ 대상의 개념을 제시하고 그 특징에 대해 묘사하고 있다.

④ 문제를 제기하고 난 후 그에 대한 해결 방안을 제시하고 있다.

⑤ 서로 상반되는 개념을 비교 · 대조하고 있다.

03. 다음 글의 문맥상 빈칸 ㉠에 들어갈 어휘로 적절한 것은?

> 정부 정책이 추구하는 궁극적 목표는 '국민의 행복 추구'이다. 개인의 행복을 결정하는 요소는 매우 다양하다. 소득 수준, 직업, 주거 환경 등 경제적 측면뿐 아니라 학업 수준, 혼인 여부, 고용 형태 등 사회적 조건 모두가 행복 및 불행을 결정한다. 나아가 가족관계, 인간관계 등에서 비롯되는 개인의 주관적 감정 역시 행복에 영향을 미친다. 따라서 국민의 행복 증진을 위해서는 먼저 '행복에 대한 (㉠   )인 이해'에서 벗어나야 한다. 소득 불평등 해소는 행복 증진의 가장 실제적인 요소이다. 정부의 주요 목표가 국민 행복 증진이라면, 소득 불평등 해소를 위한 구체적 정책 방향을 모색해야 한다.

① 관념적   ② 구체적   ③ 방어적
④ 사회적   ⑤ 합리적

04. 다음 글의 설명방식과 내용이 유사하게 작성된 것은?

> 포도주에 함유된 폴리페놀은 심장병, 뇌 질환, 암 등을 예방해 주며, 스트레스를 줄여 주는 데도 효과가 있어, 포도주는 오래전부터 약으로 쓰이기도 하였다. 특히 적포도주는 우리 몸에 이로운 HDL 콜레스테롤의 증가를 돕는 폴리페놀이 백포도주의 열 배나 들어 있으며, 조혈 성분이 있는 철도 함유되어 있다. 따라서 매일 적당량의 포도주를 섭취하면 포도주에 함유된 폴리페놀이 콜레스테롤의 산화를 막아 관상동맥 질환을 예방할 수 있다. 또한 동맥경화를 막아 주는 HDL 콜레스테롤은 증가시키고, 동맥경화를 유발하는 LDL 콜레스테롤은 감소하게 하여 각종 질병 예방과 치료에도 효과가 있다. 이러한 포도주의 효능은 한방에서도 입증된 바 있다.

① 설탕은 원료에 따라 수수설탕과 무설탕으로 나뉘고, 제품 형태에 따라 함밀당과 분밀당으로 나뉜다.

② 위장약을 장기간 복용하게 되면 위산이 나오지 않는 무산증에 걸릴 가능성이 있으므로 복용법을 잘 지키는 것이 중요하다.

③ 마라톤 전투에서 아테네는 1만1천여 명의 병력으로 1만5천 명의 페르시아 군대와 싸워 승리하였다.

④ 벌꿀에 함유된 프로폴리스는 살균성, 항산화성, 항염 작용 등을 가지고 있어 이집트에서는 상처 및 염증 치료제로 사용하곤 하였다.

⑤ 비타민과 미네랄은 체내 영양을 공급하고 사람들의 건강을 증진하는 데 도움을 주는 미량 영양소이다.

05. 다음 ㉠~㉤의 문장을 문맥에 따라 순서대로 나열한 것은?

> 텔레비전은 우리에게 다양한 경험과 지식을 제공해 준다.
> ㉠ 예컨대, 세계 각국의 문화를 소개하는 다큐멘터리나 퀴즈 프로그램을 보면서 미처 몰랐던 것들을 알 수 있다.
> ㉡ 그리고 다큐멘터리를 비롯한 교양 프로그램은 인문, 사회, 자연 전반에 대한 풍성한 볼거리를 통해 지식과 경험을 제공해 준다.
> ㉢ 마지막으로 뉴스를 포함한 시사 프로그램을 보면서 국내의 정치, 사회, 문화 전반에 대한 정보를 얻을 수 있다.
> ㉣ 또한 산악 등반이나 오지 탐험 다큐멘터리를 보면서 주인공들이 겪는 극한 상황을 간접적으로 경험하기도 한다.
> ㉤ 먼저 드라마의 경우, 다양한 인물들과 그들이 겪는 이야기를 보여 주므로 타인의 삶을 이해하는 데 도움을 준다.
> 이처럼 텔레비전의 각종 프로그램은 시청자의 경험과 지식이 늘어나도록 도움을 준다.

① ㉠-㉡-㉢-㉣-㉤
② ㉠-㉡-㉤-㉣-㉢
③ ㉤-㉠-㉡-㉣-㉢
④ ㉤-㉡-㉠-㉢-㉣
⑤ ㉤-㉡-㉠-㉣-㉢

06. 다음 글을 내용상 두 문단으로 나눌 때, 두 번째 문단이 시작되기에 적절한 곳은?

> 전 세계적으로 집값이 극단적인 수준의 변동성을 보였음에도 불구하고 휴스턴의 집값이 보합세를 유지할 수 있었던 이유는 수요 변화에 맞춰 주택 공급도 변했기 때문이다. (가) 집값 거품이 정점에 달했던 2006년에 해리스 카운티는 3만 채가 넘는 주택 건설을 허용했는데, 그때 지어진 집들은 주택 가격을 낮게 유지하는 데 도움이 되었다. (나) 또한, 2008년에 신규 주택 건설 물량이 절반으로 뚝 떨어진 것은 주택 가격 하락의 완충제 역할을 해 주었다. (다) 이러한 탄력적인 주택 공급은 일반적으로 가격 거품을 막아 주는 효과도 낳는다. (라) 1996 ~2006년 평균적으로 주택 공급이 가장 어려웠던 미국 26개 도시의 실질 집값은 무려 94%가 올랐다. (마) 반면 주택 공급 제한이 덜 했던 28개 도시의 실질 집값은 28% 오르는 데 그쳤다.

① (가)
② (나)
③ (다)
④ (라)
⑤ (마)

07. 다음 기사의 제목으로 적절한 것은?

> 10대는 니코틴 중독에 성인보다 더욱 취약하고, 이는 금연을 하지 못하고 평생 흡연으로 이어질 가능성이 높아 청소년 흡연에 대한 경각심이 높아지고 있다. 하지만 미질병통제예방센터(CDC)가 작년 2월 발표한 2018년 청소년 흡연 실태 보고서에 따르면 고등학생의 27.1%, 중학생의 7.1%가 최근 30일 내에 담배 제품을 흡입한 적이 있고, 30일 내에 흡연 경험이 있는 10대는 2017년 360만 명에서 2018년 470만 명으로 증가했음을 알 수 있다. 한편 미국에서는 18세 이상이면 담배를 구입할 수 있는 현행법이 청소년 흡연율과 연관성이 있다는 주장이 지속적으로 제기되면서 담배 구입 가능 연령 상향 조정의 필요성이 제기되고 있다. 이에 하와이, 캘리포니아, 뉴저지, 오레곤, 메인, 매사추세츠, 알칸소 주 등은 21세부터 담배 구매가 가능하도록 현행법을 바꾸었고, 오는 7월 1일부터 일리노이 주와 버지니아 주를 시작으로 워싱턴(2020년 1월 1일), 유타(2021년 7월 1일) 주에서도 담배 구매 가능 연령을 향후 상향할 것이라고 발표했다.

① 미국, 청소년 흡연 실태 조사 결과 대다수의 중·고등학생이 흡연 유경험자로 나타나
② 미국, 심각한 청소년 흡연율로 인한 미 전역 담배 구입 연령 상향 조정
③ 흡연 연령과 청소년 흡연율의 관계가 밝혀짐에 따라 담배 구입 연령 상향 조정
④ 미국, 심각한 청소년 흡연율에 다수의 주들 담배 구입 연령 21세로 상향 조정
⑤ 흡연이 유발하는 다양한 질병, 미국 청소년일수록 높게 나타나

1회 기출유형
2회 기출유형
3회 기출유형
4회 기출유형
5회 기출유형
6회 기출유형
인성검사

08. 다음 글의 내용을 함축적으로 나타내는 주제로 적절한 것은?

> 유명한 성악가인 엄마는 공연을 위해 종종 해외여행을 해야 하는 상황이었으나, 우리 가족은 기꺼이 비행기 타기를 포기했다. 다른 사람들로부터 우리 이야기에 귀를 기울이게 하려면 비행기 여행을 포기해야 한다는 결정이 꼭 필요했다. 사람들의 관심을 얻지 못하고서야 어떻게 기후 운동을, 인류 역사상 가장 큰 노력이 요구되는 활동을 제대로 할 수 있겠는가!
>
> 비행기를 타는 행동은 기후 위기에 관련된 쟁점을 가장 잘 보여 준다. 비행기가 운항할 때 막대한 양의 탄산가스가 배출된다는 사실이 명백하게 드러났음에도 불구하고 아무도 신경 쓰지 않는다. 또한 비행기 여행을 포기한다는 선택은 단지 비행기 여행만의 문제가 아니다. 지구상의 생명체들이 정상적인 멸종 속도보다 거의 천 배 이상 빠르게 사라져 가고 있다는 사실과도 관련이 있다. 또한 이상 기후변화를 멈추려면 우리가 배출하는 이산화탄소가 제로 수준, 아니 마이너스 수준까지 떨어져야 하는데 이 목표를 달성하게 해 줄 새로운 기술을 아직까지 찾지 못했다는 사실과도 관련이 있다.
>
> 마지막으로 과학기술 문명의 발전으로 우리가 누릴 수 있는 지나치게 편리한 온갖 습관들, 이를테면 수백 톤짜리 금속 뭉치를 몇 시간 만에 지구 반대편으로 이동시키는 그런 습관들이 인류 문명의 지속 가능성을 위협한다는 사실과도 관련이 있다.

① 새로운 과학기술의 홍보 활동이 필요하다.
② 기후 위기에 관심을 갖고 관련 기사를 정독해야 한다.
③ 기후 위기 극복을 위해서는 비행기 여행을 없애야 한다.
④ 인류 문명 지속을 위해 우리가 지나치게 누리는 편리한 모든 습관들에 대한 개선이 필요하다.
⑤ 지구상의 멸종 위기 생명체들의 생존 문제에 대한 과학자들의 관심이 부족하다.

09. 다음 글을 읽고 이해한 내용으로 적절하지 않은 것은?

> 노동자가 작업장에서 안전하게 일하고 건강을 유지·증진할 수 있게 하는 활동을 '노동안전보건활동'이라고 한다. '안전'과 '보건'은 일하는 모든 과정이 안전하고 건강한 상태를 의미하는데, '안전'은 주로 외부의 여러 요인에 의한 '손상'이나 '사고'로부터의 예방과 관련이 있으며, '보건'은 손상 이외에 인간 몸에서의 구조적, 신체적, 기능적 변화를 뜻하는 '질병'으로부터의 예방을 뜻하는 것으로 구별되는 개념이다.
>
> 일하는 과정에서 이러한 '안전'과 '보건'이 유지·증진될 수 있도록 제도적으로 기준을 만든 법이 '산업안전보건법'이며 일하는 사람들의 안전과 건강을 위해 사업주가 지켜야 할 법이다. 산업안전보건법에 제시되어 있는 규정을 제대로 지키는 것이 원칙이지만 그렇지 못하는 경우도 많기 때문에 노동자가 산업안전보건법을 제대로 이해하여 사업주가 법을 잘 지키는지 확인하고, 동료 노동자와 함께, 더불어 노동조합을 통하여 일터에서 '산업안전보건활동'에 참여하는 것이 중요하다.

① '안전'과 '보건'은 구별되는 개념이구나.

② '안전'과 '보건'은 둘 다 예방과 관련이 있네.

③ '안전'과 '보건'은 일하는 모든 과정이 안전하고 건강한 상태를 의미해.

④ '산업안전보건법'이 잘 지켜지기 위해서는 노동자의 노력도 필요하네.

⑤ 사업자의 '안전'과 '보건'이 유지·증진될 수 있도록 제도적 장치가 마련되어 있구나.

1회 기출유형 2회 기출유형 3회 기출유형 4회 기출유형 5회 기출유형 6회 기출유형 인성검사

10. 다음 (가) ~ (마) 문단의 중심내용으로 적절하지 않은 것은?

> (가) 지구 온난화의 가장 큰 피해국인 투발루의 현지민인 루사마 알라미띵가 목사가 지구온난화의 위험성을 호소하기 위해 대한민국을 찾았다. 그는 전국 여러 도시를 방문하여 강연회와 간담회를 진행하였다.
>
> (나) 지구온난화로 인해 빗물로만 생활이 가능했던 투발루에서는 가뭄으로 생활용수 부족 현상이 발생하고 있다고 한다. 해수를 담수화해서 먹고, 대형 탱크에 물을 저장하는 새로운 생활 방식을 만들고 있지만 이것으로는 매우 부족하다고 한다. 결국 지금은 물마저 사 먹어야 한다고 루사마 목사는 허탈한 감정을 토로했다. 또한 해수면 상승으로 투발루인들이 매일 아침 주식으로 먹는 '플루아트'라는 식물이 죽고 있어 그들의 식생활마저 바뀌었다고 한다.
>
> (다) 이뿐만 아니라 자연환경의 측면에서도 피해가 발생하고 있다고 한다. 지구온난화로 인해 높아진 해수 온도와 해수면은 산호초와 야자나무가 서식하지 못하게 하였고, 더 이상 넓은 모래사장도 볼 수 없게 되었다고 말한다.
>
> (라) 투발루 주민들은 지구온난화로 인한 피해를 온몸으로 감당하면서도 자신들의 생활 패턴을 바꿔 가면서까지 그곳에서 계속 살기를 원한다고 한다. 정부 또한 망그로나무 식재 등을 통해 해변 침식을 막는 등 국가를 지키기 위한 지속적인 노력을 하고 있다고 한다.
>
> (마) 루사마 목사의 방문은 지구온난화에 대처하는 우리의 모습을 되돌아보게 한다. 이제는 적극적으로 생활 방식을 바꾸고 지구온난화를 걱정해야 할 때이다. 지금처럼 편리한 생활 방식만을 고집하다 보면 제2, 제3의 투발루가 발생할 것이며, 우리나라도 결국 그렇게 되고 말 것이다.

① (가) 루사마 목사가 지구온난화 위험성을 호소하기 위해 대한민국을 찾았다.

② (나) 지구온난화로 인한 가뭄이 투발루 주민들의 식생활 변화를 초래했다.

③ (다) 지구온난화의 피해는 자연환경의 측면에서도 발생하고 있다.

④ (라) 투발루는 지구온난화로부터 국가를 지키기 위해 지속적인 노력을 다하고 있다.

⑤ (마) 지구온난화에 대처하기 위해 편리함만을 고집하던 생활방식을 바꾸어야 한다.

11. 다음 강의를 들은 청중의 반응으로 적절하지 않은 것은?

블랙박스 암호란 물리적인 하드웨어로 만들어진 암호화 장치를 기반으로 작동되는 암호 기술을 말합니다. 하드웨어로 구성된 암호화 장치가 외부의 공격으로부터 보호받을 수 있다는 가정하에 암호 키를 암호 장치 내부에 두고 보안하도록 설계하는 방식입니다. 언뜻 보면 완벽한 보안 장치로 보이지만 공격자에게 그 내부가 공개되는 순간 암호와 키가 모두 유출될 위험이 있습니다.

화이트박스 암호는 이런 블랙박스 암호의 한계를 보완하기 위해 등장한 기술로 암호화 기술에 소프트웨어 개념을 도입하여 암호 알고리즘의 중간 연산 값 및 암호 키를 안전하게 보호할 수 있다는 장점이 있습니다. 암호와 키에 대한 정보가 소프트웨어로 구현된 알고리즘 상태로 화이트박스에 숨겨져 있기 때문에 내부 해킹을 시도해도 알고리즘을 유추할 수 없는 것입니다. 또한 화이트박스 암호는 다른 저장 매체에 비해 운용체계에 따른 개발과 관리가 용이합니다. 애플리케이션 업데이트를 통해 원격으로 암호 알고리즘에 대한 오류 수정 및 보완이 가능하기 때문에 블랙박스 암호의 한계를 더욱 보완할 수 있습니다. 최근에는 패스(PASS), 모바일 결제 시스템, 전자지갑, 모바일 뱅킹의 주요 보완 수단으로 활용되고 있습니다.

그러나 화이트박스 암호도 변조 행위나 역공학에 의한 공격을 받는다면 노출될 가능성이 있습니다. 그래서 더욱 다양한 플랫폼과 콘텐츠를 통해 안정성을 확보하는 것이 중요하며 그 과정에서 새롭게 등장한 플랫폼이 화이트크립션입니다. 화이트크립션은 화이트박스 암호 보안을 위해 애플리케이션 보호 기능을 제공하는 플랫폼으로, 기존의 암호화 기능을 더욱 강화하여 암호 실행 중에도 암호 키를 활성화하여 보호하는 기술을 가지고 있습니다.

① 화이트박스 암호는 전자 서명 서비스나 핀테크 산업에도 사용될 수 있겠군.

② 외부의 공격으로 내부가 뚫리더라도 화이트박스 암호는 쉽게 유출될 수 없겠군.

③ 해킹의 성공 여부에 있어 중요한 포인트는 암호화 키가 어떻게 숨겨져 있는지겠군.

④ 화이트박스 암호는 블랙박스 암호를 보완하기 위해 등장한 기술로 외부 공격에 노출될 위험이 전혀 없겠군.

⑤ 화이트박스 암호는 애플리케이션의 업데이트를 통해 원격으로 암호 알고리즘에 대한 오류 수정 및 보완이 가능하겠군.

12. 다음 글의 논리적 구조를 바르게 설명한 것은?

(가) 붕당(朋黨)은 싸움에서 생기고 그 싸움은 이해(利害)에서 생긴다. 이해가 절실할수록 당파는 심해지고, 이해가 오래될수록 당파는 굳어진다. 이것은 형세가 그렇게 만드는 것이다. 어떻게 하면 이것을 밝힐 수 있을까?

(나) 이제 열 사람이 모두 굶주리다가 한 사발의 밥을 함께 먹게 되었다고 하자. 그릇을 채 비우기도 전에 싸움이 일어난다. 말이 불손하다고 꾸짖는 것을 보고 사람들은 모두 싸움이 말 때문에 일어났다고 믿는다. 다른 날에 또 한 사발의 밥을 함께 먹다 그릇을 채 비우기도 전에 싸움이 일어난다. 태도가 공손치 못하다고 꾸짖는 것을 보고 사람들은 모두 싸움이 태도 때문에 일어났다고 믿는다. 다른 날에 또다시 같은 상황이 벌어지면 이제 행동이 거칠다고 힐난하다가 마침내 어떤 사람이 울화통을 터뜨리고 여럿이 이에 시끌벅적하게 가세한다. 시작은 대수롭지 않으나 마지막에는 크게 된다.

(다) 이것을 또 길에서 살펴보면 이러하다. 오던 자가 어깨를 건드리면 가던 자가 싸움을 건다. 말이 불손하고 태도가 사나우며 행동이 거칠다 하여 그 하는 말은 끝이 없으나 떳떳하게 성내는 것이 아닌 것은 한 사발의 밥을 함께 먹다 싸울 때와 똑같다.

(라) 이로써 보면 싸움이 밥 때문이지, 말이나 태도나 행동 때문에 일어나는 것이 아님을 알 수 있다. 이해의 연원이 있음을 알지 못하고는 그 잘못됨을 장차 고칠 수가 없는 법이다. 가령 오늘은 한 사발의 밥을 함께 먹다 싸웠으되 내일에는 각기 밥상을 차지하고 배불리 먹게 하여 싸우게 되었던 원인을 없앤다면, 한때 헐뜯고 꾸짖던 앙금이 저절로 가라앉아 다시는 싸우는 일이 없게 될 것이다.

① (가)는 (라)로부터 이끌어 낸 주장이다.
② (나)는 원인과 결과를 분석하고 있다.
③ (다)는 (나)에 대한 예시이다.
④ (나)와 (다)는 병렬적 관계이다.
⑤ (라)는 주장에 대한 반론을 제시하고 있다.

13. 다음 글을 읽고 추론한 내용으로 적절하지 않은 것은?

> 명왕성(Pluto)이 자격 미달로 행성 목록에서 삭제된 후 태양계의 가장 바깥에 남게 된 행성은 천왕성이다. 우리나라, 중국, 일본에서 모두 같은 한자인 '天王星'으로 쓰고 있는데 그 뜻을 새겨보면 '하늘(天)의 임금(王) 별(星)'이다. 영어로는 'Uranus'로 쓰는데 이는 그리스 로마 신화에 나오는 제우스의 할아버지인 '하늘의 신'의 이름이다.
>
> 1781년 3월, 영국의 천문학자 허셜(Frederick William Herschel, 1738 ~ 1822)은 토성(Saturn) 궤도 바깥에서 새로운 행성 하나를 발견한다. 이것은 고대로부터 알고 있던 7천체계를 벗어난 새로운 행성의 발견이었다. 7천체계의 '칠성(七星)'은 일(해), 월(달), 화성, 수성, 목성, 금성, 토성이었다. 허셜은 새로운 행성의 이름을 무엇으로 정할지 곰곰이 생각했다.
>
> 허셜은 원래 독일 사람이었으며 고향은 신성로마제국에 속한 하노버였다. 아버지는 군악대에서 음악가로 일했다. 하노버 왕가의 게오르크 1세가 영국의 왕 조지 1세를 겸하게 되어 영국으로 이주하면서 한동안 하노버 왕가 출신의 독일인들이 영국 왕을 도맡게 된다. 이 시기에 독일인들이 영국으로 건너가 활동하고 심지어는 귀화한 경우도 많았는데 그 대표적인 인물이 바로크 음악의 대가 헨델(Georg Friedrich Händel, 1685 ~ 1759)이다.
>
> 헨델의 성공에 고무되었을까? 허셜도 음악가로 영국을 오가다가 19세 때부터는 아예 영국 땅에 정착을 했다. 헨델의 말년 2년과 허셜의 스무 살은 겹치기는 했지만 서로 음악가로 만나 교류했는지는 알려지지 않았다. 허셜은 역사에 헨델만큼 유명한 음악가로 남지는 못했지만 30대인 1770년대부터 과학에 심취했고, 35세인 1773년부터는 자기 손으로 만든 망원경으로 밤하늘을 관측하기 시작했다.
>
> 8년 정도 지난 1781년 3월 13일 밤, 허셜은 쌍둥이자리에서 밝고 큰 별을 발견한다. 새로운 혜성을 발견했다고 생각한 허셜은 다른 천문학자들에게도 이 사실을 알렸다. 하지만 이 별은 혜성 모양과는 전혀 다른 것으로 판명되었다. 이후 스웨덴의 천문학자인 럭셀(Anders Johan Lexell)은 이 별이 93년 만에 태양을 한 바퀴 도는 행성임을 밝혀냈다. 이렇게 허셜은 태양계의 일곱 번째 행성을 발견한 이가 되었다.

① 명왕성은 원래 태양계의 가장 바깥에 있던 행성으로 등재되었던 적이 있다.

② 독일인이었던 헨델은 영국으로 귀화하여 바로크 음악으로 큰 명성을 얻었다.

③ 허셜은 헨델과 다르게 영국에서도 독일 국적을 유지하며 음악과 과학에 심취하였다.

④ 허셜은 40대의 나이에 천왕성을 발견하여 천문학계에 큰 족적을 남겼다.

⑤ 허셜은 직접 제작한 망원경을 가지고 밤하늘을 관측해 천왕성을 발견했다.

14. 다음 글을 읽고 보인 반응 중 글의 주제로 적절한 것은?

○○위원회는 장애인 거주시설에서 거주하던 지적 장애인에게 발생한 응급상황에 대해 의사소통이 제대로 되지 않아 다음 날 사망에 이른 것과 관련하여 지적장애인은 자신의 증상을 제대로 표현할 수 없으니 유사한 사건이 언제든지 발생할 수 있으므로 대응 체계를 충실히 갖추고 적용하는 것은 시설 운영자의 기본적인 보호 의무에 포함된다고 판단하였다. ○○위원회는 피해자 김 모 씨(지적장애 1급)에 대해 응급이송이 늦은 것이 피해자의 직접적인 사망 원인이라고 인정하기 어려우나 이로 인해 피해자가 적시에 진료받을 기회를 상실했으므로 향후 유사 사례가 발생하지 않도록 시설장에게 응급상황 발생에 대하여 대응지침을 마련하고, 종사자와 거주인들이 지침을 숙지할 수 있도록 교육을 강화할 것을 권고했다.

피해자의 유가족인 김 모 씨는 피해자가 거주하던 장애인 거주시설의 피해자에 대한 응급 조치가 미흡하여 피해자가 사망하였다고 ○○위원회에 다음과 같은 내역의 진정을 제기하였다. 피해자는 사건 당일 오전부터 창백한 얼굴로 소리를 지르는 등의 행동을 보여 같은 날 주간에 병원진료를 받았으나 혈압, 혈액, 소변, X-ray 검사 결과 별다른 이상 소견을 보이지 않아 이상증세 발생 시 응급실을 방문하라는 의사 당부를 받고 시설로 복귀하였다. 같은 날 22시부터 피해자가 다시 이상증세를 보여 안정제를 먹었으나 나아지지 않아 다음 날 새벽 1시경 생활지도교사가 피해자를 개인 차량에 태워 병원에 도착하였다. 응급실 도착 당시 피해자는 맥박이 190까지 올라가 의료진이 지속적으로 약을 투여하였으나 효과가 없었다. 이후 피해자의 심장 박동이 느려져 심폐소생술을 실시하였으나 소생 가능성이 없어 피해자 가족에게 연락을 하고 가족이 병원에 도착한 후 같은 날 오전 9시에 사망하였다. 피진정시설 측은 피해자가 평소에도 소리 지르는 경우가 있었고 전날 낮에 진료한 결과 특이한 소견이 없어 응급상황으로 생각하지 않았으며 119를 부르는 것보다 직접 병원으로 이송하는 것이 빠르다고 판단하였다는 설명이다. 그러나 당시 피진정시설은 중증지적장애인 거주시설 특성에 맞는 응급상황 지침이 없었으며 피해자 사망 전뿐 아니라 사망 후에도 종사자와 거주인 대상의 응급상황 대응 지침 마련이나 이에 대한 교육이 전혀 없었던 것으로 확인되었다.

① 장애인의 진료받을 기회가 사회적으로 보장되어야 해.
② 지적장애인을 위한 응급체계를 마련해야 해.
③ 장애인 시설 종사자의 미흡한 행동으로 장애인이 숨진 것은 안타까워.
④ 응급이송 중 사망에 따른 보상금 지급체계가 가장 시급히 개선되어야 할 문제야.
⑤ 중증지적장애인 거주시설 운영자의 기본 권리를 회복해야 해.

15. 다음 글의 제목과 부제목으로 적절한 것은?

사회와 환경 측면에서 윤리적인 직업에 대한 관심이 많아졌다. 그에 따라 블루칼라, 화이트칼라에 이어 그린칼라로 불리는 일자리, 그린 잡(Green Job)이 등장했다. 고용이 길을 만들고 상품을 찍어 내며 주택을 지어야만 늘어난다고 생각하던 때는 지났다. 인간이 고용을 늘리기 위해 만들었던 여러 기반시설들은 인류가 추가적으로 지불해야 하는 비용을 발생시키기도 했다. 이를 줄이는 것에 대한 인식이 높아지면서 생겨난 것이 그린 잡(Green Job)이다.

예를 들면 지구의 물 여과시스템인 습지대는 1900년 이후 절반이 사라졌다. 비용을 들이지 않고 오염원을 걸러낼 수 없으니 정화시설이 새로 필요하게 된 셈이다. 이제는 원래의 자연과 생태계를 회복시키려는 복원 경제, 즉 그린 경제가 이익을 창출하는 시대가 됐다. 더불어 개인의 만족뿐 아니라 사회적으로 의미가 있는 일을 찾는 이들이 늘어나면서 이 같은 일자리에 대한 관심도 높아졌다. 끊임없이 동기를 부여하고 직무에 대한 만족도를 높일 수 있다는 점이 그린 잡의 가장 큰 장점이기도 하다.

미국 노동부와 노동통계국은 그린 잡을 두 가지 개념으로 본다. 하나는 환경이나 천연자원에 이득이 되는 제품과 서비스를 만드는 직업이고, 또 다른 하나는 자원을 덜 쓰고 생산 과정이 친환경적인 직업이다. 미국에서는 직접적인 자연 복구산업 105억 달러를 포함해 총 340억 달러 수준의 시장이 형성돼 있다.

특히 그린 잡과 관련된 산업은 채용 시장에도 활기를 불어넣는다. 그린 잡 직종에 100만 달러가 투자될 때마다 104 ~ 397개 일자리가 생긴다고 노동통계국은 설명한다. 석유와 가스 산업이 동일 투자 대비 5.3개 직업을 만드는 데 비하면 훨씬 많다. 특히 민간부분이 상당한 일자리를 만드는 것으로 분석됐다. 그린 잡은 특정 구역을 대상으로 고용과 산업이 형성돼 이득을 창출하기 때문에 지역밀착형으로 집중되어 만들어지므로 각 지역의 노동력과 자원을 소비하는 경향이 있다. 또한 계절과 주기에 따라 인력을 필요로 하기 때문에 계약직의 비율이 많은 편이지만 평균 임금보다는 많은 보상을 받는 편이다.

① 환경과 산업의 만남, 그린 잡 – 환경도 살리고 경제도 살리고
② 인간의 이기심이 낳은 환경오염 – 그린 잡의 탄생 배경
③ 환경보호를 우선시하는 직업 – 그린 잡의 발전 가능성
④ 새로운 직업군의 등장 – 친환경 기업 경영에 대한 관심을 바탕으로
⑤ 환경에 대한 새로운 인식 – 그린 잡을 통한 환경보호

언어추리 _15문항

01. 다음 조건이 모두 성립한다고 가정할 때, 반드시 참인 것은?

> • 팀장이 출장을 가면 업무처리가 늦어진다.
> • 고객의 항의 전화가 오면 실적평가에서 불이익을 받는다.
> • 업무처리가 늦어지면 고객의 항의 전화가 온다.

① 고객의 항의 전화가 오면 팀장이 출장을 간 것이다.
② 업무처리가 늦어지면 팀장이 출장을 간 것이다.
③ 실적평가에서 불이익을 받지 않으면 팀장이 출장을 가지 않는다.
④ 실적평가에서 불이익을 받으면 팀장이 출장을 가지 않는다.
⑤ 고객의 항의 전화가 오면 업무처리가 늦어진다.

02. A ~ E 다섯 사원은 이번 주 평일에 당직 근무를 선다. 하루에 두 명씩 당직을 서고 근무 배정은 다음과 같을 때, 반드시 참인 것은? (단, 다섯 명 모두 당직을 서는 횟수는 동일하다)

> • E는 금요일 당직을 선다.
> • 수요일은 A와 C가 함께 당직을 선다.
> • D는 수요일 이후로 당직 근무를 서지 않는다.
> • A와 E는 이번 주에 한 번씩 D와 함께 당직을 선다.

① A는 두 번 연이어 당직을 선다.
② B는 화요일과 목요일에 당직을 선다.
③ E는 월요일과 금요일에 당직을 선다.
④ 목요일에는 B와 C가 함께 당직을 선다.
⑤ 이번 주에 B와 E는 함께 당직을 서지 않는다.

03. 다음 조건이 성립한다고 가정할 때, 반드시 참인 것은?

> • 영화를 좋아하면 감수성이 풍부하다.
> • 꼼꼼한 성격이면 편집을 잘한다.
> • 영화를 좋아하면 꼼꼼한 성격이다.

① 편집을 잘하지 못하면 영화를 좋아하지 않는다.
② 꼼꼼한 성격이면 감수성이 풍부하다.
③ 편집을 잘하면 영화를 좋아한다.
④ 꼼꼼한 성격이면 영화를 좋아한다.
⑤ 영화를 좋아하지 않으면 편집을 잘하지 못한다.

04. 기획팀원들을 2개 팀으로 나누어 프로젝트를 진행하려고 한다. 다음 조건을 참고할 때, 같은 팀이 될 수 없는 구성은?

> • 기획팀원은 A, B, C, D, E, F 6명이다.
> • 각 팀은 3명씩 구성한다.
> • C와 E는 같은 팀이 될 수 없다.
> • B가 속한 팀에는 A와 F 중 반드시 한 명이 속해 있어야 한다.

① A, B, C   ② A, D, E   ③ A, E, F
④ B, C, F   ⑤ D, E, F

3회 기출유형모의고사 [언어추리] **111**

05. 직원 A, B, C, D가 1명씩 돌아가면서 주말 근무를 하고 있다. 같은 직원이 2주 연속으로는 주말 근무를 하지 않으며 〈조건〉 중 3개는 참이고 1개는 거짓일 때, 항상 참인 진술은? (단, 네 직원은 한 달에 1번 이상 주말 근무를 하여야 한다)

┌─────────────── | 조건 | ───────────────┐

- A는 지난 2주 동안 휴가였기 때문에 주말 근무를 하지 않았다.
- B가 지난주에 주말 근무를 하였다.
- C는 2주 전에 주말 근무를 하였다.
- D는 이번 주에 주말 근무할 예정이다.

└──┘

① 지난주 주말 근무자는 B이다.　　　　② 지난주 주말 근무자는 A이다.
③ 이번 주 주말 근무자는 D이다.　　　　④ 이번 주 주말 근무자는 C이다.
⑤ 다음 주 주말 근무자는 A이다.

06. 다음 명제가 모두 참일 때, '외향적인 성격인 사람은 외국어를 쉽게 배운다.'가 성립하기 위해서 필요한 명제는?

┌──┐

- 성격이 외향적이지 않은 사람은 사람을 사귀는 것이 어렵다.
- 외국어를 쉽게 배우지 못 하는 사람은 말하는 것을 싫어한다.
- _____

└──┘

① 내향적인 성격인 사람은 말하는 것을 싫어한다.
② 내향적인 성격인 사람은 외국어를 쉽게 배우지 못한다.
③ 외향적인 성격인 사람은 말하는 것을 좋아한다.
④ 외향적인 성격인 사람은 사람을 사귀는 것이 쉽다.
⑤ 외국어를 쉽게 배우는 사람은 말하는 것을 좋아한다.

07. 다음 〈조건〉의 명제가 모두 참일 때 옳지 않은 것은?

───| 조건 |───

(가) 김 대리가 빨리 오면 박 차장이 늦게 오거나 황 주임이 늦게 온다.

(나) 박 차장이 늦게 오면 김 대리는 빨리 온다.

(다) 황 주임이 늦게 오면 박 차장도 늦게 온다.

① 김 대리가 늦게 오면 박 차장은 빨리 온다.

② 황 주임이 빨리 오면 박 차장도 빨리 온다.

③ 박 차장이 빨리 오면 김 대리는 늦게 온다.

④ 황 주임이 늦게 오면 김 대리는 빨리 온다.

⑤ 김 대리가 늦게 오면 황 주임은 빨리 온다.

08. 어느 댄스 오디션 프로그램에서 팀별 미션을 진행하려고 한다. 장르별 인원은 비보잉 2명, 댄스스포츠 2명, 현대무용 3명, 한국무용 4명, 발레 4명이다. 다음 〈조건〉을 만족할 때 항상 옳은 것은?

───| 조건 |───

• 총 다섯 팀으로 구성하며 팀별 미션 조장은 각 장르에서 1명씩 맡을 수 있다.

• 한 팀에는 반드시 두 장르 이상의 인원이 속해야 하며, 같은 장르를 2명 이상 포함할 수 없다.

① 비보잉이 속한 팀에 항상 발레가 들어가 있다.

② 발레가 속한 팀에는 항상 현대무용이 속해 있다.

③ 한국무용이 속한 팀에 현대무용이 속하지 않는 경우는 없다.

④ 댄스스포츠가 속한 팀에 한국무용이 속하지 않는 경우가 있다.

⑤ 발레가 속한 팀에 한국무용이 속하지 않는 경우는 없다.

09. 다음 조건이 성립한다고 가정할 때, 반드시 참인 것은?

> • 안경을 쓴 사람은 가방을 들지 않았다.
> • 안경을 쓰지 않은 사람은 키가 크지 않다.
> • 스카프를 맨 사람은 가방을 들었다.

① 가방을 들지 않은 사람은 안경을 썼다.
② 안경을 쓰지 않은 사람은 스카프를 맸다.
③ 안경을 쓴 사람은 키가 크다.
④ 키가 큰 사람은 스카프를 매지 않았다.
⑤ 가방을 든 사람은 스카프를 맸다.

10. 다음 조건이 성립한다고 가정할 때, 반드시 참인 것은?

> • 머리를 많이 쓰면 잠이 온다.
> • 머리가 길면 오래 잔다.
> • 다리를 떨면 잠이 오지 않는다.
> • 잠을 오래 자면 머리를 적게 쓴다.

① 잠이 오지 않으면 다리를 떤다.
② 머리가 길면 잠이 오지 않는다.
③ 머리를 많이 쓰면 잠을 오래 잔다.
④ 머리를 많이 쓰면 머리가 길어진다.
⑤ 머리를 많이 쓰면 다리를 떨지 않는다.

11. ○○아파트 단지에서는 전기차 충전소를 101동, 102동, 103동, 104동, 105동 중 몇 군데에 설치하기로 했다. 다음 〈조건〉에 따라 설치할 동을 선정한다고 할 때, 반드시 참인 것은?

| 조건 |

㉠ 102동에 충전소를 설치한다면 104동에도 설치한다.

㉡ 105동에 충전소를 설치하지 않는다면 103동에는 설치한다.

㉢ 101동과 103동 중 한 곳에만 충전소를 설치한다.

㉣ 101동과 102동 중 적어도 한 곳에는 충전소를 설치한다.

㉤ 103동과 104동에는 충전소를 모두 설치하거나 어느 곳도 설치하지 않는다.

① 101동과 105동은 함께 선정되지 못하는 경우의 수만 존재한다.

② 101동과 102동에 모두 충전소를 설치할 수도 있다.

③ 102동에 충전소를 설치한다면 103동에는 설치하지 않는다.

④ 104동에 충전소를 설치하지 않는다는 조건이 추가 되면, 충전소는 101동과 105동에만 설치할 수 있다.

⑤ 충전소를 설치하는 곳은 세 동 이하라는 조건이 추가되면 충전소를 선정하는 경우가 하나로 확정된다.

12. 갑, 을, 병, 정, 무 5명의 사원이 소속된 영업부에는 A, B, C의 3개 팀이 있다. 다음 〈보기〉를 바탕으로 할 때 거짓인 문장은?

| 보기 |

• 사원 갑, 을, 병, 정, 무는 A, B, C 팀 중 어느 하나에 소속된다.

• 팀의 최대 인원은 2명이다.

• 사원 을은 A 팀 소속이고, 사원 정은 C 팀 소속이다.

• 사원 을과 무는 같은 팀 소속이 아니다.

• 병은 B 팀 소속이 아니다.

• 사원 갑, 을, 병, 정, 무 중 C 팀 소속은 한 명이다.

① A 팀과 B 팀은 소속 사원이 2명이다.

② 사원 병과 정은 같은 팀 소속이 아니다.

③ 사원 갑과 병은 같은 팀 소속이다.

④ 사원 무는 B 팀 소속이다.

⑤ 사원 갑과 을은 같은 팀이 아니다.

1회 기출유형 2회 기출유형 3회 기출유형 4회 기출유형 5회 기출유형 6회 기출유형 인성검사

13. 다음을 바탕으로 할 때, 을의 현재 나이는?

> • 갑에게는 동생 A와 아들 B, 딸 C가 있다.
> • B는 C보다 나이가 많다.
> • A, B, C의 나이를 모두 곱하면 2,450이다.
> • A, B, C의 나이를 모두 합하면 갑의 아내인 을 나이의 2배가 된다.
> • A의 나이는 B보다 많다.
> • 갑의 나이는 을보다 같거나 많다.
> • 사람의 수명은 100세까지로 전제한다.
> • 여성이 출산할 수 있는 나이는 19 ~ 34세로 전제한다.

① 25세 ② 26세 ③ 32세
④ 34세 ⑤ 38세

14. A와 B는 계단 오르기 게임을 했다. 다음 〈정보〉를 토대로 할 때, 〈보기〉에서 항상 옳은 것을 모두 고르면?

> | 정보 |
> • A와 B는 10번째 계단에서 가위바위보 게임을 시작했다.
> • 가위바위보를 하여 이기는 사람은 3계단을 오르고, 진 사람은 1계단을 내려가기로 하였다.
> • A와 B는 가위바위보를 10번 하였고, 비긴 경우는 없었다.

> | 보기 |
> 가. A가 가위바위보에서 3번 졌다면 B보다 16계단 위에 있을 것이다.
> 나. B가 가위바위보에서 6번 이겼다면 A보다 8계단 위에 있을 것이다.
> 다. B가 가위바위보에서 10번 모두 이겼다면 30번째 계단에 올라가 있을 것이다.

① 가 ② 나 ③ 다
④ 가, 나 ⑤ 나, 다

15. ○○투자회사에서 신규 펀드를 만들려고 한다. 펀드의 성과 예상치가 ⓐ ~ ⓓ와 같을 때, 반드시 거짓인 것은?

○○투자회사에서 신규 펀드에 포함할 자산군은 국내 주식, 원자재, 부동산이다. 각 자산군은 서로 상관관계가 낮다. 투자 실패의 원인은 단 한 가지로 가정하고 투자의 예상 결과를 다음과 같이 정리했다.

〈투자 예상 결과〉

ⓐ 국내 주식에 투자하고, 원자재에 투자하고, 부동산에 투자했을 때, 손실의 위험성이 높다.

ⓑ 국내 주식에 투자하지 않고, 원자재에 투자하고, 부동산에 투자했을 때, 손실의 위험성이 높다.

ⓒ 국내 주식에 투자하지 않고, 원자재에 투자하지 않고, 부동산에 투자했을 때, 손실의 위험성이 낮다.

ⓓ 국내 주식에 투자하고, 원자재에 투자하고, 부동산에 투자하지 않았을 때, 손실의 위험성이 높다.

① ⓒ, ⓓ만을 고려한다면 원자재 투자가 손실 위험성을 높이는 원인일 수 있다.

② ⓑ, ⓒ만을 고려한다면 펀드 손실의 주원인은 원자재 투자일 것이다.

③ ⓑ, ⓓ만을 고려한다면 원자재 투자는 펀드 손실의 주원인이 아니다.

④ ⓐ, ⓑ만을 고려한다면 펀드 손실의 주원인이 무엇인지 알 수 없다.

⑤ ⓐ, ⓒ만을 고려한다면 펀드 손실의 주원인은 국내 주식 투자나 원자재 투자에 있을 것이다.

 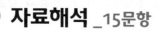
자료해석 _15문항

01. 다음은 OECD 주요국의 지적재산권 사용료에 관한 자료이다. 이에 대한 설명으로 옳지 않은 것은?

〈OECD 주요국의 지적재산권 사용료〉

(단위 : 100만 달러)

구분	사용료 수입			사용료 지급		
	2019년	2020년	2021년	2019년	2020년	2021년
한국	5,167	6,199	6,622	10,546	10,056	9,292
일본	37,336	36,427	39,013	20,942	17,034	19,672
프랑스	14,273	14,974	15,625	12,333	13,982	13,319
독일	15,507	15,235	17,596	10,687	9,761	10,489
영국	19,826	19,370	16,318	10,420	12,940	11,740

① 2019년 독일의 지적재산권 사용료 수입은 한국의 3배 이상이다.

② 조사기간 중 지적재산권 사용료 수입과 지급 규모가 가장 큰 나라는 일본이다.

③ 조사기간 중 한국을 제외한 다른 나라들은 사용료 지급보다 사용료 수입이 더 많다.

④ 2021년 영국의 지적재산권 사용료 지급은 전년 대비 10% 이상 감소하였다.

⑤ 2021년 프랑스의 지적재산권 사용료 지급은 전년 대비 64,000만 달러 이상 감소하였다.

www.gosinet.co.kr

1회 기출유형

2회 기출유형

3회 기출유형

4회 기출유형

5회 기출유형

6회 기출유형

인성검사

02. 다음은 어느 회사의 공산품 생산량에 관한 표이다. 이에 대한 설명으로 옳은 것은?

〈공산품 생산량 지수 추이〉

(20X0년=100.0)

구분	20X0년	20X1년	20X2년	20X3년	20X4년	20X5년
A	100.0	97.0	94.4	92.5	90.1	89.0
B	100.0	103.2	109.1	105.3	106.7	102.8
C	100.0	106.6	119.2	115.3	113.6	130.3
D	100.0	97.8	96.2	94.0	95.7	98.9

① 20X1 ~ 20X3년 중 D 제품 생산량의 전년 대비 증감률이 가장 큰 해는 20X2년이다.

② 20X1년 A 제품의 생산량을 100으로 했을 때, 20X5년 A 제품의 지수는 90 미만이다.

③ 20X1년 C 제품 생산량의 전년 대비 증가량은 B 제품 생산량의 전년 대비 증가량의 2배 이상이다.

④ 20X1 ~ 20X5년 중 A 제품 생산량의 전년 대비 감소량이 가장 큰 해는 20X1년이다.

⑤ 20X3년 생산량의 전년 대비 감소율이 가장 큰 제품은 C이다.

03. 다음은 20X5 ~ 20X9년 동안 해외여행자 수의 전년 대비 증가율 추이를 나타낸 자료이다. 이에 대한 설명으로 옳은 것은?

〈목적별 해외여행자 수의 전년 대비 증가율〉

(단위 : %, 명)

구분	계	관광	업무	기타
20X5년	23.4 (8,426,867)	24.6 (7,028,001)	16.9 (1,120,230)	21.4 (278,636)
20X6년	14.7	15.3	9.3	19.1
20X7년	12.8	12.1	22.6	23.3
20X8년	-3.3	-4.2	0.7	-3.9
20X9년	10.9	13.1	0.5	18.6

※ (   ) 안의 수치는 20X5년의 해외여행자 수이다.

① 전체 해외여행자 수의 전년 대비 증가 수는 20X7년이 20X6년보다 많다.

② 20X5년 대비 20X9년 업무 목적의 해외여행자 수는 감소하였다.

③ 20X5 ~ 20X9년 동안 관광 목적의 해외여행자 수가 전년 대비 가장 크게 감소한 해는 20X8년이다.

④ 20X6년 대비 20X8년 업무 목적의 해외여행자의 증가 수는 30만 명 이상이다.

⑤ 20X5 ~ 20X9년 동안 관광 목적의 해외여행자 수가 전년 대비 감소했던 해는 없다.

04. 다음은 A 시의 에너지사용량을 가구원 수에 따라 정리한 자료이다. 이에 대한 설명으로 옳지 않은 것은?

구분 \ 가구원 수	1인	2인	3인	4인	5인 이상
전기(Mcal)	6,117	7,138	7,280	7,839	8,175
가스(Mcal)	3,797	4,126	4,270	4,651	5,629
수도(m^3)	95	118	144	172	219
지역난방(Mcal)	515	617	1,070	1,461	1,523
탄소배출량(kg-CO_2)	1,943	2,131	2,213	2,370	2,669

① 5인 이상 가구의 가스 사용량은 1인 가구의 가스 사용량의 약 1.5배인 것으로 나타났다.

② 5인 이상 가구의 전기 사용량은 1인 가구의 전기 사용량의 약 1.3배인 것으로 나타났다.

③ 가구원 1인당 전기 사용량, 탄소배출량은 각각 1인 가구가 5인 이상 가구의 3배 이상인 것으로 나타났다.

④ 5인 이상 가구의 수도와 지역난방 사용량은 각각 1인 가구의 약 2.3배, 약 3.0배인 것으로 나타났다.

⑤ 가구원 수가 증가할수록 1인당 에너지 사용량은 증가하며, 1인 가구의 증가는 전체 에너지 사용량 감소로 이어질 것이다.

05. 진성이는 자신을 포함한 팀원 8명과 성수기에 A 리조트에 여행을 가기로 하였다. 숙박 시설은 6인실 1개와 2인실 1개를 대여하기로 하였고, 자유 시간에는 2명은 워터파크를 가고 4명은 선상낚시를 하기로 결정하였다. 저녁에 다 같이 서바이벌을 즐기기로 하였을 때, 이들이 A 리조트에 지불해야 하는 금액은 총 얼마인가?

〈A 리조트 숙박비용 및 부대시설 이용 요금표〉

(단위 : 원)

1박 요금	2인실	4인실	6인실
평일	100,000	200,000	300,000
주말	200,000	300,000	400,000
성수기	300,000	450,000	500,000

1일 이용권	워터파크	선상낚시	서바이벌
평일	10,000	10,000	10,000
주말	20,000	25,000	15,000
성수기	25,000	30,000	25,000

① 114만 원 ② 117만 원 ③ 120만 원
④ 123만 원 ⑤ 126만 원

www.gosinet.co.kr gosinet

1회 기출유형
2회 기출유형
3회 기출유형
4회 기출유형
5회 기출유형
6회 기출유형
인성검사

06. 다음 자료에 대한 설명으로 옳지 않은 것은?

〈가구주 연령대별 가구당 자산 보유액〉

(단위 : 만 원, %)

구분		전체	30세 미만	30대	40대	50대	60세 이상
평균	20X0년	42,036	9,892	31,503	44,776	48,441	41,738
	20X1년	43,191	10,994	32,638	46,947	49,345	42,026
	증감률	2.7	11.1	㉠	4.8	1.9	0.7

〈가구주 종사상지위별 가구당 자산 보유액〉

(단위 : 만 원, %)

구분		전체	상용근로자	임시 · 일용근로자	자영업자	기타 (무직 등)
평균	20X0년	42,036	46,695	18,070	53,347	33,715
	20X1년	43,191	48,532	19,498	54,869	34,180
	증감률	2.7	㉡	7.9	2.9	1.4

① ㉠에 들어갈 수치는 3.6이다.

② ㉡에 들어갈 수치는 3.9이다.

③ 연령대별로 보면, 50대보다 30세 미만에서 20X1년의 전년 대비 자산 보유액의 증감률이 더 작다.

④ 가구주 종사상지위별로 보면, 20X1년 상용근로자의 자산 보유액이 4억 8,532만 원으로 전년 대비 3.9% 증가하였다.

⑤ 가구주 종사상지위별로 보면, 20X1년 임시 · 일용근로자의 자산 보유액이 1억 9,498만 원으로 전년 대비 7.9% 증가하였다.

07. 다음은 스팸 수신량에 관한 자료이다. 자료에 대한 설명으로 옳지 않은 것은?

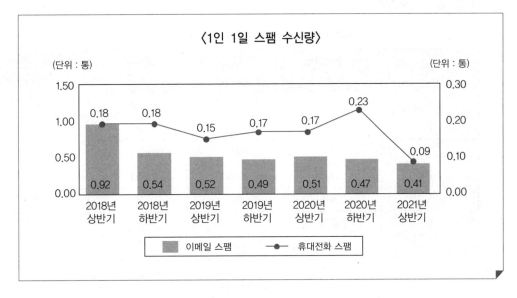

〈1인 1일 스팸 수신량〉

① 휴대전화 스팸 수신량이 전년 동기 대비 가장 크게 감소한 시기는 2021년 상반기로 45% 이상 감소하였다.

② 이메일 스팸 수신량이 전년 동기 대비 가장 크게 감소한 시기는 2019년 상반기로 45% 이상 감소하였다.

③ 2018년 하반기 휴대전화 스팸 수신량은 2021년 상반기의 휴대전화 스팸 수신량의 두 배이다.

④ 2020년 상반기에는 6개월간 90통 이상의 스팸 이메일을 받았을 것으로 추론할 수 있다.

⑤ 2021년 상반기에는 2020년 하반기보다 이메일 스팸 수신량이 12% 이상 감소하였다.

08. 다음은 구간별 자동차 주행거리, 주유량 및 연료 단가를 나타낸 자료이다. 〈보기〉의 설명 중 옳은 것을 모두 고르면?

〈구간별 자동차 주행거리, 주유량, 연료 단가〉

구간	총 주행거리 (km)	구간 주행거리 (km)	주유량 (L)	연료 단가 (원/L)
1	0	0	30	1,900
2	428	428	40	1,900
3	935	507	35	2,000
4	1,351	416	40	2,000
5	1,846	495	30	1,900
6	2,225	379	45	1,800
7	2,812	587		

| 보기 |

ㄱ. 매 구간 간의 주행거리는 지속적으로 증가하였다.
ㄴ. 4구간의 '구간 비용'이 5구간의 '구간 비용'보다 적다.
ㄷ. 7구간 이전까지의 구간당 평균 주유량은 35L 이상이다.
ㄹ. 1 ~ 6구간 중 연료 단가가 가장 낮은 구간에서 가장 많은 양을 주유하였다.

① ㄱ, ㄴ   ② ㄱ, ㄹ   ③ ㄴ, ㄷ
④ ㄴ, ㄹ   ⑤ ㄷ, ㄹ

09. D 사원은 〈자료 1〉을 참고해 〈자료 2〉와 같이 보고서를 작성했다. 이 보고서의 내용 ㉠ ~ ㉤ 중 옳지 않은 것은?

〈자료 1〉 국민연금기금의 자산배분과 자산군별 수익률

(단위 : %)

구분		자산배분 비중	수익률		
			2021년	2019 ~ 2021년	1993 ~ 2021년
전체 자산(570조 원)		100.0	4.7	4.8	5.9
복지부문		0.0	−1.3	−1.7	6.6
금융투자부문		99.7	4.8	4.9	5.7
	국내주식	19.6	5.6	0.7	5.7
	해외주식	15.5	10.6	8.6	7.7
	국내채권	49.3	1.8	4.2	5.3
	해외채권	4.0	4.1	4.7	4.9
	대체투자	10.9	9.9	11.3	9.0
	단기자금	0.4	2.0	1.8	4.6
기타 부문		0.3	0.6	0.9	1.9

〈자료 2〉 보고서

2022년 3월 말 기준 국민연금기금의 자산배분은 〈자료 1〉에 나타나 있다. 우선 국내채권에 전체 자산 570조 원의 49.3%인 약 281조 원이 투자되어 있다. ㉠다른 자산군의 자산배분을 보면 국내주식에 19.6%, 해외주식에 15.5%, 해외채권에 4.0% 그리고 대체투자에 10.9%가 투자되어 있다.

〈자료 1〉을 통하여 자산군별 수익률을 살펴보면 먼저 ㉡2021년을 기준으로 최근 3년간 대체투자의 수익률이 11.3%로 가장 높게 나타나고 있으며, 다음으로 해외주식 수익률이 8.6%를 기록하고 있다. ㉢반면 2021년 기준 최근 3년간 국내채권의 수익률은 4.2%이었으며 국내주식의 수익률은 0.7%에 그치고 있다. ㉣기간을 확대하여 1993 ~ 2021년을 살펴보면 국내 및 해외주식의 수익률이 국내 및 해외채권의 수익률보다 다소 높게 나타나고 있다. ㉤매년 해외주식의 수익률은 대체로 상승 추세에 있어 국내주식에 대한 투자수익률 또한 높아질 전망이다.

① ㉠   ② ㉡   ③ ㉢

④ ㉣   ⑤ ㉤

10. 다음은 국내건설공사 수주액에 관한 자료이다. 이에 대한 설명으로 옳지 않은 것은?

〈연도별 수주액, 업체 수, 업체당 평균수주액〉

(단위 : 억 원, 개사, 억 원)

구분	수주액	업체 수	업체당 평균수주액
20X0년	913,069	10,921	83.6
20X1년	1,074,664	10,972	97.9
20X2년	1,579,836	11,220	140.8
20X3년	1,648,757	11,579	142.4
20X4년	1,605,282	12,028	133.5
20X5년	1,545,277	12,651	122.1
20X6년	1,660,352	13,036	127.4

〈연도별, 발주부문별 수주액〉

(단위 : 억 원)

구분	공공	민간	합계
20X0년	361,702	551,367	913,069
20X1년	407,306	667,361	1,074,664
20X2년	447,329	1,132,507	1,579,836
20X3년	474,106	1,174,651	1,648,757
20X4년	472,037	1,133,246	1,605,282
20X5년	423,447	1,121,832	1,545,277
20X6년	480,692	1,179,661	1,660,352
20X7년 1 ~ 3월	101,083	262,242	363,324

① 수주에 참여한 종합건설업 업체 수는 20X0년 이후 지속적으로 증가하고 있다.

② 공공부문과 민간부문 모두 20X4년부터 20X5년까지 전년 대비 수주액이 감소했다.

③ 20X1년 공공부문과 민간부문의 수주액 비는 35 : 65이다.

④ 20X1 ~ 20X6년 중 공공부문 수주액의 전년 대비 증가율이 가장 큰 해는 20X6년이다.

⑤ 20X7년 1 ~ 3월의 월평균 수주액이 연말까지 동일하다면, 20X7년 수주액은 20X6년보다 적을 것이다.

11. 다음은 해외노동통계자료이다. 2021년 한국의 인구수가 4,500만 명, 그 해 경제활동 인구 중 여성이 차지하는 비율이 34%라고 할 때, 2021년 경제활동 인구 중 남성 인구수는 약 몇 명 인가?

〈자료 1〉 2021년 연령계층별 경제활동참가율

(단위 : %)

구분	한국	일본	호주	프랑스
전체	66.2	73.6	75.2	70.1
15 ~ 24세	28.2	44.9	70.8	39.8
25 ~ 54세	75.4	53.3	82.8	88.1
55 ~ 64세	62.0	65.4	59.3	61.3

※ 전체 경제활동참가율은 15 ~ 64세 기준임(2020년 기준).

〈자료 2〉 2021년 산업 대분류별 취업자 구성

(단위 : %)

구분	한국	일본	대만	호주
농림어업	7.4	4.2	5.3	3.4
광업	0.1	0.1	0.1	1.0
제조업	17.6	18.7	27.6	10.3
전기 · 가스 및 수도업	0.4	0.5	0.9	0.8
건설업	7.9	8.6	8.2	9.0
도소매 및 음식 · 숙박업	24.4	23.7	23.9	23.9
운수 · 창고 및 통신업	6.4	8.6	10.0	10.3
금융 · 보험 · 부동산 · 사업서비스업	13.5	19.8	14.7	25.2
공공개인사회 및 기타서비스업	22.4	15.8	9.4	16.0
전 산업	100.0	100.0	100.0	100.0

① 1,966만 명 ② 2,024만 명 ③ 2,098만 명
④ 2,123만 명 ⑤ 2,253만 명

1회 기출유형
2회 기출유형
3회 기출유형
4회 기출유형
5회 기출유형
6회 기출유형
인성검사

12. 다음은 A 시의 육아휴직자를 조사한 자료이다. 이에 대한 설명으로 옳지 않은 것은? (단, 자료의 수치는 소수점 아래 둘째 자리에서 반올림한 값이다)

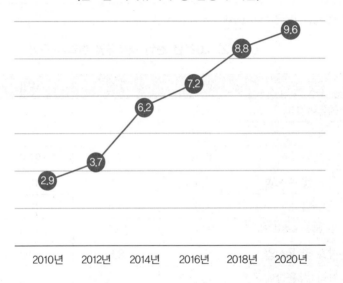

〈연도별 남성 육아휴직자〉

(2016년=100)

구분	2010년	2012년	2014년	2016년	2018년	2020년
남성 육아휴직자	16.4	29.3	67.5	100.0	184.4	275.0

〈연도별 육아휴직자 중 남성의 비율〉

2.9 3.7 6.2 7.2 8.8 9.6

2010년 2012년 2014년 2016년 2018년 2020년

〈2020년 연령별 · 성별 육아휴직자 수〉

(단위 : 명)

구분	30세 이하	31 ~ 35세	36 ~ 40세	41세 이상	계
남성	4,960	10,465	21,876	5,788	43,089
여성	75,678	( )	128,682	53,438	( )

① 2010년 육아휴직자 수는 88,000명 이상이다.

② 2012년 남성 육아휴직자(=100) 기준 2018년 남성 육아휴직자는 600 이상이다.

③ 2014년 여성 육아휴직자 수는 180,000명 이상이다.

④ 2018년 대비 2020년 육아휴직자 수의 증감률은 40% 이하이다.

⑤ 2020년 31 ~ 35세의 여성 육아휴직자 수는 147,000명 이상이다.

13. 다음 두 영화상영관의 운영 동향을 통해 알 수 있는 20X8년 ◇◇멀티플렉스 A 지점과 ◎◎영화관 b 지점의 공급 좌석 수 총합은? (단, 모든 계산은 소수점 아래 첫째 자리에서 반올림한다)

〈자료 1〉 ◇◇멀티플렉스 운영 동향

(단위 : 천 명, %)

구분		20X3년	20X4년	20X5년	20X6년	20X7년	20X8년
전체 이용률		66	68	68	66	66	69
A 지점	관객수	41,325	44,631	42,713	38,276	39,552	40,864
	이용률	66	68	67	61	62	65
B 지점	관객수	6,783	6,978	8,765	10,899	9,238	10,122
	이용률	70	73	78	83	81	82
C 지점	관객수	4,428	4,102	5,001	4,982	5,580	5,649
	이용률	58	54	63	62	66	67
D 지점	관객수	1,864	2,244	2,317	3,945	3,626	3,891
	이용률	72	78	79	86	83	84
E 지점	관객수	–	–	2,425	2,876	3,224	3,657
	이용률	–	–	65	68	71	75

※ 이용률(%) = $\dfrac{관객수}{공급\ 좌석수} \times 100$

〈자료 2〉 ◎◎영화관 운영 동향

(단위 : 천 명, %)

구분		20X3년	20X4년	20X5년	20X6년	20X7년	20X8년
전체 이용률		–	–	–	78	80	86
a 지점	관객수	–	–	–	9,798	12,686	16,444
	이용률	–	–	–	82	86	91
b 지점	관객수	–	–	–	5,362	4,660	5,680
	이용률	–	–	–	71	67	73

※ 이용률(%) = $\dfrac{관객수}{공급\ 좌석수} \times 100$

① 68,718천 개 　② 70,649천 개 　③ 72,550천 개
④ 76,667천 개 　⑤ 81,684천 개

14. 직원 Y는 다음 자료를 바탕으로 보고서에 삽입할 〈보기〉와 같은 그래프를 작성하였다. ㉠ ～ ㉣
에 들어갈 발전원을 바르게 연결한 것은?

○○기관 직원 Y는 차기 예상 발전량에 관한 보고서를 작성하기 위해 2X20년도 발전원별
발전전력량 추이를 열람하고 있다.

(단위 : GWh)

구분	3월	4월	5월	6월	7월	8월	9월	10월	11월	12월
총발전량 (증감률)	46,141 (-2.3)	42,252 (-3.9)	41,578 (-6.2)	43,825 (0.1)	46,669 (-6.2)	51,245 (-1.2)	44,600 (0.3)	43,164 (-3.3)	64,932 (-0.5)	51,601 (2.6)
기력 (증감률)	14,025 (-19.8)	15,001 (2.0)	14,876 (-2.1)	16,520 (-5.9)	19,058 (-14.6)	20,850 (-9.3)	19,038 (-9.2)	14,512 (-27.7)	34,880 (-22.3)	16,631 (-15.9)
원자력 (증감률)	14,463 (3.1)	13,689 (-3.3)	15,258 (3.3)	14,069 (3.6)	13,721 (17.5)	12,526 (2.7)	9,293 (-10.0)	13,468 (27.1)	14,048 (37.4)	15,060 (26.2)
복합 (증감률)	13,477 (10.2)	9,287 (-21.0)	7,555 (-29.0)	9,439 (0.6)	10,367 (-30.9)	13,346 (4.0)	11,966 (20.1)	11,483 (10.0)	12,732 (0.7)	16,382 (0.7)
수력 (증감률)	534 (18.4)	511 (-3.5)	563 (4.2)	513 (6.7)	612 (8.0)	1,074 (78.8)	880 (55.6)	474 (-13.2)	425 (-5.9)	496 (-0.7)
대체에너지 (증감률)	2,904 (-0.8)	3,069 (13.0)	2,607 (-16.6)	2,402 (-11.6)	2,153 (-22.6)	2,693 (-13.6)	2,718 (6.0)	2,897 (30.3)	2,613 (33.7)	2,728 (30.3)
기타 (증감률)	738 (857.0)	695 (680.6)	719 (817.8)	882 (922.8)	788 (805.0)	756 (650.5)	705 (746.0)	330 (-55.6)	234 (-68.0)	304 (-48.5)

※ ( ) 내는 전년 동월 대비 증감률

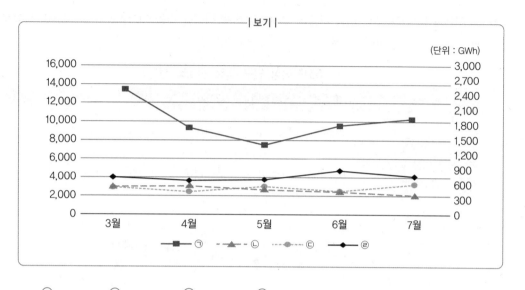

	㉠	㉡	㉢	㉣
①	수력	기력	복합	대체에너지
②	수력	기타	원자력	기력
③	기력	원자력	수력	복합
④	복합	수력	기타	원자력
⑤	복합	대체에너지	수력	기타

15. A 사원은 팀장으로부터 다음 자료를 그래프로 바꿔 작성할 것을 지시받았다. A 사원이 작성해야할 그래프로 가장 옳은 것은?

<65세 이상 인구 의료 진료비 현황>

구분	2015년	2016년	2017년	2018년	2019년	2020년
65세 이상 인구 (천 명)	5,468	5,740	6,005	6,223	6,445	6,806
65세 이상 진료비 (억 원)	164,494	180,852	199,687	222,361	252,692	283,247

①

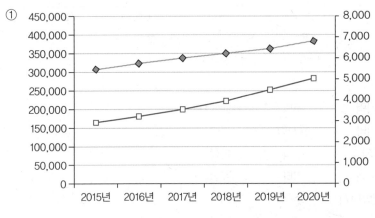

②

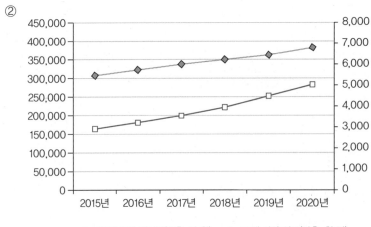

③

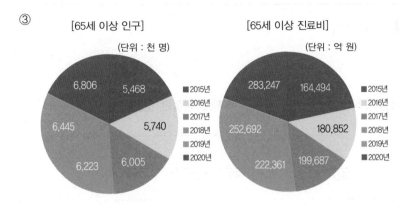

④

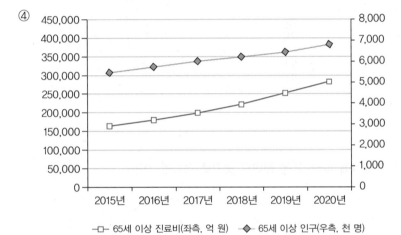

⑤

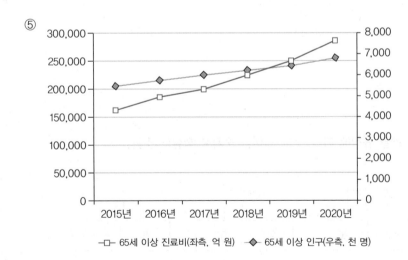

창의수리 _15문항

01. 다음 숫자들의 배열 규칙에 따라 '?'에 들어갈 숫자로 적절한 것은?

$$\frac{5}{10} \quad (\ ? \ ) \quad \frac{17}{86} \quad \frac{33}{257} \quad \frac{65}{770}$$

① $\frac{3}{23}$ ② $\frac{5}{25}$ ③ $\frac{7}{27}$

④ $\frac{9}{29}$ ⑤ $\frac{11}{31}$

02. 다음 숫자들의 배열 규칙에 따라 '?'에 들어갈 숫자로 적절한 것은?

$$6 \quad 8 \quad 13 \quad 19 \quad 20 \quad 30 \quad 27 \quad (\ ? \ ) \quad 34$$

① 29   ② 33   ③ 37
④ 41   ⑤ 45

03. 다음 숫자들의 배열 규칙에 따라 '?'에 들어갈 숫자로 적절한 것은?

2			9			13	
17	36		23	55		39	(?)

① 91   ② 92   ③ 93
④ 94   ⑤ 95

04. 다음 기호의 일정한 규칙에 따라 '?'에 들어갈 숫자로 적절한 것은?

$$34 ◎ 90 = 1204$$
$$85 ◎ 77 = 1512$$
$$54 ◎ 15 = 609$$
$$48 ◎ 39 = (?)$$

① 717 ② 772 ③ 1217
④ 1272 ⑤ 1717

05. 다음 숫자들의 배열 규칙에 따라 '?'에 들어갈 숫자로 적절한 것은?

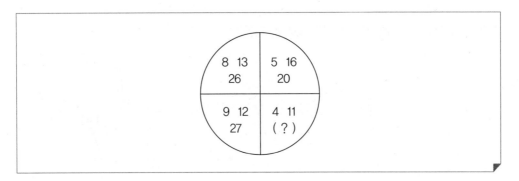

① 11 ② 13 ③ 15
④ 17 ⑤ 19

06. 다음 수열의 규칙에 따라 A에 들어갈 숫자로 적절한 것은?

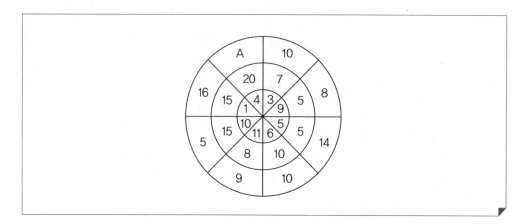

① 10 ② 12 ③ 14
④ 16 ⑤ 18

07. 다음 그림에서 A와 B에 들어갈 숫자의 합은?

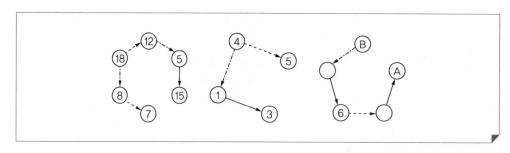

① 23 ② 24 ③ 25
④ 26 ⑤ 27

08. 가로와 세로의 길이가 각각 10cm, 14cm인 직사각형이 있다. 이 직사각형의 가로와 세로를 똑같은 길이만큼 늘려 새로운 직사각형을 만들었더니 넓이가 기존보다 80% 증가하였다. 새로운 직사각형의 가로 길이는 몇 cm인가?

① 12cm   ② 14cm   ③ 16cm

④ 18cm   ⑤ 20cm

09. 10명의 사원들에게 25, 26, 27, 28일 중 하루를 특별휴가로 지급하려 한다. 하루에 최대 3명까지 휴가를 쓸 수 있다면 휴가를 분배할 수 있는 경우의 수는? (단, 어떤 사원이 어느 날짜에 휴가를 쓰는지는 고려하지 않는다)

① 10가지   ② 16가지   ③ 48가지

④ 80가지   ⑤ 100가지

10. K 공사는 하계 워크숍에 참석한 직원들에게 객실을 배정하고 있다. 다음의 〈조건〉을 참고할 때, 워크숍에 참석한 직원들은 최대 몇 명인가?

── | 조건 | ──

- 객실 1개에 4명씩 배정하면 12명이 객실 배정을 받지 못한다.
- 객실 1개에 6명씩 배정하면 객실은 3개가 남고 하나의 객실은 6명 미만이 사용한다.

① 60명   ② 64명   ③ 68명

④ 72명   ⑤ 76명

11. 20팀이 출전한 축구 대회에서 먼저 5팀씩 4개 조로 나누어 조별 리그전을 하고, 각 조의 상위 2팀씩 참여하여 토너먼트전으로 우승팀을 가린다고 할 때, 전체 경기의 수는 몇 경기인가?

① 44경기　　　　　② 45경기　　　　　③ 46경기
④ 47경기　　　　　⑤ 48경기

12. 구슬을 전부 꿰는 데 A 혼자서는 5시간, B 혼자서는 7시간이 걸린다. 둘이 함께 구슬을 전부 꿰면 몇 시간이 걸리겠는가?

① 1시간　　　　　② 1시간 55분　　　　　③ 2시간
④ 2시간 30분　　　⑤ 2시간 55분

13. B 씨에게는 43세의 남편과 8세, 6세, 4세의 자녀가 있다. A 년 후에 부부 연령의 합계가 자녀 연령 합계의 배가 되고 남편의 나이가 자녀들의 나이 합보다 1살 많아진다고 할 때, B 씨의 현재 나이는 몇 세인가?

① 40세　　　　　② 41세　　　　　③ 42세
④ 43세　　　　　⑤ 44세

14. 어떤 회사에 사원 Y명과 사장 한 명이 근무하는데, 사원들의 평균 월급은 X원이고, 사장의 월급은 $3X$원이다. 사원들의 월급과 사장의 월급을 더한 회사 전체의 평균 월급은 얼마인가?

① $\dfrac{X(3X+1)}{Y}$ 원

② $\dfrac{3(X+XY)}{XY}$ 원

③ $\dfrac{3(X+1)}{X+Y}$ 원

④ $\dfrac{X(Y+3)}{Y+1}$ 원

⑤ $\dfrac{XY}{3(X+Y)}$ 원

15. 승용차 100대를 수용할 수 있는 주차장이 있는데, 오후가 되면 4분마다 1대꼴로 차가 나가며, 3분마다 2대꼴로 차가 들어온다. 오후 2시 정각에 1대가 나가고 2대가 들어와 78대가 되었다고 하면, 이 주차장이 만차가 되는 시각은 언제인가?

① 오후 2시 45분

② 오후 2시 48분

③ 오후 2시 50분

④ 오후 2시 51분

⑤ 오후 2시 55분

1회 기출유형 2회 기출유형 3회 기출유형 4회 기출유형 5회 기출유형 6회 기출유형 인성검사

기출유형모의고사

시험시간	40 분
문항수	60 문항

▶ 정답과 해설 41쪽

언어이해 _15문항

01. 다음 글에 따른 추론으로 적절하지 않은 내용을 말한 사람은?

> 대부분의 포유류는 손과 발에 물갈퀴가 없다. 태아기에 손·발가락 사이에서 '세포사(細胞死)'가 일어나 세포가 제거되기 때문이다. 그렇다면 세포사는 왜 일어나는 걸까. 최근 미국과 일본 연구팀이 대기 중 산소가 중요한 역할을 한다는 사실을 밝혀내 국제 학술지에 발표했다. 진화 과정에서 동물이 물 속에서 산소가 많은 육지로 올라온 것과 관계가 있다고 한다. 조류와 포유류의 손발 모양을 만드는 세포사는 개구리 등 양서류 대부분에서는 일어나지 않는다.

① A : 포유류라 할지라도 태아 시기에는 물갈퀴가 있었구나.
② B : 포유류의 손, 발에 물갈퀴가 없는 이유는 세포사 때문이었어.
③ C : 세포사는 대기 중 산소 농도로 인해 조절되는구나.
④ D : 진화가 진행되면서 많은 동물들이 육지에 적응하게 되었어.
⑤ E : 진화 초기 단계에서는 산소 농도가 매우 높아 물갈퀴가 존재했겠네.

02. 다음 문장의 순서를 문맥에 맞게 배열한 것은?

> (가) 다시 말해 무엇을 본다는 것은 대상에서 방출되거나 튕겨 나오는 광양자를 지각하는 것이다.
> (나) 그것은 빛이 가하는 충격이 책에 의미 있는 운동을 일으키기에는 턱없이 작기 때문이다.
> (다) 책을 보기 위해서는 책에서 반사된 빛이 우리 눈에 도달해야 한다.
> (라) 광양자는 대상에 부딪쳐 튕겨 나올 때 대상에 충격을 주게 되는데, 우리는 왜 글을 읽고 있는 동안 책이 움직이는 것을 볼 수 없을까?

① (다) – (가) – (나) – (라)
② (다) – (가) – (라) – (나)
③ (다) – (라) – (가) – (나)
④ (라) – (나) – (다) – (가)
⑤ (라) – (다) – (나) – (가)

03. 다음 글의 내용과 일치하지 않는 것은?

> 녹차와 홍차는 어떻게 다를까? 녹차와 홍차는 모두 찻잎을 이용해 만든다. 녹차는 찻잎을 증기로 30초 동안 쪄서 효소를 없애 발효가 일어나지 않게 하여 만든 무발효차로, 찻잎 고유의 색인 녹색을 그대로 지니고 있다. 녹차는 찻잎의 폴리페놀(Polyphenol) 성분이 대부분 남아있기 때문에 떫은맛을 낸다. 반면, 홍차는 찻잎을 따서 가열 처리하지 않고 발효와 건조 과정을 거친 것으로, 차 속 효소에 의해 홍적색을 띠며, 이 과정에서 폴리페놀의 일종인 카테킨(Catechin)이 산화된다. 홍차의 카테킨 함량은 녹차의 $\frac{1}{4} \sim \frac{1}{2}$ 수준이며 떫은맛이 녹차보다 적다.

① 녹차와 홍차는 모두 찻잎을 사용하여 만든다.
② 녹차는 발효를 막기 위하여 증기로 찌는 과정을 거친다.
③ 찻잎은 발효와 건조 과정에서 성분의 함량이 달라진다.
④ 녹차는 폴리페놀 성분이 잔류하여 녹색을 띠고 홍차는 폴리페놀 성분이 적어서 홍적색을 띤다.
⑤ 홍차는 발효차이며 녹차에 비해 카테킨 함량이 낮고 떫은맛이 적다.

04. 다음 중 밑줄 친 ㉠에 해당하는 사례로 가장 적절한 것은?

> 놀이가 상품 소비의 형식을 띠면서 놀이를 즐기는 방식도 변화한다. 과거의 놀이가 주로 직접 참여하는 형식으로 이루어졌다면, ㉠ 자본주의 사회의 놀이는 대개 참여가 아니라 구경이나 소비의 형태로 이루어진다. 생산자가 이미 특정한 방식으로 소비하도록 놀이 상품을 만들어 놓았기 때문이다. 그런데 이른바 디지털 혁명이 일어나면서 놀이에 자발적으로 직접 참여하여 즐기고자 하는 사람들이 늘어나고 있다. 이런 성향은 비교적 젊은 세대로 갈수록 더하다. 이는 젊은 세대가 놀이의 주체가 되려는 욕구가 크기 때문이다. 인터넷은 주요 특성인 쌍방향성을 통해 그런 욕구의 실현 가능성을 높여 준다. 이는 텔레비전과 같은 대중 매체가 대다수의 사람들을 구경꾼으로 만들었던 것과는 근본적으로 차이가 있다.

① 진희는 직장 동료가 추천해 준 식당에 찾아가서 저녁을 먹었다.
② 성호는 제휴 카드 할인을 통해 저렴하게 미술관을 관람하였다.
③ 민지는 여행사에서 제시한 상품을 통해 일본 여행을 다녀왔다.
④ 우주는 드라마 속에 등장하는 간접광고를 보고 놀이공원에 갔다.
⑤ 현수는 학교에서 추첨한 이벤트에 당첨되어 공짜로 콘서트를 관람하였다.

1회 기출유형 / 2회 기출유형 / 3회 기출유형 / 4회 기출유형 / 5회 기출유형 / 6회 기출유형 / 인성검사

05. 다음 중 글의 주제로 적절한 것은?

제2차 세계 대전 중, 태평양의 한 전투에서 일본군은 미군 흑인 병사들에게 자신들은 유색인과 전쟁할 의도가 없으니 투항하라고 선전하였다. 이 선전물을 본 백인 장교들은 그것이 흑인 병사들에게 미칠 영향을 우려하여 급하게 부대를 철수시켰다. 사회학자인 데이비슨은 이 사례로부터 아이디어를 얻어서 대중 매체가 수용자에게 미치는 영향과 관련한 '제3자 효과(Third-person Effect)' 이론을 발표하였다.

이 이론의 핵심은 사람들이 대중 매체의 영향력을 차별적으로 인식한다는 데에 있다. 사람들은 수용자의 의견과 행동에 미치는 대중 매체의 영향력이 자신보다 다른 사람들에게서 더 크게 나타나리라고 믿는 경향이 있다는 것이다. 예를 들어 선거 때 어떤 후보에게 탈세 의혹이 있다는 신문 보도를 보았다고 하자. 그때 사람들은 후보를 선택하는 데에 자신보다 다른 독자들이 더 크게 영향을 받을 것이라고 여긴다. 이러한 현상을 데이비슨은 '제3자 효과'라고 하였다.

① 제3자 효과의 의의 및 현대적 재조명
② 제3자 효과 이론의 등장 배경 및 개념 정의
③ 유해한 대중 매체가 수용자에게 미치는 영향력
④ 제3자 효과를 이용한 대중 매체 규제의 필요성
⑤ 제3자 효과의 예시와 현대사회에서 보이는 한계

06. 다음 글의 논리적 구조에 대한 설명으로 적절하지 않은 것은?

> ⊙ 많은 경제학자들은 제도의 발달이 경제 성장의 중요한 원인이라고 생각해 왔다.
>
> ⓛ 예를 들어 재산권 제도가 발달하면 투자나 혁신에 대한 보상이 잘 이루어져 경제 성장에 도움이 된다는 것이다.
>
> ⓒ 그러나 이를 입증하기는 쉽지 않다.
>
> ⓔ 제도의 발달 수준과 소득 수준 사이에 상관관계가 있다 하더라도 제도는 경제 성장에 영향을 줄 수도, 경제 성장으로부터 영향을 받을 수도 있으므로 그 인과관계를 판단하기 어렵기 때문이다.
>
> ⓜ 그런데 최근, 각국의 소득 수준이 위도나 기후 등의 지리적 조건과 밀접한 상관관계를 가진다는 통계적 증거들이 제시되었다.

① ⓛ은 예시를 통해 ⊙의 내용을 부연 설명하고 있다.

② ⓒ은 ⊙에 대한 반론이다.

③ ⓔ은 ⓒ의 근거이다.

④ ⓜ은 ⓔ에 대한 반증이다.

⑤ ⓜ은 앞선 내용을 대략적으로 언급하고 있다.

07. 글의 흐름상 ㉠에 들어갈 말로 적절한 것은?

> 우리나라는 사계절이 뚜렷한 나라이다. 겨울에는 여러 날 동안 영하 10도 이하의 기온이 지속되기도 한다. 이 때문에 우리나라 사람들은 지역별로 같은 듯 다른 기후를 가지고 있다. 하와이 지역은 월별 평균 기온이 연간 거의 변동이 없이 유지된다. 그래서 1년 내내 따뜻한 날씨에서 보낼 수 있다. 여름과 겨울의 기온 차이가 심한지에 대해서 연평균 기온만으로는 알 수가 없다. 1월부터 2월까지의 월별 평균 기온을 알고 월별 기온 차이를 파악해야 여름과 겨울의 기온 차이를 알 수 있다. 그렇다면 월별 평균 기온만으로 충분할까? 그렇지 않을 수 있다. 우리나라에는 환절기에 일기 변화가 많아진다. 그 이유는 낮과 밤의 기온 차인 일교차가 심하기 때문이다. 그래서 우리가 보통 여행을 갈 때도 여행지의 해당 기간의 평균 기온만이 아니라 하루의 최고와 최저기온을 알아야 한다. 즉, (㉠   )을/를 통해 다양한 요소를 고려할 수 있어야 한다.

① 숫자의 빈도   ② 자료의 변수   ③ 숫자의 기준   ④ 자료의 평균   ⑤ 자료의 범위

08. 다음 글의 주제로 적절한 것은?

> 신(神)은 신성하거나 성스러운 것으로 간주되는 자연적 혹은 초자연적 존재로, 모르는 것이 없고 못하는 일이 없으며 어떠한 일이라도 다 해내는 절대자의 지혜와 능력을 가진 전지전능한 존재로 정의된다. 철학자들은 신이 존재하는가에 대해 다양한 신 존재 증명 이론을 내세웠다. 신의 존재에 대한 다양한 증명 이론 중 목적론적 신 존재 증명은 존재론적 증명, 우주론적 증명과 함께 신의 존재를 증명하기 위한 고전적 3대 증명으로 손꼽힌다.
>
> 목적론적 신 존재 증명에서 이 세계는 정연한 목적론적 질서를 드러내고 있고, 그것은 전지전능한 신에 의해 만들어진 것이라는 추론형식을 취한다. 목적론적인 질서에는 복잡한 유기체의 구조나 본능적 행동의 합목적성에서부터 우주의 정연한 질서가 상정되어 있으며, 목적론적 신 존재 증명은 이 세계가 매우 탁월한 질서를 가지고 있다고 전제한다. 이 세계를 설계하고 유기체를 창조한 고도의 이성적 능력을 가진 원인으로서의 신이 존재해야 한다고 추론하는 것이다. 따라서 목적론적 신 존재 증명은 결과인 자연현상으로부터 그 원인인 신을 추론하는 증명이다.

① 신의 존재를 증명하는 고전적 3대 이론의 비교
② 목적론적 신 존재 증명이론의 개념
③ 고전 철학자들의 진화이론과 우주의 이해
④ 삼단추론논법을 활용한 신 존재 이론에 대한 이해
⑤ 철학적인 자연현상의 이해

09. 다음 글을 통해 알 수 있는 사실이 아닌 것은?

아이디어 보험상품은 기존 권리보호제도에 의해 보호를 받지 못하는 단계의 아이디어를 보험의 목적으로 하기 때문에 사전 통계자료 혹은 유사통계가 존재하지 않을 가능성이 크다. 또한 손해의 유형 설정에 따라서는 통계학적 관리가 어려울 것으로 예상되며, 손해의 규모 역시 예측하기 곤란하여 대수의 법칙*과 수지상등의 원칙**을 유지하기 어려울 수도 있다. 따라서 손해보험의 원칙들을 충족하는 상품의 설계가 과연 가능한 것인가에 대한 여러 의견이 있다. 하지만 손해의 유형을 최대한 미리 특정해 두고 손해의 규모를 실손 형태가 아닌 정액형으로 구성한다면 보험상품으로 설계하는 것이 충분히 가능하리라 보고 있다.

* 대수의 법칙 : 관찰 대상의 수를 늘려갈수록 개개의 단위가 가지고 있는 고유의 요인은 집단에 내재된 본질적인 경향성이 나타나게 되는 현상을 가리킨다. 이러한 경향성은 관찰의 기간을 늘릴수록 안전도가 높아지면서 하나의 법칙성에 도달하게 된다.

** 수지상등의 원칙 : 보험계약에서 장래 수입될 순보험료 현가의 총액이 장래 지출해야 할 보험금 현가의 총액과 같게 되는 것을 말한다.

① 아이디어 보험상품은 아직 국내에서 출시되지 않았지만 해외에서는 유사한 보험상품이 판매되고 있다.

② 아이디어 보험상품은 아이디어의 시가 내지 무단 도용되었을 때의 손해액을 산정하기 어렵다는 문제가 있다.

③ 아이디어 보험상품은 국내의 기존 권리보호제도에 의해서는 보호를 받지 못하고 있는 단계의 아이디어를 보호하기 위한 보험이다.

④ 아이디어 보험상품은 보험사고를 어떠한 내용을 정의할 것인지에 대한 구체적인 합의가 아직 이루어지지 않았다.

⑤ 손해보험 상품의 설계에는 일반적으로 대수의 법칙과 수지상등의 원칙 등이 고려된다.

10. 다음 신문 기사를 올바르게 이해한 사람은?

정부, 육아휴직 제도 전격 도입

김○○ 기자 / 일력 2021. 05. 04. / 4면 / 댓글 14

정부는 2021년 6월부터 공기업과 사기업을 포함한 모든 사업장에 육아휴직 제도를 도입한다고 밝혔다. 육아휴직은 사업장의 소속 근로자가 만 8세 이하 또는 초등학교 2학년 이하의 자녀(입양 자녀 포함)를 양육하기 위하여 휴직을 신청하는 경우에 사업주는 이를 허용해야 하는 제도이다.

남녀고용평등과 일·가정 양립 지원에 관한 법률 제19조 제1항에 의거하여 추진되는 육아휴직 제도는 육아휴직을 시작하려는 날의 전날까지 해당 사업장에서 계속 근로한 기간이 6개월 이상인 근로자가 활용할 수 있는 제도이다. 육아휴직을 신청할 수 있는 근로자는 여성만을 요하지 않고 그 영아의 생부모만을 요하지 않는다. 육아휴직의 기간은 1년 이내로 하며, 사업주는 육아휴직을 이유로 해고나 그 밖에 불리한 처우를 해서는 안 된다. 그리고 사업을 계속할 수 없는 경우를 제외하고는 육아휴직 기간에 그 근로자를 해고하지 못한다.

또한 육아휴직을 마친 후에는 육아휴직 전과 동일한 업무 또는 같은 수준의 임금을 지급하는 직무에 복귀시켜야 하며, 육아휴직 기간은 근속기간에 포함되어야 한다. 마찬가지로 기간제 근로자 또는 파견근로자의 육아휴직 기간은 사용기간 및 파견 기간에 산입되지 않는다.

---

① 갑 과장 : 나는 2021년 1월에 입사했고 3개월 육아휴직을 사용하려고 하는데, 추후 이직 등을 고려할 때 3개월의 근속 단절은 크게 영향을 미칠 것 같지 않아서 다행이야.

② 을 차장 : 정부는 다양한 육아 정책을 펼치고 있지만 사실 그동안에는 크게 효과가 없다고 느끼는 정책들도 많았는데, 이번 육아휴직은 아빠와 남편으로서 제대로 역할을 할 수 있게 해주겠지?

③ 병 주임 : 저희 남편의 회사 상황이 녹록치 않아서 제가 6월부터 육아휴직을 해서 아이를 돌봐야 할 것 같은데, 제 파견종료일이 올해 7월까지라서 육아휴직 시작과 동시에 퇴사를 준비해야 하니까 겸사겸사 이직 준비도 하고 좋은 것 같아요.

④ 정 대리 : 육아휴직 후에는 소속 팀과 담당 업무가 변할 가능성이 커서 고민인데 달리 생각해 보면 다양한 경험을 쌓고 역량을 향상시킬 수 있는 기회로 활용할 수가 있어요.

⑤ 무 사원 : 곧 아이를 낳을 예정이라 육아휴직을 신청해야 하는데 휴직 가능 기간이 1년 3개월로 연장되어 육아에 더 전념할 수 있어 좋은 것 같아요.

11. 다음 글의 주제로 적절한 것은?

> 언어 기호는 과연 의미를 제대로 전달하는 수단일까? 이런 의문을 처음 제기한 사람은 프랑스의 구조언어학자인 소쉬르다. 그는 기호를 의미하는 것(기표, signifiant)과 의미되는 것(기의, signifié)으로 구분하고, 양자의 관계가 생각하는 것처럼 그렇게 필연적이지 않다고 주장한다. 언어 기호가 지시 대상을 가리킨다고 보는 전통적인 관점을 뒤집은 것이다. 나무라는 말이 나무를 가리키고 바위라는 말이 바위를 가리키는 것은 당연한데, 대체 소쉬르는 무슨 말을 하는 걸까? 그는 스피노자의 말을 빌려 "개는 짖어도 개라는 낱말은 짖지 않는다."라고 말한다. 그의 말은 마당에서 뛰노는 실제의 개(기의)를 개라는 이름(기표)으로 불러야 할 필연적인 이유가 없으며, 개를 소나 닭으로 바꿔 불러도 아무런 상관이 없다는 뜻이다.
>
> 그렇다면 개를 개라고 부르게 된 이유는 무엇일까? 사실 그런 이유는 없다. 그것은 순전한 우연이다. 개를 개라고 부르는 것은 개라는 낱말이 지시하는 대상, 즉 실제 개와 관계가 있는 게 아니라 단지 언어 체계에서 정해진 약속일 따름이다. 여기서 소쉬르는 '차이'라는 중요한 개념을 끄집어낸다. 개는 소나 닭이 아니기 때문에 개인 것이다. 차이란 실체가 아니라 관계를 나타내는 용어이다. 따라서 중요한 것은 실체적 사고가 아니라 관계적 사고이다. 기호의 의미를 결정하는 것은 실체가 아니라 다른 기호들과의 관계(차이)다. 그런데 관계는 실체에 가려 눈에 잘 띄지 않는다. 우리는 실체적 사고에 익숙하기 때문에 실체의 배후에 숨은 관계를 포착하지 못한다. 기호를 실체로 간주하면 기호와 지시 대상을 무의식적으로 일체화하기 때문에 그 기호의 본래 의미를 알려 주는 맥락을 놓치게 되며, 이른바 '행간의 의미'를 이해하지 못하게 된다.

① 기의를 기표로 불러야 할 필연적인 이유는 없다.

② 기호의 의미를 결정하는 것은 실체가 아니라 다른 기호들과의 관계이다.

③ 기호의 의미를 결정하는 것은 우리에게 익숙한 실체적 사고이다.

④ 기호의 의미는 기호와 지시 대상을 무의식적으로 일체화하는 데서 발견된다.

⑤ 기호의 의미는 행간의 의미를 넘어 본질적 의미를 파악할 때 제대로 파악할 수 있다.

12. 다음 글을 읽고 알 수 있는 내용으로 적절하지 않은 것은?

> 언제부턴가 우리에게 '집'은 쉼터가 아닌 '자랑거리'가 되어 버렸다. 부동산이 최고의 가치가 되어 버린 지금 시대에 한평생을 청렴하게 살다 간 정승의 소박한 집은 역설적으로 생명력을 갖는다.
>
> 맹사성은 조선 세종 때 황희, 윤희, 권진 등과 함께 나라를 다스린 명재상이다. 높은 벼슬에 있으면서도 약 27평 남짓한 작은 집에서 살았다. 방문객의 신분이 높든 낮든 항상 의복을 갖추고 예를 다해 맞았다는 그의 집 대문 앞에 섰다. 아침 공기가 유난히 시렸던 날, 대문 언저리의 은행나무에선 아이의 웃음소리처럼 맑은 새소리가 들렸다. 기차와 지하철이 지척에 다니지만 이곳에는 수백 년 세월이 그대로 멈춘 것 같은 고즈넉함이 있다.
>
> 작은 고택의 역사는 700여 년 전으로 올라간다. 고려 말, 최영 장군이 실제로 살았으며 맹사성의 아버지 맹희도가 물려받은 후로 신창 맹씨 일가가 관리하고 있다. 대청마루에 서면 집안 전체가 보일 정도로 아담한 이곳에 고려와 조선을 대표하는 두 청백리, 최영과 맹사성이 살다 갔다. 집 주변을 천천히 돌아도 몇 걸음이 되지 않는 작은 집. 하지만 흔들리지 않는 기백은 하늘을 가릴 듯 우뚝 선 은행나무만큼이나 크다.
>
> 고택을 내려다보는 곳에는 맹희도와 맹사성의 위패를 모신 세덕사가 있다. 고택을 둘러싼 돌담길에 손을 대고 한 걸음 한 걸음 느리게 걸어 본다. 고택만큼 소박한 밭을 지나면 맹사성이 황희, 권진과 느티나무를 세 그루씩 심었다는 구괴정이 나온다. 시를 읊으며 농민을 위로하던 세 정승의 푸근한 말소리가 들리는 듯하다. 600여 년의 시간이 지나 아홉 그루의 느티나무는 두 그루만 남았다. 탁, 탁, 탁, 도시로 향하는 여행자의 발걸음 소리가 고요한 마을에 울려 퍼진다. 마치 노인의 두 다리처럼 받침대에 의지한 두 느티나무가 타박타박 뒤따르며 말을 걸고 있는 것 같다. "또 오게나."

① 훌륭한 재상은 백성을 위한다.

② 맹사성 고택의 느티나무는 옛 정승의 모습 같다.

③ 최영과 맹사성은 청렴한 관리였다.

④ 도시의 고택은 역사를 잃어버렸다.

⑤ 높은 벼슬에 있던 정승의 작은 집은 소박함을 나타낸다.

13. 다음 중 연역삼단논법과 귀납삼단논법의 사례에 대한 설명으로 옳은 것은?

삼단논법에 의한 논리적 사고란 삼단논법과제의 전제 내용이 참 혹은 거짓인가에 대한 가치 판단과는 상관없이 전제들의 형식적인 관계에 의하여 합리적인 결론을 추론하는 능력이다. 삼단논법의 형태는 추론하는 논증방식에 따라 구분되며, 연역삼단논법과 귀납삼단논법으로 구성된다.

연역삼단논법이란 일반적인 것에서 특수한 것으로 추론하는 논증방식으로, 전제와 결론은 필연적인 관계이며 이들 관계는 포괄적인 논거를 바탕으로 한다. 반면, 귀납삼단논법이란 특수한 것으로부터 일반적인 결론을 이끌어 내는 논증방식으로, 전제와 결론은 확률적이며 개연적인 관계를 지닌다. 다음과 같은 사례 문장을 통해 두 가지 논증방식을 설명할 수 있다.

㉠ 오리는 물에서 산다.
㉡ 오리는 헤엄을 칠 수 있다.
㉢ 모든 헤엄을 칠 수 있는 동물은 물에서 산다.
㉣ 모든 새는 날개가 있다.
㉤ 비둘기는 새다.
㉥ 비둘기는 날개가 있다.

---

① ㉠+㉡=㉢의 관계에 의해 삼단논법이 설명된다.
② ㉣～㉥을 통해 귀납삼단논법을 설명할 수 있다.
③ '결론'에 해당하는 두 문장은 ㉡과 ㉣이다.
④ 연역삼단논법과 귀납삼단논법을 설명하기 위한 각각의 첫 문장은 ㉢과 ㉤이다.
⑤ 연역삼단논법은 1개의 전제와 2개의 결론, 귀납삼단논법은 2개의 전제와 1개의 결론으로 구성된다.

14. 다음의 (가) ～ (마)를 맥락에 따라 순서대로 나열한 것은?

> (가) 사유방식, 생활, 학습, 언어, 행위, 노동, 예절, 도덕 등에서 드러나는 개인의 습관은 한 사람의 소양을 드러내며 그가 세상을 살아가는 방식에 영향을 미친다. 또한 습관은 우리 의 선택과 외부적 환경으로부터 영향을 받는 정도를 결정하며, 나아가 우리의 인생 그리 고 타인과 사회를 바라보는 관점에도 영향을 미친다.
>
> (나) 습관의 최상위 형식은 사고방식으로 이것은 이성과 철학의 영향을 크게 받는다. 예를 들 어 마르크스는 모든 문제를 두 가지의 대립된 모순으로 인식하는 경향이 있으며, 아인슈 타인은 가장 간단한 사실에서 시작하여 엄밀한 추론을 통해 가장 심오한 결론에 도달한 다.
>
> (다) 습관의 힘은 실로 거대한 것으로 성공의 필수불가결한 요소이며, 가치를 따질 수 없이 귀중한 인생의 재화이자 자본이다. 좋은 습관을 기르는 것은 한 사람의 인생에 무한한 이익을 가져다주며 평범한 삶에서 특별한 삶으로 넘어가는 데에 가장 중요한 관건이 된 다.
>
> (라) 습관의 사전적 의미는 '장기간에 걸쳐 양성되어 단기에 고치기 어려운 행위, 경향 혹은 사회적 풍습'이다. 습관은 인간의 행위를 연구하는 많은 학자들이 오랫동안 관심을 가져 온 분야로 간단히 말해 일종의 안정적인 행위의 특징을 말한다.
>
> (마) 습관의 형식에는 여러 가지가 있는데 '무조건적 반사'를 가장 기본적인 습관이라고 할 수 있다. 그보다 상위 단계의 습관으로는 언어와 동작의 습관을 들 수 있다. 일반적으로 우리가 '습관'이라고 부르는 것도 이러한 것들이다. 일부 학자들은 남녀 간에도 습관의 차이가 있다고 주장한다. 예를 들어 남자들은 집에 도착하기 전에 미리 호주머니에서 열 쇠를 꺼내는 한편, 여자들은 문 앞에 도달한 다음에 가방에서 열쇠를 꺼낸다는 것이다.

① (다)-(가)-(나)-(마)-(라)   ② (다)-(라)-(나)-(마)-(가)

③ (라)-(가)-(마)-(나)-(다)   ④ (라)-(마)-(가)-(다)-(나)

⑤ (마)-(라)-(다)-(가)-(나)

15. 다음 글의 주제로 적절한 것은?

현대인은 타인의 고통을 주로 뉴스나 영화 등의 매체를 통해 경험한다. 타인의 고통을 직접 대면하는 경우와 비교할 때 그와 같은 간접 경험으로부터 연민을 갖기는 쉽지 않다. 더구나 현대 사회는 사적 영역을 침범하지 않도록 주문한다. 이런 존중의 문화는 타인의 고통에 대한 지나친 무관심으로 변질될 수 있다. 그래서인지 현대 사회는 소박한 연민조차 느끼지 못하는 불감증 환자들의 안락하지만 황량한 요양소가 되어 가고 있는 듯하다.

연민에 대한 정의는 시대와 문화, 지역에 따라 가지각색이지만 다수의 학자들에 따르면 연민은 두 가지 조건이 충족될 때 생긴다. 먼저 타인의 고통이 그 자신의 잘못에서 비롯된 것이 아니라 우연히 닥친 비극이어야 한다. 다음으로 그 비극이 언제든 나를 엄습할 수도 있다고 생각해야 한다. 이런 조건에 비추어 볼 때 현대 사회에서 연민의 감정은 무뎌질 가능성이 높다. 현대인은 타인의 고통을 대부분 그 사람의 잘못된 행위에서 비롯된 필연적 결과로 보며 자신은 그러한 불행을 예방할 수 있다고 생각하기 때문이다.

그러나 현대 사회에서도 연민은 생길 수 있으며 연민의 가치 또한 커질 수 있는데, 그 이유를 세 가지로 제시할 수 있다. 첫째, 현대 사회는 과거보다 안전한 것처럼 보이지만 실은 도처에 위험이 도사리고 있다. 둘째, 행복과 불행이 과거보다 사람들과의 관계에 더욱 의존하고 있는데, 이는 친밀성은 줄었지만 사회 · 경제적 관계가 훨씬 촘촘해졌기 때문이다. 셋째, 교통과 통신이 발달하면서 현대인은 이전에 몰랐던 사람들의 불행까지도 의식할 수 있게 되었다. 물론 간접 경험에서 연민을 갖기가 어렵다고 치더라도 고통을 대면하는 경우가 많아진 만큼 연민의 필요성이 커지고 있다. 이런 정황에서 볼 때 연민은 그 어느 때보다 절실히 요구되며 그만큼 가치도 높은 것이다.

진정한 연민은 대부분 연대로 나아간다. 연대는 고통의 원인을 없애기 위해 함께 행동하는 것이다. 연대는 멀리하면서 감성적 연민만 외치는 사람들은 은연중에 자신과 고통받는 사람들이 뒤섞이지 않도록 두 집단을 분할하는 벽을 쌓는다. 이 벽은 자신의 불행을 막으려는 방화벽이면서, 고통받는 타인들의 진입을 차단하는 성벽이기도 하다. '입구 없는 성'에는 출구도 없듯, 이들은 성 바깥의 위험 지대로 나가지 않으려고 한다. 이처럼 안전 지대인 성 안에서 가진 것의 일부를 성벽 너머로 던져 주며 자족하는 동정도 가치 있는 연민이지만 진정한 연민은 벽을 무너뜨리며 연대하는 것이다.

① 연민의 감정은 공동체 사회에서 꼭 필요한 요소이다.
② 감성적 연민으로 쌓은 벽을 무너뜨리고 연대를 통한 연민으로 나아가야 한다.
③ 황량한 현대 사회일수록 연민의 의미와 가치를 되새길 필요가 있다.
④ 연민에 대한 정의는 시대와 문화, 지역에 따라 다르게 나타난다.
⑤ 연민의 감정보다는 연대의 가치가 사회적으로 더 중요하다.

1회 기출유형 2회 기출유형 3회 기출유형 4회 기출유형 5회 기출유형 6회 기출유형 인성검사

언어추리 _15문항

01. 다음 조건이 성립한다고 가정할 때, 반드시 참인 것은?

> • 병원에 가면 치료를 받는다.
> • 맞으면 아프다.
> • 병원에 가지 않으면 아프지 않은 것이다.

① 맞으면 치료를 받는다.
② 아프면 병원에 가지 않는다.
③ 아프면 치료를 받지 않는다.
④ 맞지 않으면 병원에 가지 않는다.
⑤ 아프면 맞은 것이다.

02. ○○기업 면접관 A, B, C, D, E는 면접장에서 긴 테이블에 옆으로 나란히 앉는다. 이들이 앉은 위치에 대한 〈조건〉이 다음과 같을 때, 반드시 참인 것은?

| 조건 |

> • B는 가장 왼쪽에 앉거나 가장 오른쪽에 앉는다.
> • C는 가장 왼쪽에 앉거나 왼쪽에서 두 번째 자리에 앉는다.
> • D는 A의 왼쪽에 앉는다.
> • E는 가장 오른쪽에 앉지 않으며 B의 오른쪽에 위치한다.

① D는 가장 중앙에 앉는다.
② C는 A의 바로 옆에 앉는다.
③ B는 D의 바로 옆에 앉는다.
④ A는 오른쪽에서 두 번째에 앉는다.
⑤ A는 가장 오른쪽 자리에 앉는다.

03. 다음 중 결론을 참이 되게 하는 전제로 적절한 것은?

> [전제] 하얀 옷을 입는 사람은 모두 깔끔하다.
> 깔끔한 사람들은 모두 안경을 쓴다.
> (   )
> [결론] 따라서 수인이는 하얀 옷을 입지 않는다.

① 하얀 옷을 입지 않는 사람은 수인이가 아니다.

② 수인이는 안경을 쓰지 않는다.

③ 안경을 쓰는 사람들은 모두 하얀 옷을 입는다.

④ 깔끔하지 않은 사람들은 모두 안경을 쓰지 않는다.

⑤ 수인이는 안경을 쓰지만 깔끔하지 않다.

04. 다음 조건이 성립한다고 가정할 때, 반드시 참인 것은?

> • 지금 출전하는 선수는 공격수이다.
> • 유효슈팅이 많은 선수는 골을 많이 넣는다.
> • 공격수는 골을 많이 넣는다.

① 지금 출전하는 선수는 골을 많이 넣는 선수이다.

② 공격수가 아니면 골을 많이 넣지 않는 선수이다.

③ 골을 많이 넣는 선수는 유효슈팅이 많은 선수이다.

④ 유효슈팅이 많지 않으면 지금 출전하는 선수이다.

⑤ 지금 출전하지 않는 선수는 골을 많이 넣지 않는다.

05. 어느 부서의 직원 A, B, C, D, E, F가 월요일부터 연속하여 하루씩 휴가를 쓰려고 한다. 하루에 한 명씩만 휴가를 쓸 수 있고 평일에만 휴가를 갈 수 있다. 다음 조건이 모두 참일 때, 목요일에 휴가를 쓰는 사람은?

- B는 E보다 늦게 휴가를 쓴다.
- A가 휴가를 쓴 3일 뒤에 F가 휴가를 쓴다.
- E와 F는 같은 요일에 휴가를 쓴다.
- D는 수요일에 휴가다.
- B가 휴가를 쓴 바로 다음 날 D가 휴가를 쓴다.

① A   ② B   ③ C

④ D   ⑤ E

06. A, B, C, D, E는 점심식사로 각각 피자, 치킨, 순대국, 해장국, 초밥 중 하나를 먹었다. 다음 중 한 명의 진술만 참이고, 나머지 사람은 모두 거짓인 내용의 진술을 하였다면, A가 먹은 메뉴는? (단, A, B, C, D, E의 식사 메뉴는 모두 다르다)

- A : C는 치킨을 먹었고, E는 피자를 먹었다.
- B : A는 피자를 먹지 않았고, D는 초밥을 먹었다.
- C : B는 해장국을 먹었고, D는 치킨을 먹었다.
- D : C는 피자를 먹었고, E는 초밥을 먹지 않았다.
- E : A는 순대국을 먹었고, B는 초밥을 먹었다.

① 피자   ② 치킨   ③ 순댓국

④ 해장국   ⑤ 초밥

07. 다음 〈조건〉이 성립한다고 가정할 때, 반드시 참인 것은?

―| 조건 |―

- 미세먼지 수치가 증가하게 되면서 마스크 판매량이 증가하고 있다.
- 미세먼지에 민감한 사람은 마스크를 낀다.
- 미세먼지에 민감하지 않은 사람은 건강에 둔감하다.

① 건강에 둔감한 사람이 증가하고 있다.
② 마스크를 끼는 사람이 줄어들고 있다.
③ 미세먼지에 민감한 사람은 건강에 민감하다.
④ 건강에 둔감하지 않은 사람은 마스크를 낀다.
⑤ 마스크를 끼지 않는 사람은 건강에 둔감하지 않다.

08. 다음 〈조건〉을 참고하여 추론할 때, 반드시 참인 것은? (단, 한 층에는 최대 3개의 매장까지 입점 가능하다)

―| 조건 |―

- 5층 건물에 사무용품점, 전자기기점, 휴대전화대리점, 은행, 생활용품점, 편의점, 한식당, 중식당, 카페, 아이스크림 가게가 있다.
- 생활용품점이 있는 층에는 모두 3개의 매장이 있다.
- 휴대전화대리점과 전자기기점 바로 위층에는 사무용품점이 있다.
- 사무용품점과 한식당은 각각 한 개 층을 통째로 사용하고 있다.
- 중식당과 카페는 같은 층에 있으며 전자기기점보다 한 층 아래에 있다.
- 은행은 2층에 있으며 이는 아이스크림 가게와 중식당의 바로 아래층이다.

① 한식당은 4층에 있다.
② 전자기기점과 생활용품점은 같은 층에 있다.
③ 아이스크림 가게는 전자기기점보다 높은 층에 있다.
④ 카페는 은행 바로 아래층에 있다.
⑤ 편의점은 은행과 같은 층에 있다.

09. 직원들이 A, B, C에 대해 진술한 내용이 〈보기〉와 같을 때, 다음 중 옳지 않은 것은? (단, 불만은 있거나 없는 경우 두 가지 뿐이다)

――| 보기 |――

- 이직한 최 과장은 A, B에게 불만이 있다.
- 재직 중인 이 대리는 B에게 불만이 있다.
- 재직 중인 김 부장은 A, B에게 불만이 있다.
- 이직한 김 사원은 C에게 불만이 있다.
- 이직한 박 대리는 B에게 불만이 있다.

① 재직 중인 직원은 C에게 불만이 없다.
② 대리 이상의 직급의 경우 B에게 불만이 있다.
③ 과장 이상의 직급의 경우 A에게 불만이 있다.
④ B에 대한 불만은 이직에 큰 영향을 미치지 않는다.
⑤ 이직에는 A, C에 대한 불만이 중요하게 작용한다.

10. 영업팀 사원 12명이 출근하는 방법에 대한 다음 〈조건〉이 모두 참일 때, 〈보기〉 중 항상 참인 추론은?

――| 조건 |――

- 영업팀 사원들은 각자 대중교통, 자가용, 도보 중 한 가지 방법으로 출근을 한다.
- 자가용으로 출근하는 사람은 1명 이상이다.
- 도보로 출근하는 사람이 자가용으로 출근하는 사람보다 많다.
- 대중교통을 이용하는 사람이 도보로 출근하는 사람보다 많다.

――| 보기 |――

A : 도보로 출근하는 사람이 2명이라면 자가용으로 출근하는 사람은 1명이다.
B : 자가용으로 출근하는 사람이 3명이라면 대중교통으로 출근하는 사람은 6명이다.
C : 대중교통으로 출근하는 사람이 6명이라면 자가용으로 출근하는 사람은 2명이다.

① A
② B
③ A, C
④ B, C
⑤ A, B, C

11. 다음 〈조건〉을 바탕으로 〈보기〉 중 옳은 것을 모두 고르면?

─────| 조건 |─────

- A, B, C 3개의 축구팀이 리그전을 펼친다.
- 모든 경기 합쳐서 총 10골이 나왔다.
- A 팀은 B 팀을 상대로 3골을 넣었고, C 팀을 상대로 2골을 넣었다.
- A 팀은 2승을 거두었다.
- 1골차 경기는 1경기였고, 무승부 경기도 1경기였다.
- 0 : 0 경기는 하나도 없었다.

─────| 보기 |─────

ㄱ. A 팀과 B 팀의 경기 결과는 A : B=3 : 2이다.
ㄴ. B 팀은 총 2골을 넣었다.
ㄷ. B 팀과 C 팀의 경기는 총 2골이 나왔다.

① ㄱ   ② ㄴ   ③ ㄱ, ㄴ   ④ ㄴ, ㄷ   ⑤ ㄱ, ㄷ

12. 사원이 15명인 A 회사에서 후식으로 아이스크림을 먹기로 했다. 다음 〈조건〉이 모두 참일 때, 〈보기〉 중 항상 옳은 것은?

─────| 조건 |─────

- A 회사 사원들은 딸기맛, 바닐라맛, 초코맛 총 3개의 맛 중에서 선택했다.
- 모든 사원은 아이스크림의 맛을 1개만 선택해야 한다.
- 딸기맛을 좋아하는 사원 수는 바닐라맛을 좋아하는 사원 수보다 많다.
- 초코맛을 좋아하는 사원 수는 딸기맛을 좋아하는 사원 수보다 많다.
- 한 명도 선택하지 않은 맛은 없다.

─────| 보기 |─────

A : 딸기맛을 좋아하는 사원이 5명이라면 초코맛을 좋아하는 사원은 최대 9명이다.
B : 바닐라맛을 좋아하는 사원이 4명이라면 딸기맛을 좋아하는 사원은 최대 9명이다.
C : 초코맛을 좋아하는 사원이 9명이라면 딸기맛을 좋아하는 사원은 최소 1명이다.

① A   ② B   ③ C   ④ A, B   ⑤ A, C

13. 다음은 사원 A, B, C의 업무성과평가 정보이다. 이 평가는 갑, 을, 병 3명의 심사위원들이 진행하여 그 결과는 1 ~ 3등급으로 구분되며, 1등급은 3점, 2등급은 2점, 3등급은 1점으로 환산한다. 업무성과평가의 〈결과〉가 다음과 같을 때, 〈보기〉 중 항상 옳은 것은?

| 결과 |

- 심사위원 갑은 사원 A, B, C 모두에게 1등급을 주었다.
- 사원 B는 심사위원 1명에게서만 1등급을 받았다.
- 심사위원 병은 사원 C에게 3등급을 주었다.
- 사원 C는 가장 높은 종합점수를 받았다.
- 사원 A는 심사위원 1명에게 2등급을 받았다.

| 보기 |

㉠ 심사위원 을은 사원 C에게 1등급을 주었다.
㉡ 사원 A는 사원 B보다 종합점수가 높다.
㉢ 사원 A는 적어도 1명에게 3등급을 받았을 것이다.

① ㉡　　　　　　　　② ㉠, ㉡　　　　　　　　③ ㉠, ㉢
④ ㉡, ㉢　　　　　　⑤ ㉠, ㉡, ㉢

14. 다음 〈규칙〉에 따라 도시를 이동하는 보드게임이 있다. 〈규칙〉이 다음과 같을 때, 적절하지 않은 것은?

┤규칙├

- 파리에 도착했다면 로마로 가시오.
- 런던에 도착했다면 리스본으로 가시오.
- 서울에 도착했다면 마드리드로 가시오.
- 시드니에 도착했다면 상파울로로 가시오.
- 워싱턴에 도착했다면 파리로 가시오.
- 상파울로에 도착했다면 우주여행으로 가시오.
- 리스본에 도착했다면 워싱턴으로 가시오.
- 코펜하겐에 도착했다면 멕시코시티로 가시오.
- 우주여행에 도착했을 때 문제의 정답을 맞혔다면 코펜하겐으로, 틀렸다면 스톡홀름으로 가시오.
- 스톡홀름에 도착했다면 몬트리올로 가시오.
- 취리히에 도착했다면 시드니로 가시오.
- 멕시코시티에 도착했다면 베를린으로 가시오.

① 시작한 도시가 런던이라면 최종적으로 로마에 도착하게 된다.
② 몬트리올에 도착했다면 우주여행에서 정답을 맞춘 것이다.
③ 멕시코시티에 도착했다면 스톡홀름에 가는 경우는 없다.
④ 파리에 도착하지 않았다면 런던에 간 적이 없었던 것이다.
⑤ 취리히에 도착했다면 반드시 상파울로에 간다.

15. 총무팀 사원 중 사내 운동 동호회 활동을 하는 13명에 대한 다음 〈조건〉이 모두 참일 때, 〈보기〉 중 항상 참인 진술이 아닌 것은?

―| 조건 |―

• 총무팀 사원이 활동하는 운동 동호회는 마라톤부, 산악회, 축구부 총 세 개다.
• 모든 총무팀 사원은 2개 이상의 운동 동호회 활동을 할 수 없으며, 1개의 동호회만 활동해야 한다.
• 마라톤부 활동을 하는 총무팀 사원 수는 산악회 활동을 하는 총무팀 사원 수보다 많다.
• 축구부 활동을 하는 총무팀 사원 수는 마라톤부 활동을 하는 총무팀 사원 수보다 많다.
• 각 운동 동호회에는 최소 1명 이상의 사람이 활동하고 있다.

―| 보기 |―

A : 마라톤부 활동을 하는 총무팀 사원이 4명이라면, 축구부 활동을 하는 총무팀 사원은 7명이다.
B : 산악회 활동을 하는 총무팀 사원이 3명이라면, 축구부 활동을 하는 총무팀 사원은 6명이다.
C : 축구부 활동을 하는 총무팀 사원이 9명이라면, 산악회 활동을 하는 총무팀 사원은 1명이다.

① A
② B
③ A, B
④ A, C
⑤ B, C

자료해석 _15문항

01. 다음은 X 기업, Y 기업의 연도별 제품 판매액에 관한 자료이다. 이에 대한 설명으로 옳지 않은 것은?

⟨X 기업, Y 기업의 연도별 제품 판매액⟩

(단위 : 천 원)

구분		20X0년	20X1년	20X2년	20X3년	20X4년	20X5년	20X6년
X 기업	A 제품	294,621	389,664	578,578	943,056	1,089,200	1,143,402	1,469,289
	B 제품	0	0	0	0	6,089	350,681	1,285,733
	C 제품	917,198	1,103,227	1,605,182	2,556,300	3,979,159	5,122,441	7,056
	D 제품	862,884	912,760	1,148,179	1,145,557	1,342,439	1,683,142	2,169,014
Y 기업	E 제품	4,490,107	3,862,087	4,228,112	2,753,924	2,150,013	2,858,714	2,819,882
	F 제품	52,307	465,924	483,777	492,172	495,354	395,556	489,466
	G 제품	524,623	1,027,251	1,839,558	4,656,237	5,546,583	6,237,564	7,466,664
	H 제품	10,203,907	11,737,151	11,554,426	14,334,944	22,468,966	22,754,303	23,867,053

① Y 기업의 제품 중 판매액이 매년 지속적으로 증가한 제품은 한 종류이다.

② 20X0년 대비 20X4년에 판매액이 감소한 제품은 한 종류이다.

③ 20X0 ~ 20X6년 동안 매년 Y 기업의 판매액 총합이 X 기업의 판매액 총합보다 컸다.

④ D 제품의 판매액이 전년 대비 감소한 해에는 E 제품의 판매액도 전년 대비 감소하였다.

⑤ Y 기업의 제품 중 20X0년 대비 20X6년 판매액 증가율이 가장 높은 제품은 F 제품이다.

02. 다음은 2017 ~ 2021년의 아르바이트 동향에 관한 자료이다. 이에 대한 설명으로 옳은 것은?

〈최근 5년간 아르바이트 동향 자료〉

(단위 : 원, 시간)

구분	2017년	2018년	2019년	2020년	2021년
월 평균 소득	642,000	671,000	668,000	726,000	723,000
평균 시급	6,210	6,950	7,100	6,900	9,100
주간 평균 근로시간	24.5	24	22	21	19.5

① 5년 동안 월 평균 소득은 꾸준히 증가하였다.
② 2021년 평균 시급은 2017년의 1.4배 이상이다.
③ 2019년 월 평균 근로시간은 100시간을 초과한다.
④ 5년 동안 월 평균 소득이 증가하면 평균 시급도 증가하는 양상을 보이고 있다.
⑤ 5년 동안 평균 시급은 꾸준히 증가하고 주간 평균 근로시간은 그 반대의 양상을 보이고 있다.

03. 다음은 20X9년 유럽 주요 국가의 보건부문 통계 자료이다. 이에 대한 설명으로 옳은 것을 〈보기〉에서 모두 고르면?

구분	기대수명(세)	조사망률(명)	인구 만 명당 의사 수(명)
독일	81.7	11.0	38.0
영국	79.3	10.0	27.0
이탈리아	81.3	10.0	37.0
프랑스	81.0	9.0	36.0
그리스	78.2	12.0	25.0

※ 조사망률 : 인구 천 명당 사망자 수

── | 보기 | ──

ㄱ. 유럽에서 기대수명이 가장 낮은 국가는 그리스이다.
ㄴ. 인구 만 명당 의사 수가 많을수록 조사망률은 낮다.
ㄷ. 20X9년 프랑스의 인구가 6,500만 명이라면 사망자는 약 585,000명이다.

① ㄱ   ② ㄷ   ③ ㄱ, ㄴ
④ ㄱ, ㄷ   ⑤ ㄴ, ㄷ

04. 다음은 수도권 5대 대형병원의 수익에 대한 자료이다. 이에 대한 설명으로 옳지 않은 것은?

〈수도권 5대 대형병원 의료 통계 자료〉

(단위 : 억 원, %, 명)

순위	병원명	의료수익	의료이익	의료이익률	의사 수	의사 1인당 의료수익
1	A 병원	13,423	825	6.1	1,625	8.3
2	B 병원	10,612	−463	−4.4	1,230	8.6
3	C 병원	10,244	1,640	16.0	1,240	8.3
4	D 병원	8,715	−41	−0.5	1,208	7.2
5	E 병원	6,296	399	6.3	830	7.6
5대 대형병원 평균		9,858	472	4.7	1,227	8.0

※ 의료이익률 $= \dfrac{\text{의료이익}}{\text{의료수익}} \times 100$

※ 의사 1인당 의료수익 $= \dfrac{\text{의료수익}}{\text{의사 수}}$

① 의사 수가 가장 많은 병원은 의료수익도 가장 많다.

② 의사 1인당 의료수익이 가장 큰 병원은 B 병원이다.

③ 5대 대형병원 의료수익 평균에 미치지 못하는 대형병원은 2개이다.

④ E 병원의 의사 1인당 의료이익은 A 병원의 의사 1인당 의료이익보다 많다.

⑤ B 병원과 C 병원의 의료수익의 합은 A 병원과 E 병원의 의료수익의 합보다 크다.

1회 기출유형

2회 기출유형

3회 기출유형

4회 기출유형

5회 기출유형

6회 기출유형

인성검사

05. 다음은 인접한 4개 국가의 상호 전력 수출입 현황을 나타낸 표이다. 이에 대한 설명으로 옳은 것을 〈보기〉에서 모두 고르면?

(단위 : 천 kW)

수출국 \ 수입국	N국	K국	S국	E국
N국	–	420	234	270
K국	153	–	552	635
S국	277	432	–	405
E국	105	215	330	–

─────| 보기 |─────

가. 전력의 수출량이 수입량보다 많은 국가는 2개이다.

나. 전력의 무역수지가 0에 가장 가까운 국가는 S국이다.

다. N국의 총 전력 수입량의 2배가 넘는 전력량을 수출하는 국가는 2개이다.

라. N국이 모든 국가로의 수출량을 절반으로 줄이면 나머지 3개국의 수입량은 모두 1,000천 kW 이하로 줄어든다.

※ 무역수지=수출-수입

① 가, 나, 다   ② 가, 나, 라   ③ 가, 다, 라
④ 나, 다, 라   ⑤ 가, 나, 다, 라

06. 다음은 청소년의 일평균 스마트폰 이용 현황 및 이용 시간에 관한 조사 자료이다. 이에 대한 설명으로 옳지 않은 것은?

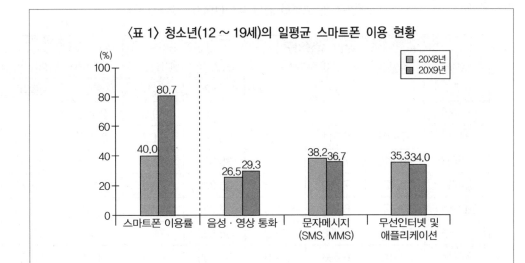

〈표 1〉 청소년(12 ~ 19세)의 일평균 스마트폰 이용 현황

〈표 2〉 청소년(12 ~ 19세)의 스마트폰 이용 시간

(단위 : 시간, %)

구분	일평균 이용 시간	시간별 이용률				
		계	1시간 미만	1시간 이상 ~ 2시간 미만	2시간 이상 ~ 3시간 미만	3시간 이상
20X8년	2.7	100.0	16.0	24.3	18.0	41.7
20X9년	2.6	100.0	7.7	28.9	27.0	36.4

① 청소년들은 스마트폰으로 음성·영상 통화보다 문자메시지를 더 많이 사용한다.

② 20X9년 청소년의 스마트폰 일평균 이용 시간은 전년과 비슷한 수준이다.

③ 청소년의 스마트폰 일평균 이용 시간은 시간별 이용률에서 가장 많은 비중을 차지하는 이용 시간보다 많으며, 전년에 비해 20X9년 평균 문자메시지 이용 시간은 10분 이상 감소했다.

④ 20X9년 청소년의 스마트폰 이용률은 전년에 비해 40%p 이상 증가하였다.

⑤ 20X8년과 20X9년, 3시간 이상 스마트폰을 사용한다고 답한 청소년들의 정확한 수는 알 수 없다.

07. 노인부양비율은 생산가능인구 대비 고령인구의 비율을 뜻한다. 다음 중 노인부양비율에 대한 설명으로 옳지 않은 것은?

〈인구 및 고령화 전망 추이(1990 ~ 2050년)〉

(단위 : 천 명, %)

구분	총인구	유년인구 (0 ~ 14세)		생산가능인구 (15 ~ 64세)		고령인구 (65세 이상)	
		인구	구성비	인구	구성비	인구	구성비
1990년	42,870	10,974	25.6	29,701	69.3	2,195	5.1
2000년	47,008	9,911	21.1	33,702	71.7	3,395	7.2
2010년	49,410	7,985	16.2	35,973	72.8	5,452	11.0
2014년	50,424	7,229	14.3	36,809	73.0	6,386	12.7
2017년	50,977	6,890	13.5	37,068	72.7	7,019	( )
2020년	51,435	6,788	13.2	36,563	71.1	8,084	15.7
2026년	52,042	6,696	12.9	34,506	66.3	10,840	20.8
2030년	52,159	6,575	12.6	32,893	63.1	12,691	24.3
2040년	51,092	5,718	11.2	28,873	56.5	16,501	32.3
2050년	48,121	4,783	9.9	25,347	52.7	17,991	( )

※ UN의 기준에 따르면 65세 이상 인구가 7%면 고령화사회, 14%를 넘으면 고령사회, 그리고 20%를 넘게 되면 초고령사회로 분류됨.

① 2010년 노인부양비율은 1990년 노인부양비율의 두 배 이상이다.
② 2020년 노인부양비율은 20%를 넘는다.
③ 2020년 이후 노인부양비율은 10년 단위로 계속 증가할 전망이다.
④ 2040년 노인부양비율은 약 57%로 2030년보다 15%p 이상 증가할 전망이다.
⑤ 2050년 노인부양비율은 약 75%를 상회할 전망이다.

08. 다음은 20X1 ~ 20X3년의 우리나라 10대 수출품목에 대한 자료이다. 이에 대한 설명으로 옳은 것을 〈보기〉에서 모두 고르면?

〈10대 수출품목〉

(단위 : 백만 달러)

구분	20X1년		20X2년		20X3년	
	품목명	금액	품목명	금액	품목명	금액
1위	반도체	97,937	반도체	127,706	반도체	93,930
2위	선박 등	42,182	석유제품	46,350	자동차	43,036
3위	자동차	41,690	자동차	40,887	석유제품	40,691
4위	석유제품	35,037	디스플레이	24,856	자동차부품	22,536
5위	디스플레이	27,543	자동차부품	23,119	디스플레이	20,657
6위	자동차부품	23,134	합성수지	22,960	합성수지	20,251
7위	무선통신기기	22,099	선박 등	21,275	선박 등	20,159
8위	합성수지	20,436	철강판	19,669	철강판	18,606
9위	철강판	18,111	무선통신기기	17,089	무선통신기기	14,082
10위	컴퓨터	9,177	컴퓨터	10,760	플라스틱제품	10,292
소계	–	337,346	–	354,671	–	304,240
총수출액 대비 비중(%)	–	59.0	–	58.5	–	56.1

─| 보기 |─

㉠ 전년 대비 순위가 상승하면 수출금액도 증가한다.
㉡ 20X2년 대비 20X3년에 총수출금액은 감소하였다.
㉢ 20X2년 대비 20X3년에 수출금액 감소율이 가장 큰 품목은 디스플레이이다.
㉣ 20X2년 대비 20X3년에 수출 금액이 가장 많이 상승한 품목의 증가율은 5% 이상이다.

① ㉠, ㉡   ② ㉠, ㉣   ③ ㉡, ㉢
④ ㉡, ㉣   ⑤ ㉢, ㉣

09. 다음은 타이어 생산업체 3사의 생산성에 관한 자료이다. 이를 바르게 이해하지 못한 것은?

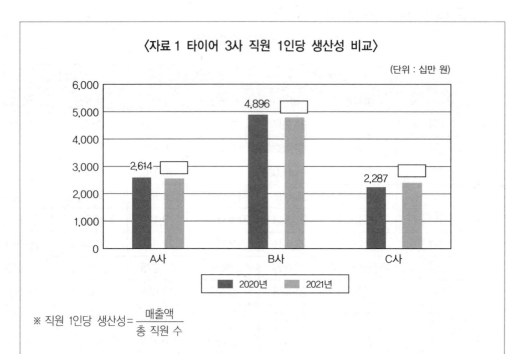

〈자료 1 타이어 3사 직원 1인당 생산성 비교〉

(단위 : 십만 원)

※ 직원 1인당 생산성 = $\dfrac{매출액}{총\ 직원\ 수}$

〈자료 2 타이어 3사 직원 1인당 생산성 추이〉

(단위 : 명, 억 원, %)

구분	2020년		2021년		직원 1인당 생산성 증감률
	직원 수	매출액	직원 수	매출액	
A사	5,050	13,200	5,010	12,900	-1.5
B사	6,760	33,100	6,950	32,900	-3.3
C사	4,350	9,950	4,170	9,770	2.4

① 2021년에 3사 간의 매출액 차이가 전년 대비 모두 줄어들지는 않았다.

② 2021년의 3사의 매출액 평균은 전년 대비 200억 원 이상 감소하였다.

③ 2021년 매출액이 전년 대비 가장 많이 감소한 업체는 직원 수가 감소하였다.

④ 2021년 기준 전년 대비 직원 1인당 생산성이 증가한 업체의 매출액은 약 2% 증가하였다.

⑤ 2022년에 B사가 매출액을 유지한 채 직원 수를 150명 더 늘린다면 1인당 생산성은 4.7억 이하로 감소할 것이다.

10. 다음은 ○○시의 세입 통계이다. 이에 대한 설명으로 옳은 것은?

〈20X0 ~ 20X2년 ○○시 세입 통계〉

구분	20X0년		20X1년		20X2년	
	액수	비율	액수	비율	액수	비율
지방세	116,837	31%	130,385	28%	134,641	25%
세외수입	27,019	7%	23,957	5%	25,491	5%
지방교부세	52,000	14%	70,000	15%	80,000	15%
조정교부금	25,000	7%	35,000	8%	60,000	11%
국고보조금	93,514	24%	109,430	23%	123,220	23%
도비보조금	24,876	6%	36,756	8%	44,978	8%
보전수입 등 내부거래	42,743	11%	61,069	13%	72,105	13%
총계	381,989		466,597		540,435	

① 세외수입의 액수는 20X0년 이후 지속적으로 증가하였다.

② 전년 대비 세입 증가액은 20X1년이 20X2년보다 적다.

③ ○○시의 세입 중 가장 큰 비중을 차지하는 것은 지방세이다.

④ 전체 세입에서 지방세가 차지하는 비중은 20X0년 이후로 계속 증가하였다.

⑤ 20X1년 지방교부세의 전년 대비 증가액은 20X1년 국고보조금의 전년 대비 증가액보다 적다.

11. 다음은 20XX년의 남성의 육아휴직에 관한 자료이다. 이에 대한 설명으로 틀린 것은?

〈육아휴직 사용자 중 남성의 비중〉

(단위 : %)

국가	남성의 비중	국가	남성의 비중
아이슬란드	45.6	캐나다	13.6
스웨덴	45.0	이탈리아	11.8
노르웨이	40.8	한국	4.5
포르투갈	43.3	오스트리아	4.3
독일	24.9	프랑스	3.5
덴마크	24.1	일본	2.3
핀란드	18.7	벨기에	25.7

〈아빠전속 육아휴직 기간과 소득대체율〉

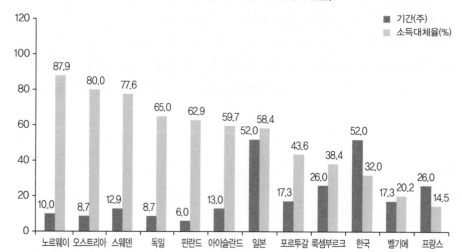

※ 아빠전속 육아휴직 기간 : 육아휴직기간 중 할당 또는 그 밖의 방법으로 아빠에게 주어지며 엄마에게 양도하거나 공유할 수 없는 기간을 말함.

① 육아휴직 사용자 중 남성의 비중이 가장 큰 국가와 가장 작은 국가의 차이는 43.3%p이다.

② 육아휴직 사용자 중 남성의 비중이 높다고 해서 아빠전속 육아휴직 기간이 긴 것은 아니다.

③ 아빠전속 육아휴직 기간이 길수록 소득대체율이 높다.

④ 아빠전속 육아휴직 기간은 일본이 포르투갈보다 3배 이상 길다.

⑤ 아빠전속 육아휴직 기간이 가장 긴 국가와 가장 짧은 국가의 차이는 46주이다.

12. 다음 중 어느 기업의 각 연도별 자동차 수출입액을 분기 단위로 산술평균한 자료와 각 연도별 자동차 수출입 대수에 관한 자료를 바르게 이해한 사람은?

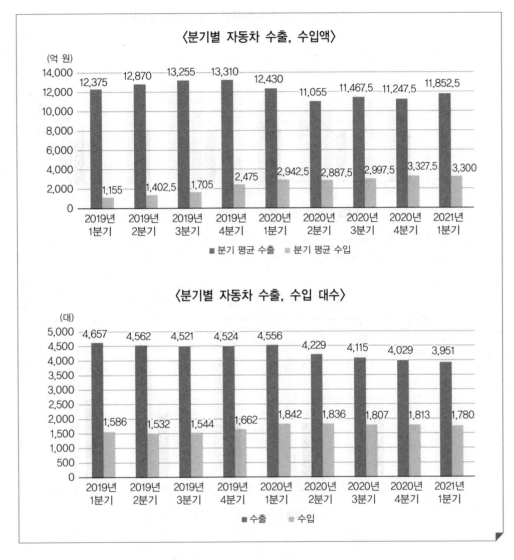

① 대용 : 2020년 하반기 자동차 수출액은 2조 2천억 원 미만이야.

② 민철 : 2019년 4분기 자동차 수출액은 수입액의 5배 이상이야.

③ 재민 : 자료에서 분기별 수출액과 수입액의 차이가 가장 작을 때에도 그 차이가 8천억 원 이상이 유지됐어.

④ 수창 : 자동차 수입 대수와 수출 대수의 차이가 가장 클 때는 자동차의 수출 대수가 수입 대수의 3배를 넘었었어.

⑤ 태인 : 자동차 수출액이 가장 많았던 분기에 자동차 수출 대수도 가장 많았어.

1회 기출유형 2회 기출유형 3회 기출유형 4회 기출유형 5회 기출유형 6회 기출유형 인성검사

13. 다음 중 자료를 올바르게 해석한 것은?

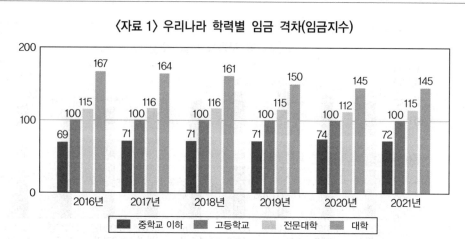

〈자료 1〉 우리나라 학력별 임금 격차(임금지수)

※ 임금지수는 고등학교 졸업자 평균 임금을 100으로 하여 환산(25 ~ 64세 성인인구)
※ 수치 간 차이가 클수록 학력별 임금 격차가 심한 것으로 볼 수 있음.

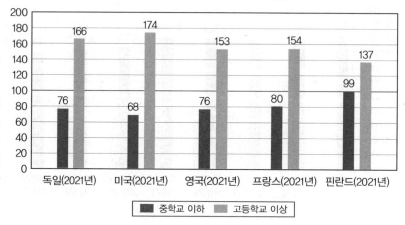

〈자료 2〉 주요국 학력별 임금 격차(임금지수)

〈자료 3〉 주요국 고등교육 이상 졸업자의 임금수준 변화 추이(임금지수)

구분	한국	미국	영국	뉴질랜드	스위스
2017년	147	177	157	118	155
2018년	147	174	156	123	158
2019년	145	176	151	139	156
2020년	138	168	148	146	143
2021년	141	174	153	154	151

※ 고등교육 이상은 전문대학, 대학을 포함한 전체 고등교육기관을 의미함.

① 2021년 한국, 미국, 영국, 뉴질랜드의 고등교육 이상 졸업자 임금수준은 2017년보다 감소하였다.

② 2021년 한국의 중학교 이하 졸업자와 고등교육 이상 졸업자의 임금지수 차이는 68이다.

③ 2016년부터 2021년까지 한국의 중학교 이하 졸업자와 대학 졸업자의 임금 격차는 지속적으로 감소하고 있다.

④ 2021년 독일과 프랑스의 고등학교 졸업자 평균 임금이 동일하다고 가정했을 때, 두 나라 간 고등교육 이상 졸업자의 임금지수 차이는 10 이상이다.

⑤ 조사기간 동안 스위스의 고등교육 이상 졸업자의 임금수준은 계속하여 증가하고 있다.

1회 기출유형

2회 기출유형

3회 기출유형

4회 기출유형

5회 기출유형

6회 기출유형

인성검사

14. 다음 자료를 통해 작성한 하위 자료로 올바르지 않은 것은?

〈주요 석탄 생산국〉

(단위 : 백만 톤)

구분	2019년	2020년	2021년
중국	3,640.2	3,563.2	3,242.5
인도	657.4	683.1	707.6
미국	918.2	813.7	671.8
호주	488.8	512.4	503.3
인도네시아	488.3	453.5	460.5
러시아	332.9	351.7	365.5
남아공	260.5	258.6	256.9
독일	186.5	184.7	175.6
폴란드	137.1	135.8	130.9
카자흐스탄	114.0	107.3	97.9
기타	710.2	662.8	656.1
세계 전체	7,934.1	7,726.8	7,268.6

〈주요 석탄 수출국〉

(단위 : 백만 톤)

구분	2019년	2020년	2021년
호주	375.0	392.3	389.3
인도네시아	409.2	366.7	369.9
러시아	155.5	155.2	171.1
콜롬비아	81.2	77.8	83.3
남아공	69.0	75.5	76.5
미국	88.2	67.1	54.7
네덜란드	31.3	36.6	40.6
캐나다	34.5	30.5	30.3
몽골	19.8	14.5	25.8
카자흐스탄	30.9	31.2	25.7
기타	74.7	60.7	66.3
세계 전체	1,369.3	1,308.1	1,333.5

① 〈2020년 대비 2021년의 석탄 생산 변동량 상위 3개국, 단위 : 백만 톤〉

인도	러시아	인도네시아
24.5	13.8	7.0

② 〈연도별 10개 주요 석탄 수출국의 평균 수출량 추이, 단위 : 백만 톤〉

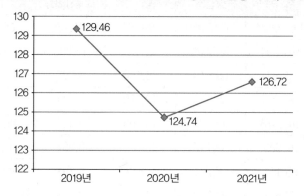

③ 〈호주, 인도네시아, 러시아의 2019년 석탄 생산량 대비 수출량 비중, 단위 : %〉

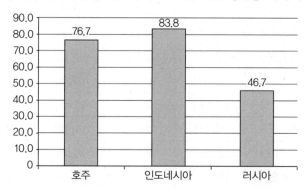

④ 〈세계 전체 석탄 생산량 대비 수출량 비중의 연도별 추이, 단위 : %〉

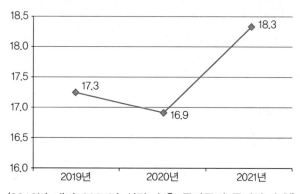

⑤ 〈2019년 대비 2021년 석탄 수출 증가국의 증가량 순위〉

순위	1위	2위	3위	4위	5위	6위
국가	러시아	호주	네덜란드	남아공	몽골	콜롬비아

15. 전국 상업용 건축물 중 수도권(서울, 경기, 인천) 지역의 건축물은 몇 %인가? (단, 소수점 아래 둘째 자리에서 반올림한다)

〈지역별 용도에 따른 건축물 현황(20X7년)〉

(단위 : 동)

구분	합계	주거용	상업용	공업용	교육사회용	기타
전국 계	7,126,526	4,612,604	1,246,859	309,519	191,739	765,805
서울	611,368	461,294	127,080	2,761	16,209	4,024
부산	369,947	262,641	69,613	15,152	9,206	13,335
대구	254,247	175,281	50,938	12,979	6,074	8,975
인천	219,752	145,178	43,101	13,755	6,324	11,394
광주	141,693	97,603	32,116	3,811	3,887	4,276
대전	133,784	95,111	26,231	2,842	4,794	4,806
울산	135,576	78,627	28,998	14,351	3,783	9,817
세종	33,654	19,317	5,485	2,057	898	5,897
경기	1,148,790	636,634	243,268	99,925	34,667	134,296
강원	403,114	267,909	68,490	6,749	13,331	46,635
충북	383,295	243,075	58,296	18,324	10,242	53,358
충남	523,896	328,414	81,576	22,774	13,653	77,479
전북	445,173	269,559	74,345	12,715	14,461	74,093
전남	636,734	427,073	90,297	18,325	15,563	85,476
경북	805,114	518,504	114,159	32,763	19,117	120,571
경남	710,098	481,627	106,247	29,221	15,657	77,346
제주	170,291	104,757	26,619	1,015	3,873	34,027

※ 건축물 : 토지에 정착하는 공작물 중 지붕과 기둥 또는 벽이 있는 것과 이에 부수되는 시설물. 지하 또는 고가의 공작물에 설치하는 사무소, 공연장, 점포, 차고, 기타 대통령령이 정하는 것
※ 무허가 건축물은 대상에 포함되지 않음.

① 27.5%   ② 29.7%   ③ 31.4%
④ 33.2%   ⑤ 35.8%

창의수리 _15문항

01. 다음 숫자들의 배열 규칙에 따라 '?'에 들어갈 알맞은 숫자는?

7	8	12	19	(?)	42	58

① 22　　　　　　　　② 23　　　　　　　　③ 25

④ 28　　　　　　　　⑤ 29

02. 다음 숫자들의 배열 규칙에 따라 빈칸에 들어갈 숫자는?

$$\frac{2\ 3\ 5\ 6}{7} \qquad \frac{3\ 6\ 8\ 10}{8} \qquad \frac{5\ 11\ 16\ 23}{10} \qquad \frac{7\ 15\ 29\ \square}{14}$$

① 48　　　　　　　　② 52　　　　　　　　③ 54

④ 56　　　　　　　　⑤ 58

03. 다음 숫자들의 배열 규칙에 따라 '?'에 들어갈 알맞은 숫자는?

4	10
6	12

11	17
13	?

① 17　　　　　　　　② 19　　　　　　　　③ 21

④ 23　　　　　　　　⑤ 25

1회 기출유형　2회 기출유형　3회 기출유형　4회 기출유형　5회 기출유형　6회 기출유형　인성검사

04. ↓자리부터 시작해 시계방향으로 돌아갈 때 '?'에 들어갈 알맞은 숫자는?

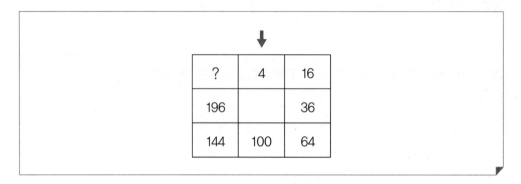

① 240   ② 256   ③ 512

④ 556   ⑤ 784

05. 다음 숫자들의 배열 규칙에 따라 '?'에 들어갈 알맞은 숫자는?

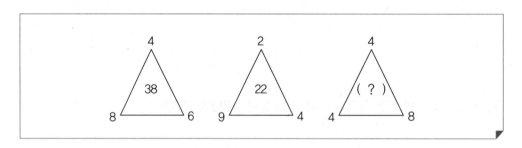

① 14   ② 19   ③ 20

④ 24   ⑤ 38

06. 다음 숫자들의 배열 규칙에 따라 '?'에 들어갈 알맞은 숫자는?

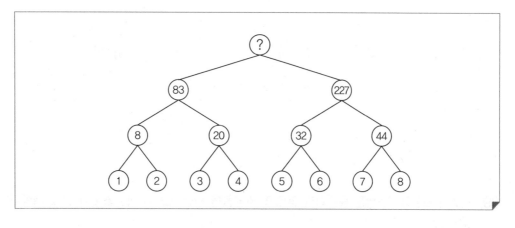

① 927   ② 929   ③ 931

④ 1,029   ⑤ 1,131

07. 다음 톱니바퀴 A, B를 보면, 각각 톱니의 튀어나온 부분(바깥쪽)과 들어간 부분(안쪽)에 서로 다른 일정한 규칙에 따라 작성한 숫자가 있다. 두 톱니바퀴가 서로 맞물리는 부분의 수의 배열 규칙이 동일하다고 할 때, A, B 톱니의 수를 구하여 모두 더한 것은?

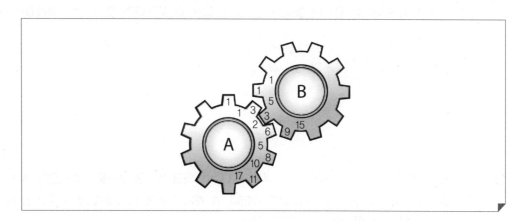

① 810   ② 912   ③ 1,225

④ 1,255   ⑤ 1,265

08. 직사각형의 둘레가 Acm일 때, 가로가 Bcm, 세로가 Ccm이다. B의 길이는 C의 8배일 때, C의 길이는?

① $\dfrac{A}{16}$ cm ② $\dfrac{A}{18}$ cm ③ $\dfrac{A}{20}$ cm

④ $\dfrac{A}{22}$ cm ⑤ $\dfrac{A}{25}$ cm

09. 25%의 소금물 600g을 증발시켜 30%의 소금물을 만들려고 할 때, 몇 g의 물을 증발시켜야 하는가?

① 50g ② 60g ③ 80g
④ 90g ⑤ 100g

10. 수영장의 물을 채우는 데 A 수도꼭지 하나로는 6시간이 걸리고, B 수도꼭지 하나로는 4시간이 걸린다. A, B 수도꼭지를 동시에 틀어서 수영장의 물을 다 채운다면 몇 시간이 걸리겠는가?

① 2시간 ② 2.4시간 ③ 2.6시간
④ 3시간 ⑤ 3.2시간

11. ○○기업의 인사팀은 회사에서부터 두 대의 차에 나누어 타고 워크숍 장소로 출발하였다. A 차는 시속 80km로 가고 B 차는 시속 70km로 갔더니, A 차가 장소에 도착하고 15분 후에 B 차가 도착하였다. 회사에서 워크숍 장소까지의 거리는?

① 125km ② 140km ③ 150km
④ 175km ⑤ 200km

12. 반지름이 각각 16cm, 20cm, 26cm인 A, B, C 세 개의 굴렁쇠가 있다. 세 사람이 동시에 A, B, C 굴렁쇠를 각각 굴리기 시작하여 같은 위치에서 멈추었다면 C 굴렁쇠는 최소 몇 바퀴를 회전하는가? (단, 굴렁쇠는 중간에 멈추지 않고 한 바퀴를 완전히 돈 이후에 멈춘다고 가정한다)

① 21번   ② 27번   ③ 35번
④ 38번   ⑤ 40번

13. 재인이는 인터넷 쇼핑몰에서 가습기와 서랍장을 하나씩 구매하여 총 183,520원을 지불하였다. 이때 가습기는 정가의 15%를, 서랍장은 정가의 25%를 할인받아 평균 20%의 할인을 받고 구매한 것이라면 가습기의 정가는 얼마인가?

① 89,500원   ② 92,100원   ③ 106,300원
④ 114,700원   ⑤ 139,500원

14. 주사위 2개를 던져서 나온 수의 합이 10 이상인 경우 300원을 받고, 다른 한 사람과 가위바위보를 해서 이기거나 비기는 경우 120원을 받는다고 한다. 이를 각각 20번 반복했을 때 얻을 수 있는 기댓값의 차이는 얼마인가?

① 320원   ② 500원   ③ 540원
④ 580원   ⑤ 600원

15. A 지역과 B 지역을 잇는 철로의 길이는 540km이다. 이 철로 위에 A 지역에서 B 지역으로 시속 100km로 출발하는 기차와 B 지역에서 A 지역으로 시속 80km로 출발하는 기차가 있다. 두 기차가 함께 출발함과 동시에 A 지역에 있던 독수리가 B 지역을 향해 시속 120km로 날기 시작했다면, 독수리가 B 지역에서 출발한 기차와 만나게 되는 시점에 두 기차 사이의 거리는? (단, 독수리가 비행하는 경로는 기차와 같다)

① 40km   ② 45km   ③ 48km
④ 50km   ⑤ 54km

1회 기출유형   2회 기출유형   3회 기출유형   4회 기출유형   5회 기출유형   6회 기출유형   인성검사

언어이해 _15문항

---

01. 다음 글의 주제로 적절한 것은?

> 우리는 무엇이 옳은가를 결정하기 위해 다른 사람들이 옳다고 생각하는 것에 대해 알아보기도 한다. 이것을 '사회적 증거의 법칙'이라고 한다. 이 법칙에 따르면 주어진 상황에서 어떤 행동이 옳고 그른가는 얼마나 많은 사람들이 같은 행동을 하느냐에 의해 결정된다고 한다.
> 다른 사람들이 하는 대로 행동하는 경향은 여러모로 매우 유용하다. 일반적으로 다른 사람들이 하는 대로 행동하게 되면, 즉 사회적 증거에 따라 행동하면 실수할 확률이 그만큼 줄어드는데, 다수의 행동이 올바르다고 인정되는 경우가 많기 때문이다. 그러나 이러한 사회적 증거의 특성은 장점인 동시에 약점이 될 수도 있다. 이런 태도는 우리가 주어진 상황에서 어떻게 행동해야 할 것인가를 결정하는 지름길로 사용될 수 있지만, 맹목적으로 이를 따르게 되면 그 지름길에 숨어서 기다리고 있는 불로소득자들에 의해 이용당할 수도 있기 때문이다.

① 다른 사람들이 생각하고 행동하는 것에 대해 항상 비판적으로 바라봐야 한다.
② 사회적 증거는 장점인 동시에 약점이 될 수 있으므로 무분별하게 따르면 안 된다.
③ 사회적 증거에 따라 행동하면 실수할 확률이 커지므로 삼가야 한다.
④ 결정을 내리지 못할 때는 무조건 많은 사람들이 하는 행동을 따라 하는 것이 바람직하다.
⑤ 소수의 행동이 다수의 행동보다 올바르다고 인정되는 경우가 더 많다.

02. 다음 ㉠ ~ ㉤을 사실을 전달하는 진술과 의견을 전달하는 진술로 구분할 때, 사실 진술만으로 짝지어진 것은?

> ㉠ 중세시기에 간질이나 정신이상을 치료하기 위한 뇌수술을 했다는 기록이 있다. 하지만 ㉡ 뇌에 이상이 있는 사람에게 뇌수술을 하였다는 것은 우연의 일치로 봐야할 것 같다. 당시에는 이발사들이 수술하는 방법을 배우는 경우가 많았는데, 그 이유는 다음의 두 가지였다. 첫째 그들이 면도용 칼을 잘 다룰 수 있다는 것이고, 둘째 의사들의 상당수가 흑사병으로 사망했기 때문이다. ㉢ 집시 이발사라고도 불리던 이들은 한 도시에 며칠씩 머무르며 환자들을 치료하였다. 그들은 환자들이 머리에 '미치는 돌'이 있어서 이상 행동을 하는 것이라고 보고 ㉣ 그 돌을 제거하면 병이 치료될 것이라고 믿었다. ㉤ 뇌에 대한 연구가 많이 진행된 현재의 관점에서 보면 참 어처구니없는 일이다. 이런 관점에서 현재 우리가 하고 있는 여러 가지도 먼 훗날 후손들이 보기에는 어떻게 보일지 알 수 없는 일이다.

① ㉠-㉡   ② ㉡-㉢   ③ ㉢-㉣
④ ㉣-㉤   ⑤ ㉤-㉠

03. 다음 글에 이어질 내용으로 적절하지 않은 것은?

> 인간은 흔히 자기 뇌의 10%도 쓰지 못하고 죽는다고 한다. 또 사람들은 천재 과학자인 아인슈타인조차 자기 뇌의 15% 이상을 쓰지 못했다는 말을 덧붙임으로써 이 말에 신빙성을 더한다. 이 주장을 처음 제기한 사람은 19세기 심리학자인 윌리엄 제임스로 추정된다. 그는 "보통 사람은 뇌의 10%를 사용하는데 천재는 15 ~ 20%를 사용한다."라고 말한 바 있다. 인류학자 마거릿 미드는 한발 더 나아가 그 비율이 10%가 아니라 6%라고 수정했다. 그러던 것이 1990년대에 와서는 인간이 두뇌를 단지 1% 이하로 활용하고 있다고 했다. 최근에는 인간의 두뇌 활용도가 단지 0.1%에 불과해서 자신의 재능을 사장시키고 있다는 연구 결과도 제기됐다.

① 인간의 두뇌가 가진 능력을 제대로 발휘하지 못하도록 하는 요소가 무엇인지 연구해야 한다.
② 어른들도 계속적인 연구와 노력을 통하여 자신의 능력을 충분히 발휘할 수 있도록 해야 한다.
③ 학교는 자라나는 학생이 재능을 발휘할 수 있도록 여건을 조성해 주어야 한다.
④ 인간의 두뇌 개발을 촉진시킬 수 있는 프로그램을 개발해야 한다.
⑤ 어린 시절부터 개성적인 인간으로 성장할 수 있도록 조기교육을 실시해야 한다.

04. 다음 글을 읽고 추론한 내용으로 적절하지 않은 것은?

> 도금은 물질이 닳거나 부식되지 않도록 보호하기 위해 혹은 물질의 표면 상태를 개선하기 위해 금속 표면에 다른 물질로 얇은 층을 만들어 덮어씌우는 일을 말한다. 오늘날 도금은 일반적으로 전기 도금을 가리키는데, 전기 도금은 전기 분해의 원리를 이용하여 한 금속을 다른 금속 위에 덧씌우는 도금 방법을 의미한다. 일반적으로 금이나 은, 구리, 니켈 등을 사용하는데, 다른 도금 방법들에 비해 내구성이 뛰어나다는 장점이 있어서 다양한 분야에서 필수적으로 여겨지는 가공 기술이다.
>
> 전기 도금 중, 구리 도금을 하는 방법은 우선 도금할 물체를 음극에 연결하고 양극에는 구리를 매단다. 그리고 전해액으로 구리의 이온이 포함된 용액을 사용한다. 두 전극을 전해질 용액에 담그고 전류를 흘려주면 양극에 있는 구리가 산화되어 이온이 발생하며, 음극에서는 이온이 구리로 환원되어 도금이 된다.
>
> 최근에는 플라스틱을 이용한 도금 기술이 많이 사용되고 있다. 분사 스프레이로 플라스틱을 분사해 금속 표면에 색을 입히는 것이다. 이 방법은 고가의 설비 없이 다양한 색상과 질감 효과를 줄 수 있어 경제적이지만, 공정 시 사용되는 재료가 인체에 상당히 해로운 영향을 미친다는 단점이 있다.

① 전기 도금을 하면 그 특성덕분에 다른 도금 방법들보다 칠이 쉽게 벗겨지지 않는다.
② 숟가락을 은이나 니켈로 도금하기 위해서는 두 과정 모두 음극에 숟가락을 연결해야만 한다.
③ 금속이 산화되면 이온이 발생하게 된다.
④ 도금을 통해 금속에 원하는 색을 입히는 것이 가능하다.
⑤ 금속으로 플라스틱을 도금하는 과정은 다른 도금 방법들과 비교하여 인체에 더 유해하다.

05. 자율주행자동차의 센서에 대한 설명문이다. ⊙에 들어갈 내용으로 적절한 것을 〈보기〉에서 모두 고르면?

자율자동차가 외부환경을 인지하는 데 사용되는 센서는 대표적으로 '카메라(Camera)', '레이더(Rader)', '라이더(Lider)' 등으로 구성된다. 이들 센서는 각각의 장단점이 뚜렷하기 때문에 단독으로 활용하기보다는 함께 작용하여 상호보완을 하게 된다. 카메라는 사람의 눈과 같은 센서로 전방 사물이나 차선 인식, 신호등, 표지판, 보행자 등 복합 환경을 인식하는 역할을 담당한다. 그러나 카메라는 자율주행 시 '레벨 3'에서는 4개 이상의 빛이 '레벨 4 ~ 5'에서는 8개 이상의 충분한 빛이 없으면 제 기능을 수행할 수 없다는 단점이 있다.

최근 카메라 센서는 단일 렌즈를 사용하는 모노(Mono) 방식에서 두 개의 렌즈를 사용하는 스테레오(Stereo) 방식으로 진화하고 있다. 스테레오 방식은 사람의 두 눈으로 바라보듯 두 개의 렌즈를 통해 3차원으로 인지할 수 있어 단순한 형상에 대한 정보뿐만 아니라 원근감까지 측정할 수 있다. 그러나 스테레오 방식은 모노 방식에 비해 (⊙   ). 따라서 업체들은 비용 절감을 위해 모노 방식의 카메라를 고수하면서 그 성능을 고도화하거나 혹은 스테레오 방식을 사용하면서 영상신호데이터 처리 속도를 높이기 위한 칩을 적용하고 있다.

| 보기 |

ⓐ 가격이 비싸다.
ⓑ 정밀도가 떨어진다.
ⓒ 날씨의 영향을 많이 받는다.
ⓓ 처리해야 할 데이터 양이 많아 속도가 느려진다.

① ⓐ, ⓓ   ② ⓑ, ⓒ   ③ ⓒ, ⓓ
④ ⓐ, ⓑ, ⓓ   ⑤ ⓐ, ⓑ, ⓒ, ⓓ

06. 다음 대화의 문맥상 빈칸에 들어갈 문장으로 적절한 것은?

키오스크(Kiosk)란 '신문, 음료 등을 파는 매점'을 뜻하는 영어단어로, 정보통신에서는 정보 서비스와 업무의 무인·자동화를 통해 대중들이 쉽게 이용할 수 있도록 공공장소에 설치한 무인단말기를 말한다. 공공시설, 대형서점, 백화점이나 전시장, 또는 공항이나 철도역 같은 곳에 설치되어 각종 행정절차나 상품정보, 시설물의 이용방법, 인근지역에 대한 관광정보 등을 제공한다. 대부분 키보드를 사용하지 않고 손을 화면에 접촉하는 터치스크린(touch screen)을 채택하여 단계적으로 쉽게 검색할 수 있다. 이용자 편의를 제공한다는 장점 외에도 정보제공자 쪽에서 보면 직접 안내하는 사람을 두지 않아도 되기 때문에 인력절감 효과가 크다. 특히 인터넷을 장소와 시간에 구애받지 않고 쓸 수 있는 인터넷 전용 키오스크가 관심을 끌고 있다.

A 씨 : 요즘 각종 증명서도 키오스크를 통해 발급받을 수 있어서 민원 업무 처리 직원이 줄어들고 있어.

B 씨 : 맞아. 민원인들도 차례를 기다리는 대기 시간이 짧아져서 키오스크 사용을 선호하는 편이야.

C 씨 : 하지만 (   )

D 씨 : 게다가 점자나 음성이 지원되지 않는 점 때문에 시각장애인들도 불편을 호소하고 있어. 이 문제점에 대한 개선이 필요해.

① 키오스크가 모든 사람을 대체하기에는 아직 기술적인 한계가 있어.

② 기술이 발달함에 따라 키오스크에서 발생할 수 있는 오류가 줄어들고 있어.

③ 중요한 업무 처리에서 키오스크 도입의 부작용에 대한 우려의 목소리도 나오고 있어.

④ 디지털 기기에 익숙하지 않은 일부 시민들은 키오스크 이용에 어려움을 느끼기도 해.

⑤ 터치스크린의 직관적인 조작 방식으로 누구나 쉽게 키오스크를 이용할 수 있어.

07. 다음 글을 통해 필자가 전달하고자 하는 바로 적절한 것은?

> 사람들은 흔히 뉴스를 세상에서 일어난 일을 사실적이고 객관적으로 기술한 정보라고 생각한다. 만약 어떤 사건이나 이슈가 완벽하게 사실적이고 객관적으로 기술될 수 있다면, 서로 다른 미디어가 취재해서 보도하더라도 같은 뉴스가 만들어질 것이니 우리 사회에는 굳이 그렇게 많은 뉴스 미디어가 존재할 필요가 없을 것이다. 하지만 현실에는 언론사, 포털 뉴스, 뉴스 큐레이션 서비스, 소셜 미디어 및 개인 미디어 등 수많은 뉴스 생산 주체들이 뉴스를 생산한다. 이렇게 많은 언론사 및 개인들이 뉴스를 생산한다는 것은 현실에서 일어난 하나의 사건이 뉴스 미디어에 따라 다르게 보도될 수 있다는 것을 의미한다.
>
> 과거에는 뉴스를 만드는 사람들은 언론사에 속해 있었고, 언론사의 수도 많지 않았기 때문에 누가 뉴스를 만들었는지에 대한 대답을 쉽게 얻을 수 있었다. 하지만 미디어 환경 및 뉴스 산업 구조의 변화로 인해 뉴스 생산환경이 급속하게 변화하였고, 지금은 언론사에 속한 기자뿐만 아니라 블로거, 시민기자, 팟캐스터 등 다양한 사람들이 뉴스 생산에 기여한다. 따라서 뉴스를 바르게 이해하기 위해서는 뉴스 생산자의 역할과 임무에 대한 이해가 선행되어야 한다.

① 뉴스가 가지는 가치는 다양성에 있다.

② 뉴스는 생산자에 따라 다르게 구성된다.

③ 뉴스는 이용자의 특성에 따라 다르게 구성된다.

④ 뉴스에는 생산자의 특정한 시각과 가치가 담겨 있다.

⑤ 올바른 뉴스 소비를 위해서는 이용자의 능동적인 판단이 필요하다.

1회 기출유형

2회 기출유형

3회 기출유형

4회 기출유형

5회 기출유형

6회 기출유형

인성검사

08. 다음 글의 내용에 따라 빈칸 ㉠에 들어갈 내용으로 적절한 것은?

평상시 우리는 대화할 때 "우리는 사회 속에서 살고 있다.", "사회의 벽은 높다.", "사회가 변했다.", "너도 이제부터는 사회라는 거친 파도를 극복해야 한다."고 말한다. 그리고 이때 이러한 말을 하는 사람과 듣고 있는 사람 모두 마치 '사회'라는 실체가 우리 인간과는 별개인 존재인 것처럼 생각하고 있을 뿐만 아니라, 사회가 실체로 존재한다는 사실을 특별히 신기하게 생각하지 않는다. 그리고 우리는 "젊은이들이 변한 것은 사회가 변했기 때문이야.", "이러한 사회에서는 인간은 살아갈 수 없어."라고 말하며, 그러므로 "빨리 사회를 변화시켜야 한다."라고도 말한다. 그렇게 말하고 나서 우리가 생각하는 것은 사회의 구조나 제도, 법률 등의 제도적인 내용이지, 인간 개개인에 대한 것이 아니다.

하지만 조금 냉정하게 생각해 보면 사회라는 실체가 (㉠   )는 것을 금방 깨달을 수 있다. 사회가 실체로 존재한다고 했을 때, 사회의 실체인 것처럼 믿고 있는 조직이나 제도, 법률 등도 사실은 인간이 사회생활을 원활히 하기 위해 잠정적으로 꾸민 사물이거나 일이지, 인간과 떨어져 객관적으로 존재하고 있는 것이 아니다. 따라서 제도나 법률 등은 우리가 생활하는 데 있어서 불필요하다고 생각한다면 언제든지 없앨 수 있는 것이며 상황이 안 좋으면 언제든지 상황이 좋게끔 변하게 할 수 있는 것이다. 사회에 대해서 생각할 경우 이를 확실히 염두에 두어야 한다.

① 인간의 생활에 영향을 끼치고 있다
② 인간과 떨어져서 존재하지 않는다.
③ 논리적으로 설명되어 있지 않다.
④ 놀라운 속도로 변화하고 있다.
⑤ 항상 긍정적인 것만은 아니다.

09. 다음 글을 요약한 내용으로 적절한 것은?

> 인간의 놀이에는 세 가지 기본적인 양식이 있다. 하나는 '어떤 것과 노는 것'이고 다음은 '어떤 것으로서 노는 것'이며, 나머지 하나는 '무엇인가를 얻기 위해 노는 것'이다. 동물, 특히 포유류의 생활에서 볼 수 있는 유희 행위는 '~ 와 노는' 형태의 원형인 '투쟁 유희'와 '교제 유희'로 나타난다. 두 경우 모두 상대방과 노는 행위인데, 상대방 역시 이쪽과 노는 것이다. 그것은 이쪽과 저쪽이 상호적으로 자기 자신의 세계를 만든다는 것을 의미한다. 만약 우리가 유희 행위의 동적인 경과의 구조뿐만 아니라 쌍방이 함께 유희하면서 이루어지는 상호간의 자기 형성에 주목한다면, 놀이하는 당사자들의 자기 형성은 상대의 그것과 뗄 수 없는 관련성 안에서 이루어진다는 사실을 깨달을 수 있다. 인간다운 유희자로서 존재하는 것과 동떨어져 있는 동물의 행위양식에 있어서, 그들에게는 놀이와 생명 사이에 친화성이 직접적으로 나타난다. 하지만 유기적, 생명적인 세계 전체가 목적에서 자유로운 다양한 형태화의 생산과 재생산을 나타내듯이, 인간이라는 존재는 능동적으로 서로 반복해가는 창조적인 형성이라고 불리는, 깊이 파헤치기 어려운 근원을 자기 안에 가지고 있다. 따라서 놀이는 인간의 인생 그 자체이며, 인간의 모든 활동에는 유희적인 불특정의 모멘트가 있다는 것이다.

① 동물의 자기 형성에 있어서 놀이 상대를 통해 얻는 영향은 비교적 적지만, 인간의 자기 형성에 있어서는 중요한 요소이다.

② 동물이 놀이를 통해 자기 형성을 하기는 하지만, 인간은 인생 전체가 보다 자유롭고 창조적인 놀이와 같다.

③ 인간의 경우 '~ 와 노는 것'에 있어서는 불특정한 모멘트가 없지만, '~ 로서 노는 것'과 '위해서 노는 것'에서는 큰 역할을 하고 있다.

④ 유희는 인간만이 갖고 있는 것은 아니지만, 동물에게는 '~ 로서 노는 것'밖에 없기 때문에 놀이가 자기 형성에 미치는 역할은 적다.

⑤ 인간이 놀이에 있어서 행하는 자기 형성은 동물이 놀이에 있어서 행하는 자기 형성보다 불안정하고 변하기 쉬운 것일 뿐이다.

10. 다음 글의 주제로 적절한 것은?

> 자신의 소통 스타일이 궁금하다면 자신이 하는 말에 '다'로 끝나는 말이 많은지 '까'로 끝나는 말이 많은지를 확인해 보는 것이 도움이 된다. '다'가 많다면 주로 닫힌 소통을 하고 있는 것이다. 상대방을 향한 내 이야기가 잔소리라는 저항의 벽을 넘기 원한다면 '까'로 끝나는 문장을 써 주는 것이 효과적이다. 닫힌 문장이 아닌 열린 질문으로 소통하라는 것이다. '공부 열심히 해라'는 닫힌 문장이다. '공부 열심히 하니?'는 질문이긴 한데 닫힌 질문이다. '네, 아니요'로 답이 떨어지기 때문이다. '요즘 공부하는 거 어때?'가 열린 질문이다. 마찬가지로 '여보, 술 줄인다면서 어제 또 술을 먹은 것 아니에요?'는 닫힌 질문이다. '여보, 술을 잘 줄이지 못하는 이유가 무엇일까요?'가 열린 질문이다.
>
> 열린 질문은 일방적 지시가 아닌 상대방 의견을 묻는 구조이므로 저항이 적게 생긴다. 그래서 마음이 열리게 된다. 술을 끊지 못하는 이유를 묻는 질문에 '술을 끊으려 해도 스트레스를 받으니 쉽지 않아'라고 답하게 되고 술 대신 스트레스를 풀 방법을 찾는 것이 중요하다는 결론에 이르게 된다. 이 결론은 대화를 통해 얻은 내 생각이고 내 결정이기 때문에 거부감 없이 받아들이게 된다. 열린 질문에 익숙하지 않은 이유는 빨리 변화시키고 싶은 조급함과 불안감 때문이다. 그러나 긍정적인 변화를 위한 소통에는 인내와 기다림이 필요하다.

① 열린 질문은 원활한 소통에 도움이 된다.
② 열린 질문과 닫힌 질문은 각각의 장단점이 있다.
③ 소통의 스타일은 매우 다양하다.
④ 적당한 음주는 친분 형성에 긍정적인 영향을 끼친다.
⑤ 대화할 때 딱딱한 말투의 사용은 자제해야 한다.

11. 다음 글을 통해 알 수 있는 것은?

> 항암제 임상시험은 암환자를 대상으로 하는 임상시험으로, 새로운 치료법의 효과성과 안정성을 증명하는 단계이다. 임상시험을 거친 항암제만이 암환자의 진료에 사용될 수 있으므로 항암제 임상시험은 신약개발의 필수적인 단계이다. 항암제 임상시험은 1상, 2상, 3상의 3단계로 진행되는데, 1상 임상시험은 환자에게 안전하게 사용할 수 있는 새로운 항암제의 최대 용량 및 독성을 탐색하는 단계이다. 2상 임상시험은 특정 암에 대한 새로운 치료법의 효과를 규명하는 단계이며, 3상 임상시험은 1상, 2상 임상시험을 거친 항암제를 기존의 표준 치료와 비교하는 단계이다.
>
> 항암제 임상시험은 대부분 무작위배정을 통해 치료군 또는 대조군에 배정받게 되며 대상자 자신은 눈가림으로 어떠한 군에 속하게 되는지 알 수 없다. 성공적인 임상시험을 위해서는 임상시험 피험자의 모집 속도 및 임상시험 수행의 질이 중요 인자로 고려되지만, 알려지지 않은 부작용, 무작위배정 및 눈가림에 대한 이해의 부족 등은 임상시험에 참여하는 대상자들의 불확실성을 높여 그로 인해 두려움, 불안, 미련 등의 심리적인 스트레스를 경험하게 한다.
>
> 그러나 항암제 임상시험에 따르는 불확실성이 높더라도 이를 기회로 평가하고 대처를 잘한다면 의료진은 환자가 적응을 잘하도록 도울 수 있다. 따라서 항암제 임상시험 대상자들이 그들의 상황 속에서 적응을 잘하도록 돕기 위해서는 불확실성을 고려한 심리 상태에 대한 사정과 대처를 향상시킬 수 있는 간호계획을 수립하는 것이 필요할 것이다. 특히 의료진의 자세한 설명과 효율적인 의사소통을 통해 임상시험에 대한 대상자들의 이해도를 높여 정보결여에서 비롯되는 불확실성을 줄이고, 지금의 상황을 기회로 인지할 수 있도록 돕는 간호계획 수립이 필요하다.

① 무작위배정 및 눈가림을 배제한 임상시험은 환자들에게 불안 심리를 없애 줄 수 있다.
② 환자가 임상시험에 따르는 불확실성을 받아들이는 방식에 따라 적응력이 다르게 나타난다.
③ 어느 단계의 임상시험에 응하는지를 알게 되면 임상시험에 대한 대처 능력이 향상될 수 있다.
④ 임상시험을 통한 항암제의 효과는 항암제 자체보다 환자의 심리 상태가 더 크게 작용한다.
⑤ 3상 임상시험을 거치지 않은 항암제는 환자에게 사용할 수 있는 최대용량을 알지 못한 채 이용된다.

12. 다음 글을 읽고 추론할 수 있는 내용으로 적절하지 않은 것은?

> DNA가 유전 정보를 암호화하고 있음이 밝혀지자 미국과 영국을 중심으로 인간의 염기서열을 파악하기 위한 연구가 시작되었다. 32억 개에 달하는 인간이 가진 모든 유전자의 염기서열을 조사하기 위한 이 연구는 1990년부터 시작하여 15년이 걸릴 것이라고 예상했지만 생명공학 기술의 발달로 13년 만인 2003년에 완료되었다. 염기서열의 수가 워낙 방대하기 때문에 세계 각국의 유전자 센터와 대학 등에서 나누어 실시되었으며, 인간 유전자의 서열을 99.99%의 정확도로 완성하였다.
>
> 인간 게놈 프로젝트는 단지 염기서열만을 알아내는 것이 아니라 염기서열의 의미를 발견하는 것이다. 처음 과학자들은 인간이 생각하고 말을 할 수 있는 복잡한 생물이기 때문에 유전자의 수가 약 10만 개라고 생각하였다. 하지만 연구가 끝나고 난 후 의미가 있는 유전자 수는 약 2만 ~ 2만 5천 개 정도에 불과하다는 것을 알게 되었다. 이는 단순한 동물들의 유전자 수와 크게 다르지 않으며, 심지어 식물이 가진 유전자보다도 그 수가 적다는 것이 확인되었다.
>
> 인간 게놈 프로젝트가 완성되면 유전자와 관련된 질병을 해소하는 데 큰 도움이 될 것이라 기대되었다. 어떤 염기서열이 유전병을 일으키는지 알아낼 수 있다면 유전병을 해결하기 위한 방안까지 쉽게 접근할 수 있을 것이라는 기대감 때문이었다. 또한 인간이 어디에서부터 진화하였는지 인간과 유사한 염기서열을 가지는 다른 생물들과 비교를 통해 인간의 기원을 밝혀 낼 수 있을 것이라고 생각했다. 게놈을 분석한 결과 침팬지와 사람의 유전자가 99% 일치함에 따라 침팬지 기원설에도 확신을 얻게 되었다. 하지만 염기서열이 모두 밝혀지는 것이 꼭 좋은 일만은 아니다. 태아의 염기서열에서 유전병 요인이 발견될 경우 아이를 포기하는 일이 생길 수 있고, 염기서열로 사람의 우열을 가리게 될 가능성도 있다. 그리고 염기서열을 토대로 인간 복제가 가능해진다면 생명 경시 풍조가 나타나는 것도 배제할 수 없다.

① 생명공학 기술의 발달은 실제 연구 기간을 예상보다 단축할 수 있다.

② 인간 염기서열 분석 연구는 미국과 영국뿐 아니라 세계 각국에서 이루어졌다.

③ 게놈 분석 결과는 침팬지 기원설을 지지하는 근거가 될 수 있다.

④ 복잡한 생물일수록 가지고 있는 유전자의 수가 많다.

⑤ 염기서열을 모두 파악한다면 태아가 유전병 요인을 지니고 있는지 알 수 있다.

13. 다음 글을 통해 전달하고자 하는 핵심 내용으로 적절한 것은?

> 4차 산업혁명, 인공지능, 로봇 등 과학 기술의 발전은 우리 사회와 직업 세계 전반에 많은 영향을 미칠 것으로 예상된다. 4차 산업혁명 시대의 모습은 다양한 형태로 나타날 수 있겠지만, 가장 핵심적인 특징 가운데 하나가 바로 초연결성이다. 초연결은 캐나다 사회과학자인 아나벨 콴하스(Anabel Quan-Haase)와 배리 웰먼(Barry Wellman)에 의해 시작된 용어로 네트워크를 통해 사람-사람, 사람-사물, 사물-사물이 자유롭게 연결되어 커뮤니케이션 할 수 있는 것을 말한다.
>
> 이러한 기술이 활성화되는 사회를 초연결사회라고 하는데 초연결사회는 사람, 프로세스, 사물 등 모든 사물과 사람 간의 네트워크 연결이 극대화된 사회를 말한다. 이를 통해 기존과는 다른 사회 서비스를 만들어 내고, 새로운 문화와 가치를 형성해 나가는 기반이 된다. 초연결 사회의 핵심 기술은 사물 인터넷, 클라우드 컴퓨팅, 빅데이터 등이며 이러한 기술들은 서로 결합되어 모든 사물과 사람 간의 연결을 극대화하도록 지원한다.
>
> 초연결 기술들은 초연결사회의 직업 세계 모습에 큰 영향을 준다. 초연결사회의 직업 세계에서는 지능을 가진 기계와 사람 간의 협업, 저숙련 직무를 중심으로 인공지능 기계의 대체 직무에 따른 업무의 양극화 등이 가속될 것으로 예측된다. 정교함이 떨어지는 직업이나 단순 업무들은 자동화로 인하여 인공지능이나 로봇으로 대체될 것으로 전망된다. 초연결 기술들은 일하는 방식이나 일터의 변화를 수반하고, 네트워크의 극대화와 디지털의 특성으로 유연한 근무시간이나 재택근무가 확대되면서 독립 자영업자와 같이 일하는 방식이 일반화될 것으로 예측된다.

① 초연결사회란 무엇인가?
② 4차 산업혁명 시대의 특징
③ 초연결사회가 가져올 직업 세계의 변화
④ 새로운 문화와 가치를 형성하는 초연결사회
⑤ 네트워크의 극대화 및 디지털화에 따른 재택근무의 확대

1회 기출유형

2회 기출유형

3회 기출유형

4회 기출유형

5회 기출유형

6회 기출유형

인성검사

14. 다음 제시문 뒤에 올 내용으로 (가) ~ (마)를 문맥에 따라 바르게 나열한 것은?

> 지구의 기온이 지금 서서히 상승하고 있으며, 이대로 진행된다면 21세기 중반에는 1 ~ 4℃의 기온 상승이 일어날 것으로 예측하고 있다. 우리들이 일상생활에서 느끼는 감각으로 보면 연간 최고, 최저 기온의 차가 우리나라 각 지역에서 약 40℃가 되기 때문에 이 정도의 기온 상승이 인간생활에 그렇게 중대한 영향을 끼친다고는 생각하기 어렵지만, 지구의 역사를 통해서 볼 때 이러한 기온 변화는 상당히 빠르고 이상한 것이다. 보통 1년간의 기온 변동 폭은 상당히 크더라도 연평균기온의 변화는 작으며 보다 넓은 지역의 평균기온으로 보면 그 변화는 더 작은데, 예를 들면 근래 약 100년 사이에 북반구에서 연평균기온의 변동 폭은 0.5℃ 이내이다. 따라서 수십 년 정도 사이에 기온이 1 ~ 4℃나 상승한다는 것은 이제까지의 지구 역사에서 볼 때 매우 드문 일로써 이 일은 인간생활과 지구상의 모든 생물에 대해 엄청나게 큰 영향을 미치게 될 것으로 예측된다.
>
> ---
>
> (가) CO_2는 자연계에 존재하는 물질이며, 인류가 불을 발명한 이래 물질을 연소함으로써 계속 발생되어 온 우리 주변의 무독한 물질이며, 대기 중에서 이루어져 왔던 그것의 농도평형이 파괴되기 시작한 것이다.
> (나) 그리고 이것이 지구 표층부의 에너지 흐름에 영향을 주어 그 평형을 파괴하고 있다.
> (다) 이는 화석자원의 이용에 따른 대량발생과 인간의 생활환경의 확장에 따른 자연환경, 즉 생존환경의 파괴로 인하여 CO_2의 고정원(固定源)인 식생이 감소되었기 때문이다.
> (라) 이와 같은 지구온난화의 주된 원인은 CO_2를 비롯하여 메탄, 질소산화물, 프레온가스 등 인류가 자연계에 방출하고 있는 다양한 기체의 대기 중 농도의 증가에서 비롯된다.
> (마) 이러한 에너지 평형의 파괴는 이상기상이나 사막화의 진행 등을 통해 생태계의 파괴도 불러일으킬 가능성을 나타내고 있다.

① (가)-(나)-(라)-(다)-(마)   ② (가)-(다)-(마)-(라)-(나)
③ (라)-(가)-(다)-(나)-(마)   ④ (라)-(다)-(나)-(가)-(마)
⑤ (마)-(다)-(나)-(라)-(가)

15. 다음 중 에피쿠로스가 말하는 우정, 자유, 사색에 의한 행복의 특징으로 적절하지 않은 것은?

주지주의적이고 윤리적인 전통에서 벗어나 있는 에피쿠로스(Epicurus)는 자기수양과 수련을 통해서 감각적 쾌락이 아닌 정신적 쾌락을 성취하고 개인의 자유와 행복에 이르는 것을 목표로 하였다. 그에 따르면, 물질적인 것 또는 감각적인 것에서 즐거움을 얻는 것이 아니라 마음의 편안함이나 정신적 가치의 추구를 통해 개인의 정신적 즐거움을 추구하는 것이 행복의 요체이다.

에피쿠로스는 육체적 쾌락이 아닌 소극적 의미의 쾌락, 즉 고통을 피하는 데서 진정한 쾌락을 찾았다. 그는 "나에게 있는 것은 오직 살아 있는 것만 있는 것이다. 그러니 살아 있는 동안만이 내가 의식하는 삶의 전부이니 걱정하지 말고 자신의 삶을 즐겨라."고 주장한다. 이러한 사고방식을 가진 에피쿠로스는 당장의 고통을 스스로의 힘으로 이겨 내는 것, 지금 현존하는 이곳의 고통의 부재와 배척이 곧 자신이 실제로 추구해야 할 행복과 쾌락의 요체로 보았다.

그는 인간의 욕구를 결핍으로 보았고 자연스러운 욕구와 헛된 욕구로 구분하였다. 배고픔, 잠과 같은 생리적이고 자연스러운 욕구를 충족시키는 것은 선하지만, 정복욕이나 사치욕과 같은 것은 충족시킬수록 더 불어날 뿐만 아니라, 욕구의 충족이 오히려 고통을 낳으므로 피해야 할 것으로 본 것이다. 또한 그는 물질적인 것을 추구하더라도 소소하고 조그마한 일상의 즐거움 같은 것들을 큰 즐거움으로 생각할 줄 아는 깨달음의 자세를 ㉠견지해야 한다고 보았다. 더 나아가 이러한 깨달음이 유지될 수 있도록 마음의 수련이 필요하다고 역설하였다. 그렇게 해서 일상에서 두려움이 자기를 흔들어 대도 흔들리지 않는 마음의 상태를 유지할 수 있는 능력을 갖추어야 한다는 것이다. 이처럼 흔들리지 않는 마음의 상태가 아타락시아(ataraxia)이다.

한편 에피쿠로스는 행복의 요소로서 세 가지를 제시하였다. 첫째는 우정이요, 둘째는 자유이고, 셋째는 사색이다.

① 나를 지지해 주고 인정해 주는 친구가 나의 인생을 즐겁게 해 주기 때문에 우정은 행복의 요소인 것이다.
② 선의 추구를 통해 내세(來世)에도 자유로움을 얻을 수 있는 사색이 행복의 중요한 요체이다.
③ 사색을 통하여 마음에 있는 근심과 걱정들을 떨쳐내고 자신들이 생각하는 올바른 삶을 살아가는 것이 행복이다.
④ 몸과 마음이 얽매이지 않고 자유로운 상태에서 편안함을 추구하는 것이 행복이다.
⑤ 물질적인 것과 생리적인 욕구를 추구하는 것은 헛된 욕구가 아니다.

 언어추리 _15문항

01. 다음 명제가 참일 때, 항상 옳은 것은?

> • 축구를 잘할 수 없으면 농구를 잘할 수 없다.
> • 야구를 잘할 수 있으면 농구를 잘할 수 있다.
> • 키가 크면 야구를 잘할 수 없다.

① 야구를 잘할 수 있으면 축구를 잘할 수 없다.
② 축구를 잘할 수 있으면 키가 작다.
③ 야구를 잘할 수 있으면 축구를 잘할 수 있다.
④ 농구를 잘할 수 있으면 축구를 잘할 수 없다.
⑤ 키가 크면 농구를 잘할 수 없다.

02. 다음은 댐의 방류 일정에 대한 사원들의 대화이다. 이 중 한 사람만 거짓을 말하고 있을 때, 댐을 방류하는 달은 언제인가?

> • A 사원 : 1월과 2월은 동시에 방류하거나 방류하지 않아.
> • B 사원 : 1월과 4월은 각각 방류하거나 방류하지 않아.
> • C 사원 : 1~4월 중 댐을 방류하지 않는 달은 두 달이야.
> • D 사원 : B 사원은 방류하는 달에 대해 거짓을 말하고 있어.
> • E 사원 : 3월에는 댐을 방류해.

① 1월, 2월   ② 2월, 3월   ③ 1월, 4월
④ 3월, 4월   ⑤ 2월, 4월

03. 다음 〈조건〉의 명제가 모두 참일 때, 반드시 참이라고 할 수 있는 것은?

---| 조건 |---

(가) 대전으로 출장 가는 사람은 부산에도 간다.
(나) 대전으로 출장 가지 않는 사람은 광주에도 가지 않는다.
(다) 원주로 출장 가지 않는 사람은 대구에도 가지 않는다.
(라) 원주로 출장 가지 않는 사람은 대전에도 가지 않는다.
(마) 제주로 출장 가지 않는 사람은 부산에도 가지 않는다.

① 제주로 출장 가는 사람은 대전에도 간다.
② 부산으로 출장 가지 않는 사람은 대구에도 가지 않는다.
③ 광주로 출장 가는 사람은 대구에도 간다.
④ 제주로 출장 가지 않는 사람은 광주에도 가지 않는다.
⑤ 부산으로 출장 가는 사람은 원주에도 간다.

04. 다음 명제가 참일 때, 항상 옳은 것은?

• 요리를 잘하는 사람은 반드시 청소도 잘한다.
• 청소를 잘하는 사람은 반드시 키가 크다.
• 나는 요리를 잘한다.

① 키가 크면 청소를 잘한다.
② 청소를 잘하면 요리를 잘한다.
③ 키가 작으면 청소를 잘한다.
④ 나는 키가 크다.
⑤ 나는 키가 작다.

1회 기출유형
2회 기출유형
3회 기출유형
4회 기출유형
5회 기출유형
6회 기출유형
인성검사

05. 송 차장, 김 과장, 이 대리, 정 사원이 각각 서로 다른 색상의 우산(노란색, 빨간색, 파란색, 검은색)을 쓰고 횡단보도를 사이에 두고 마주 보거나 나란히 서 있다. 서 있는 위치와 쓰고 있는 우산의 〈조건〉이 다음과 같을 때, 사실인 것은?

───| 조건 |───

- 김 과장은 노란색 우산을 쓰고 있다.
- 이 대리는 맞은편에 노란색과 검은색 우산을 쓴 직원이 나란히 보인다.
- 정 사원은 맞은편에 빨간색 우산을 쓴 직원만 보인다.
- 이 대리가 볼 때 송 차장은 검은색 우산을 쓴 직원의 왼편에 있다.

① 이 대리는 검은색 우산을 쓰고 있다.
② 김 과장과 정 사원은 나란히 서 있다.
③ 송 차장은 김 과장과 마주 보고 서 있다.
④ 정 사원은 빨간색 우산을 쓰고 있다.
⑤ 이 대리와 정 사원은 나란히 서 있다.

06. 다음 명제가 참일 때, 항상 옳은 것은?

- 음악을 좋아하면 기타를 잘 친다.
- 창의력이 높으면 작곡을 잘한다.
- 음악을 좋아하면 창의력이 높다.

① 창의력이 높으면 기타를 잘 친다.
② 작곡을 잘 하면 음악을 좋아한다.
③ 창의력이 높으면 음악을 좋아한다.
④ 음악을 좋아하지 않으면 작곡을 잘 하지 못한다.
⑤ 작곡을 잘 하지 못하면 음악을 좋아하지 않는다.

07. A, B, C, D 팀원들은 각각 ㉠, ㉡, ㉢, ㉣ 네 부분의 실험을 맡아 진행하였고 그 결과 ㉠ ~ ㉣ 중 단 한 실험에서만 오류가 발견되었다. A ~ D가 실험 오류에 대해 나눈 대화가 〈보기〉와 같으며 한 명은 거짓을, 세 명은 진실을 말하고 있다. 거짓을 말한 사람과 오류가 있는 실험을 바르게 연결한 것은?

─── | 보기 | ───

- A : 실험 ㉢ 부분에서 오류가 있었습니다.
- B : 나는 실험을 문제없이 진행했습니다.
- C : 실험 ㉡ 부분에는 오류가 전혀 없었습니다.
- D : 실험 ㉣ 부분에 오류가 전혀 없었습니다.

	거짓을 말한 사람	오류가 있는 실험		거짓을 말한 사람	오류가 있는 실험
①	A	㉠	②	A	㉡
③	C	㉡	④	D	㉠
⑤	D	㉣			

08. 물류체인 시스템을 구축하기 위해 연초에 본사로부터 6개 지사에 최고책임자인 지사장들의 인사발령이 있었다. 본사와 지사의 배치가 〈보기〉와 같을 때, 지사장들의 배열로 적절한 것은?

─── | 보기 | ───

- 회사 배치는 다음과 같다.
  본사 − A 지사 − B 지사 − C 지사 − D 지사 − E 지사 − F 지사
- 가 지사장은 본사와 가장 가까운 지사에서 근무한다.
- 나 지사장과 다 지사장은 바로 옆 지사에 근무하지 않는다. 라 지사장은 다 지사장 바로 옆에서 근무한다.
- 마 지사장은 가 지사장과 나 지사장 사이에 근무한다.
- 바 지사장은 본사에서 제일 먼 지사에서 근무한다.

① 가 − 마 − 라 − 다 − 나 − 바
② 가 − 다 − 마 − 나 − 라 − 바
③ 가 − 마 − 라 − 나 − 다 − 바
④ 가 − 마 − 나 − 라 − 다 − 바
⑤ 가 − 나 − 마 − 라 − 다 − 바

1회 기출유형

2회 기출유형

3회 기출유형

4회 기출유형

5회 기출유형

6회 기출유형

인성검사

09. 다음 〈조건〉을 바탕으로 〈보기〉 중 옳은 것을 모두 고르면?

── | 조건 | ──

• A ~ F 여섯 사람은 각각 한 개의 볼펜을 뽑았다.
• 안이 보이지 않는 상자 안에 크기와 모양이 동일한 볼펜 6개가 들어있다.
• 6개의 볼펜은 빨간색 3개, 보라색 2개, 초록색 1개이고, 각 색깔에 따른 점수는 순서대로 1점(빨간색), 5점(보라색), 10점(초록색)이다.
• 뽑은 결과 A와 F는 서로 같은 색 볼펜을, B, C, D는 각각 서로 다른 색 볼펜을 뽑았다.

── | 보기 | ──

(ㄱ) E는 1점도 10점도 얻지 못했다.
(ㄴ) A와 F의 점수의 합은 12 이상이다.
(ㄷ) E와 D가 같은 색의 볼펜을 뽑았다면 B와 C의 점수의 합은 11이다.
(ㄹ) C가 뽑은 볼펜이 빨간색이면 D가 뽑은 볼펜은 초록색이다.

① (ㄱ), (ㄴ)　　　　　　② (ㄱ), (ㄷ)　　　　　　③ (ㄴ), (ㄷ)
④ (ㄷ), (ㄹ)　　　　　　⑤ (ㄱ), (ㄴ), (ㄷ)

10. 해진, 예림, 희은, 찬빈, 은희, 영준, 유민은 영어회화, 시사토론, 수영 강의 중 최소 하나 이상을 수강하고 있다고 할 때, 해진이가 수강하고 있는 강의는?

• 영어회화, 시사토론, 수영의 수강인원은 각각 4명, 4명, 3명이다.
• 수영만 수강하는 사람은 없다.
• 세 강의를 모두 수강하는 사람은 없다.
• 은희와 유민은 두 개의 강의를 수강하고 있고 모두 같은 강의를 수강하고 있다.
• 희은, 찬빈은 시사토론 강의를 수강하고 있다.
• 예림과 영준은 두 개의 강의를 수강하고 있으며 그중 하나만 같은 강의이다.
• 은희와 영준은 하나만 같은 강의를 듣고 있다.
• 예림은 영어회화는 듣지 않는다.

① 시사토론　　　　　　② 영어회화　　　　　　③ 수영
④ 영어회화, 시사토론　　⑤ 시사토론, 수영

11. 다음 〈정보〉를 바탕으로 내린 〈결론〉에 관한 설명으로 적절한 것은?

───| 정보 |───

- 드라마 셜록 홈즈를 좋아하는 사람은 영화 반지의 제왕을 좋아하지 않는다.
- 영화 반지의 제왕을 좋아하지 않는 사람은 영화 해리포터 시리즈를 좋아하지 않는다.
- 영화 반지의 제왕을 좋아하는 사람은 영화 스타트랙을 좋아한다.
- 지연이는 영화 해리포터 시리즈를 좋아한다.

───| 결론 |───

(가) 지연이는 영화 스타트랙을 좋아한다.
(나) 지연이는 드라마 셜록 홈즈를 좋아하지 않는다.
(다) 영화 스타트랙을 좋아하는 사람은 드라마 셜록 홈즈를 좋아하지 않는다.

① (가)만 항상 옳다.　　② (나)만 항상 옳다.　　③ (다)만 항상 옳다.
④ (가), (나) 모두 항상 옳다.　　⑤ (나), (다) 모두 항상 옳다.

12. 다음 〈정보〉를 바탕으로 추론한 내용으로 적절한 것은?

───| 정보 |───

　　10층 건물에 위치한 회사 중 엘리베이터를 이용하는 회사는 의류회사, 건설회사(A, B), 투자회사, 컨설팅회사, 발전회사고, 1층에 위치한 회사는 엘리베이터를 이용하지지 않는다.

- 의류회사는 짝수 층에 위치한다.
- 건설회사 사람들은 짝수 층에서 내리지 않는다.
- 투자회사와 A 건설회사 사이 층은 공실이며 투자회사가 A 건설회사보다 위층이다.
- 발전회사 사람들은 엘리베이터를 가장 오래 탄다.
- 의류회사 바로 위층에는 컨설팅회사가 있고 바로 아래층에는 B 건설회사가 있다.
- A 건설회사와 B 건설회사는 서로 맞닿은 층이 아니다.

① 2층에 건설회사가 있다면 8층에는 의류회사가 있다.
② 4층에 의류회사가 있다면 투자회사는 7층에 있다.
③ 8층에 의류회사가 있다면 3층에는 투자회사가 있다.
④ 9층에 컨설팅회사가 있다면 4층에는 투자회사가 있다.
⑤ 8층에 의류회사가 있다면 컨설팅회사 바로 위층에 발전회사가 있다.

13. 다음의 〈조건〉이 참일 때, 반드시 참인 추론을 〈보기〉에서 모두 고른 것은?

| 조건 |

규칙을 잘 지키거나 협동 정신이 강하면, 동정심이 강하고 성실하다.

| 보기 |

ㄱ. 동정심이 약하거나 성실하지 않으면, 규칙을 잘 지키지도 않고 협동 정신도 약하다.
ㄴ. 규칙을 잘 지키지도 않으면서 협동 정신도 강하지 않은 동시에, 동정심이 강하지 않거나 성실하지 않다.
ㄷ. 규칙을 잘 지키고 협동 정신이 강한 동시에, 동정심은 약하거나 성실하지 않을 수 있다.

① ㄱ   ② ㄱ, ㄴ   ③ ㄱ, ㄷ
④ ㄴ, ㄷ   ⑤ ㄱ, ㄴ, ㄷ

14. ○○기업에서는 사업 영역 확장을 위해 다음 〈보기〉의 사례를 참고하고 있다. 반드시 거짓인 것은?

| 보기 |

사업 확장을 위해 고려 중인 방법은 해외공장 설립, 해외판매 확대, 신제품 개발이다. 모든 방법은 서로 독립적이며 실패 원인은 단 한 가지이다.

A : 해외공장을 설립하고 해외로 판매를 확대하고 신제품 개발은 안 했을 때, 실패 위험성이 컸다.
B : 해외공장은 설립하지 않고 해외판매도 하지 않고 신제품 개발을 했을 때, 실패 위험성이 적었다.
C : 해외공장을 설립하고 해외판매 확대는 하지 않고 신제품 개발을 안 했을 때, 실패 위험성이 적었다.
D : 해외공장은 설립하고 해외로 판매를 확대하고 신제품 개발을 했을 때, 실패 위험성이 컸다.

① 사례 A, B, C만을 고려한다면 해외판매 확대가 실패 위험성을 크게 했다.
② 사례 A, C만을 고려한다면 해외공장 설립이 실패 위험성을 크게 하는 원인이다.
③ 사례 B, C만을 고려한다면 신제품 개발은 실패 위험성을 크게 하지 않는다.
④ 사례 B, D만을 고려한다면 해외공장 설립이 실패 위험성을 크게 하는 원인일 수 있다.
⑤ 사례 C, D만을 고려한다면 신제품 개발이 실패 위험성을 크게 하는 원인일 수 있다.

15. 5명의 투자자가 3개의 회사 A, B, C 중 한 곳에 투자하기 위해 투표를 진행하여 그중 다수의 의견을 따르려고 한다. 다음 〈정보〉에 대한 진위 여부는 정확하지 않다고 할 때, 〈보기〉의 추론 중 옳지 않은 것을 모두 고르면?

| 조건 |

• 모든 투자자들은 투표를 해야 하며, 무효표는 없다.
• 각 회사는 투자자들로부터 1표도 못 받을 수 있으며, 같은 수의 투표수를 받은 회사는 없다.

| 정보 |

1. 과반수가 회사 B에 투표하였다.
2. 3명의 투자자들이 회사 A에 투표하였다.
3. 회사 B와 회사 C에 투표한 인원수를 합한 것이 회사 A에 투표한 인원보다 적다.

| 보기 |

㉠ 정보 2가 참이라면 정보 1도 참이다.
㉡ 정보 1이 참이라면 정보 3도 참이다.
㉢ 정보 3이 참이라면 정보 1도 참이다.
㉣ 정보 3이 참이라면 정보 2는 항상 참이다.

① ㉠, ㉣   ② ㉡, ㉢   ③ ㉠, ㉡, ㉢
④ ㉠, ㉡, ㉣   ⑤ ㉠, ㉡, ㉢, ㉣

자료해석 _15문항

01. 다음은 20XX년 월별 · 도시별 미세먼지(PM2.5) 대기오염도에 관한 자료이다. 이에 대한 설명으로 옳은 것은?

〈미세먼지(PM2.5) 대기오염도〉

(단위 : μg/m³)

구분	1월	2월	3월	4월	5월
서울	29	28	25	21	19
인천	27	23	21	16	15
부산	21	22	16	17	17
대구	26	26	20	18	20
광주	27	21	18	17	18

① 조사기간 동안 미세먼지(PM2.5) 대기오염도는 항상 부산이 가장 낮았다.

② 조사기간 동안 미세먼지(PM2.5) 대기오염도는 항상 서울이 가장 높았다.

③ 조사기간 중 미세먼지(PM2.5) 대기오염도는 평균적으로 1월에 가장 높았다.

④ 조사기간 동안 5개 지역의 미세먼지(PM2.5) 대기오염도는 지속적으로 감소했다.

⑤ 조사기간 중 가장 낮은 미세먼지(PM2.5) 대기오염도를 기록한 지역은 광주다.

02. 다음 자료에 대한 설명으로 옳지 않은 것은?

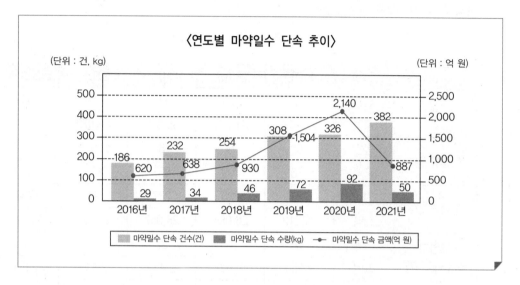

〈연도별 마약일수 단속 추이〉

(단위 : 건, kg)　　　　　　　　　　　　　　　　　　　(단위 : 억 원)

마약밀수 단속 건수(건)　　마약밀수 단속 수량(kg)　　마약밀수 단속 금액(억 원)

① 2017년 마약밀수 단속 건수는 전년 대비 46건 증가하였다.

② 2019년 마약밀수 단속 수량은 전년 대비 55% 이상 증가하였다.

③ 2020년 마약밀수 단속 금액은 2016년 대비 300% 이상 증가하였다.

④ 2021년에 마약밀수 단속 건당 평균 130g 이상의 마약을 적발하였다.

⑤ 마약밀수 단속 건수는 증가하는 추세이다.

03. 다음은 보훈 보상금 지급 현황에 관한 자료이다. 이에 대한 설명으로 옳지 않은 것은? (단, 소수점 아래 셋째 자리에서 반올림한다)

〈보훈 보상금 지급 현황〉

(단위 : 천 명, 억 원)

구분		2017년	2018년	2019년	2020년	2021년
계	인원	522	524	527	526	502
	금액	32,747	34,370	35,610	36,672	37,306
독립유공자	인원	6	6	6	6	6
	금액	776	799	863	896	910
국가유공자	인원	227	228	237	246	237
	금액	25,212	26,085	26,967	27,570	27,948
고엽제 후유의증환자	인원	37	37	37	37	37
	금액	2,209	2,309	2,430	2,512	2,590
참전유공자	인원	252	253	247	237	222
	금액	4,550	5,177	5,350	5,694	5,858

① 2017년 대비 2021년에 전체 대상자 인원이 감소한 것은 참전유공자의 인원이 감소한 것에 기인한다.
② 2017년 고엽제후유의증환자의 1인당 보상금액은 참전유공자의 1인당 보상금액의 3배 이상이다.
③ 2019년 보훈 대상자는 전년 대비 약 3천 명 증가하였고, 보상금액은 약 1,240억 원 증가하였다.
④ 2020년 국가유공자의 1인당 보상금액은 전년 대비 20만 원 이상 감소하였다.
⑤ 2021년 고엽제후유의증환자의 보상금액은 전년 대비 78억 원 증가하였다.

04. 다음 자료에 대한 설명으로 옳은 것을 〈보기〉에서 모두 고르면?

〈20X9년 운송업 종사자 수〉

(단위 : 명)

구분		육상 운송업	수상 운송업	항공 운송업	운송 관련 서비스업	계
상용 근로자	남자	305,343	16,897	13,639	120,649	456,528
	여자	22,645	3,332	11,150	37,856	74,983
	계	327,988	20,229	24,789	158,505	531,511
임시 근로자	남자	18,409	1,468	358	14,407	34,642
	여자	3,381	79	233	4,535	8,228
	계	21,790	1,547	591	18,942	42,870

── | 보기 | ──

ⓐ 전체 운송업 종사자 중에서 운송 관련 서비스업 종사자가 가장 많다.

ⓑ 전체 상용근로자 중 여자가 차지하는 비율은 10%가 되지 않는다.

ⓒ 전체 임시근로자 중 육상 운송업 종사자의 비율은 50%가 넘는다.

ⓓ 운송 관련 서비스업에 종사하는 남자 임시근로자는 항공 운송업에 종사하는 여자 상용근로자보다 많다.

① ㄱ, ㄴ   ② ㄴ, ㄷ   ③ ㄷ, ㄹ

④ ㄱ, ㄴ, ㄷ   ⑤ ㄴ, ㄷ, ㄹ

05. 다음 특정 시점 우리나라의 지역별 사업체 수 현황을 나타낸 자료와 〈보기〉를 근거로 할 때, 빈칸 ㉠~㉣에 들어갈 지역명을 순서대로 올바르게 나열한 것은?

〈우리나라 지역별 사업체 수 현황〉

(단위 : 개)

구분	문화산업	예술산업	스포츠산업	관광산업	문화체육 관광산업 전체
㉠	8,645	14,672	9,646	4,482	37,445
㉡	7,072	12,050	6,247	2,027	27,396
인천	5,471	8,254	5,633	2,872	22,230
㉢	4,508	6,896	3,808	1,364	16,576
㉣	4,390	6,690	3,802	1,183	16,065

─| 보기 |─

㉮ 문화체육 관광산업의 사업체 수는 대구가 인천보다 많으며 대전은 인천보다 적다.

㉯ 광주와 대전의 관광산업 사업체 수의 합은 대구보다 많고 부산보다 적다.

㉰ 대구와 대전의 예술산업 사업체 수의 합은 5개 도시 예술산업 사업체 수 합의 약 38.6% 이다.

	㉠	㉡	㉢	㉣		㉠	㉡	㉢	㉣
①	부산	대구	대전	광주	②	대구	부산	광주	대전
③	대전	대구	광주	부산	④	부산	대구	광주	대전
⑤	부산	광주	대구	대전					

06. 다음은 ○○공사 전 직원의 구강건강에 대한 실태조사 자료이다. 이에 대한 설명으로 옳은 것을 〈보기〉에서 모두 고르면?

〈○○공사 전 직원의 구강건강실태〉

구분		대상자 (명)	구강건강실태(%)				
			매우 건강	건강	보통	건강하지 않음	매우 건강하지 않음
전체		19,597	6.87	34.60	42.46	14.75	1.32
성별	남성	10,154	6.99	35.47	40.97	15.33	1.23
	여성	9,443	6.74	33.65	44.08	14.11	1.41
연령별	20대	4,784	9.66	39.00	34.69	14.29	2.36
	30대	4,365	7.14	37.49	40.88	13.85	0.64
	40대	5,173	5.95	34.32	46.01	12.95	0.77
	50대 이상	5,275	4.84	28.09	47.93	17.67	1.46
근무지	A 지사	8,487	7.44	36.62	40.34	14.01	1.58
	B 지사	8,555	6.51	33.69	43.83	14.94	1.03
	본사	2,555	5.77	27.60	46.18	18.53	1.91

※ 구강건강실태(%)는 소수점 아래 셋째 자리에서 반올림한 값임.

─────| 보기 |─────

㉠ 연령대가 낮을수록 구강건강이 보통인 직원의 비율이 높다.
㉡ 구강건강이 매우 건강하지 않은 직원들 중에서 B 지사에서 근무하는 직원이 A 지사에서 근무하는 직원보다 더 많다.
㉢ 전체 직원 중에서 구강건강이 매우 건강한 직원은 1,300명 이상이다.
㉣ 구강건강이 매우 건강한 남성 직원이 구강건강이 매우 건강한 여성 직원보다 더 많다.

① ㉠, ㉡   ② ㉠, ㉢   ③ ㉡, ㉢
④ ㉡, ㉣   ⑤ ㉢, ㉣

07. 다음 자료에 대한 내용으로 옳지 않은 것은?

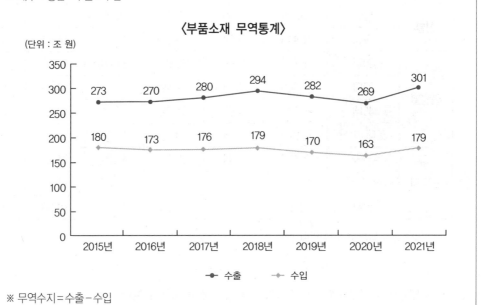

〈부품소재 산업동향〉

(단위 : 조 원)

구분	2015년	2016년	2017년	2018년	2019년	2020년	2021년
생산	584	642	658	660	650	638	658
내수	491	545	( )	( )	538	532	( )

※ 내수＝생산－수출＋수입

〈부품소재 무역통계〉

(단위 : 조 원)

※ 무역수지＝수출－수입

① 조사기간 중 부품소재 생산 규모가 전년 대비 가장 큰 비율로 증가한 해는 2016년이다.
② 조사기간 중 2019년 부품소재 생산, 수출, 수입 규모는 모두 전년 대비 하락하였다.
③ 조사기간 중 부품소재 생산 규모는 2016년 이후 600조 원을 상회한다.
④ 조사기간 중 부품소재 무역수지 규모가 가장 큰 해는 2021년이다.
⑤ 조사기간 중 부품소재 무역수지는 꾸준히 증가하였다.

08. 다음은 20X1년 미국과 중국의 총수출 중 한국이 차지하는 비중을 나타낸 자료이다. 이에 대한 설명으로 옳은 것을 〈보기〉에서 모두 고르면?

〈미국과 중국의 수출 중 한국의 위치〉

(단위 : 백만 불)

구분	미국			중국		
	총수출	한국수출	국별 순위(위)	총수출	한국수출	국별 순위(위)
20X1년	1,275,029	39,888	7	1,830,131	83,559	4
1월	117,711	3,368	8	182,694	7,882	4
2월	119,340	3,572	8	120,054	6,552	4
3월	135,648	4,360	7	180,464	9,293	4
4월	123,722	4,429	6	179,759	8,353	4
5월	128,025	4,495	6	190,826	8,833	4
6월	133,071	4,227	7	196,384	8,734	4
7월	122,168	4,070	6	193,544	8,084	4
8월	129,286	3,736	7	199,300	8,626	4
9월	130,043	3,825	8	198,160	8,865	4
10월	136,014	3,807	7	188,947	8,337	4

─────| 보기 |─────

(가) 미국의 총수출 중 한국의 비중은 매월 3% 이상이다.
(나) 20X1년 1월 ~ 10월 동안 중국의 총수출 중 한국의 비중이 5% 이상인 시기는 없다.
(다) 미국의 총수출 중 한국의 비중은 더 높지만 국별 순위는 더 낮은 시기가 있다.
(라) 한국에 대한 수출의존도는 미국보다 중국이 더 높다고 볼 수 있다.

① (가), (다)　　　　　　② (가), (라)　　　　　　③ (나), (다)
④ (나), (라)　　　　　　⑤ (다), (라)

1회 기출유형　2회 기출유형　3회 기출유형　4회 기출유형　5회 기출유형　6회 기출유형　인성검사

09. 2015년 화재로 인한 사망자 수는 전년 대비 20% 감소하였고, 2016년 화재로 인한 부상자 수는 전년 대비 20% 증가하였다. 2015년 화재로 인한 인명피해 인원은 총 몇 명인가?

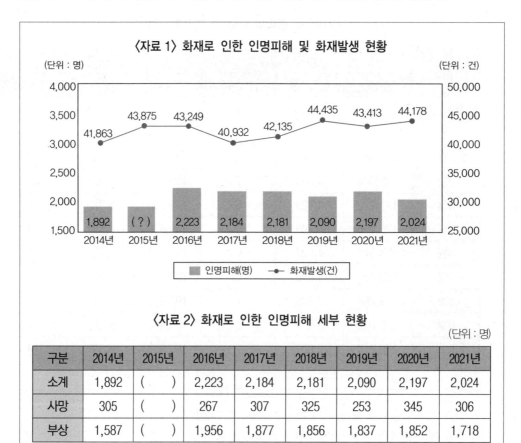

〈자료 1〉 화재로 인한 인명피해 및 화재발생 현황

〈자료 2〉 화재로 인한 인명피해 세부 현황

(단위 : 명)

구분	2014년	2015년	2016년	2017년	2018년	2019년	2020년	2021년
소계	1,892	( )	2,223	2,184	2,181	2,090	2,197	2,024
사망	305	( )	267	307	325	253	345	306
부상	1,587	( )	1,956	1,877	1,856	1,837	1,852	1,718

① 1,874명　　　　　　　② 1,892명　　　　　　　③ 1,974명
④ 2,107명　　　　　　　⑤ 2,250명

10. 다음은 ○○경제연구소가 보고한 취업자와 비취업자의 시간 활용 현황을 나타낸 자료이다. 이에 대한 설명으로 옳은 것은?

(단위 : 시간)

구분	항목	전체	남	여
취업자	개인유지	10 : 58	10 : 20	10 : 16
	일	11 : 00	11 : 01	11 : 00
	학습	6 : 56	7 : 16	6 : 36
	가정관리	1 : 30	2 : 04	2 : 23
	가족 및 가구원 돌보기	1 : 26	1 : 00	1 : 24
	참여 및 봉사활동	2 : 03	1 : 52	2 : 09
	교제 및 여가 활동	2 : 58	2 : 07	1 : 47
	이동	1 : 58	2 : 07	1 : 47
	기타	0 : 23	0 : 23	0 : 34
비취업자	개인유지	10 : 35	10 : 48	10 : 30
	일	1 : 54	1 : 57	1 : 52
	학습	5 : 17	5 : 40	4 : 51
	가정관리	3 : 11	1 : 28	3 : 43
	가족 및 가구원 돌보기	2 : 31	1 : 33	2 : 37
	참여 및 봉사활동	2 : 22	3 : 21	1 : 58
	교제 및 여가 활동	7 : 15	8 : 34	6 : 40
	이동	1 : 36	1 : 44	1 : 32
	기타	0 : 26	0 : 26	0 : 26

① 취업자와 비취업자 관계없이 모두 가장 많은 시간을 차지하는 항목은 개인유지 시간이다.

② 시간 분배를 보면 취업자들은 일에 집중된 반면, 비취업자들은 여가 활동과 학습에 비슷한 시간을 할애한다.

③ 취업 여부에 관계없이 성별에 따라 가정관리가 차지하는 시간은 3배 이상 차이가 난다.

④ 비취업자는 개인유지, 여가 활동, 학습, 가정관리 순으로 많은 시간을 차지한다.

⑤ 취업자는 일, 개인유지, 학습, 참여 및 봉사활동 순으로 많은 시간을 차지한다.

11. ○○회사는 지난 체육대회에서 변형된 점수 부여 방식으로 야구 경기를 진행하였다. 다음 자료를 참고할 때, 안타를 더 많이 친 팀(A)과 그 팀의 홈런 개수(B)는?

〈변형된 점수 부여 방식〉

- 3아웃으로 공수가 교대되며, 5회까지 경기를 한다(단, 루상에서의 아웃은 없다고 가정한다).
- 1번 타자부터 9번 타자까지 있고 교체 인원은 없으며, 1 ~ 9번이 타석에 한 번씩 선 후 1번부터 다시 타석에 선다.
- 홈런의 경우 점수 5점을, 안타(홈런을 제외한 단타, 2루타, 3루타)의 경우 2점을, 아웃의 경우 −1점을 부여한다.

구분	1회	2회	3회	4회	5회
청팀	5점	7점	5점	4점	2점
홍팀	3점	6점	8점	7점	4점

구분	청팀		홍팀	
	이름	타수	이름	타수
1번	조**	4	이**	4
2번	정**	4	장**	4
3번	양**	4	김**	3
4번	이**	4	장**	3
5번	박**	3	정**	3
6번	한**	3	윤**	3
7번	안**	3	전**	3
8번	변**	3	김**	3
9번	안**	3	이**	3

	A	B			A	B			A	B
①	청팀	2개		②	청팀	5개		③	홍팀	2개
④	홍팀	5개		⑤	홍팀	7개				

12. 20X9년 전체 인적재난 중 교통사고의 발생 비율과 인명피해 비율은? (단, 소수점 아래 둘째 자리에서 반올림한다)

〈20X9년 주요 유형별 인적재난 발생 현황〉

(단위 : 건, 명)

구분	발생건수	인명피해	사망
교통사고	221,711	346,620	5,229
화재	43,875	1,862	263
등산	4,243	3,802	90
물놀이, 익사 등	2,393	1,322	489
해양	1,750	219	38
추락	2,699	2,383	189
농기계	918	925	90
자전거	4,188	3,865	36
전기(감전)	581	581	46
열차	277	275	124
환경오염	4,216	4,093	115
전체	286,851	365,947	6,709

	발생 비율	인명피해 비율		발생 비율	인명피해 비율
①	77.3%	94.7%	②	77.3%	91.7%
③	75.3%	98.7%	④	75.3%	94.7%
⑤	73.3%	91.7%			

1회 기출유형 / 2회 기출유형 / 3회 기출유형 / 4회 기출유형 / 5회 기출유형 / 6회 기출유형 / 인성검사

13. 다음은 산불피해 현황에 관한 자료이다. 이에 대한 설명으로 옳은 것은?

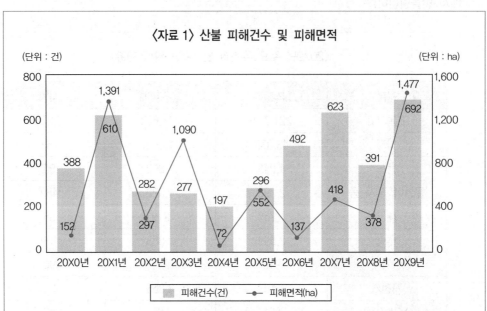

〈자료 1〉 산불 피해건수 및 피해면적

(단위 : 건)　　　　　　　　　　　　　　　　　　　　　　　　(단위 : ha)

※ 피해면적 : 산불이 발생되어 지상입목, 관목, 시초 등을 연소시키면서 실제로 산불이 지나간 면적

〈자료 2〉 산불 건당 피해 및 피해액

(단위 : ha, 백만 원)

구분	20X2년	20X3년	20X4년	20X5년	20X6년	20X7년	20X8년	20X9년
건당 피해면적	(　　)	3.9	0.4	1.9	(　　)	0.7	1.0	2.1
피해액	4,451	29,063	2,542	25,020	9,285	20,480	15,721	80,150

※ 피해액 : 산불로 인한 손실 금액으로 입목피해액

① 피해건수가 적을수록 피해액이 적다.

② 20X9년의 피해건수는 전년 대비 100% 이상 증가했다.

③ 20X6년의 피해면적은 20X4년 피해면적의 2배 이상이다.

④ 조사기간 중 피해건수가 가장 많고, 피해면적이 가장 큰 해는 20X1년이다.

⑤ 건당 피해면적은 피해면적을 피해건수로 나눈 값으로 건당 피해가 가장 적은 해는 20X6년이다.

14. 다음 중 자료에 대한 설명으로 옳지 않은 것은?

〈자료 1〉 2021년 고등교육기관 졸업자 진학 현황

(단위 : 개교, 명, %)

구분		학교수	졸업자	진학자	진학률	진학 현황	
						국내진학자	국외진학자
전체		566	580,695	36,838	6.3	35,959	879
성별	남자	–	285,443	19,415	( )	19,066	349
	여자	–	295,252	17,423	( )	16,893	530

〈자료 2〉 2021년 고등교육기관 졸업자 취업통계조사 결과 현황

(단위 : 명)

구분	취업 대상자	취업자	취업 현황					
			A	B	C	D	E	F
전체	516,620	349,584	318,438	2,333	617	3,125	4,791	20,280

※ 조사기준일 : 2021년 12월 31일

※ 취업대상자=졸업자-(진학자+입대자+취업불가능자+외국인 유학생+제외인정자)

※ 진학률(%)=(진학자/졸업자)×100, 취업률(%)=(취업자/취업대상자)×100

※ 취업 현황 : 조사기준 당시 A ~ F에 해당하는 자

　A) 건강보험 직장가입자, B) 해외취업자, C) 농림어업종사자, D) 개인창작활동종사자, E) 1인 창업·
　사업자, F) 프리랜서

① 2021년 고등교육기관 졸업자 중 취업대상자의 비율은 약 89%이다.

② 2021년 고등교육기관 졸업자 중 국내진학자는 남자와 여자 모두 국외진학자의 30배 이상이다.

③ 2021년 고등교육기관을 졸업한 취업자 중 농림어업종사자 비율이 가장 낮으며, 0.2% 미만을 차지한다.

④ 2021년 고등교육기관을 졸업한 취업자 중 건강보험 직장가입자 비율이 가장 높으며, 90% 이상을 차지한다.

⑤ 2021년 고등교육기관을 졸업한 취업자 중 해외취업자, 개인창작활동종사자, 1인 창업·사업자 비율은 각각 0.6%에서 1.2%의 범위에 있다.

15. 다음 자료를 그래프로 나타냈을 때, 적절하지 않은 것은?

〈2021년 우리나라 주요 도시의 월별 미세먼지 농도〉

(단위 : $\mu g/m^3$)

구분	1월	2월	3월	4월	5월	6월	7월	8월	9월	10월	11월	12월
서울특별시	32	30	34	26	23	24	16	10	14	15	28	24
부산광역시	28	30	26	28	24	25	23	14	14	17	26	23
대구광역시	30	28	26	24	21	22	18	12	12	17	31	26
인천광역시	29	27	32	24	21	22	16	12	15	16	29	24
광주광역시	28	31	32	25	21	27	15	14	13	20	36	26
대전광역시	30	28	27	23	19	19	14	11	11	17	34	27
울산광역시	25	27	23	26	24	29	27	16	14	19	29	19

① 봄철(3 ~ 5월) 주요 도시 미세먼지 농도 평균

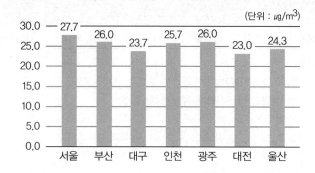

② 서울특별시 및 인천광역시 월별 미세먼지 농도 평균

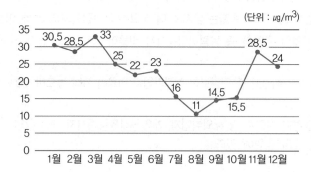

③ 영남 지방 월별 미세먼지 농도 평균

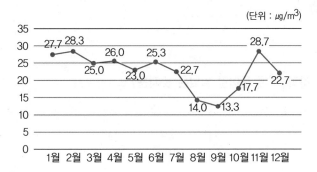

④ 광주광역시 최고 미세먼지 농도 5개 달의 미세먼지 농도

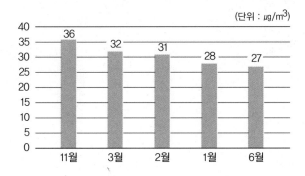

⑤ 11월 최저 미세먼지 농도 4개 주요 도시의 미세먼지 농도

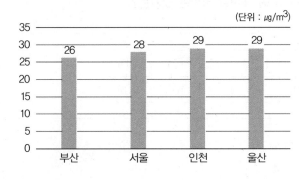

창의수리 _15문항

01. 다음 숫자들의 배열 규칙에 따라 '?'에 들어갈 알맞은 숫자는?

$$\frac{4}{9} \quad (\ ? \ ) \quad \frac{24}{54} \quad \frac{48}{162} \quad \frac{144}{324}$$

① $\frac{12}{18}$ ② $\frac{8}{27}$ ③ $\frac{12}{36}$

④ $\frac{8}{45}$ ⑤ $\frac{11}{45}$

02. 다음 숫자들의 배열 규칙에 따라 '?'에 들어갈 알맞은 숫자는?

7	(?)
−11	−5

121	115
103	109

① 0 ② 1 ③ 2
④ 3 ⑤ 4

03. 다음 숫자들의 배열 규칙에 따라 '?'에 들어갈 알맞은 숫자는?

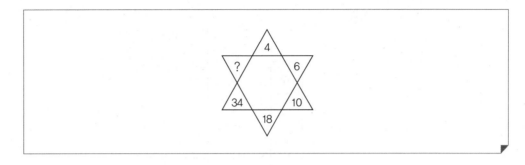

① 66   ② 67   ③ 68

④ 69   ⑤ 70

04. 다음 숫자들의 배열 규칙에 따라 '?'에 들어갈 알맞은 숫자는?

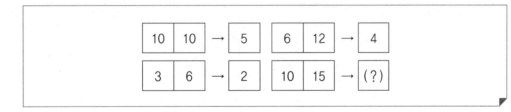

① 4   ② 5   ③ 6

④ 7   ⑤ 8

05. 다음 숫자들의 배열 규칙에 따라 '?'에 들어갈 알맞은 숫자는?

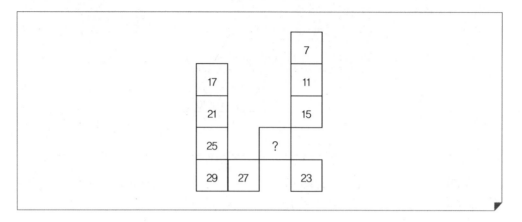

① 19   ② 21   ③ 25
④ 29   ⑤ 31

06. △에 17에서 25까지의 수를 넣어서 한 줄에 있는 세 수의 합이 모두 같게 하려고 한다. B에 들어갈 수 있는 숫자는?

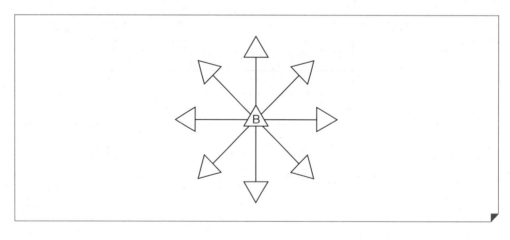

① 9   ② 20   ③ 21
④ 22   ⑤ 23

07. 다음 그림에서 나타난 숫자들의 규칙에 따라 계산한 A-B의 값으로 적절한 것은?

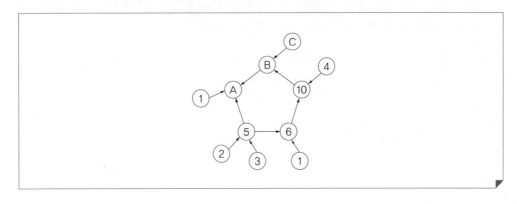

① -4   ② -2   ③ 4

④ 6   ⑤ 8

08. 수현이가 A 등산로를 따라 등산하며 올라갈 때는 시속 2km로 올라가고, 내려올 때는 올라갈 때의 2배 속력으로 내려왔다. A 등산로를 왕복한 총 소요시간이 4시간 30분이라면 내려오는 데 걸린 시간은 얼마인가?

① 1시간 20분   ② 1시간 25분   ③ 1시간 30분

④ 1시간 35분   ⑤ 1시간 40분

09. A 문구에서는 원가가 5,000원인 인형을 정가의 20% 할인된 가격으로 팔려고 하는데, 할인된 가격이 원가에 10%의 이익을 더한 값과 같다고 한다. 본래 가격은 원가에 몇 %의 이익을 더하여 판매한 것인가?

① 27.2%   ② 30.5%   ③ 33.4%

④ 35.5%   ⑤ 37.5%

10. K 그룹 신입사원들이 연수원에 도착하여 인원수에 맞게 방을 배정하려고 한다. 한 방에 6명씩 들어가면 4명이 남고, 한 방에 8명씩 들어가면 방이 3개 남으며 마지막 방에는 2명만이 들어가게 된다. 연수원에 도착한 신입사원은 모두 몇 명인가?

① 88명　　　　　　② 92명　　　　　　③ 102명
④ 106명　　　　　⑤ 108명

11. A, B, C, D 4개 수의 평균이 18이고 B, C의 평균이 17이며 B, C, D의 평균이 20일 때, A, D의 평균은?

① 10　　　　　　　② 15　　　　　　　③ 19
④ 21　　　　　　　⑤ 22

12. 소희는 배 5개, 현욱이는 딸기 5개를 가지고 있다. 가위바위보를 해서 한 번 질 때마다 자신이 가지고 있는 과일을 상대방에게 한 개씩 준다고 할 때, 가위바위보 세 판을 하고 난 뒤 현욱이가 딸기 4개, 배 2개를 가지고 있을 확률은 얼마인가?

① $\dfrac{1}{3}$　　　　　　② $\dfrac{1}{6}$　　　　　　③ $\dfrac{1}{9}$

④ $\dfrac{1}{12}$　　　　　⑤ $\dfrac{1}{15}$

13. 16%의 소금물 800g을 A 비커와 B 비커에 각각 300g, 500g씩 나누어 담았다. A 비커에는 소금을 더 넣고 B 비커의 물은 증발시켜 두 소금물의 농도를 20%로 같게 하려고 한다. 이때 A 비커에 더 넣어야 하는 소금의 양과 B 비커에서 증발시켜야 하는 물의 양은? (단, A 비커에 서는 물이 증발하지 않는다)

	A	B		A	B		A	B
①	10g	50g	②	10g	120g	③	15g	80g
④	15g	150g	⑤	15g	100g			

14. A 양초와 B 양초의 길이는 같지만, A 양초가 완전히 녹는 데에는 6시간이 걸리고 B 양초가 완전 히 녹는 데에는 10시간이 걸린다. 두 양초에 동시에 불을 붙인다면, 약 얼마 후에 B 양초의 길이 가 A 양초 길이의 두 배가 되겠는가? (단, 소수점 아래 셋째 자리에서 반올림한다)

① 3시간 42분   ② 3시간 58분   ③ 4시간 9분
④ 4시간 17분   ⑤ 4시간 33분

15. 김새롬 씨는 오늘 벼룩시장에서 생활용품을 판매했다. 오늘의 판매 물품과 판매 내용이 다음과 같을 때, 새롬 씨가 판 물건의 총이익률은?

> • 오늘 판매한 수제 캔들은 24개, 수제 비누는 40개이다.
> • 수제 캔들의 원가는 900원이고, 판매가는 3,000원이다.
> • 수제 비누의 원가는 1,200원이고, 판매가는 4,000원이다.
> • 총이익률은 $\dfrac{\text{매출 총이익}}{\text{총매출액}} \times 100$, 매출 총이익은 총매출액－총매출원가이다.

① 2%   ② 21%   ③ 39%
④ 70%   ⑤ 82%

언어이해 _15문항

01. 다음 글과 같은 방식으로 글을 전개한 것은?

> 섶 다리는 설계도가 없다. 우선 넓적한 돌을 골라 강 양쪽에 쌓는다. 이것을 '선창 놓기'라 한다. 이 작업이 끝나면 본격적으로 다리 놓기에 들어가는데, 먼저 Y자 모양의 튼튼한 나무 2개를 거꾸로 물속에 박아 다릿발을 세운다. 양쪽 강변에서 강의 한복판으로 작업을 해 나간다. 다음으로 다릿발에 맞도록 구멍을 뚫은 통나무를 양쪽 다릿발 머리에 끼우고 쐐기를 박아서 고정시킨다. 섶 다리의 특징 중 하나가 이렇게 못을 사용하지 않고 나무를 서로 맞춰서 만든다는 것이다. 다릿발이 모두 완성되면 그 위에 긴 통나무 여러 개를 놓고 쌓아서 고정시킨다. 즉, 다릿몸을 놓는 것이다. 마지막으로 다릿몸 위에 소나무 가지를 골고루 펼쳐 놓고 흙을 덮어 꼭꼭 밟는다. 소나무 가지는 푸른빛을 꽤 오래 간직하기 때문에 시각적 효과도 좋다.

① 생김새로 보아서 얼굴이 길고 날카로운 이빨이 있으며 발록한 코에는 코털이 밖으로까지 보이도록 길게 났다.

② 독도에 닿은 것은 아침 9시였다. 우리는 식당에서 아침을 먹고 곧 작업에 들어갔다. 작업은 12시까지 계속되었다.

③ 아침 일찍 눈을 떴다. 여느 날과 마찬가지로 조깅을 하고 샤워를 한 다음, 직장에 출근하기 위해 아침 식사를 했다.

④ 자동 변속 장치를 가한 차를 움직이려면 시동을 건 후 핸드 브레이크를 내리고 기어 선택기를 드라이브 위치에 놓고 주행을 한다.

⑤ 자동차는 연료 종류에 따라 가솔린, 디젤, LPG, 하이브리드 등으로 나눌 수 있다.

02. 다음 글의 내용과 일치하는 것은?

> 인간은 누구나 건전하고 생산적인 사회에서 타인과 함께 평화롭게 살아가길 원한다. 도덕적이고 문명화된 사회를 가능하게 하는 기본적인 사회 원리를 수용할 경우에만 인간은 생산적인 사회에서 평화롭게 살 수 있다. 기본적인 사회 원리를 수용한다면 개인의 권리는 침해당하지 않는다. 하지만 인간의 본성에 의해 요구되는 인간 생존의 기본 조건, 즉 생각의 자유와 자신의 이성적 판단에 따라 행동할 수 있는 자유가 인정되지 않는다면 개인의 권리는 침해당한다.
>
> 또한 물리적 힘의 사용이 허용되는 경우에 개인의 권리는 침해당한다. 어떤 사람이 다른 사람의 삶을 빼앗거나 그 사람의 의지에 반하는 행동을 강요하기 위해서는 물리적 수단을 사용할 수밖에 없기 때문이다. 만약 이성적인 수단인 토론이나 설득을 사용하여 다른 사람의 의견이나 행동에 영향을 미친다면 개인의 권리는 침해당하지 않는다.
>
> 인간이 생산적인 사회에서 평화롭게 사는 것은 매우 중요하다. 왜냐하면 생산적인 사회에서 평화롭게 살 수 있을 경우에만 인간은 지식 교환의 가치를 사회로부터 얻을 수 있기 때문이다.

① 인간에게 생각과 행동의 자유가 인정된다면 물리적 힘의 사용은 사라질 것이다.
② 모든 사람들이 생산적인 사회에서 평화롭게 살기를 원하는 것은 아니다.
③ 개인의 권리가 침해되는 사건은 물리적 수단의 용인과 관계가 전혀 없다.
④ 인간이 사회로부터 지식 교환의 가치를 얻을 수 없다면 그 사회는 생산적인 사회가 아니다.
⑤ 생각의 자유와 이성적 판단의 자유는 인간 생존의 기본 조건은 아니다.

1회 기출유형
2회 기출유형
3회 기출유형
4회 기출유형
5회 기출유형
6회 기출유형
인성검사

03. 다음 (가) ~ (라)를 문맥에 따라 순서대로 배열한 것은?

> (가) 여러 감각 기관을 통해 입력된 감각 정보는 대부분 대뇌피질에서 인식된다.
>
> (나) 우리에게 입력된 감각 정보는 모두 저장되는 것이 아니라 극히 일부분만 특정한 메커니즘을 통해 단기간 또는 장기간 저장된다.
>
> (다) 신경과학자들은 장기 또는 단기기억의 저장 장소가 뇌의 어디에 존재하는지 연구해왔고, 그 결과 두 기억은 모두 대뇌피질에 저장된다는 것을 알아냈다.
>
> (라) 인식된 일부 정보는 해마와 대뇌피질 간에 이미 형성되어 있는 신경세포 간 연결이 일시적으로 변화하는 과정에서 단기기억으로 저장된다.

① (가) - (다) - (나) - (라) 　　　② (가) - (라) - (다) - (나)

③ (나) - (다) - (가) - (라) 　　　④ (다) - (가) - (라) - (나)

⑤ (라) - (가) - (나) - (다)

04. 다음 중 (A)가 들어갈 위치로 적절한 것은?

> (A) 일어난 일에 대한 묘사는 본 사람이 무엇을 중요하게 판단하고, 무엇에 흥미를 가졌느냐에 따라 크게 다르다.
>
> --
>
> 　기억이 착오를 일으키는 프로세스는 인상적인 사물을 받아들이는 단계부터 이미 시작된다. (가) 감각적인 지각의 대부분은 무의식중에 기록되고 오래 유지되지 않는다. (나) 대개는 수 시간 안에 사라져 버리며, 약간의 본질만이 남아 장기 기억이 된다. 무엇이 남을지는 선택에 의해서이기도 하고, 그 사람의 견해에 따라서이기도 하다. (다) 분주하고 정신이 없는 장면을 주고, 나중에 그 모습에 대해서 이야기하게 해 보자. (라) 어느 부분에 주목하고, 또 어떻게 그것을 해석했는지에 따라 즐겁기도 하고 무섭기도 하다. (마) 단순히 정신 사나운 장면으로만 보이는 경우도 있다. 기억이란 원래 일어난 일을 단순하게 기록하는 것이 아니다.

① (가)　　　　　　② (나)　　　　　　③ (다)

④ (라)　　　　　　⑤ (마)

05. 다음 글에 대한 이해로 적절하지 않은 것은?

> 비행기의 뒤를 따라 꼬리 모양으로 이어진 구름을 비행기구름 또는 비행운(飛行雲)이라고 한다. 비행기가 비행하는 고도는 매우 높으며, 이 부근의 온도는 영하 2 ~ 40도 정도로 매우 낮다. 비행기 제트 엔진에서 나오는 고온의 배기가스와 대기 중의 수분이 융합하여 수증기를 만들어 내고, 이 수증기가 주변의 수분과 융합해 작은 물방울의 집합이 된다. 이것이 높은 고도 탓에 바로 얼어붙어 구름이 되는 것이다. 따라서 비행운은 적어도 고도 8천 미터 이상의 높이에서 주변의 대기 온도가 영하 38도 이하일 때 나타나게 된다.
>
> 이 비행운은 만들어져도 쉽게 사라지는 특성때문에 덧없는 것을 비유할 때 사용되기도 한다. 쌍발기에서는 2줄의 비행기구름이 생기며, 4발기에서는 4줄의 비행기구름이 생긴다. 또한 습도가 높은 공기 중을 비행할 때 공기역학적으로 감압(減壓)이 일어나서 응결이 발생하는데, 이때는 날개 뒤쪽에 생기기도 한다. 보통은 곧 없어지지만 1시간 이상 계속 보일 때도 있으며, 고공(5~10km)일수록 오래 남는다.
>
> 즉, 기온이 낮긴 하지만 구름이 생성될 정도로 습기가 많지 않은 하늘에 비행기의 배기가스가 뿌려지면 구름이 생성되는 것이다. 이러한 비행운은 비행기의 배기가스로 인해 발생하므로 당연히 비행기의 엔진 뒤에서 발생한다.

① 비행기가 날아가면서 남기는 하얀 줄 모양을 비행운이라고 부른다.

② 비행운은 고도 8,000m 이상, 주변 대기 온도가 영하 38도 이하일 때 나타난다.

③ 비행운은 쉽게 사라지지 않아 긴 인생을 비유할 때 사용되기도 한다.

④ 비행운이 1시간 이상 없어지지 않을 때는 비행기가 고공 5 ~ 10km 이상에서 비행했을 때이다.

⑤ 비행운의 발생 원인은 비행기의 배기가스이다.

06. 다음 글을 읽고 추론한 내용으로 타당한 것은?

> CCTV는 특정 장소에 카메라를 설치한 후 유선이나 무선 네트워크를 통해 특정 수신자에게 화상을 전송하는 시스템으로 산업용, 교통제어용 등 다양한 용도로 사용 중이다. 범죄 예방 및 감소 수단으로 주목받으면서 그 수가 급증하고 있으나 실효성에 대해서는 찬반 의견이 나뉜다. 먼저 CCTV 비관론자들은 범죄자들이 CCTV 설치 지역에서 CCTV가 없는 곳으로 이동하는 범죄전이효과가 나타난다고 본다. 범죄자들은 어떤 난관이 있어도 범죄를 저지르므로 CCTV가 범죄 예방 효과를 내지 못하며 오히려 일반 국민이 감시받게 되어 기본권 침해가 발생한다는 것이다. 또한 CCTV 관련 비용은 지자체가 부담하고 관리는 경찰이 맡는 상황에서 CCTV 설치 장소로 지자체는 주민 밀집 지역을, 경찰은 범죄 다발 지역을 선호하는 문제가 발생한다. 지자체별 예산 규모에 따라 CCTV가 편중되어 설치되면 범죄전이효과가 극대화될 수도 있다. 반면 CCTV 낙관론자들은 CCTV가 범죄 억제에 효과가 있다고 본다. CCTV가 잘 정비된 영국에서 CCTV의 범죄 감소 효과를 주장하는 연구 결과가 꾸준히 나오고 있다. 우리나라에서도 2002년 강남구 논현동 주택가에 처음으로 5대의 CCTV를 설치 및 운영한 이후 1년간 해당 지역 내 범죄가 36.5%나 감소했다고 발표했다. 또한 이익확산이론에 따르면 어느 한 지역의 방범 체계가 견고하면 잠재적 범죄자들이 다른 지역에도 CCTV가 설치되어 있을 것으로 생각하여 범행을 단념한다고 본다.

① CCTV 비관론자는 2002년 논현동에서 감소한 범죄만큼 타 지역 범죄가 늘었다고 생각할 것이다.

② 이익확산이론은 한 지역의 CCTV 위치 및 수량을 잘 아는 잠재적 범죄자에게는 적용되지 않는다.

③ 경찰은 집중 관리하는 범죄 다발 지역보다 안전한 지역에 CCTV를 설치해 방범을 강화할 것이다.

④ 방송사 카메라가 방송용 몰래카메라 콘텐츠를 찍는다면 그때부터 CCTV로서 지위를 가질 것이다.

⑤ 범죄전이효과에 따르면 범죄자들은 CCTV라는 장해에도 불구하고 CCTV 설치 지역에서 범죄를 저지를 것이다.

07. 다음 글의 주제로 적절한 것은?

사회적 상호작용은 생물의 질병 진행 양상에 매우 중요한 역할을 할 수 있다. 그 예시로 프랑스국립과학연구원(CNRS)의 노랑초파리 연구를 들 수 있다. CNRS에서는 암처럼 전염성이 없는 질병의 진행에 사회적 상호작용이 미치는 영향에 관하여 연구하였다. 그 결과, 암에 걸린 초파리의 질병 진행 속도는 다른 파리와 상호작용이 있을 때보다 사회적으로 고립되어 있을 때 더 빠른 것으로 나타났다. 게다가 놀랍게도 암에 걸린 초파리가 속한 사회적 집단의 특성 또한 질병의 진행 속도에 영향을 미칠 수 있다는 가능성이 제기됐다. 암에 걸린 초파리들끼리 함께 상호작용할 때보다 건강한 초파리들과 함께 있을 때 종양이 더 빨리 퍼진 것이다.

연구진에 따르면 암에 걸린 초파리가 건강한 개체들과 함께 있으면 암에 걸린 초파리들과 있을 때보다 상호작용 활동량이 적은 것이 그 원인으로 보인다. 마치 군중 속에서 고립되는 것과 유사한 것이다. 그렇다면 암에 걸린 초파리가 암에 걸린 초파리가 있는 그룹과 건강한 초파리가 있는 그룹 중 한 곳을 선택할 수 있다면 어떠한 결정을 할까? 발병 초창기에는 암에 걸린 초파리가 있는 그룹을 선택하는 경향성이 나타났으나, 종양이 어느 정도 진전된 상태에서는 더 이상 그룹선호도를 보이지 않았다.

건강한 초파리의 경우, 암 발생 초기 단계에 있는 초파리 그룹과 건강한 초파리 그룹을 구분하지는 않았다. 하지만 종양이 진전된 초파리가 있는 그룹과 건강한 초파리가 있는 그룹 중에 선택권이 주어지면 건강한 초파리 그룹을 선택하는 경향이 두드러졌다.

① 질병의 진행 속도와 사회적 상호작용 사이의 관계
② 프랑스 국립과학연구원(CNRS)의 최신 연구 동향
③ 사회적 상호작용이 암의 발생에 미치는 영향
④ 초파리의 그룹 선택에 영향을 주는 인자들
⑤ 초파리의 사회적 상호 작용의 특이점

1회 기출유형

2회 기출유형

3회 기출유형

4회 기출유형

5회 기출유형

6회 기출유형

인성검사

08. 다음 글의 중심 내용으로 적절한 것은?

> 올바른 그리고 깊은 경험을 통해 나오는 말은 형용하기 어려운 무게를 갖고 있다. 이는 어떤 것을 표현하는 말의 진정한 설명이 그 어떤 것 자체 안에 있기 때문이다. 이러한 표현의 올바른 사용은 결코 쉬운 일이 아니며, 즉각적으로 만들어지는 것도 아니다. 이러한 맥락에서 사물에 대해서만 사색한다는 '알랭 드 보통'의 신조를 이해할 수 있다.
>
> 말에는 그것이 진짜 말이 되기 위한 필수적인 조건이 있다. 그것을 충족시키는 것은 그 조건에 대응하는 경험이다. 다만 현실에서는 그 조건을 최소한으로도 충족시키지 못하는 말의 사용이 횡행하고 있다.
>
> 어떤 관점에서 보면 경험이란 사물과 자기 자신 사이에서 생기는 장애 의식과 저항의 역사라고 할 수 있다. 그것을 통해 나오지 않은 말은 안이하고 매우 알기 쉽다. 그러나 사회의 복지를 논하든 평화를 논하든 그 근거가 되는 경험이 얼마나 어려운 것이어야 하는지를 알게 된다면, 또한 얼마나 스스로를 포기해야 하는지를 생각하게 된다면, 세상에 횡행하는 명론탁설은 실제로는 분석도 논의도 아니며 허영심에 지나지 않음을 알 수 있을 것이다. 그런 상황에서는 아무리 이론을 깊이 파고들어 간다 해도 진정한 말에 새 발의 피만큼도 미치지 못한다.
>
> 이것이 일종의 모럴리즘의 입장에서 체험주의를 예찬하는 것은 아니다. 여기서 말하는 경험은 이른바 체험과 비슷하기도 하며 비슷하지 않기도 한 것이다. 체험주의는 일종의 안일한 주관주의로 빠지기 쉬운 것이며, 또한 그것에 그치고 마는 경우가 대부분이기 때문이다.

① 단순한 체험주의가 아니라 사물과 자기 자신 사이에서 생기는 장애 의식과 저항의 역사라고도 할 수 있는 경험에 근거해야 비로소 사물에 맞는 진정한 말이 생겨난다.

② 사물 자체를 진정한 말로 표현하려면 자기희생을 동반하는 어려움으로 가득한 경험이 필요하다.

③ 올바르고 깊은 경험은 일종의 무게를 지닌 말을 만들어 내는데, 자기 주관에 그치는 경험은 안일하고 과장된 말밖에 만들어 내지 못한다.

④ 현실에 있는 대부분의 말은 사물과의 안일한 타협을 통해 생겨난 단순한 관념의 유희에 지나지 않으며 어떤 것 자체를 표현하지는 못한다.

⑤ 어떠한 경험에 대해서 그 이론을 깊이 파고들 때 비로소 완벽한 사색을 만들어 낸다.

09. 다음의 (가) ~ (라)를 문맥에 따라 순서대로 나열한 것은?

> (가) 이는 'hyper(초월한)'와 'text(문서)'의 합성어이며, 1960년대 미국 철학자 테드 넬슨이 구
> 상한 것으로, 컴퓨터나 다른 전자기기로 한 문서를 읽다가 다른 문서로 순식간에 이동해
> 읽을 수 있는 비선형적 구조의 텍스트를 말한다. 대표적인 예시인 모바일은 정보에 접근
> 하는 속도는 매우 빠르지만 파편성은 극대화되는 매체다.
>
> (나) 밀레니얼 세대(Y세대)와는 다르게 다양성을 중시하고 '디지털 네이티브'로 불리는 Z세대
> 는 대개 1995년부터 2010년까지 출생한 세대를 보편적으로 일컫는 말이다. 이들은 어
> 렸을 때부터 인터넷 문법을 습득하여 책보다는 모바일에 익숙하다. 책은 선형적 내러티
> 브의 서사 구조를 갖는 반면 인터넷은 내가 원하는 정보에 순식간에 접근할 수 있게 해
> 준다는 측면에서 정보들 사이의 서사적 완결성보다는 비선형적 구조를 지향한다. 이러한
> 텍스트 구조를 하이퍼텍스트라고 한다.
>
> (다) 따라서 앞으로는 무한하게 확장된 정보 중에서 좋은 정보를 선별하고, 이를 올바르게 연
> 결하는 개인의 능력이 중요하게 부각될 것이다.
>
> (라) 이러한 경우 정보의 시작과 끝이 없으므로 정보의 크기를 무한대로 확장할 수 있다는
> 특징을 가진다. 기존의 문서는 저자가 일방적으로 정보를 제공했지만 하이퍼텍스트는 독
> 자의 필요에 따라 특정 정보만 선택해서 제공할 수 있다.

① (가) - (나) - (다) - (라)　　　　② (가) - (다) - (나) - (라)

③ (나) - (가) - (라) - (다)　　　　④ (나) - (라) - (가) - (다)

⑤ (다) - (라) - (나) - (가)

10. 다음 뉴스에서 전하는 내용이 아닌 것은?

> 기자 : 식량소비량 중 국내에서 생산된 농산물의 비율을 뜻하는 식량자급률. 지난해 국내 식량자급률은 50.9%입니다. 하지만 쌀과 감자 등을 제외한 대부분은 여전히 수입에 의존하고 있어 식량위기가 도래할 수 있다는 주장이 거셉니다. 지난해 국내 콩 자급률은 32.1%, 보리는 23%, 밀은 1.2%에 그쳤습니다. 농산물 가격이 오르면서 소비자물가를 위해 수입산이 대거 반입되고 있기 때문입니다. 그러나 전문가들은 이 같은 먹거리 수입 의존은 향후 국제곡물가격 폭등 시 국내 식량위기를 초래할 것이라고 경고합니다.
>
> 전문가 A : 필리핀 같은 경우 1970년대까지만 하더라도 세계에서 쌀을 수출하는 (주요) 국가였습니다. 그러한 정부가 쌀을 수입하는 정책으로 변환하며 자급률이 줄게 되었고 2007 ~ 2008년 애그플레이션이 나타났던 시기에 식량 폭동까지 나타났습니다. 아무리 소득이 많고 수급여건이 좋아도 일정 수준의 자급이 되지 못하면 식량안보 상황에 처할 수 있고 이러할 경우 정치·사회적 혼란을 야기해서 국민들에게 큰 고통을 줄 수 있다고 말할 수 있습니다.
>
> 기자 : 세계 곡물수요가 공급을 초과하거나 주요 수입국의 자연재해 등으로 곡물 조달이 어려운 경우 국내 농산물 생산기반이 없으면 식량난을 겪을 것이라는 예측입니다.
>
> 전문가 B : 우리나라의 곡물자급률(사료용 작물 포함)이 24% 수준입니다. 쌀 외에는 거의 외국 수입에 의존하고 있다고 보시면 되는데요. 전세계적으로 수요가 늘어나는 등 장기적인 요소가 있고요, 단기적으로 곡물파동 등 이상 기온으로 인한 곡물가 급등 등을 식량안보를 위협하는 요소로 볼 수 있습니다.
>
> 기자 : 정부는 지난 2013년의 목표치를 대내외 환경변화를 고려해 새롭게 설정하고 공급과잉 상태의 쌀 외에 다른 작물 중심으로 자급률을 높일 수 있는 방향으로 설정해 식량자급률과 농가소득에 도움이 되는 방향으로 추진할 방침입니다.

① 이상기온이 발생하면 곡물가가 급등할 수 있다.
② 식량안보를 위해 쌀의 자급률을 높여야 한다.
③ 식량자급률은 식량안보상황에 영향을 줄 수 있다.
④ 식량안보가 확보되지 못하면 사회적 혼란이 야기된다.
⑤ 식량안보를 위해 농산물의 수입 의존도를 낮춰야 한다.

11. 다음 글의 '그레타'에 관한 설명으로 옳지 않은 것은?

그레타네 반에서는 수업 시간에 해양오염 문제를 다룬 영화를 보여 준 적이 있었다. 태평양 남쪽에 멕시코보다 더 큰 크기의 쓰레기더미가 섬을 이룬 채 떠다니는 장면이 영화에 나왔다. 그레타는 영화를 보다가 눈물을 터뜨렸다고 한다. 반 아이들도 충격을 받은 표정이었다.

영화를 본 날 급식 메뉴는 햄버거였다. 그레타는 도저히 먹을 수가 없었다. 학교 급식실 안은 비좁고 후끈후끈한 데다가 귀청이 떨어져 나갈 정도로 시끄러웠다. 접시에 놓인 기름진 고깃덩어리는 그레타에게 더 이상 음식이 아니었다. 감정을 느끼고 의식과 영혼을 가진 어느 생명체의 짓이겨진 근육이었다. 그레타의 망막에 쓰레기 섬이 깊이 새겨져 있었다. 그레타는 울기 시작했다. 집에 가고 싶지만 갈 수 없었기 때문이다.

(중략)

그레타가 아스퍼거 증후군 진단을 받은 것은 사실이지만 그렇다고 해서 그레타의 생각은 틀리고 우리가 옳다고 생각할 수는 없다. 우리에게는 아주 쉬운 방정식, 즉 일상이 원활하게 돌아가도록 해 주는 입장권 같은 방정식이 그레타에게는 아주 어려운 문제였다. 그레타가 아무리 애를 써도 방정식은 풀 수 없을 것이다. 왜냐하면 우리가 외면하려는 것들이 그레타의 눈에는 보이기 때문이다. 그레타는 맨눈으로 이산화탄소를 알아차릴 수 있는 극소수의 사람이다. 그레타는 우리의 굴뚝에서 뿜어져 나오는 온실가스가 바람을 타고 하늘로 올라가 보이지 않는 거대한 오염층을 만드는 것을 볼 수 있다. 어쩌면 그레타는 「벌거벗은 임금님」 이야기 속 어린아이고 우리는 임금님일지 모른다. 우리는 모두 벌거벗고 있다.

① 아스퍼거 증후군 진단을 받았다.

② 육식에 대한 부정적 반응을 보이고 있다.

③ 그레타의 인식은 잘못되었으며 이에 대한 교육이 필요하다.

④ 환경오염의 원인이 그레타에게는 시각적으로 다가왔다.

⑤ 일반 사람들에게는 쉬운 상식이 그레타에게는 이해가 되지 않았다.

12. 다음 글의 제목으로 적절한 것은?

> 본격적인 여름이 시작되기 전 우리를 잊지 않고 찾아오는 불청객이 있다. 바로 우리의 목과 눈을 괴롭히는 오존(Ozone)이다. 오존은 특유의 냄새가 나고, 눈을 자극해서 따갑게 하고, 호흡기 질환도 일으키기 때문에 노약자, 어린이는 외출을 자제해야 할 정도로 위험하다. 이렇게 오존은 인체에 해로운 물질이다.
>
> 그러나 오존이라고 해서 모두 나쁜 것은 아니다. 기후변화와 관련된 이야기를 할 때면 항상 언급되는 것이 오존층 파괴다. 오존층은 지구 표면에서 약 10 ~ 50km 상공의 성층권에 존재한다. 인류를 포함해 지구상에 생명체가 존재할 수 있도록 태양의 자외선을 차단하는 기능을 수행한다. 태양에서 오는 강력한 자외선을 걸러 주는 필터 역할을 하여 피부암, 피부노화 등을 막아 준다.
>
> 지구상 2번째로 강한 살균력을 자랑하는 오존은 적절히만 사용하면 우리에게 더 없이 유익하다. 더러운 하수를 살균하고 악취를 제거하는 기능은 물론이고 농약 분해, 중금속 제거, 유해물질 분해, 세균 사멸, 면역 반응 증진 등에도 오존이 활용된다. 또 고도의 청결을 요하는 반도체 생산공정에도 오존이 사용되고 최근엔 오존이 세포에 산소를 공급해 면역력을 높인다는 사실이 밝혀져 의료 분야에도 응용되고 있다.
>
> 반면 대기오염 부산물로 발생하는 오존은 인체를 비롯한 생명체에 치명적이다. 자동차 배기가스, 공장 매연으로 인한 대기 오염이 오존 생성을 촉진한다. 특히 바람 한 점 없는 무더운 날에는 오존이 더욱 잘 생성된다.
>
> 오존은 자극성 및 산화력이 강한 기체이기 때문에 감각기관이나 호흡기관에 민감한 영향을 미친다. 오존으로 가장 치명적인 손상을 입는 기관은 호흡기다. 또 호흡기를 통해 체내에 들어온 고농도 오존은 기도나 폐포 등과 접촉하게 된다. 이 조직들은 여러 물질들을 함유한 액체의 막으로 덮여 있는데, 이 막이 얇은 경우에는 오존에 의해 조직이 직접 손상을 받을 수 있다. 두꺼운 경우에는 오존이 액체와 반응하는 과정에서 2차적으로 반응성이 강한 물질들을 만들어 내 조직에 손상을 줘서 폐 기능을 약화시킬 수 있다.

① 강력한 살균기, 오존　　　　　② 오존의 발생원인

③ 오존층이 지구에 주는 영향　　④ 오존의 두 얼굴

⑤ 오존주의보가 위험한 이유

13. 다음 갑 ~ 정의 논쟁에 대한 분석으로 적절한 것은?

> 다른 사람의 증언은 얼마나 신뢰할 만할까? 증언의 신뢰성은 두 가지 요인에 의해서 결정된다. 첫 번째 요인은 증언하는 사람이다. 만약 증언하는 사람이 거짓말을 자주 해서 신뢰하기 어려운 사람이라면 그의 말은 신뢰성이 떨어질 수밖에 없다. 두 번째 요인은 증언 내용이다. 만약 증언 내용이 우리의 상식과 상당히 동떨어져 있다면 증언의 신뢰성은 떨어질 수밖에 없다. 그렇다면 이 두 요인이 서로 대립하는 경우는 어떨까? 가령 매우 신뢰할 만한 사람이 기적이 일어났다고 증언하는 경우에 우리는 그 증언을 얼마나 신뢰해야 할까?

갑 : 우리는 주변에서 신뢰할 만한 사람이 가끔 특정한 목적을 위해서 또는 자신의 의도와 무관하게 거짓을 말하는 경우를 이따금 찾아볼 수 있습니다. 이것은 신뢰할 만한 사람도 자신의 신뢰성과는 반대로 거짓을 말할 확률이 그리 낮지는 않다는 것을 의미하는 것이지요.

을 : 신뢰할 만한 사람이 거짓을 말한다면 그는 더 이상 신뢰할 수 있는 사람이라고 말할 수 없게 됩니다. 따라서 신뢰할 만한 사람은 항상 참을 말하는 사람이라는 전제가 존재하는 것이지요.

병 : 우리는 증언의 신뢰성을 결정하는 첫 번째 요인이 거짓일 확률보다 두 번째 요인이 거짓일 확률이 더 높을 때 그 증언을 신뢰할 수 있는 것입니다.

정 : 기적이란 사전적으로 '상식을 벗어난 기이하고 놀라운 일'로 풀이됩니다. 누군가가 자동차가 하늘로 날아다닌다고 말을 하면 이는 자연법칙을 위반한 사건이며, 지금까지 한 번도 일어나지 않은 사건이지요. 하지만 물리적으로 자동차가 하늘을 날아다니는 장면이 절대 일어날 수 없는 것은 아닙니다. 다만 이러한 일이 일어날 확률은 그야말로 제로에 가깝다고 말할 수 있을 뿐입니다. 그렇기 때문에 결국 우리는 기적이 일어났다는 증언을 신뢰해서는 안 됩니다.

① 갑과 병의 주장은 신뢰할 만한 사람의 증언 내용이 거짓일 확률이 더 크다고 주장한다.
② 을의 주장은 신뢰할 만한 사람이 기적이 일어났다고 하는 증언을 신뢰할 수 있게 해 준다.
③ 병은 정의 의견을 뒷받침하는 근거를 제시한다.
④ 을과 병의 의견을 토대로 신뢰할 만한 사람이 기적이 일어났다고 하는 증언을 신뢰할 수 있는 것이다.
⑤ 갑과 정의 의견을 토대로 신뢰할 만한 사람이 기적이 일어났다고 하는 증언을 신뢰할 수 없는 것이다.

1회 기출유형
2회 기출유형
3회 기출유형
4회 기출유형
5회 기출유형
6회 기출유형
인성검사

14. 다음 글의 내용과 일치하지 않는 것은?

> 우리의 의지나 노력과는 크게 상관없이 국제 정세 및 금융시장 등의 변화에 따라 우리나라가 수입에 의존하는 원자재 가격은 크게 출렁이곤 한다. 물론 이러한 가격 변동은 다른 가격에도 영향을 미치게 된다. 예를 들어 중동지역의 불안한 정세로 인해 원유 가격이 상승했고, 이로 인해 국내의 전기료도 올랐다고 해 보자. 그러면 국내 주유소들은 휘발유 가격을 그대로 유지할지 아니면 어느 정도 인상할 것인지에 대해 고민에 빠질 것이다. 만일 어느 한 주유소가 혼자 휘발유 가격을 종전에 비해 2% 정도 인상한다면, 아마 그 주유소의 매상은 가격이 오른 비율 2%보다 더 크게 줄어들어 주유소 문을 닫아야 할 지경에 이를지도 모른다. 주유소 주인의 입장에서는 가격 인상 폭이 미미한 것이라 하여도 고객들이 즉시 값이 싼 다른 주유소에서 휘발유를 구입하기 때문이다. 그러나 전기료가 2% 오른다 하더라도 전기 사용량에는 큰 변화가 없을 것이다. 사람들이 물론 전기를 아껴 쓰게 되겠지만, 전기 사용량을 갑자기 크게 줄이기도 힘들고 더군다나 다른 전기 공급자를 찾기도 어렵기 때문이다.
>
> 이처럼 휘발유시장과 전기시장은 큰 차이를 보이는데, 그 이유는 두 시장에서 경쟁의 정도가 다르기 때문이다. 우리 주변에 휘발유를 파는 주유소는 여러 곳인 반면, 전기를 공급하는 기업은 그 수가 제한되어 있어 한 곳에서 전기 공급을 담당하는 것이 보통이다. 휘발유시장이 비록 완전경쟁시장은 아니지만 전기시장에 비해서는 경쟁의 정도가 훨씬 크다. 휘발유시장의 공급자와 수요자는 시장 규모에 비해 개별 거래규모가 매우 작기 때문에 어느 한 경제주체의 행동이 시장가격에 영향을 미치기는 어렵다. 즉, 휘발유시장은 어느 정도 경쟁적이다. 이와는 대조적으로 전기 공급자는 시장가격에 영향을 미칠 수 있는 시장 지배력을 갖고 있기 때문에 전기시장은 경쟁적이지 못하다.

① 재화의 소비자와 생산자의 수 측면에서 볼 때 휘발유시장은 전기시장보다 더 경쟁적이다.

② 새로운 기업이 시장 활동에 참가하는 것이 얼마나 자유로운가의 정도로 볼 때 휘발유시장은 전기시장보다 더 경쟁적이다.

③ 기존 기업들이 담합을 통한 단체행동을 할 수 있다는 측면에서 볼 때 휘발유시장이 완전 경쟁적이라고 할 수는 없다.

④ 휘발유시장의 경우와 같이 전기 공급자가 많아지게 된다면 전기시장은 휘발유시장보다 더 경쟁적인 시장이 된다.

⑤ 시장지배력 측면에서 볼 때 휘발유시장은 전기시장보다 더 경쟁적이다.

15. 다음 (가) ~ (마)의 중심내용으로 적절하지 않은 것은?

> (가) 이제 막 탄생한 비트코인의 미래를 얘기하는 것은 마치 점쟁이가 갓난아기의 미래를 점치는 것만큼이나 막연하고 불확실한 예단이 될 위험성이 높다. 그러나 이미 글로벌한 인터넷상에서 광풍을 몰고 온 마당이니 그 미래에 대해 어떻게든 추정하고 대비해야 할 필요는 있다.
>
> (나) 세계적으로도 광풍을 일으켰지만 한국은 그 가운데서도 그 광풍의 진원지인양 요란해 외신을 탈 정도였으니 그 투기성에 경각심을 갖는 이들이 많다. 그럼에도 불구하고 비트코인을 4차 산업혁명의 상징적 코드로 보는 시각 또한 존재하기 때문에 정부가 행여 그 불씨를 아예 꺼 버리는 것이 미래산업으로 가는 길을 어둡게 하는 건 아닌지 염려하는 목소리도 나온다.
>
> (다) 초기 금융거래는 상업 분야에서 단순한 민간거래로 시작하지만 결국 국가가 그 통제권을 획득함으로써 공익성까지는 아니어도 적어도 공공적 가치에 순응하도록 이끌어 가게 됐고 그럼으로써 그 시장의 수명을 늘려왔다. 금융정책 속에 순응시키거나 통제 불가능한 경우 도태시켜 버리는 방향으로 금융산업이 발전해 왔듯 비트코인 또한 그런 제도적 통제권 안에 들어올 수 있는지의 여부로 그 존폐를 결정하는 것이 바람직할 것이다.
>
> (라) 문제는 현재와 같은 구조에서 이미 출발부터 국경을 넘어 글로벌 시장 영역에서 돈 거래가 되고 있는 상황이 과연 국가 단위로부터 통제될 수 있는지, 익명거래를 실명화시킬 방안이 찾아질 것인지 가늠하기가 어렵다는 점이다. 한국 정부가 한마디 던져놓은 것처럼 거래소 폐쇄까지 고려하는 게 현재로선 일견 적절해 보이기도 하지만 한편으로는 아직 그 미래가 불확실한 시장을 미리 방어적으로만 대응하는 게 옳은지도 쉽게 판단하기는 어렵다.
>
> (마) 자칫 국내 거래소 폐쇄가 해외 거래소로의 자금 유출을 부르며 미국 시장을 한국 자금의 블랙홀로 만들 위험은 없는지도 검증해 봐야 한다. 또 4차 산업혁명은 차치하고라도 미래 금융산업의 주도권에서 확실하게 밀려날 위험이 없는지도 살펴봐야 한다. 물론 경제 관련법 제정이 법무부 단독으로 가능한 것이 아니니 관계 기관 간의 많은 협의가 있겠지만 매사 너무 신중한 것도, 너무 성급한 것도 다 바람직하지는 않다.

① (가) 비트코인의 미래에 대해 생각해 봐야 할 필요성
② (나) 비트코인에 대한 여러 가지 관점들
③ (다) 비트코인의 존폐를 결정하는 바람직한 방법
④ (라) 비트코인 거래소 폐쇄의 궁극적인 목적
⑤ (마) 여러 방면을 고려해 지정해야 하는 비트코인 관련법의 중요성

언어추리 _15문항

01. 다음 명제가 모두 참일 때, 반드시 참인 것은?

> • 고양이를 좋아하면 호랑이를 키운다.
> • 개를 좋아하면 호랑이를 키우지 않는다.
> • 치타를 좋아하면 고양이를 좋아한다.

① 호랑이를 키우지 않는다면 치타를 좋아하지 않는다.
② 호랑이를 키우면 반드시 개를 좋아한다.
③ 고양이를 좋아하면 치타를 좋아한다.
④ 개를 좋아하면 반드시 고양이를 좋아한다.
⑤ 치타를 좋아하지 않으면 고양이를 좋아하지 않는다.

02. 다음 내용이 모두 사실일 때, 항상 참인 것은?

> 사실 1 – A 스위치가 켜져 있으면 B와 C 스위치도 켜져 있다.
> 사실 2 – D 스위치가 꺼져 있으면 C 스위치도 꺼져 있다.
> 사실 3 – C 스위치가 켜져 있으면 E 스위치도 켜져 있다.

① C 스위치가 켜져 있으면 A 스위치도 켜져 있다.
② E 스위치가 꺼져 있으면 C 스위치도 꺼져 있다.
③ A 스위치가 꺼져 있으면 B 스위치도 꺼져 있다.
④ E 스위치가 켜져 있으면 C와 B 스위치도 켜져 있다.
⑤ C 스위치가 꺼져 있으면 D 스위치도 꺼져 있다.

03. 다음 〈조건〉이 성립할 때, 반드시 참인 것은?

─── | 조건 |───

- 법학을 공부하는 사람은 모두 행정학 수업을 듣는다.
- 경제학 수업을 듣는 사람은 역사를 공부하지 않는다.
- 법학을 공부하는 사람은 철학을 공부한다.
- 경제학 수업을 듣지 않는 사람은 행정학 수업을 듣지 않는다.

① 경제학 수업을 듣는 사람은 법학을 공부한다.
② 철학을 공부하는 사람은 행정학 수업을 듣는다.
③ 역사를 공부하는 사람은 법학을 공부하지 않는다.
④ 법학을 공부하는 사람은 경제학 수업을 듣지 않는다.
⑤ 행정학 수업을 듣지 않으면 철학을 공부한다.

04. 다음 〈보기〉를 토대로 A ~ H 8명의 직원이 돌아가면서 사내 직원식당의 식사 당번을 정했을 때, 당번에 대한 설명으로 옳은 것은?

─── | 보기 |───

- A, B, C는 순서에 상관없이 연속으로 식사 당번을 한다.
- A와 F 사이에 식사 당번 1명이 있다.
- B와 D 사이에 식사 당번 1명이 있다.
- C와 E 사이에는 4명의 식사 당번이 있다.
- F와 G는 B보다 먼저 식사 당번을 한다.
- F는 네 번째, H는 마지막 식사 당번이다.

① 첫 번째 식사 당번은 E이다.　　　　② A는 다섯 번째 식사 당번이다.
③ B는 C 바로 다음 순번이다.　　　　④ D 앞에는 2명의 식사 당번이 있다.
⑤ A와 F 사이의 식사 당번은 G이다.

05. A ~ E 다섯 명의 직원 중 잘못된 정보를 말하고 있는 직원 두 명은 누구인가?

> - A : 최 사원은 1년 전에 입사했습니다.
> - B : 최 사원은 2년 전에 이직해 왔습니다.
> - C : D는 진실을 말하고 있습니다.
> - D : 1년 전에 입사한 직원 중에 최 사원이 있습니다.
> - E : 최 사원은 올해 우리 회사에 들어왔습니다.

① A, D   ② A, E   ③ B, C

④ B, E   ⑤ C, D

06. 다음 〈조건〉이 성립한다고 가정할 때, 반드시 참인 것은?

> ──────| 조건 |──────
> - 나이가 많으면 뇌의 활동이 둔화되어 기억력이 감퇴한다.
> - 남성은 여성에 비해 뇌의 부피가 크다.
> - 뇌의 부피가 크면 뇌에 필요한 산소의 양이 많다.
> - 기억력이 감퇴하면 치매에 걸릴 가능성이 커진다.

① 치매에 걸릴 가능성이 커지면 뇌의 활동이 둔화된다.

② 기억력이 감퇴하면 나이가 많은 것이다.

③ 나이가 많으면 치매에 걸릴 가능성이 커진다.

④ 여성은 치매에 걸릴 가능성이 남성보다 크다.

⑤ 남성은 뇌의 활동이 둔화되면 뇌에 산소가 많이 필요하다.

07. 구매팀 직원 중 1명이 잘못된 발주서를 작성하여 막대한 피해를 입게 되었다. 구매팀 직원은 5명이며 이들 중 1명은 거짓말을 하고 있다. 다음 중 잘못된 발주서를 작성한 직원은 누구인가?

> • A : C는 거짓말을 하고 있다.
> • B : 나는 그 발주서를 작성하지 않았다.
> • C : D가 그 발주서를 작성하였다.
> • D : E가 말하는 것이 진실이다.
> • E : 그 발주서를 작성한 사람은 C이다.

① A   ② B   ③ C
④ D   ⑤ E

08. A ~ E 다섯 팀이 야구 리그전을 펼쳤다. 다음 〈결과〉를 바탕으로 할 때, 4위에 오른 팀은?

―| 결과 |―

> • A ~ E 모든 팀이 각각 한 경기씩 펼쳤고, 무승부 없이 승패가 갈렸다.
> • A 팀은 D 팀을 이겼다.
> • B 팀은 A 팀을 이겼고, E팀에게 졌다.
> • C 팀은 총 4승을 거두었다.
> • 모든 팀은 승률이 다르다.

① A 팀   ② B 팀   ③ C 팀
④ D 팀   ⑤ E 팀

09. 다음 〈조건〉이 성립할 때, 반드시 참인 것은?

─────| 조건 |─────

• 매출이 증가하면 영업이익이 증가한다.
• 부채가 줄어들면 재무건전성이 증가한다.
• 매출이 증가하면 재무건전성이 증가하지 않는다.

① 영업이익이 증가하면 부채가 증가한다.
② 부채가 줄어들면 매출이 증가하지 않는다.
③ 영업이익이 증가하면 재무건전성이 증가하지 않는다.
④ 영업이익이 증가하지 않으면 재무건전성이 증가하지 않는다.
⑤ 부채가 줄어들지 않으면 재무건전성이 증가하지 않는다.

10. 다음은 K 회사 직원 A ~ F 6명에게 취미와 근무지를 조사한 내용이다. 항상 옳은 것은?

• 사무실은 1 ~ 6층에 있고 직원 A ~ F는 모두 다른 층에 근무한다.
• 1층 직원의 취미는 독서, 2층은 테니스, 3층은 영화, 4층은 등산, 5층은 미술관 방문, 6층은 게임이다.
• D는 영화를 좋아하는 직원보다 아래층에 근무한다.
• 미술관 방문이 취미인 직원은 A이다.
• C는 등산이 취미인 직원보다 위층에 근무한다.
• B와 D는 운동을 좋아한다.

① C는 A보다 낮은 층에서 근무한다.
② C의 근무지와 F의 근무지가 가장 멀다.
③ D는 E보다 낮은 층에 근무한다.
④ B는 F보다 높은 층에 근무한다.
⑤ F가 3층에 근무한다면 E는 6층에 근무할 것이다.

11. 사내 체육대회에서 각 부서별 대표 1명 또는 2명씩 총 7명(A, B, C, D, E, F, G)이 달리기 시합을 진행하였다. 시합 결과가 다음과 같다면 첫 번째로 결승점에 들어온 직원은 누구인가?

- 네 번째로 들어온 사람은 D이다.
- F보다 나중에 D가 들어왔다.
- G보다 나중에 F가 들어왔다.
- B보다 나중에 E가 들어왔다.
- D보다 나중에 E가 들어왔다.
- G보다 나중에 B가 들어왔다.
- A보다 나중에 F가 들어왔으나 A가 1등은 아니다.

① A   ② B   ③ C
④ E   ⑤ G

12. 박 대리는 회의 시간에 음료 주문을 받아서 전달하게 되었다. 다음 〈정보〉의 진위 여부가 확실하지 않다고 할 때, 〈보기〉에서 올바른 추론을 모두 고른 것은?

─── | 정보 | ───

정보 1. 회의 참석 인원을 통틀어 최소한 세 명 이상이 음료를 한 잔씩 주문했다.
정보 2. 주문한 음료는 아메리카노, 카페라테, 레모네이드, 녹차 중 적어도 두 종류 이상이다.
정보 3. 아메리카노를 시킨 사람은 최소한 두 명, 카페라테를 주문한 사람은 최소 세 명이다.

─── | 보기 | ───

- 추론 A : 정보 1이 참이라면 정보 2도 참이다.
- 추론 B : 정보 2가 참이라면 정보 1도 참이다.
- 추론 C : 정보 3이 참이라면 정보 1도 참이다.
- 추론 D : 정보 3이 참이라면 정보 2도 참이다.

① 추론 A, B   ② 추론 A, C   ③ 추론 B, C
④ 추론 B, D   ⑤ 추론 C, D

13. 다음 〈조건〉에 따를 때 반드시 참인 것은?

| 조건 |

- 현재, 선우, 영훈, 학년은 여가 활동으로 주민센터에서 제공하는 프로그램에 참여하기로 했다. 네 사람은 각각 최소 노래, 기타, 춤, 스피치 중 한 가지 기술을 배워야 하며 최대 세 가지 기술까지 배울 수 있다.
- 스피치를 배우는 사람은 세 명이다.
- 노래를 배우는 사람은 한 명이다.
- 기타를 배우는 사람은 두 명이다.
- 최소 두 명은 춤을 배운다.
- 영훈이가 배우는 기술을 학년이는 배우지 않는다.
- 현재가 배우는 기술은 모두 학년이도 배운다.
- 현재나 선우가 배우는 기술을 영훈이는 배우지 않는다.
- 학년이가 배우는 기술 중에 현재가 배우지만 선우는 배우지 않는 기술이 있다.

① 영훈이는 스피치를 배운다.   ② 영훈이는 노래, 기타를 배운다.

③ 선우는 춤, 스피치를 배운다.   ④ 현재는 노래, 기타, 춤을 배운다.

⑤ 학년이는 기타, 춤, 스피치를 배운다.

14. ○○기업은 경쟁사의 해외 생산기지 증설에 관한 정보를 수집하였다. 〈정보〉의 진위 여부가 확실하지 않다고 할 때, 〈보기〉 중 항상 타당한 의견을 제시한 사원을 모두 고른 것은?

| 정보 |

1. 경쟁사의 해외기지는 통틀어 최소한 세 개 이상의 국가에서 건설 중이라고 한다.
2. 경쟁사는 중동, 유럽, 아시아, 미주 중 적어도 두 지역에 생산기지를 건설 중이다.
3. 경쟁사는 중동지역과 유럽지역에서 각각 최소 두 국가씩 생산기지를 건설 중이다.

| 보기 |

- 사원 A : 정보 1이 참이라면 정보 2도 참이다.
- 사원 B : 정보 2가 참이라면 정보 1도 참이다.
- 사원 C : 정보 3이 참이라면 정보 1도 참이다.

① 사원 A   ② 사원 B   ③ 사원 C   ④ 사원 A, B   ⑤ 사원 B, C

15. (주)AA 기업에서는 신제품 출시에 따라 3일 동안 6개 도시에서 특별 프로모션을 진행하고 있다. 다음 〈조건〉이 모두 참일 때, 사원과 행사에 참여한 도시가 바르게 연결된 것은?

> 행사기간 동안 사원 A, B, C, D, E 중 1명은 3개 지점을, 3명은 2개 지점을, 나머지 1명은 1개 지점의 행사에 참여한다. 행사가 진행되는 도시는 서울, 부산, 대구, 대전, 광주, 인천이다.

─────| 조건 |─────

• A는 광주, 서울 행사에 참석했다.
• A는 D와 E가 방문하는 지점과 겹치지 않는다.
• B와 D는 두 지점 행사에 참여했는데 그중 한 지점은 부산에 위치하며 나머지 한 지점은 같은 곳이 아니다.
• 부산과 인천 지점의 행사에 참여한 사원은 2명이다.
• 여섯 지점 중 세 명의 사원이 행사에 참여한 지점은 서울 지점뿐이다.
• 사원 한 명만 행사에 참여한 지점은 총 세 곳이며 이 세 곳의 방문자는 모두 다르다.
• C는 세 지점을 방문했으며 세 지점 중에는 대구가 포함된다.
• 한 지점만 방문하게 되는 영업사원은 해당 행사에 다른 사원 없이 혼자 참석한다.

	사원	도시		사원	도시
①	B	부산, 대전	②	C	서울, 대구, 대전
③	C	부산, 대구, 인천	④	D	부산, 인천
⑤	E	인천			

 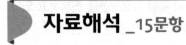
자료해석 _15문항

01. 다음 자료에 대한 내용으로 옳지 않은 것은? (단, 소수점 아래 둘째 자리에서 반올림한다)

〈가구 순자산 현황〉

(단위 : 만 원)

구분		2014년	2015년	2016년	2017년	2018년	2019년	2020년	2021년
자산		27,684	29,765	32,325	32,688	33,539	34,686	36,637	38,164
	금융자산	5,886	6,903	8,141	8,827	9,013	9,290	9,638	9,784
	실물자산	21,798	22,862	24,184	23,861	24,526	25,396	26,999	28,380
부채		4,619	5,205	5,450	5,858	6,051	6,257	6,719	7,022
	금융부채	3,151	3,597	3,684	3,974	4,118	4,361	4,721	4,998
	임대보증금	1,468	1,608	1,766	1,884	1,933	1,896	1,998	2,024
순자산		23,065	24,560	26,875	26,830	27,488	28,429	29,918	31,142

※ 순자산＝자산－부채

※ 부채비율＝$\dfrac{\text{부채}}{\text{순자산}}$

① 2014년부터 2021년까지 가구의 자산 중 실물자산의 비중은 70% 이상이다.

② 2014년부터 2021년까지 가구의 금융부채는 임대보증금의 2배 이상이다.

③ 2014년부터 2021년까지 가구의 부채의 비중은 자산의 20% 이상이다.

④ 2014년부터 2021년까지 가구의 자산 규모는 지속적으로 증가하였다.

⑤ 2014년부터 2021년까지 가구의 부채는 지속적으로 증가하였다.

02. 다음 자료에 대한 설명으로 옳지 않은 것은?

〈2020 ~ 2021년 감자, 고구마 생산량〉

(단위 : 톤)

구분	2020년		2021년	
	감자	고구마	감자	고구마
A 지역	71,743	12,406	48,411	12,704
B 지역	89,617	73,674	63,391	70,437
C 지역	5,219	100,699	5,049	83,020
D 지역	18,503	97,925	14,807	97,511
E 지역	9,007	28,491	7,893	31,291

① 2020년 대비 2021년에 고구마 생산량이 증가한 지역은 두 곳이다.

② 2020년 대비 2021년에 감자, 고구마의 총 생산량이 증가한 지역은 E 지역뿐이다.

③ 2020년 대비 2021년 감자 생산량 증감률의 절댓값이 가장 큰 지역은 A 지역이다.

④ 5개 지역 고구마 총 생산량의 2021년 전년 대비 증감률은 약 −2%이다.

⑤ 2020년 대비 2021년 고구마 생산량 증감률의 절댓값이 가장 작은 지역은 D 지역이다.

03. 다음 자료에 대한 설명으로 옳지 않은 것은?

〈○○스터디카페 요금제〉

요금제	기본요금	추가요금
A 요금제(4인 기준)	1시간당 10,000원	초과 1분당 200원
B 요금제(2인 기준)	1시간당 6,000원	초과 1분당 150원

※ 기본요금은 초과 인원 1인당 4,000원이 추가되고, 추가요금은 초과 인원 1명 이상 발생 시 추가한 인원수에 따라 인당 2,000원이 추가된다.

① 2명이 1시간 30분 이용 시 A 요금제보다 B 요금제가 저렴하다.

② 1명 또는 2명이 이용할 경우 항상 A 요금제보다 B 요금제가 저렴하다.

③ 3명이 2시간 30분 이용 시 A 요금제가 B 요금제보다 비싸다.

④ 4명이 3시간 30분 이용 시 B 요금제가 A 요금제보다 비싸다.

⑤ 4명이 4시간 30분 이용 시 B 요금제가 A 요금제보다 비싸다.

04. ○○기업 인사팀에서는 부서별로 직원들의 정신적 및 신체적 스트레스 지수를 조사하여 다음과 같은 결과를 얻었다. 이에 대한 이해로 적절하지 않은 것은?

〈부서별 정신적·신체적 스트레스 지수〉

(단위 : 명, 점)

구분	부서	인원	평균점수
정신적 스트레스	생산	100	1.83
	영업	200	1.79
	지원	100	1.79
신체적 스트레스	생산	100	1.95
	영업	200	1.89
	지원	100	2.05

※ 점수가 높을수록 정신적·신체적 스트레스가 높은 것으로 간주한다.

① 영업이나 지원 부서에 비해 생산 부서의 정신적 스트레스가 높은 편이다.

② 세 부서 모두 정신적 스트레스보다 신체적 스트레스가 더 높은 경향을 보인다.

③ 신체적 스트레스가 가장 높은 부서는 지원 부서이며, 그 다음으로는 생산, 영업 순이다.

④ 정신적 스트레스 지수 평균점수와 신체적 스트레스 지수 평균점수의 차이가 가장 큰 부서는 지원 부서이다.

⑤ 전 부서원(생산, 영업, 지원)의 정신적 스트레스 지수 평균점수와 신체적 스트레스 지수 평균점수의 차이는 0.16점 이상이다.

05. 다음 그래프는 제조사별 국내 자동차 판매 실적에 대한 2020, 2021년의 통계치를 나타낸 것이다. 2020년의 총 판매량은 140만 대이고, 2021년의 총 판매량은 145만 대라고 한다. 2020년 대비 2021년에 판매 점유율이 감소한 제조사들을 살펴보았을 때, 2020년에 비해 2021년에 판매량이 몇 대만큼 감소하였는가?

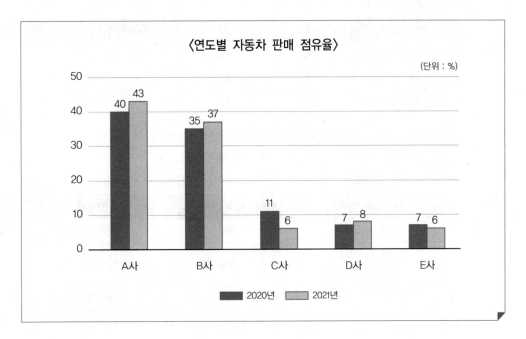

① 7.0만 대   ② 7.4만 대   ③ 7.8만 대

④ 8.2만 대   ⑤ 8.6만 대

1회 기출유형   2회 기출유형   3회 기출유형   4회 기출유형   5회 기출유형   6회 기출유형   인성검사

06. 다음은 건강보험료 산정 방법에 대한 안내문이다. 이에 대한 설명으로 옳은 것은?

〈직장가입자 건강보험료 산정 안내〉

• 건강보험료율 : 6%

구분	계	가입자부담	사용자부담	국가부담
근로자	6%	3%	3%	–
공무원	6%	3%	–	3%
사립학교 교직원	6%	3%	2%	1%

• 가입자부담(50%) 건강보험료 산정＝보수월액×보험료율(3%)
  – 보수월액(월평균보수)＝연간 총보수액÷근무월수
  – 1인 총 건강보험료＝가입자부담 건강보험료(10원 미만 단수 버림)×2

보수월액 범위	보험료율(가입자부담)	월보험료 산정
28만 원 미만	3%	28만 원×3%
28만 원 이상 ~ 6,500만 원 이하	3%	보수월액×3%
6,500만 원 초과	3%	6,500만 원×3%

① 보수월액이 400만 원인 근로자 A의 총 건강보험료는 12만 원이다.

② 보수월액이 8,000만 원인 근로자 B의 총 건강보험료는 240만 원이다.

③ 보수월액이 300만 원인 공립학교 교직원 C에 대해 국가가 부담하는 건강보험료는 3만 원이다.

④ 30만 원을 건강보험료로 납부하는 근로자 D의 보수월액은 1,000만 원이다.

⑤ 12만 원을 건강보험료로 납부하는 사립학교 교직원 E에 대해 학교에서 부담하는 건강보험료는 12만 원이다.

07. 다음은 20X6년 공항철도 여객 수송실적을 나타낸 자료이다. 이에 대한 해석으로 옳지 않은 것은?

〈공항철도 월별 여객 수송실적(20X6년)〉

(단위 : 천 명)

구분	승차인원	유입인원	수송인원
1월	2,843	2,979	5,822
2월	(A)	2,817	5,520
3월	3,029	3,302	6,331
4월	3,009	3,228	6,237
5월	3,150	3,383	6,533
6월	3,102	3,259	6,361
7월	3,164	3,267	6,431
8월	3,103	(B)	6,720
9월	2,853	3,480	6,333
10월	3,048	3,827	6,875
11월	2,923	3,794	6,717
12월	3,010	3,900	(C)

※ 유입인원 : 다른 철도를 이용하다가 공항철도로 환승하여 최종 종착지에 내린 승객의 수
※ 수송인원＝승차인원＋유입인원

① 20X6년 공항철도의 수송인원은 매 분기 증가하고 있다.
② 20X6년 2분기 공항철도 총 유입인원은 1천만 명보다 적다.
③ 9월의 공항철도 유입인원은 8월에 비해 1만 5천 명 이하로 줄었다.
④ 유입인원이 가장 많았던 달과 수송인원이 가장 많았던 달은 일치한다.
⑤ 승차인원이 가장 많았던 달의 승차인원은 가장 적었던 달보다 40만 명 이상 더 많았다.

08. ○○기업에 근무하는 김 차장이 다음 통계를 근거로 장기 기업 경영 계획에 대한 보고서를 작성할 때, 통계 자료와 관련하여 보고서에 작성할 수 있는 내용으로 가장 적절하지 않은 것은?

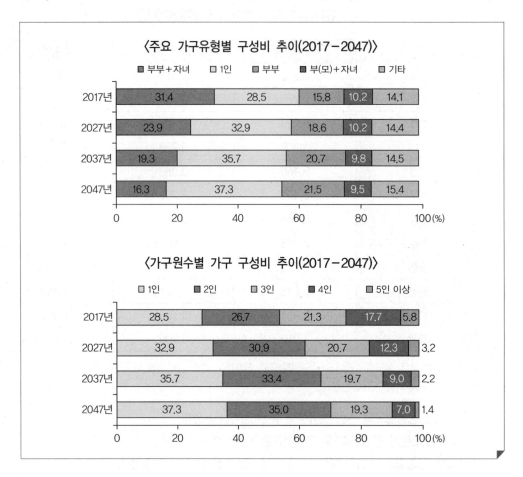

① 3인 가구의 가구 구성비는 다른 유형에 비해 줄어드는 폭이 완만한 편이다.

② 출산율이 낮아지고 고령화가 급속도로 진행되면서 1인 가구는 빠르게 증가할 것이다.

③ 2017년에 이미 1인 가구의 가구 수는 부부와 자녀로 이루어진 가구 수를 넘어섰다.

④ 자식을 낳지 않는 맞벌이 부부들이 증가할 것이다.

⑤ 장기적으로는 1 ~ 2인으로 구성된 소형 가구 중심의 경영 전략을 설정할 것이 요구된다.

09. 2021년 우리나라 GDP가 1조 3,778억 달러라고 할 때, 연구개발을 위해 투자한 금액은 얼마인가?

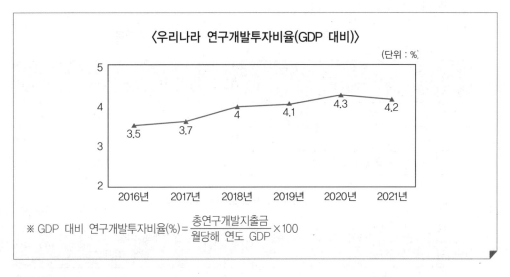

〈우리나라 연구개발투자비율(GDP 대비)〉

(단위 : %)

※ GDP 대비 연구개발투자비율(%) = 총연구개발지출금 / 월당해 연도 GDP × 100

① 5,648,980만 달러 　　② 5,786,760만 달러 　　③ 5,924,540만 달러
④ 6,062,320만 달러 　　⑤ 6,200,100만 달러

10. 2022년 국내 총경찰관 수의 증가율이 2015년 인구 10만 명당 경찰관 수의 전년 대비 증가율과 같다면 국내 총경찰관 수는? (단, 모든 계산은 소수점 아래 첫째 자리에서 반올림한다)

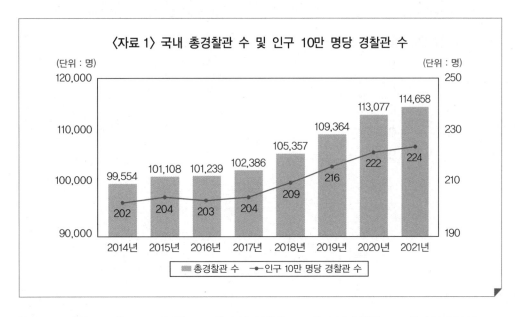

〈자료 1〉 국내 총경찰관 수 및 인구 10만 명당 경찰관 수

(단위 : 명) / (단위 : 명)

▮ 총경찰관 수　—●— 인구 10만 명당 경찰관 수

① 114,773명 　② 115,805명 　③ 116,212명 　④ 116,239명 　⑤ 116,951명

11. 다음 〈자료 1〉은 탄소포인트제 가입자 A ~ D의 에너지 사용량 감축률 현황이다. 〈자료 2〉에 따라 탄소포인트를 지급받을 때, 가장 많이 지급받는 가입자와 가장 적게 지급받는 가입자를 바르게 나열한 것은?

〈자료 1〉 A ~ D의 에너지 사용량 감축률 현황

(단위 : %)

에너지 사용 유형 ＼ 가입자	A	B	C	D
전기	−6.7	9	8.3	6.3
수도	11	−2.5	5.7	9.1
가스	14.6	17.1	9.1	4.9

〈자료 2〉 탄소포인트 지급 방식

(단위 : 포인트)

에너지 사용 유형 ＼ 에너지 사용량 감축률	5% 미만	5% 이상 ~ 10% 미만	10% 이상
전기	0	5,000	10,000
수도	0	1,250	2,500
가스	0	2,500	5,000

※ 아래의 두 가지 조건 중 적어도 하나를 만족할 경우 지급받는 탄소포인트의 10%를 추가로 지급받는다.
  1) 모든 유형의 에너지 사용량 감축률의 합이 20%p를 넘는 경우
  2) 모든 유형의 에너지 사용량 감축률이 음수를 기록하지 않은 경우
※ 가입자가 지급받는 탄소포인트 = 전기 탄소포인트 + 수도 탄소포인트 + 가스 탄소포인트

	가장 많이 지급받는 가입자	가장 적게 지급받는 가입자
①	B	A
②	B	D
③	C	D
④	C	A
⑤	D	B

12. 다음은 20X5년 우리나라의 상품수지 현황에 관한 자료이다. 이에 대한 설명으로 옳은 것을 〈보기〉에서 모두 고르면?

〈지역별 수출 현황〉

구분	20X5년		20X0년 대비 증가율(%)
	수출(백만 달러)	구성비(%)	
동남아	143,868.1	23.81	−0.32
중국	131,577.1	21.78	14.04
미국	95,485.0	15.81	4.96
EU	65,306.5	10.81	5.06
일본	35,593.0	5.89	17.94
중동	34,758.3	5.75	89.54
중남미	33,747.3	5.59	38.40
기타	63,791.99	10.56	−

〈지역별 수입 현황〉

구분	20X5년		20X0년 대비 증가율(%)
	수입(백만 달러)	구성비(%)	
중동	118,985.5	22.96	67.65
중국	88,973.7	17.17	−6.33
동남아	71,756.4	13.84	7.06
EU	63,787.4	12.31	19.10
일본	50,297.5	9.70	14.35
미국	48,511.9	9.36	−22.74
중남미	18,389.1	3.55	7.23
기타	57,591.17	11.11	−

──────| 보기 |──────

㉠ 20X5년 우리나라의 상품수지 흑자규모는 850억 달러 이상이다.

㉡ 20X0년에 비해 20X5년 우리나라 상품수지 흑자액은 중국보다 미국이 더 많이 증가했다.

㉢ 20X6년에 20X5년의 수출 상위 3개 지역만 수출액이 20%씩 증가한다면 수출 총액은 7,000억 달러 이상이 된다.

㉣ 20X5년에 기타를 제외한 7개 지역 중 우리나라가 상품수지 적자를 보이고 있는 지역은 2개 지역이다.

① ㉠, ㉡   ② ㉠, ㉣   ③ ㉡, ㉣   ④ ㉠, ㉢, ㉣   ⑤ ㉠, ㉡, ㉢, ㉣

13. 다음 자료를 참고할 때 〈보기〉에서 틀리게 설명하고 있는 사람은 모두 몇 명인가?

〈자료 1〉 성별에 따른 결혼할 의향이 없는 1인 가구의 비율

구분	2019년		2020년	
	남자	여자	남자	여자
20대	8.2%	4.2%	15.1%	15.5%
30대	6.3%	13.9%	18.8%	19.4%
40대	18.6%	29.5%	22.1%	35.5%
50대	24.3%	45.1%	20.8%	44.9%

〈자료 2〉 연도별 향후 1인 생활 지속기간 유지 여부 예상 비율

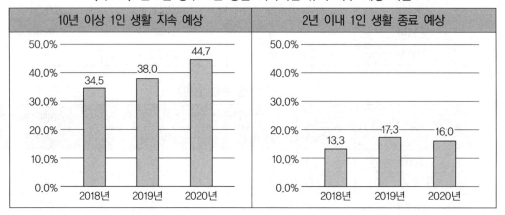

※ 위 자료에서 각 연령대 및 성별 조사 인원은 동일하다.

─| 보기 |─

A : 2020년 조사에서 남자 중 앞으로 결혼할 의향이 없는 1인 가구의 비율은 50대가 20대에
비해 45% 이상 많아.

B : 2019년 조사에서 여자는 연령대가 높아질수록 결혼할 의향이 없다는 1인 가구의 비율이
높아져.

C : 2020년 조사에서 2년 이내에 1인 생활 종료가 예상된다고 응답한 사람의 비율은 전년
보다 1.3%p 줄어들었네.

D : 제시된 자료에서 1인 생활을 10년 이상 지속할 것이라고 예상하는 사람의 비율은 갈수록
늘어나고 있어.

① 0명　　　　　　② 1명　　　　　　③ 2명
④ 3명　　　　　　⑤ 4명

14. 다음은 A 도시의 전년 대비 혼인 건수 증감률과 연도별 혼인 건수 중 재혼이 차지하는 비율을 나타낸 자료이다. 20X0년 혼인 건수가 15,300건일 때, 자료에 대한 설명으로 옳은 것을 〈보기〉에서 모두 고르면? (단, 증감률과 비율은 소수점 아래 둘째 자리에서 반올림한 값이다)

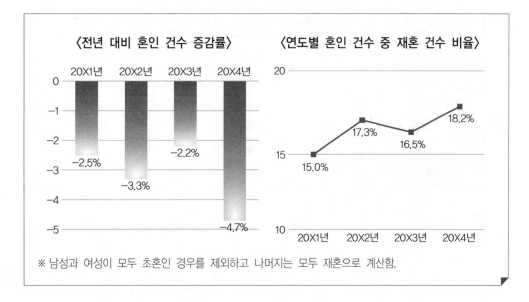

※ 남성과 여성이 모두 초혼인 경우를 제외하고 나머지는 모두 재혼으로 계산함.

─| 보기 |─

㉠ 20X4년 혼인 건수는 13,000건 미만이다.
㉡ 20X2년 남성과 여성이 모두 초혼인 건수는 11,000건 이상이다.
㉢ 20X3년의 재혼 건수가 2,330건이면 혼인 건수는 14,000건 이상이다.
㉣ 20X1년의 재혼 건수 중 남성의 재혼 비율이 63%라면 남성의 재혼 건수는 1,500건 이상이다.

① ㉠, ㉢
② ㉡, ㉢
③ ㉡, ㉣
④ ㉠, ㉡, ㉢
⑤ ㉡, ㉢, ㉣

15. 다음 중 OECD 주요국의 1인당 생활폐기물 발생량에 대한 자료를 표현한 그래프의 수치가 옳지 않은 것은? (단, 계산은 소수점 아래 둘째 자리에서 반올림한다)

〈OECD 주요국의 1인당 생활폐기물 발생량〉

(단위 : kg)

구분	2017년	2018년	2019년	2020년	2021년
네덜란드	568	549	526	526	521
독일	620	619	615	632	629
미국	731	727	731	735	735
스페인	485	468	455	448	434
영국	498	484	488	489	489
이탈리아	518	492	483	483	479
일본	355	355	353	349	349
체코	320	308	307	310	317
터키	416	410	407	406	402
폴란드	315	314	297	272	286
프랑스	539	524	518	509	502
핀란드	505	506	493	481	499
한국	358	356	353	359	365

① 〈전년 대비 증가율〉

② 〈전년 대비 증가량〉

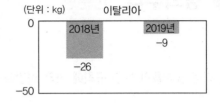

③ 〈전년 대비 증가율〉

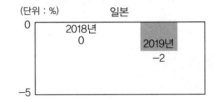

④ 〈전년 대비 증가량〉

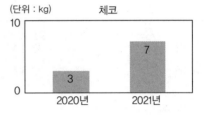

⑤ 〈전년 대비 증가량〉

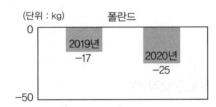

1회 기출유형

2회 기출유형

3회 기출유형

4회 기출유형

5회 기출유형

6회 기출유형

인성검사

창의수리 _15문항

01. 다음 숫자들의 배열 규칙에 따라 빈칸에 들어갈 숫자는?

$$\frac{1\ 2\ 3\ 5}{2} \qquad \frac{2\ 3\ 5\ 9}{3} \qquad \frac{3\ 5\ 7\ 10}{4} \qquad \frac{3\ 7\ 10\ \square}{5}$$

① 13 　　　　② 14 　　　　③ 15

④ 16 　　　　⑤ 17

02. 다음 숫자들의 배열 규칙에 따라 '?'에 들어갈 알맞은 숫자는?

5	27	22
4	8	14
3	1	8
7	125	(?)

① 40 　　　　② 42 　　　　③ 44

④ 46 　　　　⑤ 48

03. 다음 숫자들의 배열 규칙에 따라 '?'에 들어갈 알맞은 숫자는?

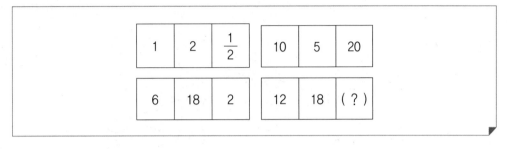

① 6   ② 7   ③ 8

④ 9   ⑤ 10

04. 다음 숫자들의 배열 규칙에 따라 '?'에 들어갈 알맞은 숫자는?

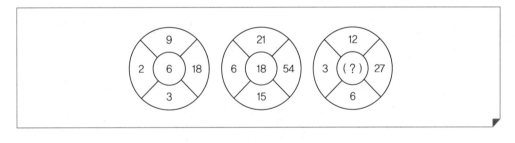

① 8   ② 9   ③ 12

④ 15   ⑤ 16

05. 다음 숫자들의 배열 규칙에 따라 '?'에 들어갈 알맞은 숫자는?

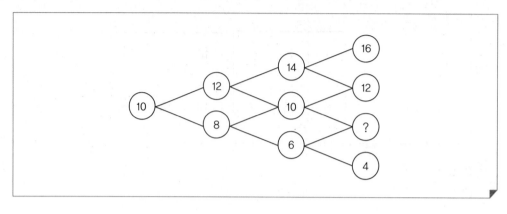

① 6   ② 7   ③ 8
④ 10   ⑤ 11

06. 다음 숫자들의 배열 규칙에 따라 A에 들어갈 알맞은 숫자는?

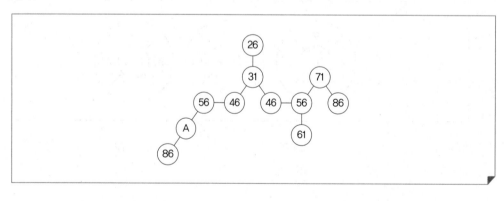

① 61   ② 66   ③ 71
④ 76   ⑤ 81

07. 다음과 같이 자연수를 나열해 가면 1의 직선상 아래에 있는 숫자는 첫 번째가 5이고, 두 번째가 13이다. 1의 직선상 아래에 있는 31번째 숫자는?

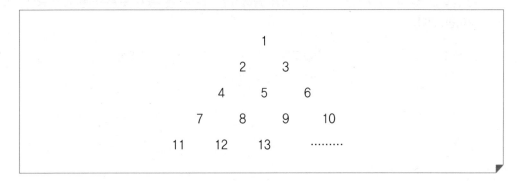

① 1,841 ② 1,851 ③ 1,861
④ 1,871 ⑤ 1,881

08. 현재 지점에서 20km 떨어진 A 지점까지 3시간 이내로 왕복을 하려고 한다. A 지점까지 갈 때 15km/h의 속력으로 달렸다면, 돌아올 때는 최소한 몇 km/h의 속력으로 달려야 하는가?

① 8km/h ② 8.5km/h ③ 10km/h
④ 12km/h ⑤ 15km/h

09. A ~ F 여섯 명이 회의를 하기 위해 원형 탁자에 둘러앉았다. 이 중 A와 B가 서로 이웃하여 앉게 되는 경우의 수는 모두 몇 가지인가?

① 30가지 ② 38가지 ③ 45가지
④ 48가지 ⑤ 50가지

10. 16장의 종이에 큰 활자와 작은 활자를 사용하여 21,000자의 활자를 찍어야 하는데, 큰 활자는 한 장에 1,200자가 들어가고, 작은 활자는 한 장에 1,500자가 들어간다. 1,500자의 활자를 사용한 종이는 몇 장인가? (단, 종이 한 장당 들어가는 활자는 큰 활자 또는 작은 활자 중 한 종류여야만 한다)

① 6장　　　　　　　　② 7장　　　　　　　　③ 8장
④ 9장　　　　　　　　⑤ 10장

11. A가 하면 18일, B가 하면 27일 걸리는 일이 있다. 둘은 공동 작업으로 일을 시작했으나, 도중에 B가 일을 그만두어 A 혼자 일을 해 끝마치기까지 총 16일이 걸렸다. 전체 일한 날 중 B가 참여하지 않은 날은 며칠인가?

① 9일　　　　　　　　② 10일　　　　　　　　③ 11일
④ 12일　　　　　　　　⑤ 13일

12. 농도가 A%인 소금물 200g에 물을 더 넣어 B%의 소금물을 만들려고 할 때, 몇 g의 물을 더 넣어야 하는가?

① $\dfrac{200(A-B)}{B}$ g　　　　② $\dfrac{50A-200B}{B}$ g　　　　③ $\dfrac{200(A-B)}{AB}$ g

④ $\dfrac{A-100B}{AB}$ g　　　　⑤ $\dfrac{50(A-B)}{AB}$ g

13. K 회사 신입사원 채용에 지원하여 승아가 합격할 확률은 $\dfrac{1}{3}$, 재연이 합격할 확률은 $\dfrac{1}{4}$, 윤수가 합격할 확률은 $\dfrac{1}{6}$ 이다. 이 중 적어도 한 명이 신입사원으로 합격할 확률은?

① $\dfrac{2}{9}$

② $\dfrac{7}{12}$

③ $\dfrac{13}{24}$

④ $\dfrac{31}{42}$

⑤ $\dfrac{37}{42}$

14. 혜정이는 10만 원짜리 백화점 상품권을 인터넷에서 15% 할인된 가격으로 구매한 다음, 백화점에 가서 40% 할인행사를 하고 있는 정가 12만 원짜리 구두를 이 상품권으로 구입하였다. 구두를 구매한 금액은 기존 할인율에서 몇 %를 더 할인받은 가격인가? (단, 소수점 첫째 자리에서 반올림하며, 사용하고 상품권에 남은 금액은 현금으로 돌려받는다)

① 7%

② 9%

③ 11%

④ 12%

⑤ 13%

15. 영업 1팀은 부서 행사 일정을 짜고 있다. 배를 타고 관광하는 일정의 내용이 다음과 같을 때, 배 승선에서부터 하선까지 총 얼마의 시간이 소요되는가? (단, 상류 관광지에서 정지하지 않고, 관광지 도착 후 곧바로 하류 선착장으로 향하면서 선상에서 관람한다)

- 강 하류 선착장에서 승선하여 강 상류의 관광지를 선상에서 관람하고 다시 강 하류 선착장으로 복귀한 뒤 하선하는 코스이다.
- 강 하류 선착장에서 승선과 하선을 할 때 각 15분씩 걸린다.
- 강 하류 선착장에서 관광지까지의 거리는 30km이다.
- 배의 평균 속력은 25km/h이다.
- 강물은 한 방향으로 흐르며, 강물의 유속은 5km/h로 일정하다.

① 1시간

② 1시간 30분

③ 2시간 30분

④ 2시간 45분

⑤ 3시간

파트

2

LG그룹 온라인 인적성검사
인성검사

인성검사란? 개개인이 가지고 있는 사고와 태도 및 행동 특성을 정형화된 검사를 통해 측정하여 해당 직무에 적합한 인재인지를 파악하는 검사를 말한다.

LG
Way Fit Test

01 인성검사의 이해

1 인성검사, 왜 필요한가?

채용기업은 지원자가 '직무적합성'을 지닌 사람인지를 인성검사와 NCS기반 필기시험을 통해 판단한다. 인성검사에서 말하는 인성(人性)이란 그 사람의 성품, 즉 각 개인이 가지는 사고와 태도 및 행동 특성을 의미한다. 인성은 사람의 생김새처럼 사람마다 다르기 때문에 몇 가지 유형으로 분류하고 이에 맞추어 판단한다는 것 자체가 억지스럽고 어불성설일지 모른다. 그럼에도 불구하고 기업들의 입장에서는 입사를 희망하는 사람이 어떤 성품을 가졌는지 정보가 필요하다. 그래야 해당 기업의 인재상에 적합하고 담당할 업무에 적격한 인재를 채용할 수 있기 때문이다.

지원자의 성격이 외향적인지 아니면 내향적인지, 어떤 직무와 어울리는지, 조직에서 다른 사람과 원만하게 생활할 수 있는지, 업무 수행 중 문제가 생겼을 때 어떻게 대처하고 해결할 수 있는지에 대한 전반적인 개성은 자기소개서를 통해서나 면접을 통해서도 어느 정도 파악할 수 있다. 그러나 이것들만으로 인성을 충분히 파악할 수 없기 때문에 객관화되고 정형화된 인성검사로 지원자의 성격을 판단하고 있다.

채용기업은 필기시험을 높은 점수로 통과한 지원자라 하더라도 해당 기업과 거리가 있는 성품을 가졌다면 탈락시키게 된다. 일반적으로 필기시험 통과자 중 인성검사로 탈락하는 비율이 10% 내외가 된다고 알려져 있다. 물론 인성검사를 탈락하였다 하더라도 특별히 인성에 문제가 있는 사람이 아니라면 절망할 필요는 없다. 자신을 되돌아보고 다음 기회를 대비하면 되기 때문이다. 탈락한 기업이 원하는 인재상이 아니었다면 맞는 기업을 찾으면 되고, 경쟁자가 많았기 때문이라면 자신을 다듬어 경쟁력을 높이면 될 것이다.

2 인성검사의 특징

우리나라 대다수의 채용기업은 인재개발 및 인적자원을 연구하는 한국행동과학연구소(KIRBS), 에스에이치알(SHR), 한국사회적성개발원(KSAD), 한국인재개발진흥원(KPDI) 등 전문기관에 인성검사를 의뢰하고 있다.

이 기관들의 인성검사 개발 목적은 비슷하지만 기관마다 검사 유형이나 평가 척도는 약간의 차이가 있다. 또 지원하는 기업이 어느 기관에서 개발한 검사지로 인성검사를 시행하는지는 사전에 알 수 없다. 그렇지만 공통으로 적용하는 척도와 기준에 따라 구성된 여러 형태의 인성검사지로 사전 테스트를 해 보고 자신의 인성이 어떻게 평가되는가를 미리 알아보는 것은 가능하다.

인성검사는 필기시험 당일 직무능력평가와 함께 실시하는 경우와 직무능력평가 합격자에 한하여 면접과 함께 실시하는 경우가 있다. 인성검사의 문항은 100문항 내외에서부터 최대 500문항까지 다양하다. 인성검사에 주어지는 시간은 문항 수에 비례하여 30~100분 정도가 된다.

문항 자체는 단순한 질문으로 어려울 것은 없지만 제시된 상황에서 본인의 행동을 정하는 것이 쉽지만은 않다. 문항 수가 많을 경우 이에 비례하여 시간도 길게 주어지지만 단순하고 유사하며 반복되는 질문에 방심하여 집중하지 못하고 실수하는 경우가 있으므로 컨디션 관리와 집중력 유지에 노력하여야 한다. 특히 같거나 유사한 물음에 다른 답을 하는 경우가 가장 위험하다.

 3 인성검사 척도 및 구성

1 미네소타 다면적 인성검사(MMPI)

MMPI(Minnesota Multiphasic Personality Inventory)는 1943년 미국 미네소타 대학교수인 해서웨이와 매킨리가 개발한 대표적인 자기 보고형 성향 검사로서 오늘날 가장 대표적으로 사용되는 객관적 심리검사 중 하나이다. MMPI는 약 550여 개의 문항으로 구성되며 각 문항을 읽고 '예(YES)' 또는 '아니오(NO)'로 대답하게 되어 있다.

MMPI는 4개의 타당도 척도와 10개의 임상척도로 구분된다. 500개가 넘는 문항들 중 중복되는 문항들이 포함되어 있는데 내용이 똑같은 문항도 10문항 이상 포함되어 있다. 이 반복 문항들은 응시자가 얼마나 일관성 있게 검사에 임했는지를 판단하는 지표로 사용된다.

구분	척도명	약자	주요 내용
타당도 척도 (바른 태도로 임했는지, 신뢰할 수 있는 결론인지 등을 판단)	무응답 척도 (Can not say)	?	응답하지 않은 문항과 복수로 답한 문항들의 총합으로 빠진 문항을 최소한으로 줄이는 것이 중요하다.
	허구 척도 (Lie)	L	자신을 좋은 사람으로 보이게 하려고 고의적으로 정직하지 못한 답을 판단하는 척도이다. 허구 척도가 높으면 장점까지 인정받지 못하는 결과가 발생한다.
	신뢰 척도 (Frequency)	F	검사 문항에 빗나간 답을 한 경향을 평가하는 척도로 정상적인 집단의 10% 이하의 응답을 기준으로 일반적인 경향과 다른 정도를 측정한다.
	교정 척도 (Defensiveness)	K	정신적 장애가 있음에도 다른 척도에서 정상적인 면을 보이는 사람을 구별하는 척도로 허구 척도보다 높은 고차원으로 거짓 응답을 하는 경향이 나타난다.
임상척도 (정상적 행동과 그렇지 않은 행동의 종류를 구분하는 척도로, 척도마다 다른 기준으로 점수가 매겨짐)	건강염려증 (Hypochondriasis)	Hs	신체에 대한 지나친 집착이나 신경질적 혹은 병적 불안을 측정하는 척도로 이러한 건강염려증이 타인에게 어떤 영향을 미치는지도 측정한다.
	우울증 (Depression)	D	슬픔·비관 정도를 측정하는 척도로 타인과의 관계 또는 본인 상태에 대한 주관적 감정을 나타낸다.
	히스테리 (Hysteria)	Hy	갈등을 부정하는 정도를 측정하는 척도로 신체 증상을 호소하는 경우와 적대감을 부인하며 우회적인 방식으로 드러내는 경우 등이 있다.
	반사회성 (Psychopathic Deviate)	Pd	가정 및 사회에 대한 불신과 불만을 측정하는 척도로 비도덕적 혹은 반사회적 성향 등을 판단한다.
	남성–여성특성 (Masculinity– Feminity)	Mf	남녀가 보이는 흥미와 취향, 적극성과 수동성 등을 측정하는 척도로 성에 따른 유연한 사고와 융통성 등을 평가한다.

	편집증 (Paranoia)	Pa	과대 망상, 피해 망상, 의심 등 편집증에 대한 정도를 측정하는 척도로 열등감, 비사교적 행동, 타인에 대한 불만과 같은 내용을 질문한다.
	강박증 (Psychasthenia)	Pt	과대 근심, 강박관념, 죄책감, 공포, 불안감, 정리정돈 등을 측정하는 척도로 만성 불안 등을 나타낸다.
	정신분열증 (Schizophrenia)	Sc	정신적 혼란을 측정하는 척도로 자폐적 성향이나 타인과의 감정 교류, 충동 억제불능, 성적 관심, 사회적 고립 등을 평가한다.
	경조증 (Hypomania)	Ma	정신적 에너지를 측정하는 척도로 생각의 다양성 및 과장성, 행동의 불안정성, 흥분성 등을 나타낸다.
	사회적 내향성 (Social introversion)	Si	대인관계 기피, 사회적 접촉 회피, 비사회성 등의 요인을 측정하는 척도로 외향성 및 내향성을 구분한다.

2 캘리포니아 성격검사(CPI)

　CPI(California Psychological Inventory)는 캘리포니아 대학의 연구팀이 개발한 성검사로 MMPI와 함께 세계에서 가장 널리 사용되고 있는 인성검사 툴이다. CPI는 다양한 인성 요인을 통해 지원자가 답변한 응답 왜곡 가능성, 조직 역량 등을 측정한다. MMPI가 주로 정서적 측면을 진단하는 특징을 보인다면, CPI는 정상적인 사람의 심리적 특성을 주로 진단한다.

　CPI는 약 480개 문항으로 구성되어 있으며 다음과 같은 18개의 척도로 구분된다.

구분	척도명	주요 내용
제1군 척도 (대인관계 적절성 측정)	지배성(Do)	리더십, 통솔력, 대인관계에서의 주도권을 측정한다.
	지위능력성(Cs)	내부에 잠재되어 있는 내적 포부, 자기 확신 등을 측정한다.
	사교성(Sy)	참여 기질이 활달한 사람과 그렇지 않은 사람을 구분한다.
	사회적 자발성(Sp)	사회 안에서의 안정감, 자발성, 사교성 등을 측정한다.
	자기 수용성(Sa)	개인적 가치관, 자기 확신, 자기 수용력 등을 측정한다.
	행복감(Wb)	생활의 만족감, 행복감을 측정하며 긍정적인 사람으로 보이고자 거짓 응답하는 사람을 구분하는 용도로도 사용된다.
제2군 척도 (성격과 사회화, 책임감 측정)	책임감(Re)	법과 질서에 대한 양심, 책임감, 신뢰성 등을 측정한다.
	사회성(So)	가치 내면화 정도, 사회 이탈 행동 가능성 등을 측정한다.
	자기 통제성(Sc)	자기조절, 자기통제의 적절성, 충동 억제력 등을 측정한다.
	관용성(To)	사회적 신념, 편견과 고정관념 등에 대한 태도를 측정한다.
	호감성(Gi)	타인이 자신을 어떻게 보는지에 대한 민감도를 측정하며, 좋은 사람으로 보이고자 거짓 응답하는 사람을 구분한다.
	임의성(Cm)	사회에 보수적 태도를 보이고 생각 없이 적당히 응답한 사람을 판단하는 척도로 사용된다.

제3군 척도 (인지적, 학업적 특성 측정)	순응적 성취(Ac)	성취동기, 내면의 인식, 조직 내 성취 욕구 등을 측정한다.
	독립적 성취(Ai)	독립적 사고, 창의성, 자기실현을 위한 능력 등을 측정한다.
	지적 효율성(Le)	지적 능률, 지능과 연관이 있는 성격 특성 등을 측정한다.
제4군 척도 (제1∼3군과 무관한 척도의 혼합)	심리적 예민성(Py)	타인의 감정 및 경험에 대해 공감하는 정도를 측정한다.
	융통성(Fx)	개인적 사고와 사회적 행동에 대한 유연성을 측정한다.
	여향성(Fe)	남녀 비교에 따른 흥미의 남향성 및 여향성을 측정한다.

3 SHL 직업성격검사(OPQ)

OPQ(Occupational Personality Questionnaire)는 세계적으로 많은 외국 기업에서 널리 사용하는 CEB 사의 SHL 직무능력검사에 포함된 직업성격검사이다. 4개의 질문이 한 세트로 되어 있고 총 68세트 정도 출제되고 있다. 4개의 질문 안에서 '자기에게 가장 잘 맞는 것'과 '자기에게 가장 맞지 않는 것'을 1개씩 골라 '예', '아니오'로 체크하는 방식이다. 단순하게 모든 척도가 높다고 좋은 것은 아니며, 척도가 낮은 편이 좋은 경우도 있다.

기업에 따라 척도의 평가 기준은 다르다. 희망하는 기업의 특성을 연구하고, 채용 기준을 예측하는 것이 중요하다.

척도	내용	질문 예
설득력	사람을 설득하는 것을 좋아하는 경향	- 새로운 것을 사람에게 권하는 것을 잘한다. - 교섭하는 것에 걱정이 없다. - 기획하고 판매하는 것에 자신이 있다.
지도력	사람을 지도하는 것을 좋아하는 경향	- 사람을 다루는 것을 잘한다. - 팀을 아우르는 것을 잘한다. - 사람에게 지시하는 것을 잘한다.
독자성	다른 사람의 영향을 받지 않고, 스스로 생각해서 행동하는 것을 좋아하는 경향	- 모든 것을 자신의 생각대로 하는 편이다. - 주변의 평가는 신경 쓰지 않는다. - 유혹에 강한 편이다.
외향성	외향적이고 사교적인 경향	- 다른 사람의 주목을 끄는 것을 좋아한다. - 사람들이 모인 곳에서 중심이 되는 편이다. - 담소를 나눌 때 주변을 즐겁게 해 준다.
우호성	친구가 많고, 대세의 사람이 되는 것을 좋아하는 경향	- 친구와 함께 있는 것을 좋아한다. - 무엇이라도 얘기할 수 있는 친구가 많다. - 친구와 함께 무언가를 하는 것이 많다.
사회성	세상 물정에 밝고 사람 앞에서도 낯을 가리지 않는 성격	- 자신감이 있고 유쾌하게 발표할 수 있다. - 공적인 곳에서 인사하는 것을 잘한다. - 사람들 앞에서 발표하는 것이 어렵지 않다.

겸손성	사람에 대해서 겸손하게 행동하고 누구라도 똑같이 사귀는 경향	- 자신의 성과를 그다지 내세우지 않는다. - 절제를 잘하는 편이다. - 사회적인 지위에 무관심하다.
협의성	사람들에게 의견을 물으면서 일을 진행하는 경향	- 사람들의 의견을 구하며 일하는 편이다. - 타인의 의견을 묻고 일을 진행시킨다. - 친구와 상담해서 계획을 세운다.
돌봄	측은해 하는 마음이 있고, 사람을 돌봐 주는 것을 좋아하는 경향	- 개인적인 상담에 친절하게 답해 준다. - 다른 사람의 상담을 진행하는 경우가 많다. - 후배의 어려움을 돌보는 것을 좋아한다.
구체적인 사물에 대한 관심	물건을 고치거나 만드는 것을 좋아하는 경향	- 고장 난 물건을 수리하는 것이 재미있다. - 상태가 안 좋은 기계도 잘 사용한다. - 말하기보다는 행동하기를 좋아한다.
데이터에 대한 관심	데이터를 정리해서 생각하는 것을 좋아하는 경향	- 통계 등의 데이터를 분석하는 것을 좋아한다. - 표를 만들거나 정리하는 것을 좋아한다. - 숫자를 다루는 것을 좋아한다.
미적가치에 대한 관심	미적인 것이나 예술적인 것을 좋아하는 경향	- 디자인에 관심이 있다. - 미술이나 음악을 좋아한다. - 미적인 감각에 자신이 있다.
인간에 대한 관심	사람의 행동에 동기나 배경을 분석하는 것을 좋아하는 경향	- 다른 사람을 분석하는 편이다. - 타인의 행동을 보면 동기를 알 수 있다. - 다른 사람의 행동을 잘 관찰한다.
정통성	이미 있는 가치관을 소중히 여기고, 익숙한 방법으로 사물을 대하는 것을 좋아하는 경향	- 실적이 보장되는 확실한 방법을 취한다. - 낡은 가치관을 존중하는 편이다. - 보수적인 편이다.
변화 지향	변화를 추구하고, 변화를 받아들이는 것을 좋아하는 경향	- 새로운 것을 하는 것을 좋아한다. - 해외여행을 좋아한다. - 경험이 없더라도 시도해 보는 것을 좋아한다.
개념성	지식에 대한 욕구가 있고, 논리적으로 생각하는 것을 좋아하는 경향	- 개념적인 사고가 가능하다. - 분석적인 사고를 좋아한다. - 순서를 만들고 단계에 따라 생각한다.
창조성	새로운 분야에 대한 공부를 하는 것을 좋아하는 경향	- 새로운 것을 추구한다. - 독창성이 있다. - 신선한 아이디어를 낸다.
계획성	앞을 생각해서 사물을 예상하고, 계획적으로 실행하는 것을 좋아하는 경향	- 과거를 돌이켜보며 계획을 세운다. - 앞날을 예상하며 행동한다. - 실수를 돌아보며 대책을 강구하는 편이다.

치밀함	정확한 순서를 세워 진행하는 것을 좋아하는 경향	– 사소한 실수는 거의 하지 않는다. – 정확하게 요구되는 것을 좋아한다. – 사소한 것에도 주의하는 편이다.
꼼꼼함	어떤 일이든 마지막까지 꼼꼼하게 마무리 짓는 경향	– 맡은 일을 마지막까지 해결한다. – 마감 시한은 반드시 지킨다. – 시작한 일은 중간에 그만두지 않는다.
여유	평소에 릴랙스하고, 스트레스에 잘 대처하는 경향	– 감정의 회복이 빠르다. – 분별없이 함부로 행동하지 않는다. – 스트레스에 잘 대처한다.
근심·걱정	어떤 일이 잘 진행되지 않으면 불안을 느끼고, 중요한 일을 앞두면 긴장하는 경향	– 예정대로 잘되지 않으면 근심·걱정이 많다. – 신경 쓰이는 일이 있으면 불안하다. – 중요한 만남 전에는 기분이 편하지 않다.
호방함	사람들이 자신을 어떻게 생각하는지를 신경 쓰지 않는 경향	– 사람들이 자신을 어떻게 생각하는지 그다지 신경 쓰지 않는다. – 상처받아도 동요하지 않고 아무렇지 않은 태도를 취한다. – 사람들의 비판에 크게 영향받지 않는다.
억제력	감정을 표현하지 않는 경향	– 쉽게 감정적으로 되지 않는다. – 분노를 억누른다. – 격분하지 않는다.
낙관적	사물을 낙관적으로 보는 경향	– 낙관적으로 생각하고 일을 진행시킨다. – 문제가 일어나도 낙관적으로 생각한다.
비판적	비판적으로 사물을 생각하고, 이론·문장 등의 오류에 신경 쓰는 경향	– 이론의 모순을 찾아낸다. – 계획이 갖춰지지 않은 것이 신경 쓰인다. – 누구도 신경 쓰지 않는 오류를 찾아낸다.
행동력	운동을 좋아하고, 민첩하게 행동하는 경향	– 동작이 날렵하다. – 여가를 활동적으로 보낸다. – 몸을 움직이는 것을 좋아한다.
경쟁성	지는 것을 싫어하는 경향	– 승부를 겨루게 되면 지는 것을 싫어한다. – 상대를 이기는 것을 좋아한다. – 싸워 보지 않고 포기하는 것을 싫어한다.
출세 지향	출세하는 것을 중요하게 생각하고, 야심적인 목표를 향해 노력하는 경향	– 출세 지향적인 성격이다. – 곤란한 목표도 달성할 수 있다. – 실력으로 평가받는 사회가 좋다.
결단력	빠르게 판단하는 경향	– 답을 빠르게 찾아낸다. – 문제에 대한 빠른 상황 파악이 가능하다. – 위험을 감수하고도 결단을 내리는 편이다.

4 인성검사 합격 전략

1 포장하지 않은 솔직한 답변

"다른 사람을 험담한 적이 한 번도 없다.", "물건을 훔치고 싶다고 생각해 본 적이 없다."

이 질문에 당신은 '그렇다', '아니다' 중 무엇을 선택할 것인가? 채용기업이 인성검사를 실시하는 가장 큰 이유는 '이 사람이 어떤 성향을 가진 사람인가'를 효율적으로 파악하기 위해서이다.

인성검사는 도덕적 가치가 빼어나게 높은 사람을 판별하려는 것도 아니고, 성인군자를 가려내기 위함도 아니다. 인간의 보편적 성향과 상식적 사고를 고려할 때, 도덕적 질문에 지나치게 겸손한 답변을 체크하면 오히려 솔직하지 못한 것으로 간주되거나 인성을 제대로 판단하지 못해 무효 처리가 되기도 한다. 자신의 성격을 포장하여 작위적인 답변을 하지 않도록 솔직하게 임하는 것이 예기치 않은 결과를 피하는 첫 번째 전략이 된다.

2 필터링 함정을 피하고 일관성 유지

앞서 강조한 솔직함은 일관성과 연결된다. 인성검사를 구성하는 많은 척도는 여러 형태의 문장 속에 동일한 요소를 적용해 반복되기도 한다. 예컨대 '나는 매우 활동적인 사람이다'와 '나는 운동을 매우 좋아한다'라는 질문에 '그렇다'고 체크한 사람이 '휴일에는 집에서 조용히 쉬며 독서하는 것이 좋다'에도 '그렇다'고 체크한다면 일관성이 없다고 평가될 수 있다.

그러나 일관성 있는 답변에만 매달리면 '이 사람이 같은 답변만 체크하기 위해 이 부분만 신경 썼구나'하는 필터링 함정에 빠질 수도 있다. 비슷하게 보이는 문장이 무조건 같은 내용이라고 판단하여 똑같이 답하는 것도 주의해야 한다. 일관성보다 중요한 것은 솔직함이다. 솔직함이 전제되지 않은 일관성은 허위 척도 필터링에서 드러나게 되어 있다. 유사한 질문의 응답이 터무니없이 다르거나 양극단에 치우치지 않는 정도라면 약간의 차이는 크게 문제되지 않는다. 중요한 것은 솔직함과 일관성이 하나의 연장선에 있다는 점을 명심하자.

3 지원한 직무와 연관성을 고려

다양한 분야의 많은 계열사와 큰 조직을 통솔하는 대기업은 여러 사람이 조직적으로 움직이는 만큼 각 직무에 걸맞은 능력을 갖춘 인재가 필요하다. 그래서 기업은 매년 신규채용으로 입사한 신입사원들의 젊은 패기와 참신한 능력을 성장 동력으로 활용한다.

기업은 사교성 있고 활달한 사람만을 원하지 않는다. 해당 직군과 직무에 따라 필요로 하는 사원의 능력과 개성이 다르기 때문에, 지원자가 희망하는 계열사나 부서의 직무가 무엇인지 제대로 파악하여 자신의 성향과 맞는지에 대한 고민은 반드시 필요하다. 같은 질문이라도 기업이 원하는 인재상이나 부서의 직무에 따라 판단 척도가 달라질 수 있다.

4 평상심 유지와 컨디션 관리

역시 솔직함과 연결된 내용이다. 한 질문에 오래 고민하고 신경 쓰면 불필요한 생각이 개입될 소지가 크다. 이는 직관을 떠나 이성적 판단에 따라 포장할 위험이 높아진다는 뜻이기도 하다. 긴 시간 생각하지 말고 자신의 평상시 생각과 감정대로 답하는 것이 중요하며, 가능한 건너뛰지 말고 모든 질문에 답하도록 한다. 300 ~400개 정도 문항을 출제하는 기업이 많기 때문에, 끝까지 집중하여 임하는 것이 중요하다.

특히 적성검사와 같은 날 실시하는 경우, 적성검사를 마친 후 연이어 보기 때문에 신체적·정신적으로 피로한 상태에서 자세가 흐트러질 수도 있다. 따라서 컨디션을 유지하면서 문항당 7 ~ 10초 이상 쓰지 않도록 하고, 문항 수가 많을 때는 답안지에 바로 바로 표기하자.

LG그룹 인성검사의 특징

LG그룹 인성검사는 LG Way에 맞는 개인별 역량 또는 직업 성격적인 적합도 확인과 '신념과 실행력을 겸비한 사람'이라는 인재상에 맞는 인재를 찾기 위한 가치관과 태도를 측정한다. 지원자 개인의 사고와 태도·행동 특성 및 유사 질문의 반복을 통한 거짓말 척도 등으로 적합성을 판단하는 것으로 특별하게 정해진 답이 없는 유형이다.

다음 이어지는 인성검사는 61세트 183문항으로 구성되었고, 실제시험처럼 주어진 시간 내에 검사를 마치도록 모의 연습을 익히도록 한다.

응답예시

'멀다' 또는 '가깝다' 선택형+개별 항목 체크형

3개 내외의 A 문항 군으로 구성된 검사지에 자신이 동의하는 정도에 따라 '전혀 아님 ~ 매우 그러함' 중 해당 되는 것을 표시한 후 체크한 문항들 중 자신과 가장 가까운 것과 가장 먼 것 하나를 선택하는 유형이다.

• 1(전혀 아님) ~ 7(매우 그러함) : 오른쪽 '답안체크 예시'를 참조해 주세요.

번호		문항 예시	응답 1							응답 2	
			전혀 아님	⟪	보통	⟫	매우 그러함			멀다	가깝다
01	A	나는 운동화를 좋아한다.	①	②	③	④	⑤	⑥	⑦	○	○
	B	나는 꽃을 좋아한다.	①	②	③	④	⑤	⑥	⑦	○	○
	C	나는 비를 좋아한다.	①	②	③	④	⑤	⑥	⑦	○	○

[답안체크 예시]

응답 1							응답 2	
전혀 아님	⟪	보통	⟫	매우 그러함			멀다	가깝다
①	②	③	④	⑤	⑥	❼	○	●
①	②	③	④	⑤	❻	⑦	○	○
①	❷	③	④	⑤	⑥	⑦	●	○

1회 기출유형
2회 기출유형
3회 기출유형
4회 기출유형
5회 기출유형
6회 기출유형
인성검사

|01 ~ 61| 다음 문항을 읽고 자신과 가까운 정도를 '전혀 아님' 1점부터 '매우 그러함' 7점까지 표시하여 주십시오. 또한 자신의 모습과 '멀다'고 생각되는 문항과 '가깝다'고 생각되는 문항을 각각 1개씩 표시하여 주십시오.

문항군_183문항   시험시간_20분

번호		문항 예시	응답 1							응답 2	
			전혀 아님	《	보통	》		매우 그러함		멀다	가깝다
01	A	나는 활동적인 것을 좋아한다.	①	②	③	④	⑤	⑥	⑦	○	○
	B	나는 예술을 좋아한다.	①	②	③	④	⑤	⑥	⑦	○	○
	C	숫자를 잘 못 외우는 편이다.	①	②	③	④	⑤	⑥	⑦	○	○
02	A	음악 감상을 즐긴다.	①	②	③	④	⑤	⑥	⑦	○	○
	B	미술관을 자주 찾는 편이다.	①	②	③	④	⑤	⑥	⑦	○	○
	C	정적인 활동보다는 몸을 움직이는 것을 좋아한다.	①	②	③	④	⑤	⑥	⑦	○	○
03	A	평소 이미지 관리에 신경을 많이 쓴다.	①	②	③	④	⑤	⑥	⑦	○	○
	B	내가 세운 공은 남에게 절대 넘길 수 없다.	①	②	③	④	⑤	⑥	⑦	○	○
	C	해야 할 일을 나중으로 미루지 않는다.	①	②	③	④	⑤	⑥	⑦	○	○
04	A	논리적으로 자신의 의견을 말할 수 있다.	①	②	③	④	⑤	⑥	⑦	○	○
	B	남의 눈치를 보며 나의 성격을 포장할 때가 있다.	①	②	③	④	⑤	⑥	⑦	○	○
	C	사람들 앞에 나서는 것을 좋아하지 않는다.	①	②	③	④	⑤	⑥	⑦	○	○
05	A	나의 이득을 위해서라면 부정행위도 할 수 있다.	①	②	③	④	⑤	⑥	⑦	○	○
	B	조원들의 과오를 감싸 줄 수 있다.	①	②	③	④	⑤	⑥	⑦	○	○
	C	개인의 목표보다는 공동체의 목표가 더 중요하다.	①	②	③	④	⑤	⑥	⑦	○	○
06	A	손해 보는 일은 하지 않는다.	①	②	③	④	⑤	⑥	⑦	○	○
	B	자유롭게 행동하는 것이 좋다.	①	②	③	④	⑤	⑥	⑦	○	○
	C	기분 변화가 심하다.	①	②	③	④	⑤	⑥	⑦	○	○
07	A	나는 타인의 의견을 존중한다.	①	②	③	④	⑤	⑥	⑦	○	○
	B	리더십이 있다.	①	②	③	④	⑤	⑥	⑦	○	○
	C	팀 활동을 좋아한다.	①	②	③	④	⑤	⑥	⑦	○	○
08	A	수치로 나타내는 것을 좋아한다.	①	②	③	④	⑤	⑥	⑦	○	○
	B	준법정신이 뛰어나다.	①	②	③	④	⑤	⑥	⑦	○	○
	C	현재보다 미래가 중요하다.	①	②	③	④	⑤	⑥	⑦	○	○
09	A	나는 어떤 일을 할 때 항상 계획해서 행동한다.	①	②	③	④	⑤	⑥	⑦	○	○
	B	나는 그릇된 일을 한 번도 한 적이 없다.	①	②	③	④	⑤	⑥	⑦	○	○
	C	의사결정을 할 때에는 사람들과 의논한다.	①	②	③	④	⑤	⑥	⑦	○	○
10	A	나는 모임을 좋아한다.	①	②	③	④	⑤	⑥	⑦	○	○
	B	다른 사람의 충고를 기분 좋게 받아들이는 편이다.	①	②	③	④	⑤	⑥	⑦	○	○
	C	팀에서 사람들과의 화합이 중요하다고 생각한다.	①	②	③	④	⑤	⑥	⑦	○	○

번호		문항 예시	응답 1							응답 2	
			전혀 아님 ≪ 보통 ≫ 매우 그러함							멀다	가깝다
11	A	나는 언제나 새로운 계획이 있다.	①	②	③	④	⑤	⑥	⑦	○	○
	B	실수한 일을 절대로 잊지 않는다.	①	②	③	④	⑤	⑥	⑦	○	○
	C	오늘 할 일을 내일로 미루지 않는다.	①	②	③	④	⑤	⑥	⑦	○	○
12	A	나는 어떤 경우에라도 법을 준수한다.	①	②	③	④	⑤	⑥	⑦	○	○
	B	양보하는 것을 좋아한다.	①	②	③	④	⑤	⑥	⑦	○	○
	C	사람들에게 선을 긋는 편이다	①	②	③	④	⑤	⑥	⑦	○	○
13	A	처음 만난 사람 앞에서도 자신감이 있다.	①	②	③	④	⑤	⑥	⑦	○	○
	B	나는 미리 계획하는 편이다.	①	②	③	④	⑤	⑥	⑦	○	○
	C	나는 문제를 신속하게 해결한다.	①	②	③	④	⑤	⑥	⑦	○	○
14	A	나는 공식이나 법칙을 다루는 것이 좋다.	①	②	③	④	⑤	⑥	⑦	○	○
	B	동료와 쉽게 유대관계를 형성한다.	①	②	③	④	⑤	⑥	⑦	○	○
	C	여러 사람의 의견을 종합하여 결론을 이끌어낸다.	①	②	③	④	⑤	⑥	⑦	○	○
15	A	다른 사람이 한 행동의 이유를 잘 파악하는 편이다.	①	②	③	④	⑤	⑥	⑦	○	○
	B	일상생활에서 새로운 것을 즐긴다.	①	②	③	④	⑤	⑥	⑦	○	○
	C	책임감이 강하다는 말을 자주 듣는다.	①	②	③	④	⑤	⑥	⑦	○	○
16	A	나는 질문을 체계적으로 잘하는 사람이다.	①	②	③	④	⑤	⑥	⑦	○	○
	B	조용하고 차분하다는 말을 자주 듣는다.	①	②	③	④	⑤	⑥	⑦	○	○
	C	빨리 결정하고 과감히 행동하는 사람이다.	①	②	③	④	⑤	⑥	⑦	○	○
17	A	나는 신속하게 의사결정을 한다.	①	②	③	④	⑤	⑥	⑦	○	○
	B	나는 회의에서 리더역할을 잘한다.	①	②	③	④	⑤	⑥	⑦	○	○
	C	기발한 아이디어를 많이 생각하고 제안한다.	①	②	③	④	⑤	⑥	⑦	○	○
18	A	다른 사람들보다 체계적으로 일을 처리하는 편이다.	①	②	③	④	⑤	⑥	⑦	○	○
	B	남들이 나를 비난해도 쉽게 동요하지 않는다.	①	②	③	④	⑤	⑥	⑦	○	○
	C	다른 사람들의 기분과 느낌을 잘 파악한다.	①	②	③	④	⑤	⑥	⑦	○	○
19	A	모임을 주선하게 되는 경우가 자주 있다.	①	②	③	④	⑤	⑥	⑦	○	○
	B	나는 학창시절부터 리더역할을 많이 해 왔다.	①	②	③	④	⑤	⑥	⑦	○	○
	C	변화를 즐기는 편이다.	①	②	③	④	⑤	⑥	⑦	○	○
20	A	혼자서 생활해도 밥은 잘 챙겨 먹고 생활리듬이 많이 깨지지 않는 편이다.	①	②	③	④	⑤	⑥	⑦	○	○
	B	다른 나라의 음식을 시도해 보는 것이 즐겁다.	①	②	③	④	⑤	⑥	⑦	○	○
	C	나 스스로에 대해서 높은 기준을 제시하는 편이다.	①	②	③	④	⑤	⑥	⑦	○	○

1회 기출유형
2회 기출유형
3회 기출유형
4회 기출유형
5회 기출유형
6회 기출유형
인성검사

번호		문항 예시	응답 1							응답 2	
			전혀 아님 《《 보통 》》 매우 그러함							멀다	가깝다
21	A	대화를 주도한다.	①	②	③	④	⑤	⑥	⑦	○	○
	B	나 스스로에 대해서 높은 기준을 세우고 시도해 보는 것을 즐긴다.	①	②	③	④	⑤	⑥	⑦	○	○
	C	나와 다른 분야에 종사하는 사람들을 만나도 쉽게 공통점을 찾을 수 있다.	①	②	③	④	⑤	⑥	⑦	○	○
22	A	나는 설득을 잘하는 사람이다.	①	②	③	④	⑤	⑥	⑦	○	○
	B	현상에 대한 새로운 해석을 알게 되는 것이 즐겁다.	①	②	③	④	⑤	⑥	⑦	○	○
	C	새로운 기회를 만들기 위해서 다방면으로 노력을 기울인다.	①	②	③	④	⑤	⑥	⑦	○	○
23	A	한 달 동안 필요한 돈이 얼마인지 파악하고 있다.	①	②	③	④	⑤	⑥	⑦	○	○
	B	어디가서든 친구들 중에서 내가 제일 적응을 잘하는 편이다.	①	②	③	④	⑤	⑥	⑦	○	○
	C	대개 어떤 모임이든 나가다 보면 중심 멤버가 돼 있는 경우가 많다.	①	②	③	④	⑤	⑥	⑦	○	○
24	A	극복하지 못할 장애물은 없다고 생각한다.	①	②	③	④	⑤	⑥	⑦	○	○
	B	생활패턴이 규칙적인 편이다.	①	②	③	④	⑤	⑥	⑦	○	○
	C	내 분야에서 전문가가 되기 위한 구체적인 계획을 가지고 있다.	①	②	③	④	⑤	⑥	⑦	○	○
25	A	누구보다 앞장서서 일하는 편이다.	①	②	③	④	⑤	⑥	⑦	○	○
	B	일어날 일에 대해서 미리 예상하고 준비하는 편이다.	①	②	③	④	⑤	⑥	⑦	○	○
	C	동문회에 나가는 것이 즐겁다.	①	②	③	④	⑤	⑥	⑦	○	○
26	A	같은 과 친구들을 만나면 행동만으로도 기분을 눈치챌 수 있다.	①	②	③	④	⑤	⑥	⑦	○	○
	B	혼자서 일하는 것보다 팀을 이루어서 일하는 것이 더 좋다.	①	②	③	④	⑤	⑥	⑦	○	○
	C	예상외의 일이 생겨도 상황에 적응하고 즐기는 편이다.	①	②	③	④	⑤	⑥	⑦	○	○
27	A	내 분야에 관한 한 전문가가 되기 위해 따로 시간 투자를 한다.	①	②	③	④	⑤	⑥	⑦	○	○
	B	일단 마음먹은 일은 맘껏 해 봐야 직성이 풀리는 편이다.	①	②	③	④	⑤	⑥	⑦	○	○
	C	위기는 기회라는 말에 동의한다.	①	②	③	④	⑤	⑥	⑦	○	○
28	A	팀 내에서 업무적인 대화만큼 개인적인 고민에 대한 대화 역시 필요하다.	①	②	③	④	⑤	⑥	⑦	○	○
	B	컨디션이 좋지 않아도 계획한 일은 예정대로 하는 편이다.	①	②	③	④	⑤	⑥	⑦	○	○
	C	내 몸의 컨디션에 대해서 잘 파악하는 편이다.	①	②	③	④	⑤	⑥	⑦	○	○

번호		문항 예시	응답 1							응답 2	
			전혀 아님 《 보통 》 매우 그러함							멀다	가깝다
29	A	교통질서를 잘 지킨다.	①	②	③	④	⑤	⑥	⑦	○	○
	B	내가 무엇을 하면 즐거워지는지 정확하게 알고 있다.	①	②	③	④	⑤	⑥	⑦	○	○
	C	다른 나라의 문화에 대해서 알게 되는 것은 즐거운 일이다.	①	②	③	④	⑤	⑥	⑦	○	○
30	A	자기개발에 도움이 되는 것들을 꾸준히 찾아서 한다.	①	②	③	④	⑤	⑥	⑦	○	○
	B	모임에서 새로운 사람들과 잘 어울린다.	①	②	③	④	⑤	⑥	⑦	○	○
	C	친구의 고민 상담을 잘해 주는 편이다.	①	②	③	④	⑤	⑥	⑦	○	○
31	A	처음 경험하는 일이라도 빠르게 파악하고 적응하는 편이다.	①	②	③	④	⑤	⑥	⑦	○	○
	B	새로운 모임에 가도 잘 적응하는 편이다.	①	②	③	④	⑤	⑥	⑦	○	○
	C	새로운 정보나 지식을 팀원들과 공유한다.	①	②	③	④	⑤	⑥	⑦	○	○
32	A	다양한 문화를 인정하는 것은 중요하다.	①	②	③	④	⑤	⑥	⑦	○	○
	B	친구를 사귀는 것은 어렵지 않다.	①	②	③	④	⑤	⑥	⑦	○	○
	C	적응을 잘하는 편이다.	①	②	③	④	⑤	⑥	⑦	○	○
33	A	꾸준하다는 평가를 받는다.	①	②	③	④	⑤	⑥	⑦	○	○
	B	의리가 나에게는 매우 중요한 덕목이다.	①	②	③	④	⑤	⑥	⑦	○	○
	C	내 분야에서 최고가 되기 위해서 노력한다.	①	②	③	④	⑤	⑥	⑦	○	○
34	A	기분 나쁜 말을 전해야 할 때는 상대방의 기분을 고려하여 부드러운 말로 바꾸어 표현하는 편이다.	①	②	③	④	⑤	⑥	⑦	○	○
	B	나와 다른 관점이 있다는 것을 인정한다.	①	②	③	④	⑤	⑥	⑦	○	○
	C	규칙을 잘 지킨다.	①	②	③	④	⑤	⑥	⑦	○	○
35	A	내 성과로 직결되지 않는 일이라도 조직에 필요한 일은 묵묵히 하는 편이다.	①	②	③	④	⑤	⑥	⑦	○	○
	B	팀을 이루어 성취한 후 느끼는 쾌감이 크다.	①	②	③	④	⑤	⑥	⑦	○	○
	C	우리 회사(학교, 동아리) 사람들은 나를 좋아한다.	①	②	③	④	⑤	⑥	⑦	○	○
36	A	친절하다는 말을 많이 듣는다.	①	②	③	④	⑤	⑥	⑦	○	○
	B	사람들과 어울리는 것이 좋다.	①	②	③	④	⑤	⑥	⑦	○	○
	C	내가 공금을 맡으면 사람들이 안심하고 맡기는 편이다.	①	②	③	④	⑤	⑥	⑦	○	○
37	A	팀원들과의 관계는 늘 좋았던 편이다.	①	②	③	④	⑤	⑥	⑦	○	○
	B	나는 실패를 극복할 만한 의지를 가진 사람이라고 생각한다.	①	②	③	④	⑤	⑥	⑦	○	○
	C	다양한 가치를 존중받을 수 있는 사회가 바람직하다고 생각한다.	①	②	③	④	⑤	⑥	⑦	○	○

1회 기출유형
2회 기출유형
3회 기출유형
4회 기출유형
5회 기출유형
6회 기출유형
인성검사

번호		문항 예시	응답 1							응답 2	
			전혀 아님 《《		보통	》》	매우 그러함			멀다	가깝다
38	A	회의를 할 때 독특한 아이디어를 많이 내놓는 편이다.	①	②	③	④	⑤	⑥	⑦	○	○
	B	어느 집단에 소속되면 주로 리더의 역할을 맡는다.	①	②	③	④	⑤	⑥	⑦	○	○
	C	나는 돈 관리를 잘하는 편이어서 적자가 나는 법이 없다.	①	②	③	④	⑤	⑥	⑦	○	○
39	A	학창시절 반장이나 동아리 회장 등을 하곤 했다.	①	②	③	④	⑤	⑥	⑦	○	○
	B	무언가를 새롭게 창조하는 것을 좋아한다.	①	②	③	④	⑤	⑥	⑦	○	○
	C	어떤 환경에서 집중이 잘되는지 알고 있으며 되도록 그 시간대는 공부를 위해서 비워 놓으려고 노력한다.	①	②	③	④	⑤	⑥	⑦	○	○
40	A	목표를 세우면 거기에 모든 것을 거는 편이다.	①	②	③	④	⑤	⑥	⑦	○	○
	B	상황에 대한 내 감정을 잘 설명한다.	①	②	③	④	⑤	⑥	⑦	○	○
	C	주변사람들은 나를 개방적이라고 평가한다.	①	②	③	④	⑤	⑥	⑦	○	○
41	A	갑작스럽게 일이 생겨도 해결할 수 있도록 미리 준비하는 편이다.	①	②	③	④	⑤	⑥	⑦	○	○
	B	내가 하고자 하는 일이 있으면 잠을 못 잘 정도로 몰두한다.	①	②	③	④	⑤	⑥	⑦	○	○
	C	상대방의 표정이나 몸짓(비언어적 요소들)만으로 상대방 마음을 잘 알아차린다.	①	②	③	④	⑤	⑥	⑦	○	○
42	A	어떻게 하면 내 화가 풀리는지 알고 있다.	①	②	③	④	⑤	⑥	⑦	○	○
	B	일을 성취하기 위해서 공식적인 활동 이외의 노력도 기울인다.	①	②	③	④	⑤	⑥	⑦	○	○
	C	나는 목표를 달성하기 위해 방식을 현실적으로 조정해 가면서 일을 한다.	①	②	③	④	⑤	⑥	⑦	○	○
43	A	나는 호기심이 풍부한 사람이다.	①	②	③	④	⑤	⑥	⑦	○	○
	B	하나의 사안에 대해서 다양한 관점이 있다는 것을 흥미롭게 생각한다.	①	②	③	④	⑤	⑥	⑦	○	○
	C	일을 마치기 위해 즐거움을 잠시 미루는 것이 어렵지 않다.	①	②	③	④	⑤	⑥	⑦	○	○
44	A	아이디어가 풍부하다.	①	②	③	④	⑤	⑥	⑦	○	○
	B	한 가지에 빠지면 주변의 악조건에는 상관없이 몰두하는 편이다.	①	②	③	④	⑤	⑥	⑦	○	○
	C	외국인 친구와 교류하면서 외국문화를 알게 되는 것이 즐겁다.	①	②	③	④	⑤	⑥	⑦	○	○
45	A	나는 책임감이 강한 사람이다.	①	②	③	④	⑤	⑥	⑦	○	○
	B	현상의 원인에 대해서 궁금해 한다.	①	②	③	④	⑤	⑥	⑦	○	○
	C	나는 감정 조절을 잘하는 편이다.	①	②	③	④	⑤	⑥	⑦	○	○

번호		문항 예시	응답 1							응답 2	
			전혀 아님	≪	보통	≫	매우 그러함			멀다	가깝다
46	A	기분이 우울하거나 화가 날 때 스스로를 달래는 방법을 알고 있다.	①	②	③	④	⑤	⑥	⑦	○	○
	B	믿을 수 있는 사람이 되고 싶다.	①	②	③	④	⑤	⑥	⑦	○	○
	C	나는 에너지가 넘친다.	①	②	③	④	⑤	⑥	⑦	○	○
47	A	굳이 말로 하지 않아도 행동을 보면 그 사람의 기분을 잘 파악할 수 있다.	①	②	③	④	⑤	⑥	⑦	○	○
	B	의리를 지키는 것은 중요하다고 생각한다.	①	②	③	④	⑤	⑥	⑦	○	○
	C	다른 나라에 가서 새로운 경험을 하는 것은 즐거운 일이다.	①	②	③	④	⑤	⑥	⑦	○	○
48	A	사람들 사이의 신의를 지키기 위해서 노력한다.	①	②	③	④	⑤	⑥	⑦	○	○
	B	일을 성취하기 위해서 최대한의 방법을 동원한다.	①	②	③	④	⑤	⑥	⑦	○	○
	C	비난보다는 칭찬을 많이 하는 편이다.	①	②	③	④	⑤	⑥	⑦	○	○
49	A	나는 늘 책임감이 강한 편에 속했다.	①	②	③	④	⑤	⑥	⑦	○	○
	B	나 스스로의 한계에 도전하는 일을 좋아한다.	①	②	③	④	⑤	⑥	⑦	○	○
	C	실력을 쌓을 수 있는 기회면 일이 어려워도 자원해서 한다.	①	②	③	④	⑤	⑥	⑦	○	○
50	A	상대방이 편안하게 느낄 수 있도록 배려해야 마음이 놓인다.	①	②	③	④	⑤	⑥	⑦	○	○
	B	문제를 해결하는 데에는 다양한 가능성이 있다고 생각한다.	①	②	③	④	⑤	⑥	⑦	○	○
	C	내 실수에 대해서는 스스로 책임을 진다.	①	②	③	④	⑤	⑥	⑦	○	○
51	A	나는 상대방을 잘 배려하는 사람이다.	①	②	③	④	⑤	⑥	⑦	○	○
	B	나의 장점은 성실함이다.	①	②	③	④	⑤	⑥	⑦	○	○
	C	내가 신세 진 사람에게는 꼭 은혜를 갚는다.	①	②	③	④	⑤	⑥	⑦	○	○
52	A	일단 맡은 일은 책임지고 해낸다.	①	②	③	④	⑤	⑥	⑦	○	○
	B	어떤 조직이든 신뢰는 매우 중요한 가치라고 생각한다.	①	②	③	④	⑤	⑥	⑦	○	○
	C	외국 문화에 흥미를 가지고 있다.	①	②	③	④	⑤	⑥	⑦	○	○
53	A	국제단체에서 일하게 되면 재미있게 일할 수 있을 거 같다.	①	②	③	④	⑤	⑥	⑦	○	○
	B	내가 목표로 잡은 일은 여러 번 도전을 해서라도 해내야 직성이 풀린다.	①	②	③	④	⑤	⑥	⑦	○	○
	C	난 참 괜찮은 사람 같다.	①	②	③	④	⑤	⑥	⑦	○	○
54	A	나는 신뢰감을 주는 사람이다.	①	②	③	④	⑤	⑥	⑦	○	○
	B	상냥하다는 말을 많이 듣는다.	①	②	③	④	⑤	⑥	⑦	○	○
	C	나는 스스로 세운 목표는 끝까지 잘 달성한다.	①	②	③	④	⑤	⑥	⑦	○	○

1회 기출유형

2회 기출유형

3회 기출유형

4회 기출유형

5회 기출유형

6회 기출유형

인성검사

번호		문항 예시	응답 1							응답 2	
			전혀 아님	≪	보통	≫	매우 그러함			멀다	가깝다
55	A	나와 다른 의견을 가진 사람과 대화를 나누는 일은 흥미롭다.	①	②	③	④	⑤	⑥	⑦	○	○
	B	다른 사람의 입장을 이해하려고 노력한다.	①	②	③	④	⑤	⑥	⑦	○	○
	C	줄을 설 때 새치기를 하지 않는 편이다.	①	②	③	④	⑤	⑥	⑦	○	○
56	A	현장에서 닥치면 잘 해결하는 편이라서 긴 준비를 선호하지 않는다.	①	②	③	④	⑤	⑥	⑦	○	○
	B	스케줄에 맞추기 위해서 무리하게라도 일을 진행하는 편이다.	①	②	③	④	⑤	⑥	⑦	○	○
	C	학창시절 내가 기획했던 공연이나 행사를 치러 본 적이 있다.	①	②	③	④	⑤	⑥	⑦	○	○
57	A	앞으로 유행할 물건이나 경향에 대해 빨리 파악하는 편이다.	①	②	③	④	⑤	⑥	⑦	○	○
	B	자료를 찾는 시간에 사람을 만나 물어보는 방식이 더 잘 맞는다.	①	②	③	④	⑤	⑥	⑦	○	○
	C	신문에서 나오는 기사들이 나와 내가 소속한 집단(가족, 학교, 회사) 등에 어떤 영향을 미칠지 적절하게 파악할 수 있다.	①	②	③	④	⑤	⑥	⑦	○	○
58	A	정보가 많아도 중요한 몇 가지에만 집중해서 처리한다.	①	②	③	④	⑤	⑥	⑦	○	○
	B	주변 사람들로부터 논리적이라는 평가를 듣는 편이다.	①	②	③	④	⑤	⑥	⑦	○	○
	C	정리정돈을 좋아한다.	①	②	③	④	⑤	⑥	⑦	○	○
59	A	사무실에서 조사하는 것보다 현장에서 파악하는 것이 편하다.	①	②	③	④	⑤	⑥	⑦	○	○
	B	문제가 생기면 상대방 마음부터 챙기면서 일을 풀어 가는 타입이다.	①	②	③	④	⑤	⑥	⑦	○	○
	C	주변 사람들로부터 꼼꼼한 성격이라는 평가를 받는다.	①	②	③	④	⑤	⑥	⑦	○	○
60	A	당장 눈앞의 일을 하기 보다는 일의 추이에 대한 예상을 하고 방향성을 가지고 일을 한다.	①	②	③	④	⑤	⑥	⑦	○	○
	B	필요한 일들을 미리 체크하고 준비한다.	①	②	③	④	⑤	⑥	⑦	○	○
	C	메일을 보내는 것보다 만나서 말로 설득하는 것을 선호한다.	①	②	③	④	⑤	⑥	⑦	○	○
61	A	일을 처리할 때 웬만하면 직접 사람을 만나 얘기하는 것을 선택한다.	①	②	③	④	⑤	⑥	⑦	○	○
	B	나에게 정확한 일 처리는 중요하다.	①	②	③	④	⑤	⑥	⑦	○	○
	C	약속 장소에 가기 위한 가장 빠른 교통수단을 미리 알아보고 출발하는 편이다.	①	②	③	④	⑤	⑥	⑦	○	○

모듈형_NCS

코레일_NCS

철도공기업_NCS

에너지_NCS

저마다의 일생에는,

특히 그 일생이 동터 오르는 여명기에는

모든 것을 결정짓는 한 순간이 있다.

그 순간을 다시 찾아내는 것은 어렵다.

그것은 다른 수많은 순간들의 퇴적 속에

깊이 묻혀있다.

- 장 그르니에, 섬 LES ILES

gosinet
(주)고시넷

최신 대기업 인적성검사

20대기업
온·오프라인 인적성검사
통합기본서

핵심정리_핸드북 제공

최신기출유형+실전문제

1회 기출유형모의고사

1회 언어이해   문제 14쪽

01	②	02	⑤	03	①	04	③	05	⑤
06	④	07	⑤	08	②	09	③	10	②
11	①	12	④	13	②	14	④	15	④

01

| 정답 | ②

| 해설 | ㉣의 불은 '옮겨' 붙은 것이고, ㉢의 불은 직접 불을 '붙인' 것이므로 ㉢이 맨 앞에 위치함을 알 수 있다. 폭죽을 꺼내 '그' 앞에 불을 붙이면 '그' 안에서 새빨간 불씨가 생겨나고(㉡), 일정 온도에 도달하면 화약에 불씨가 전달되어 불이 붙게 된다(㉠). 이렇게 여기저기 타오른 작은 불꽃은 곧바로 주변의 종이에 옮겨 붙어 타오르기 시작한다(㉣). 따라서 문맥상 가장 적절한 순서는 ㉢-㉡-㉠-㉣이다.

02

| 정답 | ⑤

| 해설 | 제시된 글에서 필자는 개인정보 유출이 자살 사건까지 불러오는 심각한 사회적 문제로 비화되었다고 설명한다. 따라서 이 글에서 필자가 강조하고자 하는 바는 '개인 정보 유출 피해의 심각성'이라고 볼 수 있다.

03

| 정답 | ①

| 해설 | 제시된 글은 언론사들이 정치적 지향을 강하게 드러낼수록 자신의 정치적 성향과 동일하다고 생각하는 구독자들이 더 많은 후원금을 내고, 이를 통해 수입을 얻어 언론사를 이끌어갈 수 있다고 하면서, 대안언론이 정치성을

드러내는 이유에 대해 설명하고 있다. 따라서 ①이 적절하다.

04

| 정답 | ③

| 해설 | ㉠의 앞 문장을 살펴보면 바닷속에 몇몇 특정한 종들만이 크게 번창하고 있으며 이를 ㉠이 크게 줄었다고 표현하고 있으므로 ㉠에는 '모양, 양식, 색 등이 여러 가지로 많은 특성'을 나타내는 '다양성'이 적합하다. ㉡이 포함된 문장은 몇몇 집단들에게 불필요하다 하여 물자와 에너지가 아깝게 버려지는 상황으로 이에 따라 ㉡이 극히 낮다고 하였다. 따라서 '들인 노력에 비해 훌륭한 결과를 얻을 수 있는 특수한 성질'을 뜻하는 '효율성'이 적절하다.

| 오답풀이 |

• 특수성 : 일반적이고 보편적인 것과 다른 성질
• 통일성 : 다양한 요소들이 있으면서도 전체가 하나로서 파악되는 성질
• 안정성 : 바뀌어 달라지지 아니하고 일정한 상태를 유지하는 성질
• 차이성 : 두 개 이상의 사상이나 사물이 서로 다른 성질
• 수용성 : 다른 것으로부터 사물을 받아들이는 능력

05

| 정답 | ⑤

| 해설 | 첫 문단에서 자연 현상에 대한 의문을 나열하며 대상을 이해하는 것이 어떤 식으로 이뤄지는지에 대해 설명하고 있다. 이후 두 번째 문단에서 낯설고 익숙하지 않은 '이해'에 대한 개념을 친숙한 대상인 '체스 게임'에 빗대어 설명하고 있다.

06

| 정답 | ④

| 해설 | MBTI는 융의 심리유형론을 근거로 캐서린 쿡 브릭

스와 이사벨 브릭스 마이어스가 고안한 자기보고서 성격유형 자료이다.

07

|정답| ⑤

|해설| 세 번째 문단에 따르면 이부프로펜은 6 ~ 8시간, 덱시부프로펜은 4 ~ 6시간 간격으로 복용한다.

08

|정답| ②

|해설| 첫 번째 문단, 두 번째 문단은 기술의 양면성에 관해 언급하고 있고, 세 번째 문단은 사회 구조를 바람직하게 하려면 비판적이고 균형있는 철학과 사상이 필요하다고 주장하고 있으므로, 글쓴이가 말하고자 하는 바는 세 번째 문단의 내용이다. 따라서 기술의 양면성을 철학과 사상이 아닌 또 다른 새로운 기술로 보완해야 한다는 ②가 반박하는 내용으로 적절하다.

|오답풀이|

① 첫 번째 문단의 마지막 문장내용을 반박할 수 있지만, 이는 글쓴이의 주요 논리가 아니므로 적절하지 않다.

③ 글쓴이는 통제할 수 없는 기술이 존재한다고 보았다. 이는 인간이 강제적으로 기술의 순기능만을 발전시킬 수 없다는 사실을 암묵적으로 전제하고 있는 것이다. 따라서 글쓴이의 입장과 반대되는 내용은 맞지만, ①과 마찬가지로 글쓴이의 주요한 주장에 대한 반박이 아니다.

09

|정답| ③

|해설| (가)에 나오는 '보이지 않는 손과 시장의 균형, 완전한 합리성 등 신고전 경제학(주류 경제학)'에 대한 내용을 (나)에서 구체적인 예를 통해 부연 설명하고 있다.

10

|정답| ②

|해설| 모든 선택지가 (라)로 시작하고 있으므로 (라)에 이어지는 문장을 살펴보면 (가)의 '이'가 (라)의 내용을 받고 있으므로 그 다음에 온다는 것을 알 수 있다. (나), (마)에서는 (다)에서 언급된 CCTV 4대와 터널 진입부의 무인 센서에 대하여 보다 구체적으로 설명하고 있고, (바)의 '이렇게 수집된 정보'는 (나)와 (마)의 내용을 가리킨다.
따라서 (라)-(가)-(다)-(나)-(마)-(바)의 순서가 적절하다.

11

|정답| ①

|해설| 제시된 글은 정보의 비대칭성(Asymmetric Information)을 설명하기 위해 중고차 거래 시 구매자와 판매자의 관계, 생명보험회사와 가입자 관계라는 구체적인 예시를 들고 있다.

12

|정답| ④

|해설| 존재 양식의 삶에는 상실의 위험에서 오는 걱정과 불안은 없으나 존재 양식의 삶을 살 때 유일한 위험은 내 자신 속에 있다고 하였다.

|오답풀이|

① 더 많이 소유하려는 욕망 때문에 방어적이게 되고 경직되며 의심이 많아지고 외로워진다고 하였다.

② 소유하고 있는 것은 잃어버릴 수 있기 때문에 필연적으로 가지고 있는 것을 잃어버릴까 봐 항상 걱정하게 된다고 하였다. 즉, 소유 양식의 삶에는 상실의 위험이 늘 있다고 볼 수 있다.

③ 존재 양식의 삶에서 '나'는 '존재하는 나'이며, 나의 중심은 나 자신 안에 있으며, 나의 존재 능력과 나의 기본적 힘의 발현 능력은 내 성격 구조의 일부로서 나에 근거하고 있다고 하였다. 이를 통하여 볼 때 존재 양식의 삶은 소유 양식의 삶보다 주체성이 있다고 볼 수 있다.

⑤ 존재 양식의 삶에서 쓰는 것은 잃어버리는 것이 아니고 반대로 보관하는 것이 잃어버리는 것이라고 본다.

www.gosinet.co.kr gosinet

1회 기출유형
2회 기출유형
3회 기출유형
4회 기출유형
5회 기출유형
6회 기출유형

13

|정답| ②

|해설| 두 번째 문단에서 '혁명적인 정보통신 발전 → 낮은 가격으로 일반화 → 서비스 일자리 증가'를 위한 규제완화와 경쟁촉진의 필요성에 대해 언급하고 있다.

|오답풀이|

① 대부분의 선진국에서는 저숙련 서비스 일자리가 이미 1990년대부터 증가하였지만 이후 증가에 대해서는 알 수 없다.

③ 임금 상승은 최저임금 상승을 수반하였지만 최저임금이 임금 상승의 주요인이라고 볼 수 없다.

④ 최저임금은 서비스 중심 일자리 창출 시대에 근로조건 보호를 위하여 필요한 제도적 장치로 기능한다.

⑤ 청년실업률 상승은 대졸의 실업률 상승에 기인하며 구체적으로 전문·준 전문직 일자리 감소에서 기인한다.

14

|정답| ④

|해설| (가)의 핵심 내용은 온실가스 감축 수단인 온실가스 배출권 확보이다. (나)는 근로자의 근로 환경 개선을 통한 산업재해를 최소화하고자 하는 회사의 활동을 언급하고 있으므로 재난안전경영의 일환으로 볼 수 있다. (다)는 투자 계획을 구체적으로 언급하고 있으므로 '기술개발 투자'가 소제목으로 적절하다. (라)는 기후변화협약에 대응하기 위한 조직의 정비를 주된 내용으로 하고 있으며 이것은 기후변화에 대응하는 내부의 역량을 강화하는 방안이다.

따라서 소제목의 순서에 따라 재배열하면 (라)-(가)-(다)-(나)이다.

15

|정답| ④

|해설| 데카르트는 '내가 생각한다는 사실'을 전제로 나의 존재를 증명하였으므로 ④는 반론이 아닌 데카르트와 일치하는 견해이다.

|오답풀이|

①, ③ 신의 증명에서 결론을 전제의 일부로 사용하는 오류인 순환 논증의 오류가 드러난다.

1회 언어추리 문제 27쪽

01	④	02	⑤	03	④	04	②	05	①
06	⑤	07	④	08	③	09	④	10	③
11	③	12	②	13	④	14	②	15	⑤

01

|정답| ④

|해설| 명제가 참이면 대우도 참이라는 것과 명제의 삼단논법 관계를 이용한다.

• 첫 번째 명제 : 바람을 쐰다. → 기분이 좋다.
• 두 번째 명제 : 행복하다. → 하루가 즐겁다.
• 세 번째 명제 : 기분이 좋다. → 행복해진다.

첫 번째 명제와 세 번째 명제를 통해 '바람을 쐬면 행복해진다'는 참이 된다. 이 명제의 대우인 '행복하지 않으면 바람을 쐬지 않은 것이다'가 성립하므로 ④는 참인 문장이다.

|오답풀이|

① 두 번째 명제가 참이므로 이 문장의 대우인 '하루가 즐겁지 않으면 행복하지 않은 것이다'라는 명제도 참이다. '행복하지 않으면 바람을 쐬지 않은 것이다'라는 명제가 참이므로, 삼단논법을 이용하면 '하루가 즐겁지 않으면 바람을 쐬지 않은 것이다'라는 명제도 참이 된다. 따라서 '하루가 즐겁지 않으면 바람을 쐰다'라는 명제는 거짓이다.

② '행복하지 않으면 바람을 쐬지 않은 것이다'라는 명제가 참이므로, '행복하지 않으면 바람을 쐰 것이다'라는 명제는 거짓이다.

③, ⑤ 주어진 명제들로는 이 명제의 참과 거짓을 판별할 수 없다.

02

|정답| ⑤

|해설| 네 개의 부서가 리그전을 벌이면 부서당 3번씩 모두 6번의 경기를 치르게 된다. 첫 번째 조건에 따라 A가 D를 이기고 승점 7점을 기록했으므로 A 부서의 나머지 경기는

1승(3점) 1무(1점)를 기록하였을 것으로 추리할 수 있다. C의 승점이 총 2점이라는 네 번째 조건으로부터 C가 2무(2점) 1패(0점)를 기록하였음을 알 수 있다. A가 만약 C가 아닌 다른 부서와 무승부를 기록하였다면 2번의 무승부를 기록한 C는 나머지 B, D를 상대로 모두 무승부를 기록해야 한다. 그러나 이는 어느 부서와도 무승부를 기록하지 않은 부서가 있다는 두 번째 조건에 위배된다. 따라서 A는 C를 상대로 무승부를 기록하고 B를 상대로는 승리를 거두었음을 알 수 있다. 이때 생각할 수 있는 경우의 수로는 D가 B와 C 중 누구에게 승리를 거두었는지에 대한 경우와 C가 B와 D 중 누구와 무승부를 기록했는지에 대한 경우로 나뉜다. 이 두 가지의 경우 중 어떤 것을 생각해도 하나의 결론만이 나오므로 D가 승리를 거두는 대상으로 생각해 보면 다음과 같다.

ⅰ) D가 승리를 거두는 상대가 C인 경우, 네 번째 조건에 따라 C가 무승부를 기록한 나머지 상대는 B임을 알 수 있으며, 2번째 조건에 따라 어느 부서와도 무승부를 기록하지 않은 부서는 D가 된다. 이때 세 번째 조건을 고려하면 D는 B에게 졌음을 알 수 있다. 이를 표로 정리하면 다음과 같다.

구분	A	B	C	D	승점
A	–	승	무	승	7
B	패	–	무	승	4
C	무	무	–	패	2
D	패	패	승	–	3

ⅱ) D가 승리를 거두는 상대가 B인 경우, 세 번째 조건과 네 번째 조건에 따라 D는 C를 상대로 무승부를 기록했음을 알 수 있다. 이때 두 번째 조건에 따라 어느 부서와도 무승부를 기록하지 않은 부서는 B가 되고 C가 2무 1패임을 고려할 때, B는 C에게 이겼음을 알 수 있다. 이를 표로 정리하면 다음과 같다.

구분	A	B	C	D	승점
A	–	승	무	승	7
B	패	–	승	패	3
C	무	패	–	무	2
D	패	승	무	–	4

따라서 경우에 따라 결선에 진출하는 두 부서는 A와 B 또는 A와 D로 달라지기에 결선에 진출할 두 부서는 정할 수 없다.

03

| 정답 | ④

| 해설 | '질투하는 마음이 많으면 이웃과 사이가 나빠진다'가 결론이므로 두 번째 전제의 가정과 첫 번째 전제의 결론을 연결할 수 있는 전제 '정서가 불안하면 은둔 생활을 지속한다'가 있어야 한다. 원 명제가 참이면 대우 명제도 참이므로 '은둔 생활을 지속하지 않으면 정서가 불안하지 않다'도 참이므로 둘 중 하나의 명제가 세 번째 전제가 되어야 한다.

04

| 정답 | ②

| 해설 | B의 말이 거짓이므로 C는 검사가 아니다. A와 B 둘 중 한 명이 검사인데, 만약 A가 검사라면 A는 진실만 말한다는 문제의 조건과 검사는 거짓말을 한다는 A의 진술이 상충된다. 따라서 검사는 B이고, B가 변호사라고 한 C의 진술은 거짓이다.

판사	검사	변호사
A	B	C
C	B	A

| 오답풀이 |

① 검사는 B이다.
③ 변호사가 A라면 진실을 말하고 있고 C라면 거짓을 말하고 있다.
④ 모든 경우의 수는 두 가지이다.
⑤ 판사가 A라면 진실을 말하고 있고 C라면 거짓을 말하고 있다.

05

| 정답 | ①

| 해설 | A의 자리를 고정시키고 그 주위 자리에 기호를 붙이면 E가 앉은 자리는 ⓒ 혹은 ⓔ이 되므로 두 경우를 나눠 생각한다.

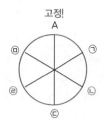

고정!

1. E가 ⓒ에 앉은 경우

　B와 D는 (나)에 따라 마주 보고 앉아야 하므로 ⊙과 ⓔ이 되고, C의 양 옆은 모두 커피를 주문했으므로 C는 콜라를 주문한 E 옆에 앉을 수 없다. 따라서 C의 자리는 ⓜ이 되고 그 양 옆은 커피를 주문하게 된다.

2. E가 ⓔ에 앉은 경우

　B와 D는 ⓒ과 ⓜ으로 마주 보고 C는 ⊙에 앉게 되며, 그 양 옆이 커피를 주문하게 된다.

　두 경우 모두 C의 옆에 앉는 사람은 A이고, C의 양 옆은 커피를 주문했으므로 A는 커피를 주문한 것이 된다. 따라서 확실하게 알 수 있는 사실은 'A는 커피를 주문했다'이다.

06

|정답| ⑤

|해설| 제시된 명제를 정리하면 다음과 같다.

• 책 읽기 → 영화 감상
• ~여행 가기 → ~책 읽기
• 산책 → ~게임하기
• 영화 감상 → 산책

'여행 가기를 좋아하는 사람은 책 읽기를 좋아한다'는 두 번째 명제의 이에 해당한다. 따라서 반드시 참이라고 할 수 없다.

|오답풀이|

① 첫 번째 명제와 네 번째 명제의 삼단논법에 따라 참이다.

② 첫 번째 명제와 네 번째 명제 그리고 세 번째 명제의 삼단논법에 따라 참이다.

③ 세 번째 명제의 대우와 네 번째 명제의 대우의 삼단논법에 따라 참이다.

④ 두 번째 명제의 대우로 참이다.

07

|정답| ④

|해설| 세 번째 명제의 대우 명제인 '신의 노예가 아니면 천사다'와 두 번째 명제를 연결하면 삼단논법에 따라 '신의 노예가 아니면 번개를 부릴 수 있다'가 성립한다.

08

|정답| ③

|해설| 먼저, A 시계를 기준으로 하여 A, B, C, D의 도착 간격을 고려한다. 그 다음, B와 D가 진술한 도착시간에 따라 B와 D의 시계를 유추한다. 마지막으로, D의 시계가 12시보다 3분 빨랐다는 정보를 활용하여 실제 시간과 A, B, D의 시계를 비교할 수 있다. 결론적으로 주어진 조건에 따라 A, B, D의 시계와 실제 시간을 유추해 보면 다음과 같다.

구분	A 시계	B 시계	D 시계	실제 시간 도착 시간
A	12 : 05	11 : 51	11 : 53	11 : 50
B	12 : 07	11 : 53	11 : 55	11 : 52
C	12 : 09	11 : 55	11 : 57	11 : 54
D	12 : 12	11 : 58	12 : 00	11 : 57

09

|정답| ④

|해설| 정을 기준으로 학생일 경우와 회사원일 경우를 나누어 생각하면 다음과 같다.

ⅰ) 정이 회사원이고 거짓말을 하는 경우

정의 발언을 통해 병은 학생이 된다. 병의 발언은 사실이므로 갑은 학생이다. 갑의 발언은 사실이므로 정도 학생이 되어, 가정에 모순된다.

	갑	을	병	정
회사원				○
학생	○		○	○

따라서 정은 학생이고 사실을 말하고 있음을 알 수 있다.

ⅱ) 정이 학생이고 사실을 말하는 경우

정의 발언을 통해 병은 회사원이 된다. 병의 발언은 거짓이므로 갑도 회사원이 된다. 갑의 발언은 갑 자신이 회사원이므로 거짓이 되고, 모순되지 않는다. 남은 을은 학생이고 사실을 말하고 있다. 따라서 을의 발언에 모순은 없다.

	갑	을	병	정
회사원	○		○	
학생		○		○

따라서 학생은 을, 정이다.

10

|정답| ③

|해설| 먼저 알 수 있는 것들을 정리하면 다음과 같다.

• G 부서의 예산은 F 부서 예산의 3배이다. → F<G

• A 부서의 예산과 C 부서의 예산은 같다. → A=C

• B 부서의 예산은 F 부서의 예산과 G 부서의 예산을 합한 것과 같다. → F<B, G<B

• D 부서의 예산은 A 부서의 예산과 B 부서의 예산을 합한 것과 같다. → A<D, B<D

• E 부서의 예산은 B 부서, C 부서, F 부서의 예산을 모두 합한 것과 같다. → B<E, C<E, F<E

• A 부서의 예산은 B 부서 예산과 G 부서 예산을 합한 것과 같다. → B<A, G<A

또한, A=C이므로 E=B+C+F가 E=B+A+F가 될 수 있고 이것은 다시 E=D+F가 되므로 E 부서의 예산이 D 부서의 예산보다 크다는 것을 알 수 있다.

따라서 최종 대소 관계는 F<G<B<A=C<D<E이다.

11

|정답| ③

|해설| A와 B의 진술이 모순되므로 두 사람의 진술을 비교해 본다.

1) A의 진술이 거짓일 경우 : B와 C의 진술이 상충되므로 조건에 부합하지 않는다.

2) B의 진술이 거짓일 경우 : 모든 진술이 상충되지 않으므로 B가 범인이다.

따라서 거짓을 말하는 사람과 범인 모두 사원 B이다.

12

|정답| ②

|해설| ㉣의 경우 신입사원 C가 하는 말이 모두 거짓이라고 하였으므로 C는 B가 말한 여자사원이 아니다. 따라서 B가 말한 여자사원은 D가 된다.

|오답풀이|

㉠, ㉡ 주어진 글의 내용만으로는 알 수 없다.

㉢ 남자사원 A가 신입사원 D는 남자라고 하였는데 A가 하는 말은 모두 거짓이므로 D는 여자이다. 또한 진실만을 말하는 여자사원 B가 신입사원 중 여자사원이 하는 말은 모두 진실이라고 하였으므로 D가 하는 말은 모두 진실이 된다.

13

|정답| ④

|해설| 모임은 모든 사원이 도착해야 시작되는데 민아와 천호가 사원의 전부인지는 언급되지 않았으므로 천호가 도착하면 모임이 시작되는지 알 수 없다.

|오답풀이|

① 모임에 참가하는 사람은 민아, 천호를 포함하여 최소 2명이다.

② 민아는 벌금을 냈으므로 19시까지 약속장소에 도착하지 못했다.

③ 천호는 벌금을 낸 민아보다 늦게 도착하므로 벌금을 내야 한다.

⑤ 민아나 천호는 3시간이 소요되는 모임에 19시 이후에 도착하였으므로 22시가 넘어서야 끝날 것이다.

14

|정답| ②

|해설| A가 거짓을 말했다고 가정하면 E는 진실을 말하였다. E의 말에 의하면 B와 D는 거짓을 말했는데, 이 경우 거짓을 말한 사람이 3명 이상이 되므로 불가능하다. 따라서 A의 말은 진실이고 E의 말은 거짓이다. 또한, E의 말이 진실이라고 한 C도 거짓을 말하고 있으므로 5명 중 거짓을 말하는 사람은 C와 E뿐이다. 이제 5명의 말을 종합하면 아래의 표와 같다.

	A	B	C	D	E
자가용	○	×	×	○	×
택시	×	○	○	×	×
버스	○	×	○	×	○
지하철	×	○	×	○	○

밑줄 친 표시는 〈보기〉를 바탕으로 한 것이고 그 외는 밑줄 친 표시를 이용하여 구한 것이다. 따라서 보기 중 사원과 그 사원이 이용하는 교통수단이 바르게 짝지어진 것은 ②이다.

15

|정답| ⑤

|해설| 주어진 사실과 각각의 대우 명제를 정리하면 다음과 같다.

```
장갑 ○ → 운동화 ×        운동화 ○ → 장갑 ×
양말 ○ → 운동화 ○  대우  운동화 × → 양말 ×
운동화 ○ → 모자 ○   ⇔   모자 × → 운동화 ×
장갑 × → 목도리 ×        목도리 ○ → 장갑 ○
```

(가) 첫 번째 명제에서 장갑을 낀 사람은 운동화를 신지 않고, 두 번째 명제의 대우에서 운동화를 신지 않은 사람은 양말을 신지 않는다고 하였으므로 '장갑을 낀 사람은 양말을 신지 않는다'는 참이 된다.

(다) 두 번째 명제에서 양말을 신은 사람은 운동화를 신었고, 첫 번째 명제의 대우에서 운동화를 신은 사람은 장갑을 끼지 않았으며, 네 번째 명제에서 장갑을 끼지 않은 사람은 목도리를 하지 않았다고 하였으므로, '양말을 신은 사람은 목도리를 하지 않는다'는 참이 된다.

따라서 (가), (다) 모두 항상 옳다.

|오답풀이|

(나) 마지막 명제에서 수민이는 목도리를 하고 있고, 네 번째 명제의 대우에서 목도리를 한 사람은 장갑을 꼈으며, 첫 번째 명제에서 장갑을 낀 사람은 운동화를 신지 않는다고 하였으므로 '수민이는 운동화를 신고 있다'는 거짓이 된다.

1회 자료해석

문제 35쪽

01	④	02	③	03	③	04	④	05	②
06	④	07	③	08	①	09	⑤	10	①
11	④	12	③	13	③	14	②	15	⑤

01

|정답| ④

|해설| c의 사교육비가 전체 사교육비에서 차지하는 비중은 2019년에 $\frac{23.0}{73.2} \times 100 ≒ 31.4$(%), 2022년에 $\frac{28.4}{82.8} \times 100 ≒ 34.3$(%)로 2019년 대비 2022년에 약 2.9%p 증가하였다.

02

|정답| ③

|해설| 다른 도시에서 전입해 온 서울의 인구는 (3,225+2,895+8,622+3,022=17,764(명)인데, 이는 서울로의 전체 전출 인구인 207,829명의 10% 이상이 아니므로 적절하지 않다.

03

|정답| ③

|해설| 연령계층별로 인원수를 알 수 없기 때문에 20 ~ 39세 전체 청년의 자가 거주 비중은 알 수 없다.

| 오답풀이 |

① 20 ~ 24세 청년 중 62.7%가 보증부월세, 15.4%가 순수월세로, 약 78.1%가 월세 형태로 거주하고 있으며 자가 비율은 5.1%이다.

② 20 ~ 24세 청년을 제외한 연령계층은 모두 무상 거주 비율이 순수월세 비율보다 높지만 20 ~ 24세 청년은 순수월세 비율이 15.4%로 무상 거주 비율인 4.9%보다 높다.

④ 연령계층이 높아질수록 자가 거주 비율은 5.1 → 13.6 → 31.9 → 45.0으로 높아지고 있으나 월세 비중은 78.1 → 54.2 → 31.6 → 25.2로 작아지고 있다.

⑤ 25 ~ 29세 청년의 자가 거주 비중은 13.6%로 5.1%인 20 ~ 24세 보다 높다. 25 ~ 29세 청년 중 임차 형태로 거주하는 비중은 24.7+47.7+6.5=78.9(%)이며, 월세로 거주하는 비중은 47.7+6.5=54.2(%)이다.

04

| 정답 | ④

| 해설 | 오퍼나지와 동감의 스크린당 관객 수는 다음과 같다.

- 오퍼나지 : $\dfrac{491,532}{1,081}$ ≒ 454.70(명)

- 동감 : $\dfrac{464,015}{837}$ ≒ 554.38(명)

따라서 스크린당 관객 수는 동감이 오퍼나지보다 많다.

| 오답풀이 |

① C사가 배급한 영화는 신세계, 비커밍제인, 오퍼나지 3개로 가장 많다.

② 5월 6일에 만 12세와 만 13세가 함께 볼 수 있는 영화는 위대한 쇼맨, 패왕별희, 비커밍제인, 언더워터로 4편이다.

③ 신세계의 관객 수는 4,808,821로 언더워터의 관객 수보다 $\dfrac{4,808,821}{393,524}$ ≒ 12(배) 더 많다.

⑤ 4월 개봉작의 총 관객 수는 9,776,931명, 5월 개봉작의 총 관객 수는 5,354,595명으로 4월 개봉작의 총 관객 수가 더 많다.

05

| 정답 | ②

| 해설 | (가) : 27, (나) : 65, (다) : 93, (라) : 85, (마) : 136, (바) : 169, (사) : 555

ⓒ, ⓜ 출발지를 기준으로 할 때 중국으로 표류한 횟수의 합이 많은 곳부터 나열해 보면 C>A>B>E>D>G>F로, 그 횟수가 가장 적은 출발지는 F이고 가장 많은 출발지는 C이다.

| 오답풀이 |

ⓝ 목적지를 기준으로 할 때 중국으로 표류한 횟수의 합이 많은 곳부터 나열해 보면 B>C>D>A>E>F>G이므로, 세 번째로 많은 곳은 D이다.

ⓛ 출발지와 목적지가 같은 선박이 중국으로 표류한 횟수를 모두 합하면 183회이고 출발지가 C인 선박이 중국으로 표류한 횟수는 169회이므로 옳다.

06

| 정답 | ④

| 해설 | A, B 기업의 202X년 2 ~ 3분기 매출액을 구하면 다음과 같다.

구분	202X년 2분기	202X년 3분기
A 기업	200×1.15 =230(억 원)	230×0.85 =195.5(억 원)
B 기업	150×1.25 =187.5(억 원)	187.5×1.1 =206.25(억 원)

A 기업의 202X년 매출액이 800억 원을 초과하려면 4분기 매출액이 800-200-230-195.5=174.5(억 원)을 초과해야 한다. 따라서 3분기 대비 매출액이 감소해도 된다.

| 오답풀이 |

③ 두 기업의 3분기 매출액 합계는 195.5+206.25=401.75(억 원)으로 2분기 매출액 합계인 230+187.5=417.5(억 원)보다 작다.

⑤ 202X년 1 ~ 3분기 총 매출액은 A 기업이 625.5(억 원)으로 543.75(억 원)인 B 기업보다 크다.

07

| 정답 | ③

| 해설 | 2021년 이후 밤 시간대 소음도가 소음환경기준 55dB 이하를 기록한 도시는 대전뿐이다.

| 오답풀이 |

① 낮 시간대 소음환경기준을 만족한 도시는 광주와 대전 이다.

② 대전의 밤 시간대 소음도는 2020년에서 2021년 사이 2dB이 감소하였다.

④ 밤 시간대 평균 소음도가 가장 높았던 해는 61dB인 2019년이다.

⑤ 서울의 낮 시간대 소음도의 평균은 68.2dB로 대전의 낮 시간대 평균인 60.2dB보다 8dB 높다.

08

| 정답 | ①

| 해설 | 국내 임금 근로자 대비 비정규직 근로자가 차지하는 비중은 '$\frac{\text{비정규직 근로자}}{\text{임금 근로자}} \times 100$'으로 계산한다.

- 20X3년 : $\frac{4,092}{18,240} \times 100 ≒ 22.4(\%)$

- 20X4년 : $\frac{4,065}{18,776} \times 100 ≒ 21.6(\%)$

- 20X5년 : $\frac{4,302}{19,312} \times 100 ≒ 22.3(\%)$

- 20X6년 : $\frac{4,293}{19,627} \times 100 ≒ 21.9(\%)$

- 20X7년 : $\frac{4,106}{19,883} \times 100 ≒ 20.7(\%)$

20X3년이 국내 임금 근로자 대비 비정규직 근로자가 차지하는 비중이 가장 높다.

보충 플러스+

분수의 경우 분모가 비슷하면 분자의 크기가 큰 것이 비중이 더 큰 것이며, 분자가 비슷하면 분모가 작은 것이 비중이 더 큰 것이다. 제시된 문제에서 20X3년과 20X4년의 경우 분자는 비슷하지만, 20X3년이 분모가 작으므로 20X3년의 비중이 크다고 짐작할 수 있고, 20X5～20X7년의 경우는 분자가 제일 크고 분모가 제일 작은 20X5년의 비중이 크다고 짐작할 수 있다. 즉, 20X3년과 20X5년만 계산하면 어느 해가 비중이 더 큰지 알 수 있다.

09

| 정답 | ⑤

| 해설 | 20X1년 상반기 애니메이션 산업 매출액은 전년 동기 대비 $\frac{324,644 - 311,088}{311,088} \times 100 ≒ 4.4(\%)$ 증가했다.

| 오답풀이 |

① 20X0년 게임 산업의 매출액은 $7,072,792 + 6,860,742 = 13,933,534$(백만 원)으로 13.9조 원 이상이다.

③ 20X0년 콘텐츠 산업 총 매출액은 상반기가 56,370,929 백만 원, 하반기가 62,739,373백만 원으로 하반기에 더 높았다.

④ 20X1년 상반기 음악 산업 매출액은 전반기 대비 $\frac{3,586,648 - 3,065,949}{3,586,648} \times 100 ≒ 14.5(\%)$ 감소했다.

10

| 정답 | ①

| 해설 | 1985년 대비 2020년 기대수명의 변화율을 구하면 다음과 같다.

- 한국 : $\frac{82.06 - 66.15}{66.15} \times 100 ≒ 24.1(\%)$

- 중국 : $\frac{75.7 - 65.5}{65.5} \times 100 ≒ 15.6(\%)$

- 미국 : $\frac{78.9 - 73.3}{73.3} \times 100 ≒ 7.6(\%)$

- 영국 : $\frac{81.0 - 73.0}{73.0} \times 100 ≒ 11.0(\%)$

- 독일 : $\frac{80.4 - 72.3}{72.3} \times 100 ≒ 11.2(\%)$

- 프랑스 : $\frac{81.9 - 73.5}{73.5} \times 100 ≒ 11.4(\%)$

- 호주 : $\frac{82.3 - 73.6}{73.6} \times 100 ≒ 11.8(\%)$

- 스페인 : $\frac{82.5 - 74.4}{74.4} \times 100 ≒ 10.9(\%)$

- 스위스 : $\frac{82.7 - 75.2}{75.2} \times 100 ≒ 10.0(\%)$

- 이탈리아 : $\frac{82.3 - 73.5}{73.5} \times 100 ≒ 12.0(\%)$

www.gosinet.co.kr **gosinet**

1회 기출유형

2회 기출유형

3회 기출유형

4회 기출유형

5회 기출유형

6회 기출유형

• 일본 : $\dfrac{83.3 - 75.4}{75.4} \times 100 ≒ 10.5(\%)$

따라서 1985년 대비 2020년 기대수명의 변화가 가장 큰 국가는 한국, 가장 작은 국가는 미국이다.

11

|정답| ④

|해설| 해당 표의 국가별 순위는 20XX년 1 ~ 3분기 수출액의 총합을 기준으로 했기 때문에, 1분기에 벨기에가 11위임을 의미하는 것이 아니다. 바로 아래 칸의 캐나다의 경우만 고려해도 벨기에보다 수출액이 많음을 알 수 있다. 따라서 1분기의 수치만을 비교하면 벨기에보다 수출액이 많은 국가는 11개국이다.

|오답풀이|

② 독일, 일본, 네덜란드, 한국, 홍콩, 벨기에, 싱가포르, 러시아, 대만, 태국으로 총 10개국이다.

③ 단위가 억 $이므로 1조 $를 초과하는 국가는 중국, 미국, 독일 3개국이다.

12

|정답| ③

|해설| 기존시청점유율이 2020년 대비 2021년에 상승한 방송사는 D, G, H, I, J 방송사로, 증가율을 구하면 다음과 같다.

• D 방송사 : $\dfrac{10 - 8.4}{8.4} \times 100 ≒ 19.0(\%)$

• G 방송사 : $\dfrac{6 - 5.8}{5.8} \times 100 ≒ 3.4(\%)$

• H 방송사 : $\dfrac{5.2 - 5}{5} \times 100 = 4(\%)$

• I 방송사 : $\dfrac{2.5 - 2.4}{2.4} \times 100 ≒ 4.2(\%)$

• J 방송사 : $\dfrac{2.4 - 2.3}{2.3} \times 100 ≒ 4.3(\%)$

따라서 2021년 기존시청점유율이 전년 대비 5% 이상 증가한 방송사는 D 방송사뿐이다.

|오답풀이|

① 2021년 통합시청점유율 상위 3개 방송사는 A, B, C 방송사로 전체의 22.5+14.6+11.7=48.8(%)를 차지한다.

② 2020년 기존시청점유율 순위는 A−B−C−E−F−D −G−H−I−J−K이고, 2021년 기존시청점유율 순위는 A−B−C−D−E, F−G−H−I−J−K이다. 따라서 순위가 2020년 대비 2021년에 상승한 방송사는 D 방송사뿐이다.

④ 2021년에 기존시청점유율보다 통합시청점유율이 더 높은 방송사는 B, C, E, F, G 방송사로 총 5개이다.

⑤ K 방송사는 2021년 기존시청점유율이 전년 대비 감소하였지만, 통합시청점유율이 기존시청점유율보다 낮다.

13

|정답| ③

|해설| 기타에 해당하는 국적은 16개로 1개 국적당 평균 결혼이민자 수는 87.5명이다. 결혼이민자 수는 자연수이므로 87명 이하인 국적과 88명 이상인 국적이 하나 이상 존재해야 한다.

|오답풀이|

① 20X2년 대비 20X7년 결혼이민자 수는 $\dfrac{14,000 - 9,544}{9,544} \times 100 ≒ 47(\%)$ 증가하였다.

② 20X0년 대비 20X1년의 결혼이민자 수 증가율은 $\dfrac{8,399 - 5,600}{5,600} \times 100 ≒ 50(\%)$이다.

④ 20X7년 필리핀 국적의 결혼이민자 수는 해당 연도 전체 결혼이민자의 $\dfrac{1,260}{14,000} \times 100 = 9(\%)$이다.

⑤ 20X7년 중국(한국계)과 중국 국적의 결혼이민자 수의 합은 6,160명으로 전년도 전체 결혼이민자 수 대비 $\dfrac{6,160}{13,400} \times 100 ≒ 46(\%)$를 차지한다.

14

|정답| ②

|해설| 통신 부문 지출액을 구하면 다음과 같다.

- 2017년 : $1,472 \times \dfrac{6.2}{100} = 91.264$(만 원)

- 2018년 : $1,485 \times \dfrac{5.9}{100} = 87.615$(만 원)

- 2019년 : $1,512 \times \dfrac{5.8}{100} = 87.696$(만 원)

- 2020년 : $1,544 \times \dfrac{5.6}{100} = 86.464$(만 원)

- 2021년 : $1,572 \times \dfrac{5.4}{100} = 84.888$(만 원)

통신 부문 지출액은 2019년에 증가하였으므로 적절하지 않다.

|오답풀이|

① 2019년 1인당 민간소비 지출액은 1,512만 원이므로 4인 가족의 민간소비 지출액은 6,048만 원이다. 이 중 10.8%가 주거 / 수도 / 광열 부문의 비용으로 사용되었으므로 $6,048 \times 0.108 = 653.184$(만 원)이다.

③ • 2020년 주류 / 담배 부문 소비지출 비율 : 1.4%
  • 2020년 주류 / 담배 부문 소비 지출액 :

$$1,544 \times \dfrac{1.4}{100} = 21.616(만 원)$$

  • 2021년 주류 / 담배 부문 소비지출 비율 : 1.4%
  • 2021년 주류 / 담배 부문 소비 지출액 :

$$1,572 \times \dfrac{1.4}{100} = 22.008(만 원)$$

따라서 지출액은 3,000원 이상 차이가 난다.

④ 지속적으로 소비지출 구성비가 매년 증가한 부문은 음식 / 숙박뿐이다.

⑤ 〈자료 1〉을 통해 2017년부터 1인당 민간소비 지출액이 꾸준히 증가하였고, 2021년 1인당 민간소비 지출액 (1,572만 원)은 2017년(1,472만 원)보다 100만 원 증가하였음을 알 수 있다.

15

|정답| ⑤

|해설| 2X19년 4분기 30대의 실업률은 3분기 3.2%에서 2.9%로 감소하였고, 40대의 실업률 역시 2.1%에서 2%로 감소하였다. 선택지의 그래프는 2X19년 4분기 실업률이 상승한 것으로 표시되어 있으므로 적절하지 않다.

|오답풀이|

① 2X17년 연간 실업자 수 102.3만 명은 2X16년 연간 실업자 수에 2X17년 실업자 수 증감량을 합산한 것이다. 2X17년 실업자 수는 1.2 + 0.1 = 1.3(만 명)이 증가하였으므로, 2X16년 연간 실업자 수는 102.3 − 1.3 = 101(만 명)이다. 선택지의 그래프는 이를 포함하여 2X19년까지의 연간 평균 실업자 수를 적절하게 표시하였다.

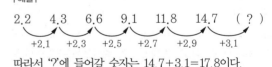

1회 창의수리   문제 50쪽

01	②	02	①	03	④	04	③	05	④
06	⑤	07	③	08	②	09	②	10	②
11	⑤	12	②	13	③	14	②	15	⑤

01

|정답| ②

|해설|

2.2 4.3 6.6 9.1 11.8 14.7 (?)
   +2.1 +2.3 +2.5 +2.7 +2.9 +3.1

따라서 '?'에 들어갈 숫자는 14.7 + 3.1 = 17.8이다.

02

|정답| ①

|해설| 두 번째 수와 세 번째 수를 더하고 4를 곱한 값이 첫 번째 숫자가 된다.

- 36 3 6 → (3 + 6) × 4 = 36
- 44 7 4 → (7 + 4) × 4 = 44
- 32 5 (?) → (5 + ?) × 4 = 32

따라서 '?'에 들어갈 숫자는 32 ÷ 4 − 5 = 3이다.

1회 기출유형

2회 기출유형

3회 기출유형

4회 기출유형

5회 기출유형

6회 기출유형

03

| 정답 | ④

| 해설 | 그림을 보면 맨 아래부터 인접해 있는 두 블록의 숫자를 합한 값이 그 위에 있는 블록의 숫자임을 알 수 있다. 따라서 '?'에 들어갈 숫자는 18+19=37이다.

04

| 정답 | ③

| 해설 |

3	4	㉯	B	5
2				
		A		
㉮				4

- B가 해당되는 가로줄에 3, 4, 5가 있으므로 B는 1 또는 2이다.
- ㉮가 해당되는 가로줄, 세로줄, 대각선에 2, 3, 4, 5가 있으므로 ㉮는 1이다.
- A가 해당되는 대각선에 1, 3, 4, 5가 있으므로 A=2이다.
- ㉯에 해당되는 가로줄, 세로줄에 2, 3, 4, 5가 있으므로 ㉯는 1이다. 따라서 B=2가 된다.

∴ A×B=2×2=4

05

| 정답 | ④

| 해설 | 각 칸의 세 숫자의 합은 다음과 같다.

10+9+8=27 / 3+7+17=27 / 6+16+5=27

5+13+?=27

따라서 '?'에 들어갈 숫자는 27−5−13=9이다.

06

| 정답 | ⑤

| 해설 | A, B 두 톱니바퀴가 서로 맞물리는 부분을 살펴보면 A+1=B가 됨을 알 수 있다.

- A : ⌐¬ 　3　4　7　11　18
　　　　　3　5　7　9　11
- B : └┘
　　　4　5　+1
　　　4　6　8

B 톱니바퀴의 '?'를 구하기 위해 먼저 A 톱니바퀴의 튀어나온 바깥쪽 부분과 들어간 안쪽 부분의 수의 규칙을 살펴본다.

- A : ⌐¬ 3 →(+2) 5 →(+2) 7 →(+2) 9 →(+2) 11
　⇨ 초항 3, 공차 2인 등차수열

4+7=11

└┘ 3　4　7　11　18 ⇨ 피보나치수열

3+4=7　　7+11=18

B의 튀어나온 '?'와 맞물리는 A의 수는 들어간 안쪽 부분의 피보나치수열에 해당하므로

3 → 4 → 7 → 11 → 18 → 29 → 47에 의해 47이 된다. 따라서 '?'에 들어갈 숫자는 47+1=48이다.

| 보충 플러스+ |

B 톱니바퀴의 튀어나온 바깥쪽 부분(⌐¬)과 들어간 안쪽 부분(└┘)에도 수열의 규칙이 있으므로 이를 찾아 해당하는 수를 구해도 된다.

07

| 정답 | ③

| 해설 | 한 변의 검은색 바둑돌 수가 6개인 정사각형 중 가장 작은 정사각형을 그림으로 나타내면 다음과 같다.

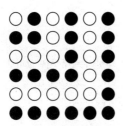

이때 검은 바둑돌의 수는 두 단계마다 4개씩 늘어나므로 총 3+7+11=21(개)이다.

이를 토대로 규칙을 파악하면 다음과 같다.

$$3$$
$$3+7 = 10$$
$$3+7+11 = 21$$
$$3+7+11+15 = 36$$
$$\vdots$$
$$3+7+11+15+\cdots+3+(n-1)\times 4 = \frac{2\times 3+(n-1)\times 4}{2}\times n$$

따라서 검은 바둑돌의 개수가 총 171개일 때, 검은색 바둑돌이 변을 이루는 몇 번째 정사각형인지를 구하면 다음과 같다.

$$\frac{2\times 3+(n-1)\times 4}{2}\times n = 171$$

$$2n^2+n-171=0$$

$$(n-9)(2n+19)=0 (단, \ n은 \ 자연수)$$

$$\therefore n=9$$

따라서 검은색 바둑돌이 9번째로 정사각형의 변을 이룰 때, 그 두 변을 이루는 바둑돌의 개수는 $3+(9-1)\times 4=35$(개)이며, 이때 한 변을 이루는 바둑돌의 개수는 $\frac{35+1}{2}=18$(개)이다.

08

|정답| ②

|해설| 간격이 7m일 때 필요한 말뚝 수를 x개라 하면 다음과 같은 식이 성립한다.

$$7(x-1)=5(x-1+6)$$

$$x=16(개)$$

따라서 골프코스의 길이는 $7\times(16-1)=105$(m)이다.

09

|정답| ②

|해설| 100명 중 20%가 합격하였으므로 합격자는 20명, 불합격자는 80명이다. 합격자 20명의 평균이 80점이므로 합격자의 총점은 $80\times 20=1,600$(점)이 되고 총 응시자 100명의 평균이 70점이므로 전체 총점은 $70\times 100=7,000$ (점)이다. 따라서 불합격자 80명의 총점은 $7,000-1,600=5,400$(점)이므로 불합격자의 평균은 $\frac{5,400}{80}=67.5$(점)이다.

10

|정답| ②

|해설| 새마을호와 무궁화호가 만난 지점은 $120\times 3=360$(km)이다. 무궁화호는 360km 지점까지 가는 데 $3+1=4$(시간)이 걸렸으므로 속력은 $\frac{360}{4}=90$(km/h)이다.

따라서 무궁화호가 서울에서 부산까지 가는 데 걸리는 시간은 $\frac{400}{90}\fallingdotseq 4.4$(시간)이다.

11

|정답| ⑤

|해설| 광고 시간이 20초인 것을 x개, 25초인 것을 y개라 하고, 상품별 다음 광고로 바뀔 때마다 1초의 간격이 있다고 했으므로 11개의 상품 광고 사이에 10초가 추가됨에 유의해서 식을 세우면 다음과 같다.

$$x+y=11 \quad\cdots\cdots\cdots\cdots \text{㉠}$$
$$20x+25y+10=270 \qquad 4x+5y=52 \quad\cdots\cdots \text{㉡}$$

㉠, ㉡을 연립하여 풀면, $x=3$, $y=8$

따라서 25초로 광고할 수 있는 상품은 8개이다.

12

|정답| ②

|해설| 각 톱니바퀴의 톱니는 동일하게 회전하므로, 서로 다른 톱니 수를 가진 A, B, C는 처음 회전을 시작한 지점으로 각각 24의 배수, 54의 배수, 36의 배수만큼 움직이다가 동일한 공배수에서 만나게 된다. 따라서 세 톱니바퀴의 최소공배수는 216이고, 세 톱니바퀴는 톱니바퀴 A가 $\frac{216}{24}$ =9(번) 회전한 후 처음 위치로 돌아오게 된다.

13

|정답| ③

|해설| 총 10개 구단이 리그전으로 1차전을 치를 경우 경기 횟수는 $\frac{10 \times 9}{2}$ =45(경기)이다. 이를 총 9차전에 걸쳐서 진행한다고 하였으므로, 진행될 야구 경기는 45×9=405 (경기)이다.

14

|정답| ②

|해설| 하얀 구슬을 뽑는 여부에 따라 아래의 세 경우로 나눌 수 있다.

(1) 하얀 구슬을 뽑지 않을 경우 : A가 처음에 빨간 구슬을 뽑을 확률은 $\frac{1}{3}$ 이고, A가 처음에 빨간 구슬을 뽑지 못하면 B가 파란 구슬을 뽑을 수 있는 경우가 없으므로, 이 경우 A가 이길 확률은 $\frac{1}{3}$ 이다.

(2) 하얀 구슬을 처음에 뽑을 경우 : A가 처음에 하얀 구슬을 뽑을 확률은 $\frac{1}{3}$ 이다. 하얀 구슬을 뽑은 이후 주머니에는 파란 구슬과 빨간 구슬이 1개씩 있다. 다음 차례에 B가 파란 구슬을 뽑을 확률은 $\frac{1}{2}$ 이고 이때 남는 구슬은 빨간 구슬 1개뿐이므로 자동적으로 A가 이긴다. 따라서 이 경우 A가 이길 확률은 $\frac{1}{3} \times \frac{1}{2} = \frac{1}{6}$ 이다.

(3) 하얀 구슬을 두 번째에 뽑을 경우 : A가 처음에 빨간 구슬을 뽑거나 하얀 구슬을 뽑으면 안 되므로 이때의

확률(A가 처음에 파란 구슬을 뽑을 확률)은 $\frac{1}{3}$ 이다. 다음 차례에 B가 하얀 구슬을 뽑을 확률은 $\frac{1}{2}$ 이고 이후 주머니에는 빨간 구슬과 파란 구슬이 1개씩 들어있게 된다. 다음 차례에 A가 빨간 구슬을 뽑을 확률은 $\frac{1}{2}$ 이고 A가 빨간 구슬을 뽑지 못하면 남은 구슬은 빨간 구슬 1개뿐이므로 자동적으로 B가 이긴다. 따라서 이 경우 A가 이길 확률은 $\frac{1}{3} \times \frac{1}{2} \times \frac{1}{2} = \frac{1}{12}$ 이다.

위의 세 경우의 확률을 더하면 A가 이길 확률은 $\frac{7}{12}$ 이다.

15

|정답| ⑤

|해설| 두 소금물을 첫 번째로 섞는 과정을 정리하면 다음과 같다.

구분	15% 소금물	6% 소금물
용기 A	$(100-M)$ g	M g
용기 B	M g	$(100-M)$ g

소금의 양을 기준으로 식을 세우면,

- 용기 A : $\frac{15}{100} \times (100-M) + \frac{6}{100} \times M = \frac{12}{100} \times 100$

  $\therefore M = \frac{100}{3}$ (g)

- 용기 B : 한 번 교환하여 섞은 B의 농도를 $x\%$라 하면,

  $\frac{15}{100} \times M + \frac{6}{100} \times (100-M) = \frac{x}{100} \times 100$

  $\frac{15}{100} \times \frac{100}{3} + \frac{6}{100} \times \left(100 - \frac{100}{3}\right) = \frac{x}{100} \times 100$

  $\therefore x = 9(\%)$

즉, 다시 한 번 두 용기의 소금물을 교환하는 것은 12% 소금물과 9% 소금물을 $\frac{100}{3}$ g씩 섞는 것이므로, 최종적인 용기 A의 소금의 양은 $\frac{12}{100} \times \left(100 - \frac{100}{3}\right) + \frac{9}{100} \times \frac{100}{3}$ =11(g)이다.

따라서 100g의 물에 11g의 소금이 들어 있는 것이므로, 농도는 11%가 된다.

2회 기출유형모의고사

2회 언어이해   문제 56쪽

01	①	02	①	03	②	04	②	05	④
06	③	07	①	08	④	09	③	10	⑤
11	①	12	③	13	③	14	④	15	③

01

| 정답 | ①

| 해설 | 갈피는 겹치거나 포갠 물건의 하나하나의 사이나 그 틈, 또는 일이나 사물의 갈래가 구별되는 어름의 뜻을 가진 단어이다. 따라서 ⊙에 들어갈 단어로 적절하지 않다.

| 오답풀이 |

② 궤도는 '일이 발전하는 본격적인 방향과 단계'이다.

③ 궤적은 '어떠한 일을 이루어 온 과정이나 흔적'이다.

④ 방향은 '어떤 뜻이나 현상이 일정한 목표를 향하여 나아가는 쪽'이다.

⑤ 행보는 '일정한 목적지까지 걸어서 가거나 다녀옴, 어떤 목표를 향하여 나아감'을 의미한다.

02

| 정답 | ①

| 해설 | ㉣에서는 농촌의 고령화라는 화두를 던지며 나머지 문장이 언급할 논점의 방향을 제시한다. 고령화의 현상을 ㉠에서 언급하며, 고령화가 지속되는 중요한 원인을 ㉡에서 설명하고 있다. 고령화의 현상을 먼저 언급하고 이어서 그러한 원인을 언급하는 것이 보다 자연스러운 문맥의 흐름이라고 할 수 있다. ㉢에서는 앞의 내용에 반전을 이루며 전체 글에서 강조하고자 하는 농촌 청년들에 대한 고무적인 현상을 부각시키고 있다.

따라서 ㉣－㉠－㉡－㉢ 순이 적절하다.

03

| 정답 | ②

| 해설 | A, C, D, E의 진술은 모두 '아이들이 읽기에 좋은 책은 어떤 책인가' 혹은 '아이들에게 좋은 책은 어떤 책인가'에 대해서 진술한 것이다. A는 재미가 있고, 독자가 공감할 수 있는 책이 좋은 책이라고 생각하며, 아이들에게는 자신들과 관련이 있는 이야기가 그렇다고 말한다. C는 많은 사람들이 읽는 책, 즉 서점에서 많이 팔리는 책이 좋은 책이라고 말한다. D는 유명한 사람이 쓴 책을, E는 아이들의 수준에 맞는 책이 좋은 책이라고 말한다. 반면, B는 '아이들에게 책을 읽도록 할 때 중요한 것은 무엇인가'에 대해 재미가 없더라도 좋은 책을 읽는 것이 중요하다고 말하고 있다.

04

| 정답 | ②

| 해설 | (가)는 신화의 구체적인 내용이 민족마다 다르게 나타난다는 글의 주지를 제시하고 그에 해당하는 설명을 자세하게 하고 있다. (나) 또한 자본주의 시장경제가 잘 굴러가기 위해서는 끝없는 욕망으로 불만족해 하는 사람들이 있어야 한다는 글의 주지를 제시하고 이에 대한 구체적인 이유를 들어 부연 설명하고 있다.

05

| 정답 | ④

| 해설 | 빈칸 앞부분에서 '집을 사랑한다는 것은 또 우리의 정체성이 스스로 결정되는 것이 아님을 인정하는 것이다.'라고 했고, 뒷부분에서는 '우리의 약한 면을 보상하기 위해서다.'라고 했다. 따라서 빈칸에 들어갈 말로 ④가 가장 적절하다.

| 오답풀이 |

① 첫 번째 문단에서 벽지, 벤치, 그림 등이 언급되나 자아 실종 방지에 대한 기대감으로 이러한 물품들을 배치한다는 내용이지 배치 행위가 자아 실종을 막아준다는 합당한 근거가 제시되지는 않았다.

③ 제시된 글은 전반적으로 타인과의 관계를 중점적으로 다루고 있지 않다.

06

|정답| ③

|해설| 허공을 제외하면 비물질적인 것은 존재하지 않으며, 영혼은 아주 미세한 입자들로 구성되어 있기 때문에 몸의 나머지 구조들과 더 잘 조화를 이룰 수 있다고 하였다. 그러므로 영혼이 비물질적인 존재라고 추론하는 것은 적절하지 않다.

|오답풀이|

① 허공이 없다면 물체가 존재할 곳이 없고, 움직일 수 있는 공간도 없을 것이므로 물체의 운동을 위해 반드시 필요하다.

② 몸은 감각의 원인을 영혼에 제공한 후 자신도 감각 속성의 몫을 영혼으로부터 얻기 때문에 감각을 얻기 위해서는 영혼과 몸 모두가 필요하다.

④ 영혼이 담겨 있던 몸 전체가 분해되면 영혼의 입자들도 더 이상 이전과 같은 능력을 가지지 못하고 해체되며 감각 능력도 잃게 된다.

⑤ 육체의 일부가 소실되어 거기에 속했던 영혼이 해체되어도 나머지 영혼은 몸 안에 있으며, 영혼의 한 부분이 해체되더라도 나머지 영혼이 계속해서 존재하기만 한다면 여전히 감각을 유지할 것이다.

07

|정답| ①

|해설| 저자는 고대 한국의 문자라 불리는 가림토 문자의 존재에 대해 일본의 신대 문자와 같이 존재 근거가 불충분하여 언어학적으로 큰 의미가 없다고 하였다. 따라서 훈민정음이 가림토 문자의 영향을 받아 만들어졌다는 설명은 저자의 견해와 일치하지 않는다.

08

|정답| ④

|해설| 제시된 글에서 경제와 환경은 상호 영향을 주고받는 불가분의 관계에 있으며 양자 간에 순환하는 구조를 갖고 있음을 설명하고 있다. 그러므로 경제활동에 공급되는 자연자원은 가급적 효율적으로 사용되어야 하며, 배출되는 잔여물의 재활용 기능을 강화한 자원순환형 경제 구조를

요구해야 한다고 하였다. 따라서 글의 제목으로 적절한 것은 '자원순환형 경제의 필요성'이다.

09

|정답| ③

|해설| 두 번째 문단에 따르면 바이오시밀러는 오리지널 바이오의약품과 동등한 품목·품질을 지니며, 비임상·임상적 비교동등성이 입증된 의약품이라고 하였다.

10

|정답| ⑤

|해설| 제시된 글은 궁극적으로 쾌적하고 매력적인 도시가 되기 위해서 필요한 것들에 대해 설명하고자 한다. 따라서 ⑤가 적절하다.

11

|정답| ①

|해설| 제시된 글에서 타 회사의 건강식품은 제시되지 않았다.

12

|정답| ③

|해설| 모든 문화는 키치적 속성과 좋은 예술의 속성을 동시에 가지고 있으나, 어떤 것이 키치이고 어떤 것이 좋은 것인지는 대중적 선택에 의해 결정될 수 있다고 하였다. 이때 대중의 선택이란 사회 흐름에 따라 변화할 수 있으므로 ③이 적절하다.

|오답풀이|

①, ② 대중문화는 키치와 고급 예술을 모두 아우르는 개념으로 볼 수 있다.

④, ⑤ 키치에 대한 설명에 가깝다.

1회 기출유형 2회 기출유형 3회 기출유형 4회 기출유형 5회 기출유형 6회 기출유형

13

|정답| ③

|해설| (다)는 지역 및 계절별 강수량의 차이를 나타내는 것이 아니라, 겨울과 여름 계절풍으로 인해 기후적인 특징이 발생한다는 점을 나타내고 있다.

|오답풀이|

① 아시아가 세계 최대의 계절풍 지역이라고 설명하면서 아시아 계절풍의 특징에 대해 이야기하고 있다.

② 우리나라의 계절에 따른 풍향이 다르고 방향이 어떻게 바뀌는지 이야기하며 기압배치에 대해 설명하고 있다.

⑤ 겨울 계절풍에 대해 설명하며 겨울이 되면 차가운 시베리아 기단이 우리나라에 영향을 미친다고 이야기하며 겨울의 대기에 대해 설명하고 있다.

14

|정답| ④

|해설| 음성인식이나 걸음걸이 인식 등은 신체적 외모를 뛰어넘어 인간 행위의 특징까지도 생체인식 기술에 활용될 수 있음을 보여 주고 있다.

|오답풀이|

② 홍채는 육안으로 식별할 수 없으므로 특수 장비가 필요하다고 판단할 수 있다.

⑤ 광고를 통하여 시청자들의 반응 분석, 잃어버린 어린이 찾기 등의 용도로 얼굴인식 기술이 활용될 수 있을 것으로 판단할 수 있다.

15

|정답| ③

|해설| 맹그로브 나무가 살기 어려워지는 이유는 지구온난화로 해수면이 높아지기 때문이라고 했으므로 사막화는 적절한 추론이 아니다.

|오답풀이|

① 맹그로브 나무는 멸종위기종의 서식지가 된다고 했으므로 적절하다.

② 태풍이 왔을 때 바람을 막아 주는 역할을 한다고 했으므로 적절하다.

④ 물고기의 산란장소, 은신처가 되어 준다고 했으므로 적절하다.

⑤ 맹그로브 나무는 소나무에 비해 3배 정도 높은 이산화탄소 흡수량을 가지고 있다고 했으므로 적절하다.

2회 언어추리 문제 69쪽

01	④	02	④	03	⑤	04	①	05	④
06	③	07	④	08	④	09	⑤	10	⑤
11	④	12	②	13	④	14	①	15	①

01

|정답| ④

|해설| 명제가 참이면 대우도 참이라는 것과 명제의 삼단논법 관계를 이용한다.

• 첫 번째 명제 : 오래 앉아 있다. → 목이 아프다.

• 세 번째 명제의 대우 : 목이 아프다. → 앉아 있기 힘들다.

• 두 번째 명제 : 앉아 있기 힘들다. → 공부하기 어렵다.

따라서 '오래 앉아 있으면 공부하기 어렵다'는 항상 참이 된다.

|오답풀이|

① 세 번째 명제를 통해 '목이 아프면 앉아 있기 힘들다'라는 대우가 성립하므로 주어진 문장은 틀린 문장이다.

② 두 번째 명제의 이에 해당하므로 반드시 참이라고 할 수는 없다.

③ 두 번째 명제의 대우와 세 번째 명제를 통해 '공부하기 쉬우면 목이 아프지 않다'가 성립한다. 따라서 주어진 문장은 명제의 이에 해당하므로 반드시 참이라고 할 수는 없다.

⑤ 세 번째 명제의 이에 해당하므로 반드시 참이라고 할 수는 없다.

02

|정답| ④

|해설| A를 중심으로 조건을 맞춰 보면 A와 C 사이에 B가 있으므로 A-B-C 또는 C-B-A 순으로 서 있는 경우를 나누어 생각해 보면 다음과 같다.

ⅰ) A-B-C일 경우
  D는 A 왼쪽에 서 있기 때문에 D-A-B-C가 되고 D와 E 사이에 C가 서 있으므로 D-A-B-C-E가 된다.

ⅱ) C-B-A일 경우
  D는 A의 왼쪽에 있으므로 D-C-B-A가 되고 A는 다섯 번째 자리에 위치하지 않으며 D와 E 사이에 C가 있어야 하므로 D-C-B-A-E가 된다.

이 두 결과를 가지고 살펴보면 항상 참인 것은 ④이다.

03

|정답| ⑤

|해설| 제시된 명제를 정리하면 다음과 같다.

• 땅콩 → ~아몬드
• 밤 → 아몬드
• ~호두 → 잣

첫 번째 명제와 두 번째 명제의 대우의 삼단논법을 통해 '땅콩 → ~아몬드 → ~밤'이 성립하므로 땅콩을 먹으면 밤을 먹지 않음을 알 수 있다.

|오답풀이|

①, ③, ④ 제시된 명제를 통해 알 수 없다.

② 두 번째 명제의 대우를 통해 '~아몬드 → ~밤'이 성립하므로 아몬드를 먹지 않는 사람은 밤을 먹지 않는다.

04

|정답| ①

|해설| C의 진술에 따라 C는 독일어, 일본어, 중국어를 구사할 수 있으며, A와 D의 진술에 따라 A, D는 스페인어를 구사할 수 있다. 다음으로 B의 진술에 따라 B는 일본어, 중국어를 구사할 수 있다. 마지막으로 E의 진술에 따라 E는 B와 비교했을 때 C만 구사할 수 있는 언어를 구사할 수 있

다고 하였으므로 E는 독일어만 구사할 수 있음을 알 수 있다. 이를 정리하면 다음과 같다.

구분	A	B	C	D	E
구사 가능한 언어	스페인어	일본어, 중국어	독일어, 일본어, 중국어	스페인어	독일어

05

|정답| ④

|해설| D와 E가 동일한 두 사람(B, C)의 범인 여부에 대해 말하고 있으므로 D, E 둘 중 한 사람이 거짓을 말하는 범인인 경우를 파악하면 다음과 같다.

ⅰ) D가 거짓을 말하는 경우
  A, B, C, E의 발언이 모두 참이 된다. 따라서 D가 범인이고 거짓을 말한 사람이다.

ⅱ) E가 거짓을 말하는 경우
  E의 발언이 거짓이므로 B 또는 C가 범인이 되어 범인이 거짓을 말한다는 조건과 상충하여 성립하지 않는다.

따라서 거짓을 말하고 있는 범인은 D이다.

06

|정답| ③

|해설| 명제가 참이면 대우도 참이라는 것과 명제의 삼단논법 관계를 이용한다.

• 두 번째 명제 : 헤드폰을 쓴다. → 소리가 크게 들린다.
• 세 번째 명제의 대우 : 소리가 크게 들린다. → 안경을 쓰지 않는다.

따라서 '헤드폰을 쓰면 안경을 쓰지 않는다'는 항상 참이 된다.

|오답풀이|

① 세 번째 명제와 두 번째 명제의 대우를 통해 '안경을 쓰면 헤드폰을 쓰지 않는다'가 성립하므로 주어진 문장은 틀린 문장이다.

② 두 번째 명제의 역에 해당하므로 반드시 참이라고 할 수는 없다.

④ 첫 번째 명제의 역에 해당하므로 반드시 참이라고 할 수는 없다.

1회 기출유형 / 2회 기출유형 / 3회 기출유형 / 4회 기출유형 / 5회 기출유형 / 6회 기출유형

⑤ 주어진 문장이 성립하려면 첫 번째 명제를 이용하여 '소리가 작게 들리면 안경을 쓴다'가 성립되어야 하는데, 이는 세 번째 명제의 역에 해당하므로 반드시 참인 문장이 아니다.

07

|정답| ④

|해설| 각각의 설명이 진실일 경우를 나누어 추론하면 다음과 같다.

i) ㉠이 진실일 경우

㉡에 따라 갑은 고양이를 키워야 하는데, ㉢에 따라 병도 고양이를 키워야 하므로 상충한다.

ii) ㉡이 진실일 경우

㉠에 따라 갑은 강아지를, ㉢에 따라 병은 고양이를 키우고 을은 토끼를 키우고 있음을 추론할 수 있다.

iii) ㉢이 진실일 경우

㉠에 따라 갑은 강아지를 키워야 하는데, ㉡을 보면 갑은 고양이를 키워야 하므로 상충한다.

iv) ㉣이 진실일 경우

㉠에 따라 갑은 강아지를 키워야 하는데, ㉡으로 갑은 고양이를 키워야 하므로 상충한다.

따라서 ㉡만 진실이고 옳은 것은 ④이다.

08

|정답| ④

|해설| A, B, E는 서로 상반된 진술을 하고 있으므로 적어도 셋 중 두 명은 거짓을 말한다. 따라서 C와 D는 진실을 말하고 있다. D의 말이 진실이므로 A의 말 또한 진실이 된다. 따라서 거짓을 말하는 사람은 B와 E이다.

09

|정답| ⑤

|해설| 'a : A가 도착하였다', 'b : B가 도착하였다', 'c : C가 도착하였다', 'd : D가 도착하였다', 'e : E가 도착하였다'로 두고, 명제와 그 대우를 파악한다.

- $d \rightarrow \sim a (a \rightarrow \sim d)$
- $e \rightarrow d (\sim d \rightarrow \sim e)$
- $\sim c \rightarrow \sim b (b \rightarrow c)$
- $\sim d \rightarrow \sim b (b \rightarrow d)$
- $e \rightarrow b (\sim b \rightarrow \sim e)$

따라서 $e \rightarrow b \rightarrow c$이므로 참이다.

|오답풀이|

① $a \rightarrow \sim d \rightarrow \sim e$이므로 거짓이다.

② $b \rightarrow d \rightarrow \sim a$이므로 거짓이다.

③ c와 a의 연결고리가 없으므로 알 수 없다.

④ $\sim d$와 $\sim c$ 사이 연결고리가 없으므로 알 수 없다.

10

|정답| ⑤

|해설| 명제가 참이면 대우도 참이라는 것과 명제의 삼단논법 관계를 이용한다.

- 두 번째 명제의 대우 : 건강이 나빠진다. → 수면시간이 짧아진다.
- 다섯 번째 명제의 대우 : 제품 출시일이 당겨진다. → 건강이 나빠진다.

따라서 '제품 출시일이 당겨지면 수면시간이 짧아진다'는 항상 참이 된다.

|오답풀이|

①, ④ 주어진 명제만으로는 참·거짓 여부를 알 수 없다.

② 두 번째 명제의 이에 해당하므로 반드시 참이라고 할 수는 없다.

③ 다섯 번째 명제의 역에 해당하므로 반드시 참이라고 할 수는 없다.

11

|정답| ④

|해설| e는 세 번째 입주자이고 b가 그 바로 다음인 네 번째로 입주하며, c가 b보다 먼저 입주하므로 c는 첫 번째 또는 두 번째 입주자임을 알 수 있다. a와 d 사이에는 두 명의 입주자가 있으므로 a나 d가 두 번째 또는 다섯 번째 입주자가 되어 'a-e-b-d' 또는 'd-e-b-a' 순서로 입주하게 되는데, d와 e가 연달아 입주하지 않으므로 'c-a-e

−b−d' 순서대로 입주하게 된다. 따라서 두 번째 입주자는 a이다.

12

|정답| ②

|해설| 먼저 A∼E의 다섯 명 중 D의 발언을 살펴보면, 확실하게 참과 거짓 진술을 구분할 수 있다. D의 첫 번째 발언인 '나는 훔치지 않았다'가 거짓이라고 가정한다면 세 번째 발언 'A가 내가 훔쳤다고 말한 것은 거짓이다'도 역시 거짓이 되어 모순이 된다. 반면, 이것을 참이라고 가정한다면 세 번째 발언 역시 참이 되며 남은 하나인 두 번째 발언 'E가 훔쳤다'가 거짓이라는 것을 확인할 수 있다. 이를 토대로 A∼E 진술의 참/거짓을 판명해 본다.

D가 범인이 아니라는 것이 판명되었으므로 D와 관련된 발언에 참/거짓을 표시한다. A와 C가 D가 훔쳤다는 발언을 한 부분이 거짓이므로 나머지 발언을 통해 A와 C가 범인이 아님을 확인할 수 있다. 마지막으로 C의 두 번째 발언이 참이므로 E의 세 번째 발언은 거짓이 되며 동시에 E가 범인이 아니라는 것과 B가 범인임을 알 수 있다.

구분	첫 번째 발언	두 번째 발언	세 번째 발언
A의 발언	나는 훔치지 않았다.	C도 훔치지 않았다.	D가 훔쳤다.
참/거짓	참	참	거짓
B의 발언	나는 훔치지 않았다.	D도 훔치지 않았다.	E가 진짜 범인을 알고 있다.
참/거짓	거짓	참	참
C의 발언	나는 훔치지 않았다.	E는 내가 모르는 사람이다.	D가 훔쳤다.
참/거짓	참	참	거짓
D의 발언	나는 훔치지 않았다.	E가 훔쳤다.	A가 내가 훔쳤다고 말한 것은 거짓말이다.
참/거짓	참	거짓	참
E의 발언	나는 훔치지 않았다.	B가 훔쳤다.	C와 나는 오랜 친구이다.
참/거짓	참	참	거짓

13

|정답| ④

|해설| C는 5층(ⓒ), E는 2층(ⓔ)을 사용한다. D는 A보다 높은 층을 사용하고(ⓛ) A와 E가 사용하는 층 사이에 B가 사용하는 층이 있으며(ㄱ) A의 아래 또는 위층은 누구도 사용하지 않으므로(ⓔ) A, B, D는 1층을 사용할 수 없다. 따라서 1층을 사용할 수 있는 사람은 F뿐이다.

8층	
7층	
6층	
5층	C
4층	
3층	
2층	E
1층	F

A와 E가 사용하는 층 사이에 B가 사용하는 층이 있어야 하고(ㄱ) 3층과 4층 중 하나는 사용하지 않으므로(ⓜ) A는 3, 4층을 사용할 수 없다. 따라서 A는 6층이나 7층을 사용할 수 있다.

i) A가 6층인 경우 : ⓔ에 따라 7층은 사용하지 않고 D는 8층을, B는 3층 또는 4층을 사용하게 된다.

ii) A가 7층인 경우 : ⓔ에 따라 6층은 사용하지 않고 D는 8층을, B는 3층 또는 4층을 사용하게 된다.

8층	D
7층	A 또는 비어 있음.
6층	A 또는 비어 있음.
5층	C
4층	B 또는 비어 있음.
3층	B 또는 비어 있음.
2층	E
1층	F

따라서 항상 옳은 것은 ④이다.

|오답풀이|

① A는 6층 또는 7층을 사용한다.

② B는 3층 또는 4층을 사용한다.

③ F는 1층, E는 2층을 사용하므로 E가 더 높다.

⑤ 3층과 4층 중 비어있는 층은 알 수 없다.

1회 기출유형
2회 기출유형
3회 기출유형
4회 기출유형
5회 기출유형
6회 기출유형

14

|정답| ①

|해설| 추론 1 : 팀 내에서 같은 색 카드는 없으므로 ㉠이 참이라면 ㉢도 반드시 참이 된다.

|오답풀이|

• 추론 2 : 나머지 1명의 카드가 빨강 혹은 초록이라면 두 명은 같은 색을 가진 것이므로 ㉢은 참이 되지 못한다.

• 추론 3 : 카드 색이 다른 3명을 한 팀에서 2명, 다른 팀에서 1명 선출하는 경우도 있으므로 3명 카드의 색이 다르다고 해서 같은 팀이라고 단정 지을 수 없다.

15

|정답| ①

|해설| ㉠을 보면 A는 새우 알레르기를 가지고 있음을 알 수 있다. 이때 ㉡에서 A가 두드러기가 난 것이 새우 때문인지, 복숭아 때문인지 알 수 없다. 따라서 A가 새우와 복숭아 알레르기를 모두 가지고 있다는 진술은 확실히 참인 진술이 아니다.

|오답풀이|

② ㉣을 통해 C는 땅콩 알레르기를 가지고 있음을 알 수 있으며, ㉤에서 C가 알레르기 약을 먹고 난 뒤 두드러기가 나지 않았다고 했으므로 알레르기 약은 땅콩 알레르기에 효과가 있다.

③ ㉢에서 복숭아 알레르기가 있는 B는 알레르기 약을 먹고 두드러기가 가라앉았다고 했으므로 약은 복숭아 알레르기에 효과가 있다. 그러나 새우 알레르기가 있는 A는 ㉡에서 새우와 복숭아를 먹고 알레르기 약을 먹었으나 여전히 두드러기가 났다고 했으므로 알레르기 약이 새우 알레르기에는 효과가 없었음을 짐작할 수 있다.

④ B는 복숭아 알레르기를 가지고 있고, C는 땅콩 알레르기를 가지고 있다. 둘은 알레르기 약을 먹고 두드러기가 가라앉았으므로 알레르기 약은 복숭아와 땅콩 알레르기 모두에 효과가 있다.

⑤ 제시된 조건을 모두 고려하였을 때 A는 새우, B는 복숭아, C는 땅콩 알레르기를 가지고 있음이 확실하므로 세 사람은 최소한 한 가지 이상의 알레르기가 있다.

2회 자료해석   문제 77쪽

01	⑤	02	①	03	②	04	⑤	05	③
06	②	07	③	08	②	09	①	10	④
11	⑤	12	④	13	④	14	③	15	②

01

|정답| ⑤

|해설| • 2019년 대비 2020년의 법인세 실효세율 증감률 :
$$\frac{16.80-16.65}{16.65} \times 100 ≒ 0.9(\%)$$

• 2019년 대비 2020년의 근로소득세 실효세율 증감률 :
$$\frac{11.14-11.00}{11.00} \times 100 ≒ 1.27(\%)$$

따라서 법인세보다 근로소득세의 증감률이 높다.

02

|정답| ①

|해설| 20X0년 대비 20X4년의 연간 총 주행거리 증가율이 가장 큰 것은 전기 자동차로, $\frac{9,771-5,681}{5,681} \times 100 ≒ 72$ (%) 증가하였다.

|오답풀이|

② LPG를 사용하는 자동차의 연간 총 주행거리는 45,340 → 44,266 → 39,655 → 37,938 → 36,063으로 매년 감소하고 있다.

③ 휘발유를 사용하는 자동차의 연간 총 주행거리는 108,842 → 110,341 → 115,294 → 116,952 → 116,975로 매년 증가하고 있다.

⑤ 전기를 사용하는 자동차의 연간 총 주행거리는 5,681 → 6,282 → 7,023 → 8,153 → 9,771로 매년 증가하고 있다.

03

|정답| ②

|해설| A 시와 B 시의 물가 변동률의 차이가 가장 큰 시기인 20X6년의 변동률 차이는 $\frac{10.19}{6.07} ≒ 1.68$(배)로 2배 이하이다.

|오답풀이|

① 20X1년 B 시의 물가 변동률은 전년 대비 하락하였다.

③ A 시 물가 변동률의 전년 대비 증가율이 가장 높은 해는 3배 이상 증가한 20X1년이다.

④ B 시의 물가 변동률이 A 시의 물가 변동률보다 높은 연도는 20X0년, 20X1년, 20X3년으로 3개이다.

⑤ 전년 대비 물가 변동률의 차이가 가장 큰 연도는 A 시는 $10.19 - 7.19 = 3$(%p) 변화한 20X6년, B 시는 $6.62 - 4.95 = 1.67$(%p) 변화한 20X5년이다.

04

|정답| ⑤

|해설| ⓒ 조사대상이 600명, 남녀 비율이 2 : 3이라면 조사대상 중 여성은 $600 × \frac{3}{5} = 360$(명)이므로, 여성 중 전공과 직업이 일치한다고 응답한 사람은 $360 × 0.337 ≒ 121$(명)이다.

ⓔ 조사대상이 1,000명이고 그중 서비스직에 종사하는 사람이 35%라면 서비스직에 종사하는 사람은 $1,000 × 0.35 = 350$(명)이므로, 서비스직에 종사하는 사람 중 전공과 직업이 일치하지 않는다고 응답한 사람은 $350 × 0.525 ≒ 184$(명)이다.

05

|정답| ③

|해설| 5개 도시의 통합미세먼지 지수를 구하면 다음과 같다.

• 서울 : $(86 - 70 + 63) + (3 × 10 + 60) = 169$

• 부산 : $(77 - 70 + 63) + (2 × 22) = 114$

• 광주 : $(0.9 × 43) + (2 × 27) = 92.7$

• 인천 : $(0.9 × 63) + (2 × 23) = 102.7$

• 대전 : $(0.9 × 52) + (3 × 8 + 60) = 130.8$

따라서 통합미세먼지 지수가 '보통' 단계인 도시는 부산, 광주, 인천 총 3곳이다.

06

|정답| ②

|해설| ㉠ ~ ㉣에 들어갈 수치를 계산하면 다음과 같다.

㉠ $\frac{23,442 + 48,724}{220,573} × 100 ≒ 33$(%)

㉡ $\frac{12,875,191 + 12,114,897}{189,019,253} × 100 ≒ 13$(%)

㉢ $\frac{17,220 + 37,972}{144,587} × 100 ≒ 38$(%)

㉣ $\frac{7,409,831 + 6,001,760}{95,435,474} × 100 ≒ 14$(%)

따라서 빈칸에 들어갈 수치로 옳은 것은 ㉡이다.

07

|정답| ③

|해설| 2012년에 한 달에 1회 이상 음주한 여성의 수는 $1,160 × \frac{45}{100} = 522$(만 명)이다.

|오답풀이|

① 2018 ~ 2020년 남성의 월간음주율은 지속적으로 증가하였다.

② 2021년 남성의 월간음주율은 지난해에 비해 1.3%p 감소하였다.

④ 2014년 만 19세 이상 남성인구 중 $1,390 × \frac{100 - 77.8}{100} ≒ 309$(만 명)은 한 번도 음주하지 않은 달이 있는 남성이다. 그러나 매달 한 번도 음주하지 않은 남성의 수는 알 수 없다.

⑤ 모든 해에서 남성의 월간음주율은 여성의 월간음주율의 1.4배를 초과한다. 2021년 여성의 월간음주율의 1.4배는 $50.5 × 1.4 = 70.7$이다.

1회 기출유형

2회 기출유형

3회 기출유형

4회 기출유형

5회 기출유형

6회 기출유형

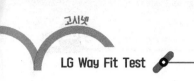

08

|정답| ②

|해설| 각 집행률을 구하면 다음과 같다.

(단위 : 조 원, %)

구분		계획(A)	실적(B)	집행률 ($\frac{B}{A}\times100$)
전체	합계	181.8	189.8	104.4
	대기업	133.5	150.5	112.7
	중견기업	23.6	18.0	76.3
	중소기업	24.7	21.3	86.2
제조업	합계	89.9	106.0	117.9
	대기업	67.2	86.4	128.6
	중견기업	13.1	10.8	82.4
	중소기업	9.6	8.8	91.7
비제조업	합계	91.9	83.8	91.2
	대기업	66.3	64.1	96.7
	중견기업	10.5	7.2	68.6
	중소기업	15.1	12.5	82.8

제조업, 비제조업의 대기업, 중견기업, 중소기업의 집행률은 대부분 70% 이상이지만 비제조업 중 중견기업의 집행률은 68.6%로 70%에 미치지 못한다.

09

|정답| ①

|해설| 평일 하루 평균 매출을 x라고 하면 주말 하루 평균 매출은 $2.25x$이며, 지난주 전체 매출은 $5x+2\times2.25x=9.5x$이다. 15 ~ 21시 구간에서 지난주 매출은 $9.5x\times0.31$ ≒ $2.9x$이고, 주말 이틀간의 매출은 $2\times2.25x\times(0.17+0.16)$ ≒ $1.5x$이다. 따라서 해당 구간에서 평일 전체 매출은 $2.9x-1.5x=1.4x$이고 이는 평일 전체 시간대 매출 대비 $\frac{1.4x}{5x}\times100=28$(%)를 차지한다.

10

|정답| ④

|해설| 2021년 주 2회 이상 규칙적인 체육활동을 하는 70세 이상 인구의 비율은 2016년 대비 $\frac{48.8-37.1}{37.1}\times100$ ≒ 31.5(%) 증가하였다.

|오답풀이|

① 2019년 주 1회 생활체육참여율의 전년 대비 증가율은 $\frac{56.0-54.8}{54.8}\times100$ ≒ 2.2(%)이다.

② 2016년에는 60대의 생활체육참여율이 39.8%로 두 번째로 높았고, 2018년에는 20대의 생활체육참여율이 47.2%로 두 번째로 높았다.

③ 2018년 이후 주 1회 생활체육참여율이 매해 50% 이상이므로, 10세 이상 인구의 절반 이상이 체육활동에 참여하였다.

⑤ 전년 대비 생활체육참여율이 감소한 해는 제외하고 계산한다.

- 2018년 : 31.4 $\xrightarrow[+10.1]{}$ 41.5
- 2019년 : 41.5 $\xrightarrow[+3.8]{}$ 45.3
- 2020년 : 45.3 $\xrightarrow[+4]{}$ 49.3

따라서 2018년의 전년 대비 참여율 증가폭이 가장 크다.

11

|정답| ⑤

|해설| 〈조건〉에서 알 수 있는 A ~ F에 해당하는 6개 지역은 경북, 대전, 전북, 서울, 강원, 충남이다. 첫 번째 조건에 따르면 B, C, D, F 중 경북, 대전, 전북, 서울이 있으므로 A, E는 각각 강원, 충남 중 하나이다. 마지막 조건에서 A, D가 강원 또는 전북이므로 A는 강원, E는 충남, D가 전북이며 B, C, F 중에 경북, 대전, 서울이 있음을 알 수 있다.

A	B	C	D	E	F
강원			전북	충남	

두 번째 조건에 따르면 A, B, E, F 중에 강원, 경북, 충남, 서울이 있으므로 B, F 중에 경북, 서울이 있고 이에 따라 C가 대전이 된다.

세 번째 조건에 따르면 A, D, E, F 중에 강원, 전북, 충남, 서울이 있으므로 F가 서울이고, 이에 따라 B가 경북이 된다.

A	B	C	D	E	F
강원	경북	대전	전북	충남	서울

따라서 A는 강원, C는 대전이다.

12

|정답| ④

|해설| '탑승률(%)= $\frac{국내여객}{공급석}$ ×100'이므로 20X1년 11월

A사의 국내여객은 $\frac{250 \times 70}{100}$ =175(천 명)이다.

'국내여객 전년 동월 대비 증감량=20X2년 11월 국내여객 −20X1년 11월 국내여객'이므로 20X2년 11월 국내여객 수 는 175+105=280(천 명)이다.

(다른 풀이로 A ~ E사의 20X2년 11월 국내여객의 합이 1,480천 명이므로 이를 이용하여 A사의 국내여객 수를 구할 수도 있다)

〈자료 2〉에서 20X2년 11월 A사 탑승률의 전년 동월 대비 증가율이 25%이므로 A사 탑승률이 70×1.25=87.5(%)임을 알 수 있으며, 이에 따라 20X2년 11월 A사의 공급석은 $\frac{280 \times 100}{87.5}$ =320(천 석), 즉 320,000석임을 도출할 수 있다.

13

|정답| ④

|해설| 대출 A의 금리는 4%대, 가계대출의 금리는 7%대를 계속 유지하면서 매년 2%p 이상의 차이를 계속 유지한다.

|오답풀이|

① 대출 A의 상반기 공급액은 2018년에 처음으로 연간 목표액의 50%를 초과했으나, 제시된 자료만으로는 2018년 하반기를 포함한 대출 A의 연간 공급액을 알 수는 없다.

② 2012년 대출 A의 연간 목표액은 20,000천만 원을 초과하고, 2020년 대출 A의 상반기 공급액은 20,000천만 원 미만을 기록하였다.

③ 2015년 대출 A의 연 목표액은 약 30,000천만 원이며, 2015년 대출 A의 금리가 5% 미만이므로 2015년 대출

A의 연 목표 대출이자수익은 30,000×0.05=1,500(천만 원) 미만이었다.

⑤ 70천만 원을 대출했을 때 채무자가 부담해야 하는 이자지출이 2.8천만 원이 되기 위해서는 금리가 4%이어야 한다. 2016년 대출 A의 금리는 4%대, 가계대출의 금리는 7%대이므로 두 상품의 금리 차이는 4%p 미만이다. 따라서 대출 A 대신 가계대출을 선택했을 때 채무자가 부담해야 했던 이자지출의 차이는 2.8천만 원 미만이다.

14

|정답| ③

|해설| 현재 전체 전기차 등록 수 대비 제주의 전기차 등록 수의 비는 $\frac{7,244}{13,680}$ ×100 ≒ 53(%)이다.

|오답풀이|

① 경기와 대구의 전기차 등록 수의 합은 1,162+1,125= 2,287(대)로 서울의 전기차 등록 수인 2,327대보다 적다.

② 대구의 전기차 등록 수는 1,125대로 부산의 전기차 등록 수인 478대의 $\frac{1,125}{478}$ ≒ 2.4(배)이다.

④ 현재 전체 전기차 등록 수 대비 대구, 경남, 부산의 전기차 등록 수의 비는 $\frac{1,125+743+478}{13,680}$ ×100 ≒ 17 (%)이다.

⑤ 전기차 등록 수가 1,000대가 안 되는 지역은 경남, 전남, 부산으로 이 지역의 전기차 평균 등록 수는 $\frac{743+601+478}{3}$ ≒ 607(대)이다.

15

|정답| ②

|해설| ㉠ 15세 미만 총인구는 6,682,752명으로 55세 이상 총인구보다 적다.

㉲ 55 ~ 59세의 연령에서는 여성의 비율이 높다.

| 오답풀이 |

ⓒ 20대의 성비는 $\frac{3,688,338}{3,237,109} \times 100 ≒ 114.0$으로 가장 높다.

ⓒ 100세 이상 연령의 성비는 $\frac{565}{3,378} \times 100 ≒ 16.7$로 가장 낮다.

ⓒ 남성과 여성의 40대 인구수는 각각 4,356,370명, 4,213,635명으로 다른 연령대보다 많다.

2회 창의수리 문제 92쪽

01	②	02	②	03	③	04	⑤	05	③
06	④	07	①	08	①	09	④	10	③
11	⑤	12	③	13	④	14	④	15	④

01

| 정답 | ②

| 해설 |

$$1 \quad 6 \quad -7 \quad 18 \quad -23 \quad 38 \quad (\ ?\ )$$
$$+(1^2+2^2) \ -(2^2+3^2) \ +(3^2+4^2) \ -(4^2+5^2) \ +(5^2+6^2) \ -(6^2+7^2)$$

따라서 '?'에 들어갈 숫자는 $38-(6^2+7^2)=-47$이다.

02

| 정답 | ②

| 해설 |

$$(\ ?\ ) \quad 9.5 \quad 19.5 \quad 39.5 \quad 79.5$$
$$\times2+0.5 \ \times2+0.5 \ \times2+0.5 \ \times2+0.5$$

따라서 '?'에 들어갈 숫자는 $(9.5-0.5) \div 2 = 4.5$이다.

03

| 정답 | ③

| 해설 | 화살표의 왼쪽 두 수를 곱한 값을 두 수를 더한 값으로 나누면 오른쪽 값이 된다.

• $(10 \times 10) \div (10+10) = 100 \div 20 = 5$
• $(3 \times 6) \div (3+6) = 18 \div 9 = 2$
• $(6 \times 12) \div (6+12) = 72 \div 18 = 4$

따라서 '?'에 들어갈 숫자는 $(10 \times 15) \div (10+15) = 150 \div 25 = 6$이다.

04

| 정답 | ⑤

| 해설 | 각 항의 분자의 합은 분모의 배수가 된다.

• $1+3+6+8=18 \rightarrow \frac{18}{3}=6$
• $2+5+9+14=30 \rightarrow \frac{30}{5}=6$
• $3+7+13+19=42 \rightarrow \frac{42}{7}=6$

그러므로 마지막 항의 분자의 각 자릿수 4, 9, 16, ?의 합은 분모 9의 n배수(6배수)가 된다.

$4+9+16+?=9n$

따라서 '?'에 들어갈 숫자는 $9n-29=9 \times 6-29=25$이다.

05

| 정답 | ③

| 해설 |

$$15 \longrightarrow 35 \longrightarrow 63 \longrightarrow 99 \longrightarrow 143 \longrightarrow (\ ?\ )$$
$$+20 \quad +28 \quad +36 \quad +44 \quad +52$$
$$+8 \quad +8 \quad +8 \quad +8$$

따라서 '?'에 들어갈 숫자는 $143+52=195$이다.

보충 플러스+

다음 규칙으로 풀이될 수 있다.

$$15 \rightarrow 35 \rightarrow 63 \rightarrow 99 \rightarrow 143 \rightarrow ?$$
$$\uparrow \quad \uparrow \quad \uparrow \quad \uparrow \quad \uparrow \quad \uparrow$$
$$3 \times 5 \quad 5 \times 7 \quad 7 \times 9 \quad 9 \times 11 \quad 11 \times 13 \quad 13 \times 15$$

06

| 정답 | ④

| 해설 | 왼쪽 도형의 숫자에 2를 곱하면 오른쪽 도형의 동일 위치의 숫자가 된다.

6	7
9	8

$\Rightarrow$

12	14
18	16

따라서 ★ + ☆ = 14 + 18 = 32이다.

07

| 정답 | ①

| 해설 | 단일선으로 연결된 두 수와 이중선으로 연결된 하나의 수 사이의 관계(규칙)를 파악하면 된다. 우선 복잡한 형태의 수열을 단순하게 변형(회전)하여 일렬로 정리한다.

```
  ×2+1   ×2+1   ×2+1   ×2+1
 (3)  (7)   (15)   (31)   A
   4    8     16
  (4)  (8)   (16)   (?)
```

단일선으로 연결된 수 3, 7, 15, 31, A를 살펴보면, 이들 사이에는 '×2+1'의 규칙이 성립함을 알 수 있다. 이에 따라 A = 31×2+1 = 62+1 = 63이 된다.

또한 이들 사이의 차를 표시하고 이중선으로 연결된 수와의 관계를 살펴보면 그 수가 동일함을 알 수 있다. 즉, 이중선으로 연결된 수는 단일선으로 연결된 '두 수의 차'이다. 따라서 '?'에 들어갈 수는 A−31 = 63−31 = 32이다.

08

| 정답 | ①

| 해설 | 현재 최 대리의 나이를 x살이라 하면, 김 부장의 나이는 $(x+12)$살이 된다. 주어진 조건을 식으로 정리하면 다음과 같다.

$3(x-4) = 2(x+12-4)$

$3x-12 = 2x+16$

$\therefore x = 28$

따라서 현재 최 대리의 나이는 28살이다.

09

| 정답 | ④

| 해설 | 전체 일의 양을 1이라 하고 A, B, C가 1일 동안 하는 일의 양을 각각 a, b, c라 하면 다음과 같은 식이 성립한다.

$a+b = \frac{1}{5}$ .... ㉠

$b+c = \frac{1}{10}$ .... ㉡

$a+c = \frac{1}{8}$ .... ㉢

㉠ ~ ㉢의 식을 연립해서 풀면 다음과 같다.

$2a+2b+2c = \frac{17}{40}$

$a+b+c = \frac{17}{80}$

$c = \frac{1}{80}$

따라서 C 사원이 혼자 프로젝트를 진행한다면 완료하는 데 80일이 걸린다.

10

| 정답 | ③

| 해설 | 첨가된 12% 소금물의 양을 xg이라 하면 다음과 같은 식이 성립한다.

$\frac{8}{100} \times (400-x) + \frac{12}{100}x + 200 = \frac{7}{100} \times 600$

그런데 소금의 양은 물 200g을 넣기 전이나 후에도 변함이 없으므로, 다음과 같다.

$\frac{8}{100} \times (400-x) + \frac{12}{100}x = \frac{7}{100} \times 600$

$3,200 - 8x + 12x = 4,200$

$4x = 1,000$

$x = 250$

따라서 첨가된 12%의 소금물은 250g이다.

11

|정답| ⑤

|해설| 박스의 칸을 선택할 수 있는 모든 경우의 수는 25가지이고, 이 중 빈칸은 20개이므로 처음 선택 시 빈칸을 고를 확률은 $\frac{20}{25}$ 이다. 그리고 두 번째 선택에서 쿠폰이 있는 칸을 고를 확률은 처음 선택한 빈칸을 제외한 $\frac{5}{24}$ 가 된다.

따라서 두 번째 선택에서 쿠폰이 있는 칸을 고를 확률은 $\frac{20}{25} \times \frac{5}{24} = \frac{1}{6}$, 즉 16.666···%로 약 17%가 된다.

보충 플러스+

1. 동시에 일어나거나 '그리고'로 연결되는 경우는 확률을 곱한다.
2. '또는'으로 연결되는 경우는 확률을 더한다.
3. 어떠한 사건이 일어나지 않을 확률은 (1−사건이 일어날 확률)이다.

12

|정답| ③

|해설| 원래의 가격을 x원이라 하면
$(x+0.5x) - 0.2(x+0.5x) = A$(원)이 된다.
이 식을 계산하면,

$1.5x - 0.3x = A \qquad 1.2x = A \qquad x = \frac{10}{12}A$

따라서 원래의 가격은 $\frac{5}{6}A$원이다.

13

|정답| ④

|해설| 정사면체를 두 번 던졌을 때 바닥에 깔리는 두 숫자의 합이 0이 될 수 있는 숫자 조합의 경우는 (1, −1), (−1, 1), (0, 0) 세 가지이다.

• (1, −1)이 될 확률 : $\frac{2}{4} \times \frac{1}{4} = \frac{1}{8}$

• (−1, 1)이 될 확률 : $\frac{1}{4} \times \frac{2}{4} = \frac{1}{8}$

• (0, 0)이 될 확률 : $\frac{1}{4} \times \frac{1}{4} = \frac{1}{16}$

따라서 바닥에 깔리는 두 숫자의 합이 0이 될 확률은 $\frac{1}{8} + \frac{1}{8} + \frac{1}{16} = \frac{5}{16}$ 이다.

14

|정답| ④

|해설| A가 뽑은 카드의 숫자가 가장 큰 수가 되는 경우는 다음과 같다.

A	5	5	9	9	9	9	9	9	9	9	9
B	1	1	1	1	1	7	7	7	8	8	8
C	3	4	3	4	6	3	4	6	3	4	6

따라서 경우의 수는 총 11가지이다.

15

|정답| ④

|해설| '속력 = $\frac{거리}{시간}$'임을 이용해 우선 기차가 36초 동안 이동한 거리를 구한다. 기차의 앞부분이 터널 입구로 들어가서 마지막 칸까지 모두 통과하는 지점까지의 길이이므로, 기차가 이동한 거리는 터널의 길이와 기차의 길이를 합한 800+100=900(m)가 된다.

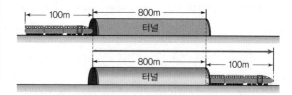

기차가 36초 동안 900m를 이동했으므로 선택지의 단위에 따라 이를 시속으로 변환해 기차의 속력을 계산하면 다음과 같다.

$$\frac{900\text{m}}{36\text{s}} \times \frac{1\text{km}}{10^3\text{m}} \times \left(\frac{60\text{s}}{1\text{min}} \times \frac{60\text{min}}{1\text{h}} \right)$$
$$= \frac{900\text{m}}{36\text{s}} \times \frac{1\text{km}}{1,000\text{m}} \times \frac{3,600\text{s}}{1\text{h}}$$
$$= 90\text{km/h}$$

3회 기출유형모의고사

3회 언어이해
문제 98쪽

01	①	02	②	03	①	04	④	05	⑤
06	③	07	④	08	④	09	⑤	10	②
11	④	12	④	13	③	14	②	15	①

01

|정답| ①

|해설| 제시된 글은 정의사회란 정의에 대한 개인적 의식을 개혁함으로써 이룩하는 것이 아니라 사회 구성원들이 자신의 자리에서 성실하게 최선을 다할 때 구현된다고 설명한다.

02

|정답| ②

|해설| 체계를 이루는 항목이나 범주 중 하나가 변하면 다른 항목에도 영향을 미쳐 체계 전체에 변화가 일어난다는 일반적인 원리나 법칙을 먼저 제시하고, 그에 대한 구체적인 예로 중세 국어의 'ㆍ'를 들어 설명하는 방식으로 서술하고 있다.

03

|정답| ①

|해설| ㉠ 이후 문장에서 '소득 불평등 해소를 위한 구체적 정책 방향을 모색해야 한다'고 하였으므로 ㉠이 포함된 문장에서는 구체적이지 않은 이해 수준에서 벗어나야 한다고 언급하는 것이 가장 매끄럽다. 따라서 '구체적'과 가장 반대되는 뜻인 '관념적'이 적절하다.

04

|정답| ④

|해설| 제시된 글은 포도주에 함유된 폴리페놀이 우리 몸에 이로운 작용을 하여 질병을 예방해 주고 치료해 준다는 내용을 담고 있다. 따라서 벌꿀에 함유된 프로폴리스가 상처와 염증 치료에 효과가 있다는 ④의 내용이 가장 유사한 설명방식과 내용을 담고 있다.

05

|정답| ⑤

|해설| 각 문장의 첫 어절을 먼저 살펴본다. ㉤은 '먼저'라는 부사로 시작하므로 가장 첫 문장으로 배치한다. 또한, ㉢은 '마지막으로'라고 시작하여 내용을 종결한다는 뜻을 드러내므로 마지막 문장으로 배치되어야 적절하다. 나머지 ㉠, ㉡, ㉣은 모두 다큐멘터리 등 교양 프로그램에 대한 내용을 담고 있는데, 이 중 상위 범주의 내용을 전달하는 ㉡을 먼저 배치하는 것이 적절하다. 이어서 ㉠과 ㉣은 세부적인 정보를 제시하고 있으므로 '예컨대'라는 표지로 시작한 다음 '또한'으로 이어지는 것이 자연스럽다. 따라서 ㉤-㉡-㉠-㉣-㉢ 순이 적절하다.

06

|정답| ③

|해설| 전 세계적으로 집값이 요동치는 때에도 휴스턴은 탄력적인 주택 공급으로 집값의 보합세를 유지할 수 있었다는 내용이 (가) ~ (나)에 제시되어 있다. 이와 같은 탄력적 주택 공급은 일반적으로 가격 거품을 막아 주는 효과를 낳는데, 그 예로 주택 공급이 어려웠던 26개의 도시에 비해 주택 공급 제한이 덜 했던 26개 도시의 집값은 28%만 오르는 데 그쳤다는 내용이 (다) ~ (마)에 제시되어 있다. 따라서 두 번째 문단이 시작되는 곳으로 (다)가 적절하다.

07

|정답| ④

|해설| 제시된 기사의 내용은 미국의 청소년 흡연율이 높은 수치를 기록하며, 높은 청소년 흡연율과 낮은 담배 구입 연령 제한이 연관이 있다는 연구 결과가 나와 미국의 여러 주가 담배 구입 연령 제한을 상향했다는 것이다. 따라서 '미국, 심각한 청소년 흡연율에 다수의 주들 담배 구입 연령 21세로 상향 조절'이 제목으로 적절하다.

08

|정답| ④

|해설| 과학기술 문명의 발전으로 우리가 누리고 있는 지나치게 편리한 온갖 습관들, 이를테면 비행기 운항으로 몇 시간 만에 지구 반대편으로 물건을 이동시키는 것은 막대한 양의 탄산가스를 배출시켜 기후 위기를 초래하고 있다. 따라서 기후 위기를 극복하고 인류 문명의 지속 가능성을 높이기 위해 편리한 모든 습관들에 대한 개선이 필요함이 이 글의 주제로 적절하다.

|오답풀이|

③ 비행기 여행을 포기한 것은 기후 운동에 대한 사람들의 관심을 모이게 하려는 의도이지, 기후 위기 극복을 위해 비행기 여행을 없애야 한다고 주장하는 것은 이 글의 주제로 적절하지 않다.

09

|정답| ⑤

|해설| '산업안전보건법'은 사업자가 아닌 노동자의 '안전'과 '보건'이 유지·증진될 수 있도록 제도적으로 기준을 만든 법이다.

10

|정답| ②

|해설| 지구온난화로 인한 가뭄 때문에 생활용수 부족 현상이 발생하고 있다. 해수면 상승으로 인해 투발루인들이 아침 주식으로 먹는 식물이 죽고 있어 그들의 식생활마저 바뀌었다. 따라서 식생활을 바꾸는 것은 가뭄이 아닌 해수면 상승이다.

11

|정답| ④

|해설| 마지막 문단에서 화이트박스 암호도 변조 행위나 역공학에 의한 공격을 받는다면 노출될 가능성이 있다고 명시하고 있다.

12

|정답| ④

|해설| (가)는 붕당과 당파에 대해 문제를 제기하고 있고, (나)와 (다)는 병렬적 관계로서 각각 굶주림으로 인한 다툼과 길에서 어깨를 부딪쳐 일어나는 싸움을 (가)의 예시로 들고 있다. 마지막으로 (라)는 싸움의 원인을 제거해야 함을 말하며 (나), (다)의 문제에 대한 해결방법을 제시하고 있다.

13

|정답| ③

|해설| 허셜 또한 헨델과 마찬가지로 독일인이었으나 영국으로 귀화하여 영국의 음악가 그리고 과학자로 활동하였다. 두 번째 문단 첫 번째 문장에서 '영국의 천문학자 허셜'이라고 명확하게 언급된 것을 통해 확인할 수 있다.

14

|정답| ②

|해설| 제시된 글은 지적장애인 시설에 대한 응급상황 발생 시의 체계화된 기준이 마련되어야 한다고 주장하고 있다. 따라서 ②가 주제로 적절하다.

|오답풀이|

③ 응급상황 발생 시의 체계화된 기준이 마련되어 있지 않은 상황에서 장애인 시설 담당자 나름의 판단에 의한 행동이 미흡했다고 단정하기는 어렵다.

15

|정답| ①

|해설| 제시된 글의 전체적인 내용은 그린 잡이 환경보호에도 도움을 주며 일자리 시장이나 경제 산업에도 도움을 주는 직업이라는 것이다. 따라서 ①이 제목과 부제목으로 적절하다.

|오답풀이|

② 제시된 글은 그린 잡의 탄생 배경뿐만 아니라 그린 잡의 특성에 대한 전반적인 설명을 하고 있다.

③ 그린 잡은 환경보호뿐만 아니라 일자리 시장, 경제산업에서의 긍정적인 효과 또한 기대할 수 있는 직업이므로 환경보호를 우선시한다고 보기 어렵다.

④ 중요한 키워드인 '그린 잡'이 포함되어 있지 않으므로 적절한 제목이라고 볼 수 없다.

⑤ 환경에 대한 새로운 인식은 글의 중심내용과 관련이 없으므로 적절한 제목이라 볼 수 없다.

3회 언어추리

문제 110쪽

01	③	02	④	03	①	04	③	05	①
06	③	07	②	08	④	09	④	10	⑤
11	④	12	③	13	③	14	④	15	③

01

|정답| ③

|해설| 제시된 명제를 'p : 팀장이 출장을 간다', 'q : 업무 처리가 늦어진다', 'r : 고객의 항의 전화가 온다', 's : 실적평가에서 불이익을 받는다'로 정리하고 제시된 조건을 기호로 나타내면 다음과 같다.

• p → q(~q → ~p)

• r → s(~s → ~r)

• q → r(~r → ~q)

따라서 두 번째 명제의 대우 명제와 세 번째 대우 명제 그리고 첫 번째 명제의 삼단 논법에 따라 '실적평가에서 불이익을 받지 않으면 팀장이 출장을 가지 않는다'는 항상 참이 된다.

02

|정답| ④

|해설| 5일에 걸쳐 2명씩 당직을 선다면 모두 2번씩 당직을 선다. D는 수요일 이후로 당직을 서지 않으므로(세 번째 조건) 월요일과 화요일에 당직을 선다. 또, A와 E는 D와 한 번씩 당직을 서므로(네 번째 조건) 각각 월요일 또는 화요일에 당직을 한 번씩 선다. 조건에 따라서 당직 근무자를 배정하면 아래와 같다.

요일	월	화	수	목	금
당직 근무자	D	D	A	B	B
	A 또는 E	A 또는 E	C	C	E

따라서 반드시 참인 것은 ④이다.

03

|정답| ①

|해설| 영화를 좋아하면 꼼꼼한 성격이고 꼼꼼한 성격이면 편집을 잘한다. 따라서 '영화를 좋아하면 편집을 잘한다'가 성립한다. 이 명제가 참이라면 대우인 '편집을 잘하지 못하면 영화를 좋아하지 않는다'라는 문장도 반드시 참이 된다.

04

|정답| ③

|해설| 제시된 조건에서 C와 E가 다른 팀이어야 한다는 것과 A, B 또는 B, F가 반드시 같은 팀이어야 한다는 것을 명시하고 있다.

③의 A, E, F 조합으로는 'B가 속한 팀에 A 또는 F가 반드시 속해야 한다'는 조건에 상충하므로 적절하지 않은 팀 구성이다.

05

|정답| ①

|해설| 네 번째 조건이 거짓이라 가정하면, B는 지난 주, C는 2주 전에 근무하였으며, A는 지난 2주간 휴가였기 때문에 이번 주 또는 다음 주에 근무하게 된다. 이때 네 번째 조건이 거짓이므로 D는 이번 주가 아니라 다음 주 근무자일 것이라 추측할 수 있다. 이를 정리하면 다음과 같다.

2주 전	지난 주	이번 주	다음 주
C	B	A	D

|오답풀이|

• 첫 번째 조건이 거짓 : 첫 번째 조건이 거짓이라면 A가 지난 2주 간 한 번 이상 주말 근무를 해야 했기에 모순이 생긴다.

2주 전	지난 주	이번 주	다음 주
C	B	D	

• 두 번째 조건이 거짓 : C, D가 각각 2주 전, 이번 주에 근무하였고, A가 지난 2주 간 근무하지 않았으므로 A는 다음 주에 근무 담당자일 것이다. 따라서 B가 지난 주에 근무했어야 한다는 모순이 생긴다.

2주 전	지난 주	이번 주	다음 주
C		D	A

• 세 번째 조건이 거짓 : B, D가 각각 지난 주, 이번 주에 근무하였고, A가 지난 2주 간 근무하지 않았으므로 A는 다음 주에 근무 담당자일 것이다. 따라서 C가 2주 전에 근무했어야 한다는 모순이 생긴다.

2주 전	지난 주	이번 주	다음 주
	B	D	A

06

|정답| ③

|해설| 첫 번째 명제와 두 번째 명제의 대우는 '사람을 사귀는 것이 쉬운 사람은 성격이 외향적이다'와 '말하는 것을 좋아하는 사람은 외국어를 쉽게 배운다'이다. 두 번째 명제의 '말하는 것을 좋아하는 사람'의 자리에 '외향적인 성격'이 들어가면 '외향적인 성격은 외국어를 쉽게 배운다'가 성립하는데 이를 위해서는 '외향적인 성격은 말하는 것을 좋아한다'라는 명제가 필요하다.

07

|정답| ②

|해설| 제시된 명제를 p ~ r로 정리하면 다음과 같다.

p : 김 대리가 빨리 온다.

q : 박 차장이 빨리 온다.

r : 황 주임이 빨리 온다.

(가) p → ~q or ~r(q and r → ~p)

(나) ~q → p(~p → q)

(다) ~r → ~q(q → r)

q → r은 성립하나, 그 역인 r → q가 반드시 성립한다고는 할 수 없다.

|오답풀이|

① ~p → q이므로 참이다.

③ q → r에서 q와 r이 동시에 성립함을 알 수 있고, q and r → ~p이므로 참이다.

④ ~r → ~q → p이므로 참이다.

⑤ ~p → q → r이므로 참이다.

08

|정답| ④

|해설| 한 팀에 같은 장르를 하는 사람이 들어갈 수 없으므로 각각 장르별로 인원 수만큼 팀이 나누어진다. 댄스스포츠를 하는 2명은 2개의 팀에, 한국무용 4명은 4개의 팀에 속하게 되는데 전체 팀은 5개이므로 한국무용 인원이 없는 다른 1팀에 댄스스포츠 인원이 있을 수 있다. 따라서 댄스스포츠가 속한 팀에 한국무용이 속하지 않는 경우가 있다.

09

|정답| ④

|해설| 제시된 명제를 'p : 안경을 쓴다', 'q : 가방을 든다', 'r : 키가 크다', 's : 스카프를 맨다'로 정리하고 제시된 조건을 기호로 나타내면 다음과 같다.

• p → ~q(q → ~p)

• ~p → ~r(r → p)

• s → q(~q → ~s)

따라서 두 번째 명제의 대우 명제와 첫 번째 명제 그리고 세 번째 명제의 대우 명제의 삼단 논법에 따라 '키가 큰 사람은 스카프를 매지 않았다'는 항상 참이 된다.

10

|정답| ⑤

|해설| 제시된 명제를 'p : 머리를 많이 쓴다', 'q : 잠이 온다', 'r : 머리가 길다', 's : 오래 잔다', 't : 다리를 떤다'로 정리하고 제시된 조건을 기호로 나타내면 다음과 같다.

• p → q(~q → ~p)　　　• r → s(~s → ~r)

• t → ~q(q → ~t)　　　• s → ~p(p → ~s)

따라서 첫 번째 명제와 세 번째 명제의 대우 명제에 따라 '머리를 많이 쓰면 다리를 떨지 않는다'는 항상 참이 된다.

11

|정답| ④

|해설| ⓒ에 따라 충전소를 101동에 설치하는 경우와 103동에 설치하는 경우로 나누어 확인한다.

ⅰ. 101동에 설치하는 경우

ⓒ에 따라 103동에는 설치되지 않고 ⓜ에 따라 104동에도 설치되지 않는다. ⊙의 대우에 따라 104동에 설치되지 않기에 102동에도 설치되지 않는다. ⓛ의 대우에 따라 103동에 설치되지 않기에 105동에 설치된다.

ⅱ. 103동에 설치하는 경우

ⓜ에 따라 104동에도 설치된다. ⓒ에 따라 101동에는 설치되지 않기에 ⓔ에 의해 102동에는 설치된다. 이때, 105동은 설치되거나 설치되지 않는 경우가 모두 가능하다.

104동에 설치하지 않는다면 ⅱ의 경우는 제외되고 ⅰ의 경우에서 103동, 102동에도 설치하지 못하여 101동과 105동에만 설치할 수 있다.

|오답풀이|

① ⅰ의 경우에 따라 101동과 105동이 함께 선정될 수 있다.

② ⅰ, ⅱ 모두에서 101동, 102동이 함께 설치할 수 있는 경우는 없다.

③ ⅰ, ⅱ 모두에서 불가능하다.

⑤ ⅱ 중 105동이 설치되지 않는 경우와 ⅰ의 경우에 가능하다.

12

|정답| ③

|해설| 확정조건에 따라 C 팀에는 정만 소속되고 A 팀에는 을과 B, C 팀에 소속될 수 없는 병이 소속된다. 한 팀당 최대 인원은 2명이므로 정리하면 다음과 같다.

갑	을	병	정	무
B	A	A	C	B

따라서 갑과 병은 다른 팀에 소속된다.

13

|정답| ③

|해설| 먼저 A, B, C의 나이를 모두 곱하면 2,450이라고 하였으므로 2,450의 약수를 구한다. 을의 출산시기를 고려해 조건에 맞게 대입하면 A=49, B=10, C=5임을 알 수 있다. A, B, C의 나이를 모두 합하면 甲의 아내 을 나이의 2배가 된다고 하였으므로 아내 을의 나이는 $\frac{49+10+5}{2}$ =32(세)이다.

14

|정답| ④

|해설| 〈정보〉를 참고하여 〈보기〉의 내용을 표로 나타내면 다음과 같다.

구분	A	B	결과
가	7번 이기고 3번 짐 $(7×3)-(3×1)$ =18	3번 이기고 7번 짐 $(3×3)-(7×1)$ =2	A가 B보다 16계단 위에 있다. (18-2=16)
나	4번 이기고 6번 짐 $(4×3)-(6×1)$ =6	6번 이기고 4번 짐 $(6×3)-(4×1)$ =14	B가 A보다 8계단 위에 있다. (14-6=8)
다	10번 모두 짐 $(0×3)-(10×1)$ =-10	10번 모두 이김 $(10×3)-(0×1)$ =30	10번째 계단에서 게임을 시작했으므로 B는 40번째 계단에 올라가 있을 것이다.

따라서 항상 옳은 것은 가와 나이다.

15

|정답| ③

|해설| ⓐ ~ ⓓ를 표로 나타내면 다음과 같다.

구분	국내 주식	원자재	부동산	손실 위험
ⓐ	○	○	○	높다
ⓑ	×	○	○	높다
ⓒ	×	×	○	낮다
ⓓ	○	○	×	높다

ⓑ, ⓓ만을 고려해 보면 둘 다 손실 위험이 높다는 결과가 나왔으며, 원자재 투자가 공통적으로 포함되어 있음을 알 수 있다. 따라서 원자재 투자가 펀드 손실의 주원인이라고 판단할 수 있다.

3회 자료해석

문제 118쪽

01	④	02	④	03	③	04	⑤	05	②
06	③	07	②	08	⑤	09	⑤	10	③
11	①	12	③	13	②	14	⑤	15	④

01

|정답| ④

|해설| 2021년 영국의 지적재산권 사용료 지급의 전년 대비 증감률은 $\dfrac{11,740-12,940}{12,940}\times100 ≒ -9.3(\%)$로, 9.3% 감소하였다.

|오답풀이|

① 2019년 독일의 지적재산권 사용료 수입은 15,507백만 달러로, 한국의 지적재산권 사용료 수입인 5,167백만 달러의 $\dfrac{15,507}{5,167}≒3.001$, 즉, 3배 이상이다.

⑤ 2021년 프랑스의 지적재산권 사용료 지급은 13,319백 만 달러로 전년 13,982백만 달러 대비 66,300만 달러 감소하였다.

02

|정답| ④

|해설| 표는 지수를 나타내고 있으므로 20X0년을 100으로 했을 때의 각 연도의 상대적인 크기를 나타내고 있다. 이 문제의 경우 지수를 통해 전년 대비 증가율을 도출해 낼 수 있는지를 묻고 있다. 같은 연도의 품목 간 대소 비교는 할 수 없다는 점에 주의하여 문제를 푼다.

A 제품만의 비교라면 지수는 비를 나타내므로 실수가 어떤 값을 취하고 있든 그 비율은 달라지지 않는다. 따라서 대소 비교를 할 수 있다.

A 제품의 20X0년 생산량을 100개라 하면, 20X1 ~ 20X5 년의 전년 대비 생산량 감소량은 다음과 같다.

- 20X1년 : 100.0−97.0=3.0(개)
- 20X2년 : 97.0−94.4=2.6(개)
- 20X3년 : 94.4−92.5=1.9(개)
- 20X4년 : 92.5−90.1=2.4(개)
- 20X5년 : 90.1−89.0=1.1(개)

따라서 20X1 ~ 20X5년 중 A 제품 생산량의 전년 대비 감 소량이 가장 큰 해는 20X1년이다.

03

|정답| ③

|해설| 20X8년 관광 목적의 해외여행자 수는 전년 대비 4.2% 감소하여 주어진 기간 중 가장 크게 감소하였다.

|오답풀이|

① • 20X6년 : 8,426,867×0.147≒1,238,749(명)
   • 20X7년 : 8,426,867×1.147×0.128≒1,237,199(명)

② 업무 목적의 해외여행자 수의 증가율은 항상 양수이므 로 꾸준히 증가하였다.

④ • 20X6년 : 1,120,230×1.093≒1,224,411(명)
   • 20X8년 : 1,224,411×1.226×1.007≒1,511,636(명)
   따라서 20X6년 대비 20X8년 업무 목적의 해외여행자 증가 수는 30만 명 이하이다.

⑤ 20X8년 관광 목적의 해외 여행자 수는 전년 대비 감소 하였다.

04

|정답| ⑤

|해설| 가구원 수가 증가할수록 1인당 에너지 사용량은 대체적으로 감소하므로 1인 가구의 증가는 전체 에너지 사용량 증가로 이어질 것이다.

|오답풀이|

① 5인 이상 가구의 가스 사용량은 1인 가구의 가스 사용량의 $\frac{5,629}{3,797} ≒ 1.5$(배)이다.

② 5인 이상 가구의 전기 사용량은 1인 가구의 전기 사용량의 $\frac{8,175}{6,117} ≒ 1.3$(배)이다.

③ 가구원 1인당 전기 사용량과 탄소배출량을 구하면 다음과 같다.

• 가구원 1인당 전기 사용량

－1인 가구 : 6,117Mcal

－5인 이상 가구 : $\frac{8,175}{5} = 1,635$(Mcal) 이하(5인일 때가 1,635Mcal이므로 5인 이상이면 1,635Mcal 이하이다)

따라서 $\frac{6,117}{1,635} ≒ 3.7$(배) 이상이다.

• 가구원 1인당 탄소배출량

－1인 가구 : 1,943kg－CO_2

－5인 이상 가구 : $\frac{2,669}{5} = 533.8$(kg－CO_2) 이하(5인일 때가 533.8kg－CO_2이므로 5인 이상이면 533.8kg－CO_2 이하이다)

따라서 $\frac{1,943}{533.8} ≒ 3.6$(배) 이상이다.

④ 5인 이상 가구의 수도 사용량은 1인 가구의 수도 사용량의 $\frac{219}{95} ≒ 2.3$(배), 5인 이상 가구의 지역난방 사용량은 1인 가구의 지역난방 사용량의 $\frac{1,523}{515} ≒ 3.0$(배)이다.

05

|정답| ②

|해설| 모든 금액은 성수기를 기준으로 계산한다. 숙박 시설은 6인실 1개와 2인실 1개를 대여했으므로 숙박 비용은 $500,000+300,000=800,000$(원)이다. 그리고 2명은 워터파크를 가고 4명은 선상낚시를 하며 저녁에는 다 같이 서바이벌을 하므로 부대시설 이용 요금은 $25,000×2+30,000×4+25,000×8=370,000$(원)이다. 따라서 A 리조트에 지불해야 하는 총 금액은 $800,000+370,000=1,170,000$(원)이다.

06

|정답| ③

|해설| 20X1년의 전년 대비 자산 보유액 증감률은 50대가 1.9%, 30세 미만이 11.1%로, 50대가 더 작다.

|오답풀이|

① ㉠에 들어갈 수치는 $\frac{32,638-31,503}{31,503} × 100 ≒ 3.6$(%)이다.

② ㉡에 들어갈 수치는 $\frac{48,532-46,695}{46,695} × 100 ≒ 3.9$(%)이다.

07

|정답| ②

|해설| 이메일 스팸 수신량이 전년 동기 대비 가장 크게 감소한 시기는 2019년 상반기(전년 동기 대비 0.4통 감소)로, 약 43% 감소하였다$\left(\frac{0.52-0.92}{0.92} × 100 ≒ -43(\%) \right)$.

|오답풀이|

① 휴대전화 스팸 수신량이 전년 동기 대비 가장 크게 감소한 시기는 2021년 상반기(전년 동기 대비 0.08통 감소)로, 약 47% 감소하였다$\left(\frac{0.09-0.17}{0.17} × 100 ≒ -47(\%) \right)$.

③ 2018년 하반기 휴대전화 스팸 수신량은 0.18통으로 2021년 상반기 휴대전화 스팸 수신량인 0.09통의 두 배이다.

④ 2020년 상반기 1일 스팸 이메일 수신량은 0.51통이다. 상반기인 1 ~ 6월은 약 180일이므로 6개월간 90통 이상의 스팸 이메일을 받았다고 추론할 수 있다.

⑤ 2021년 상반기 이메일 스팸 수신량은 2020년 하반기 대비 약 12.8% 감소하였다$\left(\dfrac{0.41-0.47}{0.47}\times 100 ≒ -12.8(\%)\right)$.

08

| 해설 | ⑤

| 해설 | ㄷ. 7구간 이전까지의 구간당 평균 주유량은 $\dfrac{30+40+35+40+30+45}{6} ≒ 36.67$(L)로 35L 이상이다.

ㄹ. 1 ~ 6구간 중 연료 단가가 가장 낮은 구간은 6구간으로 가장 많은 45L를 주유하였다.

| 오답풀이 |

ㄱ. 구간 주행거리는 4, 6구간에서는 감소하였다.

ㄴ. 4구간의 구간 비용 : $\dfrac{35\times 2,000}{416} ≒ 168.27$(원/km)

5구간의 구간 비용 : $\dfrac{40\times 2,000}{495} ≒ 161.62$(원/km)

따라서 4구간의 구간 비용이 5구간의 구간 비용보다 많다.

09

| 정답 | ⑤

| 해설 | ㉣ 해외주식의 수익률은 1993 ~ 2021년이 평균 7.7%인 반면, 2019 ~ 2021년은 평균 8.6%, 2021년은 평균 10.6%인 것으로 보아, 과거에 비해 상승 추세에 있다고 할 수 있다. 그렇지만 국내주식에 대한 수익률은 1993 ~ 2021년은 평균 5.7%, 2019 ~ 2021년은 평균 0.7%, 2021년은 평균 5.6%이다. 2019 ~ 2021년의 평균에 비해 2021년 수익률의 평균은 높지만 앞으로 더 높아질 것으로 전망하기는 어렵다고 볼 수 있다.

10

| 정답 | ③

| 해설 | 20X1년 공공부문과 민간부문의 수주액 비는 407,306 : 667,361≒38 : 62이다.

| 오답풀이 |

② 공공부문은 474,106 → 472,037 → 423,447억 원, 민간부문은 1,174,651 → 1,133,246 → 1,121,832억 원으로 20X4년부터 2년 연속 전년 대비 수주액이 감소했다.

④ 공공부문 수주액이 전년 대비 증가한 20X1년, 20X2년, 20X3년, 20X6년의 증가율을 계산하면 다음과 같다.

• 20X1년 : $\dfrac{407,306-361,702}{361,702}\times 100 ≒ 12.6(\%)$

• 20X2년 : $\dfrac{447,329-407,306}{407,306}\times 100 ≒ 9.8(\%)$

• 20X3년 : $\dfrac{474,106-447,329}{447,329}\times 100 ≒ 6.0(\%)$

• 20X6년 : $\dfrac{480,692-423,447}{423,447}\times 100 ≒ 13.5(\%)$

따라서 공공부문 수주액의 전년 대비 증가율이 가장 큰 해는 20X6년이다.

⑤ 20X7년 1 ~ 3월의 월평균 수주액이 연말까지 동일하다면, 20X7년 수주액은 363,324×4=1,453,296(억 원)이므로 20X6년보다 적다.

11

| 정답 | ①

| 해설 | 한국의 인구수는 4,500만 명, 한국의 전체 경제활동참가율이 66.2%이고 경제활동인구 중 남성이 차지하는 비율이 100-34=66(%)이므로 전체 경제활동인구 중 남성의 인구수는 4,500×0.662×0.66≒1,966(만 명)이다.

12

| 정답 | ③

| 해설 | 2020년 남성 육아휴직자 수가 43,089명이므로 2014년 남성 육아휴직자 수를 x명이라 하면 다음과 같은 비례식이 성립한다.

43,089 : 275.0=x : 67.5

$275x = 43,089 \times 67.5$

$\therefore x = 10,576$(명)

2014년 육아휴직자 중 남성의 비율이 6.2%이므로 2014년 여성 육아휴직자 수는 $\dfrac{10,576}{6.2} \times (100-6.2) ≒ 160,005$ (명)이다.

| 오답풀이 |

① 2020년 남성 육아휴직자 수가 43,089명이므로 2010년 남성 육아휴직자 수를 x명이라 하면 다음과 같은 비례식이 성립한다.

$43,089 : 275.0 = x : 16.4$

$275x = 43,089 \times 16.4$

$\therefore x ≒ 2,570$(명)

2010년 육아휴직자 중 남성의 비율이 2.9%이므로 2010년 육아휴직자 수는 $\dfrac{2,570}{2.9} \times 100 ≒ 88,621$(명)이다.

② $29.3 : 184.4 = 100 : x$이므로 $x ≒ 629$이다.

④ • 2020년 육아휴직자 수

$\dfrac{43,089}{9.6} \times 100 ≒ 448,844$(명)

• 2018년 육아휴직자 수

2020년 남성 육아휴직자 수가 43,089명이므로 2018년 남성 육아휴직자 수를 x명이라 하면 다음과 같은 비례식이 성립한다.

$43,089 : 275.0 = x : 184.4$

$275x = 43,089 \times 184.4$

$\therefore x ≒ 28,893$(명)

2018년 육아휴직자 중 남성의 비율이 8.8%이므로 2018년 육아휴직자 수는 $\dfrac{28,893}{8.8} \times 100 ≒ 328,330$(명)이다.

따라서 2018년 대비 2020년 육아휴직자 수의 증감률은

$\dfrac{448,844 - 328,330}{328,330} \times 100 ≒ 36.7$(%)이다.

⑤ 2020년 육아휴직자 중 남성의 비율이 9.6%이므로 2020년 여성 육아휴직자 수는 $\dfrac{43,089}{9.6} \times (100-9.6)$ $≒ 405,755$(명)이다. 따라서 31 ~ 35세의 여성 육아휴직자 수는 $405,755 - 75,678 - 128,682 - 53,438 = 147,957$ (명)이다.

13

| 정답 | ②

| 해설 | '공급 좌석수 $= \dfrac{관객수}{이용률} \times 100$'이므로

$\dfrac{40,864}{65} \times 100 + \dfrac{5,680}{73} \times 100 = 62,868 + 7,781$

$= 70,649$(천 개)이다.

14

| 정답 | ⑤

| 해설 | ㉠ 복합 발전원의 발전량은 3월 13,477GWh에서 4월에 9,287GWh로, 5월에 7,555GWh까지 감소하였다가 6월에 9,439GWh, 7월에는 10,367GWh로 다시 10,000GWh 이상의 발전량을 기록하였다. 따라서 왼쪽 세로축을 기준으로 볼 때 ㉠은 복합 발전원임을 알 수 있다.

㉡ 대체에너지의 발전량은 3월 2,904GWh로 시작하여 4월에 소폭 증가한 후 5월부터 7월까지 2,607GWh, 2,402GWh, 2,153GWh로 계속 하락하는 추세를 그린다. 따라서 왼쪽 세로축을 기준으로 볼 때 ㉡은 대체에너지 발전원임을 알 수 있다.

㉢ 수력 발전원은 3월 534GWh부터 시작해서 7월까지 소폭 감소와 증가를 반복하다 7월에 612GWh를 기록하였다. 따라서 오른쪽 세로축을 기준으로 볼 때 ㉢은 수력 발전원임을 알 수 있다.

㉣ 기타 발전원은 3월 738GWh로 시작하여 4월에 소폭 하락 후 6월까지 882GWh로 상승한 후 7월에 다시 788GWh로 소폭 하락하는 추세를 그린다. 따라서 오른쪽 세로축을 기준으로 그래프가 인접한 기준선을 700 ~ 750GWh 사이로 해석하면 ㉣은 기타 발전원임을 알 수 있다.

15

| 정답 | ④

| 해설 | 단위 표시, 범례나 축 값, 그래프 종류 선정 등에서 모두 적절하다.

1회 기출유형 2회 기출유형 3회 기출유형 4회 기출유형 5회 기출유형 6회 기출유형

|오답풀이|

① 우측 65세 이상 인구의 단위는 천 명이 되어야 한다.

② 범례의 설명 중 좌측과 우측이 바뀌었다.

③ 원그래프는 구성비율을 나타내기에 적절한 그래프이다.

⑤ 해당 자료에서 두 개의 추이선의 교차하는 것은 의미가 없으며 지속적인 상승을 보여주는 것이 바람직하므로, 이런 경우에는 좌측 축 값의 범위를 더 넓게 설정하여 ④와 같이 교차하지 않으면서 두 추이선 모두 상승함을 표현하는 것이 적절하다.

3회 창의수리   문제 134쪽

01	④	02	④	03	①	04	①	05	①
06	①	07	②	08	②	09	①	10	③
11	④	12	⑤	13	②	14	④	15	④

01

|정답| ④

|해설|

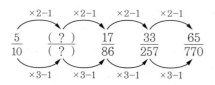

따라서 '?'에 들어갈 숫자는 $\dfrac{5 \times 2 - 1}{10 \times 3 - 1} = \dfrac{9}{29}$ 이다.

02

|정답| ④

|해설|

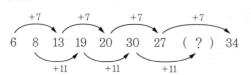

따라서 '?'에 들어갈 숫자는 30+11=41이다.

03

|정답| ①

|해설| 아랫줄 왼쪽 칸의 숫자는 아랫줄 오른쪽 칸의 숫자에서 윗줄의 숫자를 빼 2로 나눈 값이다.

• $(36-2) \div 2 = 17$

• $(55-9) \div 2 = 23$

• $(?-13) \div 2 = 39$

따라서 '?'에 들어갈 숫자는 $39 \times 2 + 13 = 91$이다.

04

|정답| ①

|해설| 두 수의 십의 자리 수끼리 더한 값을 앞 두 자리에 일의 자리 수끼리 더한 값을 뒤 두 자리에 배치하는 규칙이다. 단, 두 수의 십의 자리 수끼리 더한 값이 한 자리 숫자라면 앞에 0을 붙이지 않고 두 수의 일의 자리 수끼리 더한 값이 한 자리 숫자라면 앞에 0을 붙인다.

• $3+9=12$, $4+0=04 \rightarrow 1204$

• $8+7=15$, $5+7=12 \rightarrow 1512$

• $5+1=6$, $4+5=09 \rightarrow 609$

• $4+3=7$, $8+9=17 \rightarrow (?)$

따라서 '?'에 들어갈 숫자는 717이다.

05

|정답| ①

|해설| 주어진 숫자는 다음과 같은 규칙에 따라 배열되어 있다.

• $8 \times 13 \div 4 = 26$ • $5 \times 16 \div 4 = 20$

• $9 \times 12 \div 4 = 27$ • $4 \times 11 \div 4 = (?)$

따라서 '?'에 들어갈 숫자는 $4 \times 11 \div 4 = 11$이다.

1회 기출유형   2회 기출유형   3회 기출유형   4회 기출유형   5회 기출유형   6회 기출유형

06

|정답| ①

|해설| 같은 위치에 있는 3개의 숫자를 더했을 때 2씩 커짐을 알 수 있다. 즉, 3+7+10=20, 9+5+8=22, 5+5+14=24와 같이 규칙적으로 숫자의 합이 커지며, 이 규칙에 따라 '4+20+A'는 34가 되어야 하므로 A는 10이다.

07

|정답| ②

|해설| 각 화살표의 모양별로 의미하는 규칙을 찾는다.

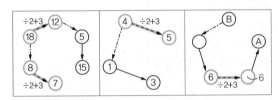

$\cdots\cdots\rightarrow$: ÷2+3

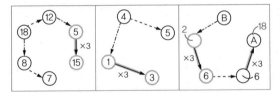

$\longrightarrow$: ×3

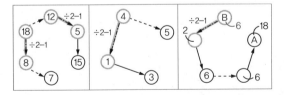

$\cdots\cdots\rightarrow$: ÷2−1

∴ A+B=18+6=24

보충 플러스+

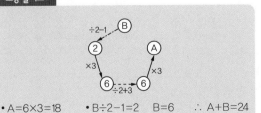

• A=6×3=18   • B÷2−1=2   B=6   ∴ A+B=24

08

|정답| ②

|해설| 늘린 길이를 x cm라 하면 새로운 직사각형의 넓이가 기존보다 80% 증가하였으므로 다음과 같은 식이 성립한다.

$(10+x)(14+x)=10\times14\times1.8$

$x^2+24x-112=0$

$(x-4)(x+28)=0$

$x=4(\because x>0)$

따라서 새로운 직사각형의 가로 길이는 10+4=14(cm)이다.

09

|정답| ①

|해설| 하루에 최대 3명까지 총 10명을 4일로 나누는 방법은 (3명, 3명, 3명, 1명) 또는 (3명, 3명, 2명, 2명)으로 두 가지이다. 첫 번째 방법을 날짜별로 배치하는 경우의 수는 ${}_4C_1=\dfrac{4}{1}=4$(가지), 두 번째 방법은 ${}_4C_2=\dfrac{4\times3}{2\times1}=6$(가지)이다. 따라서 전체 경우의 수는 4+6=10(가지)이다.

10

|정답| ③

|해설| 객실의 개수를 x개, 직원을 y명이라고 하면 식은 다음과 같다.

$y=4x+12$

$y=6(x-3)+r$ $(1\leq r<6,\ r$은 자연수)

x에 관한 두 식을 정리하면 $2x=30-r$이다.

$1\leq r<6$이므로 $24<2x=30-r\leq29$, $12<x\leq14.5$이다. x는 자연수이고 x가 최대일 때 y도 최대이므로, x가 14일 때 y는 $4\times14+12=68$로 최대이다. 따라서 워크숍에 참석한 직원들은 최대 68명이다.

11

|정답| ④

|해설| 리그전에서 치르는 경기 횟수는 (팀의 수)×(팀의 수 −1)÷2이므로 5팀이 리그전을 할 경우 경기 횟수는 $\frac{5\times4}{2}$ =10(번)이다. 5팀씩 4개 조로 나누어 조별 리그전을 하기 때문에 총 4×10=40(번)의 경기를 하게 된다. 그리고 토너먼트전에서 치르는 경기 횟수는 (팀의 수)−1이다. 토너먼트전에 각 조의 상위 2팀씩 참여하면 총 8팀이므로 8−1 =7(번)의 경기를 하게 된다.

따라서 전체 경기의 수는 40+7=47(경기)이다.

12

|정답| ⑤

|해설| 전체 일의 양을 1이라 하면 A는 1시간 동안 $\frac{1}{5}$ 만큼 일을 하고, B는 1시간 동안 $\frac{1}{7}$ 만큼 일을 한다.

따라서 두 사람이 함께 구슬을 꿰는 데 걸리는 시간은 $1\div\left(\frac{1}{5}+\frac{1}{7}\right)=1\times\frac{35}{12}=\frac{35}{12}$ (시간), 즉 2시간 55분이다.

13

|정답| ②

|해설| B 씨의 현재 나이를 x세라 하면 A 년 후의 남편의 나이는 (43+A)세, B 씨의 나이는 (x +A)세, 3명의 아이의 나이는 (8+A)세, (6+A)세, (4+A)세이다. 따라서 조건에 따른 식을 세우면 다음과 같다.

- (43+A)+(x +A)=2{(8+A)+(6+A)+(4+A)}
  43+x +2A=2(3A+18)
  x =4A−7
- 43+A={(8+A)+(6+A)+(4+A)}+1
  43+A=3A+19
  ∴ A=12(년)

따라서 B 씨의 현재 나이는 4×12−7=41(세)이다.

14

|정답| ④

|해설| 사원 Y명의 월급 총합은 XY원이며, 이 회사에 다니는 모든 사람의 수는 ($Y+1$)명이다.

따라서 $\frac{\text{모든 사람의 월급 총합}}{\text{모든 사람의 수}}=\frac{XY+3X}{Y+1}$ 이므로

이를 정리하면 $\frac{X(Y+3)}{Y+1}$ 원이다.

15

|정답| ④

|해설| 3과 4의 최소공배수는 12이므로 주차장의 차는 12분 경과할 때마다 3대 나가고 8대가 들어온다. 즉, 12분이 지날 때마다 5대만큼 늘어난다. 따라서 48분 후에는 5×4 =20(대)가 늘어나 오후 2시 48분에는 78+20=98(대)가 되고, 3분 후에는 2대 늘어나 100대가 되므로 주차장은 2시 51분에 만차가 된다.

1회 기출유형

2회 기출유형

3회 기출유형

4회 기출유형

5회 기출유형

6회 기출유형

4회 기출유형모의고사

4회 언어이해   문제 140쪽

01	⑤	02	②	03	④	04	③	05	②
06	④	07	②	08	②	09	①	10	②
11	②	12	④	13	②	14	③	15	②

01

| 정답 | ⑤

| 해설 | 진화 초기 단계에서는 산소가 많은 육지로 올라오기 이전 단계이므로 산소 농도가 낮아 물갈퀴가 존재했을 것이라고 추론하는 것이 적절하다.

02

| 정답 | ②

| 해설 | 첫 문장으로 올 수 없는 접속어나 지시어를 포함한 문장들을 제외하면 (다)와 (라)가 글의 맨 처음에 올 수 있는데, (다)는 책을 보는 행위를 통해 본다는 것이 어떻게 이루어지는지 화제를 제시하고 있으므로 (다)가 처음에 오는 것이 적절하다. 이어서 '다시 말해'라는 언급을 통해 (다)의 내용을 좀 더 구체적으로 부연 설명하는 (가)와, (가)의 내용에 의문을 제시하는 (라)가 뒤에 온다. 그리고 이에 대한 답을 제시하는 (나)가 마지막에 오는 것이 자연스럽다. 따라서 (다)-(가)-(라)-(나) 순이 적절하다.

03

| 정답 | ④

| 해설 | 홍차는 차 속의 효소에 의해 홍적색을 띠는 것이지 폴리페놀 성분이 적어서 초록색을 띠지 않는 것이 아니다. 이는 잘못된 인과관계이다.

| 오답풀이 |

① 첫 번째 줄을 보면 녹차와 홍차 모두 찻잎을 이용해 만든다고 말하고 있다.

② 두 번째 줄을 보면 녹차는 증기로 30초 동안 쪄서 효소를 없애 발효가 일어나지 않게 한다고 나와 있다.

③ 녹차는 발효가 일어나지 않게 증기로 찌고, 홍차는 발효와 건조 과정을 거치게 된다. 이 과정에서 녹차는 폴리페놀 성분이 남아있고, 홍차는 폴리페놀의 일종인 카테킨이 대부분 산화되게 된다. 즉, 홍차는 발효와 건조 과정에서 찻잎 성분의 함량이 녹차와 달라진다.

⑤ 홍차는 녹차와 달리 발효와 건조 과정을 거친 발효차이며 그 과정에서 카테킨이 산화되어 폴리페놀 함량이 낮고 떫은맛이 적다.

04

| 정답 | ③

| 해설 | ㉠에서 말하고 있는 자본주의 사회의 놀이가 대개 구경이나 소비의 형태로 이루어지는 이유는 생산자가 놀이 상품을 만들어 놓았기 때문이라고 하였으므로, 이와 가장 관련된 사례는 생산자인 여행사에서 마련해 놓은 상품을 구입하여 여행한 민지가 된다.

05

| 정답 | ②

| 해설 | 첫 번째 문단에서 제3자 효과 이론의 등장 배경을 설명하고, 두 번째 문단에서 제3자 효과 이론의 개념을 정의하고 있다. 따라서 이 글의 주제는 ②가 가장 적절하다.

| 오답풀이 |

①, ④ 이 글에 서술되어 있지 않다.

③ 제3자 효과 이론은 대중 매체에 관련된 이론이며 유해한 대중 매체에 국한된 이론이 아니다.

06

| 정답 | ④

| 해설 | 반증이란 어떤 사실이나 주장이 옳지 아니함을 그에 반대되는 근거를 들어 증명하는 것을 말한다. 그런데 ㉤은 ㉣의 제도의 발달과 소득 수준의 상관관계에 대한 인과관계를 판단하기 어렵다는 주장에 '지리적 조건이 소득 수준

에 밀접한 상관관계를 가진다는 통계적 증거들이 제시되었다'는 것을 밝히며 ㉣의 주장에 반대되는 증거를 제시하는 것이 아닌 '각국의 소득 수준과 지리적 조건의 상관관계'라는 새로운 내용을 제시하며 반론을 제기하고 있다.

07

|정답| ②

|해설| 제시된 글은 평균값만을 가지고서는 정확한 결론을 낼 수 없다는 것을 설명하고 있다. 따라서 자료의 변수를 넓혀 다양한 요소를 고려해야 한다고 주장함을 추론할 수 있다.

08

|정답| ②

|해설| 철학자들이 내세운 다양한 신 존재 증명이론 중 목적론적 신 존재 증명의 개념에 대해 서술하고 있다. 따라서 '목적론적 신 존재 증명이론의 개념'이 글의 주제로 적절하다.

09

|정답| ①

|해설| 제시된 글의 내용만으로는 아이디어 보험상품이 국내나 해외에서 판매되는지의 여부를 알 수 없다.

|오답풀이|

② 통계자료가 존재하지 않을 가능성이 크고 손해의 유형 설정에 따라서는 통계학적 관리가 어려울 것이므로 손해의 규모 역시 예측하기 곤란하다.

③ 아이디어 보험상품은 기존 권리보호제도에 의해 보호를 받지 못하는 단계의 아이디어를 보험의 목적으로 한다.

④ 기존 권리보호제도에 의한 보호를 받지 못하는 단계의 아이디어를 보험의 목적으로 하기 때문에 구체적인 합의가 아직 이루어지지 않았다.

⑤ 손해보험은 대수의 법칙과 수지상등의 원칙에 의하여 설계된다.

10

|정답| ②

|해설| 이번 육아휴직을 신청할 수 있는 근로자는 여성만을 요하지 않고 그 영아의 생부모만을 요하지 않는다.

|오답풀이|

① 육아휴직 기간은 근속기간에 포함된다.

③ 파견근로자의 육아휴직 기간은 파견 기간에 산입되지 않는다.

④ 육아휴직을 마친 후에는 육아휴직 전과 동일한 업무로 복귀시켜야 한다.

⑤ 육아휴직 기간은 1년 이내이다.

11

|정답| ②

|해설| 제시된 글은 언어 기호와 의미의 관계를 설명하고 있다. 특히 두 번째 문단에서 언어와 다른 언어와의 '차이'라는 개념을 제시하여 실체적 사고가 아니라 관계적 사고가 중요함을 설명하고 있다. 즉 기호의 의미를 결정하는 것은 실체가 아니라 다른 기호들과의 관계라는 것이 글의 주제임을 알 수 있다.

12

|정답| ④

|해설| 제시된 글의 첫 번째 문단에서 '언제부턴가 우리에게 '집'은 쉼터가 아닌 '자랑거리'가 되어 버렸다고 설명한다. 부동산이 최고의 가치가 되어 버린 지금 시대에 ~'라고 언급하고 있을 뿐, 도시의 고택이 역사를 잃어버렸다는 내용은 없다.

13

|정답| ②

|해설| 귀납삼단논법은 특수한 것으로부터 일반적인 결론을 이끌어 내는 논증방식이다. 따라서 '㉥ 비둘기는 날개가 있다. → ㉤ 비둘기는 새다. → 따라서 ㉣ 모든 새는 날개가 있다.'로 설명할 수 있다.

| 오답풀이 |

① 삼단논법을 설명하기 위해서는 '© 모든 헤엄을 칠 수 있는 동물은 물에서 산다. → © 오리는 헤엄을 칠 수 있다. → ⊙ 오리는 물에서 산다.'가 적절하다.

③ 연역삼단논법의 결론에 해당하는 문장은 ⊙, 귀납삼단논법의 결론에 해당하는 문장은 ©이다.

④ 연역삼단논법의 첫 문장은 ©, 귀납삼단논법의 첫 문장은 ⊕이다.

⑤ 연역삼단논법과 귀납삼단논법 모두 두 개의 전제와 한 개의 결론으로 구성된다.

14

| 정답 | ③

| 해설 | (라)에서 '습관'의 사전적 의미에 대해 말하고 있으므로 가장 먼저 나오게 된다. 또한 (나)와 (마)는 모두 습관의 형식에 대해 얘기하고 있는데 (나)는 최상위 단계의 습관을, (마)는 가장 기본적인 습관과 상위 단계의 습관을 설명하고 있으므로 (마)-(나) 순서가 됨을 알 수 있다.

15

| 정답 | ②

| 해설 | 마지막 문단에서 진정한 연민이란 감성적 연민만을 외치는 사람들에 의해 형성된 벽을 무너뜨리고 연대를 추구하는 것이라고 설명한다.

4회 언어추리   문제 152쪽

01	①	02	⑤	03	②	04	①	05	③
06	①	07	④	08	⑤	09	⑤	10	①
11	②	12	①	13	③	14	②	15	①

01

| 정답 | ①

| 해설 | 명제가 참이면 대우도 참이라는 것과 명제의 삼단논법 관계를 이용한다.

• 두 번째 명제 : 맞다. → 아프다.

• 세 번째 명제의 대우 : 아프다. → 병원에 가다.

• 첫 번째 명제 : 병원에 가다. → 치료를 받는다.

따라서 '맞으면 치료를 받는다'가 성립하므로 ①은 참인 문장이다.

| 오답풀이 |

② 세 번째 명제를 통해 '아프면 병원에 간다'는 대우가 성립하므로 주어진 문장은 틀린 문장이다.

③ 세 번째 명제의 대우와 첫 번째 명제를 통해 '아프면 치료를 받는다'가 성립하므로 주어진 문장은 틀린 문장이다.

④ '맞지 않으면 ~'으로 시작하는 문장에 대한 참·거짓은 주어진 명제만으로 알 수 없으므로 주어진 문장은 답이 될 수 없다.

⑤ 두 번째 명제의 역에 해당하므로 반드시 참이라고 할 수 없다.

02

| 정답 | ⑤

| 해설 | 가능한 조합은 왼쪽부터 순차적으로 BCEDA, BCDEA 두 가지이다. 1번과 4번 정보를 조합하여 B가 가장 왼쪽에 앉는 것이 확정되고, 2번 정보에 의해 C가 두 번째 자리에 앉는 것이 확정된다. 이후 E가 가장 오른쪽 자리에 앉지 못하므로 DA의 순서는 고정된 가운데 E를 3, 4번 자리에 앉히는 경우를 생각하면 된다. 따라서 A는 항상 가장 오른쪽 자리에 앉는다.

1회 기출유형   2회 기출유형   3회 기출유형   4회 기출유형   5회 기출유형   6회 기출유형

03

|정답| ②

|해설| 주어진 명제를 기호로 정리하면 다음과 같다.

• p : 하얀 옷을 입는다.

• q : 깔끔하다.

• r : 안경을 쓴다.

조건과 조건의 대우 명제를 정리하면 다음과 같다.

• p → q(~q → ~p)

• q → r(~r → ~q)

'~r → ~q'와 '~q → ~p'의 삼단논법에 의해 '~r → ~q → ~p'가 성립한다. 따라서 결론을 이끌어내기 위해서는 수인이가 안경을 쓰지 않고 깔끔하지 않아야 하므로 ②가 적절하다.

04

|정답| ①

|해설| '지금 출전하는 선수는 공격수이다'라는 명제와 '공격수는 골을 많이 넣는다'라는 명제가 둘 다 참이므로, 삼단논법에 의해 '지금 출전하는 선수는 골을 많이 넣는다'라는 명제도 반드시 참이 된다.

|오답풀이|

②, ③, ④, ⑤ 주어진 명제들로는 이 명제의 참과 거짓을 판별할 수 없다.

05

|정답| ③

|해설| 네 번째와 다섯 번째 조건에 따라 B는 화요일, D는 수요일에 휴가를 간다. E와 F는 같은 요일, 즉 휴가 시작 요일이자 마지막 요일인 월요일에 휴가를 간다. 첫 번째 조건에 따라 B가 E보다 휴가를 늦게 가므로 E는 첫 번째 월요일, F는 두 번째 주 월요일에 휴가를 간다. 두 번째 조건에 따라 A는 금요일에 휴가를 쓰므로 C가 목요일에 휴가를 가게 된다.

06

|정답| ①

|해설| A ~ E의 진술이 각각 참일 경우를 나누어 생각한다. 먼저 A가 참일 경우 D의 진술에 의해 E가 피자와 초밥 둘 다 먹은 것이 되어 모순이 발생한다. B가 참일 경우 D의 진술에 의해 D와 E 둘 다 초밥을 먹었다는 모순이 발생한다. C가 참일 경우 모순 없이 A는 피자, B는 해장국, C는 순댓국, D는 치킨, E는 초밥을 먹었다는 것이 성립한다. D가 참일 경우 B의 진술에 의해 A와 C 둘 다 피자를 먹었다는 모순이 발생한다. E가 참일 경우 D의 진술에 의해 B와 E 둘 다 초밥을 먹었다는 모순이 발생한다.

따라서 C가 참인 경우만 성립하므로 A는 피자를 먹었다는 사실을 알 수 있다.

07

|정답| ④

|해설| 명제가 참이면 대우도 참이라는 것과 명제의 삼단논법 관계를 이용한다.

• 첫 번째 명제 : 미세먼지가 증가하게 된다. → 마스크 판매량이 증가한다.

• 두 번째 명제 : 미세먼지에 민감한 사람이다. → 마스크를 낀다.

• 세 번째 명제 : 미세먼지에 민감하지 않은 사람이다. → 건강에 둔감하다.

세 번째 명제가 참이므로 대우 명제인 '건강에 둔감하지 않은 사람이면 미세먼지에 민감하다' 역시 참이 된다. 두 번째 명제가 참이므로 삼단논법에 의해 '건강에 둔감하지 않은 사람은 마스크를 낀다'는 명제 역시 반드시 참이 된다.

|오답풀이|

①, ③ 주어진 명제들로는 이 명제의 참과 거짓을 판별할 수 없다.

② 첫 번째 명제가 참이므로 '마스크를 끼는 사람이 줄어들고 있다.'라는 명제는 거짓이다.

⑤ 두 번째 명제가 참이라면 이 명제의 대우인 '마스크를 끼지 않는 사람은 미세먼지에 민감하지 않다'라는 명제 역시 참이다. 세 번째 명제가 참이므로 삼단논법에 의해 '마스크를 끼지 않는 사람은 건강에 둔감하다'라는 문장 또한 참이 된다. 따라서 '마스크를 끼지 않는 사람은 건강에 둔감하지 않다'는 명제는 거짓이다.

08

| 정답 | ⑤

| 해설 | 다섯 번째, 여섯 번째 조건에서 은행은 2층에 있고 3층에 아이스크림 가게와 중식당, 카페가 있으며, 4층에 전자기기점이 있다는 사실을 알 수 있다. 여기에 세 번째, 네 번째 조건을 더해 4층에는 전자기기점과 휴대전화대리점, 5층에는 사무용품점이 있고 한식당은 1층에 있음을 알 수 있다. 마지막으로 두 번째 조건에서 생활용품점이 있는 층에는 모두 3개의 매장이 있으므로 생활용품점은 2층 또는 4층에 있으며, 편의점은 은행과 함께 2층에 있어야 한다.

5층	사무용품점
4층	휴대전화대리점, 전자기기점, (생활용품점)
3층	아이스크림 가게, 중식당, 카페
2층	은행, 편의점, (생활용품점)
1층	한식당

09

| 정답 | ⑤

| 해설 | 이직한 세 사람 중 최 과장은 A, B, 김 사원은 C, 박 대리는 B에게 불만이 있다고 하였다. 따라서 A, C에 대한 불만이 이직에 중요하게 작용한다고 볼 수 없다.

| 오답풀이 |
① 재직 중인 이 대리와 김 부장은 C에게 불만이 없다.
② 대리 이상의 직급인 최 과장, 이 대리, 김 부장, 박 대리는 모두 B에게 불만이 있다.
③ 과장 이상의 직급인 최 과장, 김 부장은 모두 A에게 불만이 있다.
④ 이 대리와 김 부장은 B에게 불만이 있으나 이직하지 않았으므로 B에 대한 불만은 이직에 큰 영향을 미치지 않는다고 볼 수 있다.

10

| 정답 | ①

| 해설 | A : 도보로 출근하는 사람이 자가용으로 출근하는 사람보다 많고 자가용으로 출근하는 사람은 1명 이상이

므로 도보로 출근하는 사람이 2명이라면 자가용으로 출근하는 사람은 1명이 된다. 따라서 A는 항상 참이다.

| 오답풀이 |
B : 자가용으로 출근하는 사람이 3명이라면 대중교통으로 출근하는 사람은 6명이라고 했는데, 이때 도보로 출근하는 사람도 자가용으로 출근하는 사람과 똑같이 3명이 되므로 B는 참인 추론이라고 볼 수 없다.
C : 대중교통으로 출근하는 사람이 6명일 때, 자가용으로 출근하는 사람은 2명이나 1명이 될 수 있으므로 C의 진술은 항상 참이라고 볼 수 없다.

11

| 정답 | ②

| 해설 | 세 번째 조건에 따라 A 팀과 B 팀의 경기에서 A 팀은 3골을 넣었고, 네 번째 조건에 따라 A 팀은 총 2경기를 하므로 B 팀과의 경기에서 이겼음을 알 수 있다. 따라서 다음 세 가지 경우로 나누어 본다.

1) A : B=3 : 0인 경우
   A : C=2 : 1, B : C=2 : 2 경기 결과가 나온다.
2) A : B=3 : 1인 경우
   A : C=2 : 1, B : C=1 : 1 or 2 : 2이면 총 10골이 나왔다는 조건에 부합하지 않는다.
3) A : B=3 : 2일 때
   A : C=2 : 0, B : C=1 : 1 or 2 : 2이면 총 10골이 나왔다는 조건에 부합하지 않는다.

정리하면 경기 결과는 A : B=3 : 0, A : C=2 : 1, B : C =2 : 2이다.

따라서 B 팀은 A 팀과의 경기에서 0골, C 팀과의 경기에서 2골로 총 2골을 넣었다.

12

| 정답 | ①

| 해설 | A : 어떤 맛을 좋아하는 사원의 수가 1명 이상 있으므로 딸기맛을 좋아하는 사원이 5명이면 바닐라맛을 좋아하는 사원은 최소 1명이고, 초코맛을 좋아하는 사원의 수는 최대 9명이다.

| 오답풀이 |

B : 바닐라맛을 좋아하는 사원이 4명이면 나머지 11명 중 초코맛을 좋아하는 사원이 6명이고, 딸기맛을 좋아하는 사원은 5명이다.

C : 초코맛을 좋아하는 사원이 9명이면 나머지 6명 중 바닐라맛을 좋아하는 사원이 최대 2명이고, 딸기맛을 좋아하는 사원은 최소 4명이다.

13

| 정답 | ③

| 해설 | 사원 C는 심사위원 갑과 병으로부터 각각 1등급, 3등급을 받았다. 또 사원 A는 심사위원 갑으로부터 1등급을 받았고, 을 또는 병으로부터 2등급을 받았다. 여기서 사원 C가 얻을 수 있는 최대의 종합점수는 을로부터 1등급을 받았을 때의 7점이다. 만약 사원 A가 을과 병으로부터 1등급과 2등급을 받거나 2등급을 2번 받으면 종합점수는 8점 또는 7점이 되어 사원 C보다 크거나 같게 된다. 이 경우 사원 C가 가장 높은 점수를 받았다는 조건에 어긋난다. 따라서 사원 A는 을과 병으로부터 2등급과 3등급을 받고, 종합점수는 6점이다. 사원 C는 사원 A보다 점수가 높아야 하므로 을로부터 1등급을 받아야 하며, 종합점수는 7점이다. 사원 B는 1명의 심사위원에게만 1등급을 받았으므로 을과 병으로부터 2등급 혹은 3등급을 받는데, 사원 C보다는 점수가 낮아야 하므로 3등급을 2번 받거나 2등급과 3등급을 받아야 한다. 따라서 B의 종합점수는 5점 또는 6점이다.

이를 바탕으로 등급을 정리하면 아래와 같다.

구분	갑	을	병	종합점수
A	1	(2 또는 3)	(2 또는 3)	(6)
B	1	(2 또는 3)	(2 또는 3)	(5 또는 6)
C	1	(1)	3	(7)

따라서 〈보기〉 중 항상 옳은 문장은 ㉠과 ㉢이다.

14

| 정답 | ②

| 해설 | 몬트리올에 도착하는 경우는 스톡홀름에 도착한 경우인데, 스톡홀름은 우주여행에서 문제의 정답을 틀렸을 때 가게 된다.

| 오답풀이 |

① 런던을 시작으로 규칙에 따라 이동하면, '런던 → 리스본 → 워싱턴 → 파리 → 로마'이므로 최종적으로 로마에 도착하게 된다.

③ 스톡홀름에 가려면 우주여행에 가야 하는데 멕시코시티에 도착했다면 베를린으로 가는 경우만 알 수 있다.

④ 파리에 가는 경우에서 거꾸로 추론하면 확인할 수 있다. ①과 같이 진행되어야 하므로 파리에 도착하지 않았다면 런던에 가지 않은 것이다.

⑤ 취리히에 도착했다면 시드니로 가고, 시드니에 도착했다면 상파울로에 가므로 취리히에 도착했다면 반드시 상파울로에 가게 된다.

15

| 정답 | ①

| 해설 | 2개 이상의 동호회 활동을 할 수 없으므로 마라톤부원과 산악회 부원, 축구부원 수의 총합은 13명이다. 또한 각 동호회의 활동 인원수는 축구부 > 마라톤부 > 산악회 순으로 많으며, 활동 인원수가 각각 모두 다르므로 이 조건을 만족하는 경우의 수는 축구부, 마라톤부, 산악회 순으로 (10, 2, 1), (9, 3, 1), (8, 4, 1), (8, 3, 2). (7, 5, 1), (7, 4, 2), (6, 5, 2), (6, 4, 3) 총 8가지이다.

따라서 마라톤부원이 4명이라면 축구부원은 8명일 수도, 7명일 수도, 6명일 수도 있으므로 A는 항상 참인 진술이라고 볼 수 없다.

| 오답풀이 |

B. 산악회 부원이 3명인 경우는 (6, 4, 3) 한 가지이므로 축구부원은 반드시 6명이다.

C. 축구부원이 9명인 경우는 (9, 3, 1) 한 가지이므로 산악회 부원은 반드시 1명이다.

4회 자료해석

문제 161쪽

01	⑤	02	②	03	②	04	④	05	①
06	③	07	⑤	08	④	09	④	10	③
11	③	12	②	13	④	14	①	15	④

01

| 정답 | ⑤

| 해설 | Y 기업의 제품 중 20X0년 대비 20X6년 판매액 증가율이 가장 높은 제품은 G 제품으로, 14배 이상 증가하였다.

| 오답풀이 |

① Y 기업의 제품 중 판매액이 매년 지속적으로 증가한 제품은 G 제품 한 종류이다.

② 20X0년 대비 20X4년에 판매액이 감소한 제품은 E 제품 한 종류이다.

③ X 기업의 경우 판매액 총합이 매년 100억 원 미만이었던 반면, Y 기업의 판매액 총합은 매년 100억 원 이상이었다.

④ D 제품의 판매액이 전년 대비 감소한 해는 20X3년으로, E 제품의 판매액도 감소하였다.

02

| 정답 | ②

| 해설 | 2021년의 평균 시급은 2017년의 $\frac{9,100}{6,210} ≒ 1.47$ (배)이다.

| 오답풀이 |

① 2019년, 2021년에는 월 평균 소득이 감소하였다.

③ 2019년 주간 평균 근로시간은 22시간이므로 월 평균 근로시간은 $22 \times 4 = 88$(시간) 정도이다.

④ 2019년에서 2020년 사이에 월 평균 소득은 증가하지만 평균 시급은 감소한다.

⑤ 평균 시급은 꾸준히 증가하지 않았다. 2019년에는 7,100원이지만 2020년에는 6,900원으로 감소하였다.

03

| 정답 | ②

| 해설 | ㄷ. 20X9년 프랑스의 인구가 6,500만 명이라면 사망자는 $65,000,000 \times \frac{9}{1,000} = 585,000$(명)이다.

| 오답풀이 |

ㄱ. 유럽 5개 국가에 대한 자료만 제시되어 있으므로 유럽에서 기대수명이 가장 낮은 국가가 그리스인지는 알 수 없다.

ㄴ. 독일은 영국보다 인구 만 명당 의사 수가 많지만 다른 나라보다 조사망률이 더 높다.

04

| 정답 | ④

| 해설 | E 병원의 의사 1인당 의료이익은 $\frac{399}{830} ≒ 0.48$(억 원)으로 A 병원의 의사 1인당 의료이익인 $\frac{825}{1,625} ≒ 0.51$ (억 원)보다 적다.

05

| 정답 | ①

| 해설 | 국가별 전력 수출입 현황을 정리하면 다음과 같다.

- N 국 : $420+234+270=924$(수출)
  $153+277+105=535$(수입)
- K 국 : $153+552+635=1,340$(수출)
  $420+432+215=1,067$(수입)
- S 국 : $277+432+405=1,114$(수출)
  $234+552+330=1,116$(수입)
- E 국 : $105+215+330=650$(수출)
  $270+635+405=1,310$(수입)

가. 전력의 수출량이 수입량보다 많은 국가는 N 국과 K 국이다.

나. S 국은 수출량이 1,114천 kW, 수입량이 1,116천 kW로 전력 무역수지가 0에 가장 가깝다.

다. N 국의 총 전력 수입량은 535천 kW이며, K 국과 S 국은 그 두 배가 넘는 전력량을 수출한다.

1회 기출유형

2회 기출유형

3회 기출유형

4회 기출유형

5회 기출유형

6회 기출유형

| 오답풀이 |

라. N국이 수출량을 절반으로 줄이면 각 국이 N국으로부
터 수입하는 양은 절반이 되므로 각각 1,067−210=
857, 1,116−117=999, 1,310−135=1,175가 되어 K국
과 S국만 수입량이 1,000천 kW 이하로 줄어들게 된다.

06

| 정답 | ③

| 해설 | 〈표 2〉의 시간별 이용률에서 청소년의 스마트폰 이
용 시간은 3시간 이상대가 가장 높은 비중을 차지하고 있으
며, 이는 일평균 이용 시간인 2.7시간(20X8년), 2.6시간
(20X9년)보다 높다. 또한 일평균 스마트폰 이용 현황 중
문자메시지가 차지하는 시간은 20X8년에 2.7×0.382=
1.0314(시간), 20X9년에 2.6×0.367=0.9542(시간)으로
1.0314−0.9542=0.0772(시간), 즉 4.632분 감소하였다.

| 오답풀이 |

① 〈표 1〉에서 청소년의 일평균 스마트폰 이용 현황에서
   문자메시지 이용률이 가장 높다.
② 〈표 2〉에서 청소년의 스마트폰 일평균 이용 시간은
   20X9년과 2018년에 각각 2.6시간, 2.7시간으로 비슷
   한 수준을 보이고 있다.
④ 〈표 1〉에서 청소년의 스마트폰 이용률은 20X8년에는
   40.0%, 2019년에는 80.7%로 40.7%p 급증하였다.
⑤ 20X8년과 20X9년 각각의 총 응답자 수를 제시해 주지
   않았으므로 알 수 없다.

07

| 정답 | ⑤

| 해설 | 노인부양비율을 계산하면 다음과 같다.

구분	생산가능인구	고령인구	노인부양비율
1990년	29,701	2,195	약 7%
2000년	33,702	3,395	약 10%
2010년	35,973	5,452	약 15%
2014년	36,809	6,386	약 17%
2017년	37,068	7,019	약 19%
2020년	36,563	8,084	약 22%
2026년	34,506	10,840	약 31%
2030년	32,893	12,691	약 39%
2040년	28,873	16,501	약 57%
2050년	25,347	17,991	약 71%

2050년 노인부양비율은 약 71%이다

| 오답풀이 |

① 2010년 노인부양비율은 약 15%로 1990년 노인부양비
   율 약 7%의 $\frac{15}{7}$ ≒ 2.14(배)이다.
④ 2040년 노인부양비율은 약 57%로 2030년의 약 39%보
   다 18%p 증가할 전망이다.

08

| 정답 | ④

| 해설 | ⓛ 20X2년의 총수출금액은 354,671÷0.585≒
606,275(백만 달러), 20X3년의 총수출금액은
304,240÷0.561≒542,317(백만 달러)로 20X2년 대비
20X3년에 총수출금액은 감소하였다.
ⓔ 20X2년 대비 20X3년에 수출 금액이 상승한 품목은 자
동차 1개 품목으로, 증가율은 $\frac{43,036-40,887}{40,887}\times100$
≒5.3(%)이다.

| 오답풀이 |

ⓖ 자동차부품과 디스플레이의 경우 20X1년 대비 20X2년
   에 순위가 상승하였으나 수출금액은 감소하였다.
ⓒ 20X2년 대비 20X3년에 수출금액 감소율이 가장 큰 품
   목은 반도체로 그 값은 $\frac{93,930-127,706}{127,706}\times100$≒
   −26.4(%)이다. 디스플레이의 감소율은 $\frac{20,657-24,856}{24,856}$
   ×100≒−16.9(%)이다.

09

| 정답 | ④

| 해설 | 주어진 식에 따라 2021년의 직원 1인당 생산성을
구하면 A사는 약 2,575십만 원, B사는 약 4,734십만 원,
C사는 약 2,343십만 원이다.

2021년 기준 전년 대비 직원 1인당 생산성이 증가한 업체는 C사로 매출액은 약 2% 감소하였다.

| 오답풀이 |

① B사와 A사의 매출액 차이는 증가하였다.

② 2021년 3사의 매출액 평균은 약 18,523억 원으로 전년도 평균인 18,750억 원보다 200억 원 이상 감소하였다.

③ 매출액이 전년 대비 가장 많이 감소한 업체는 A로 직원수 또한 5,050명에서 5,010명으로 감소하였다.

⑤ B사의 직원 수를 150명 더 늘리면 1인당 생산성은 $\frac{32,900}{7,100} ≒ 4.63$(억 원)이 될 것이다.

10

| 정답 | ③

| 해설 | ○○시의 세입 중 가장 큰 비중을 차지하는 것은 지방세로, 20X0년에 31%, 20X1년에 28%, 20X2년에 25%를 차지하였다.

| 오답풀이 |

① 세외수입의 액수는 20X1년에 감소하였다가 20X2년에 증가하였다.

② 전년 대비 세입 증가액은 20X1년이 $466,597-381,989=84,608$(억 원), 20X2년이 $540,435-466,597=73,838$(억 원)으로 20X1년이 20X2년보다 많다.

④ 전체 세입에서 지방세가 차지하는 비중은 20X0년부터 순서대로 $\frac{116,837}{381,989}×100 ≒ 30.6$(%), $\frac{130,385}{466,597}×100 ≒ 27.9$(%), $\frac{134,641}{540,435}×100 ≒ 24.9$(%)로, 계속 감소하였다.

⑤ 20X1년 지방교부세의 전년 대비 증가액은 $70,000-52,000=18,000$(억 원)으로 20X1년 국고보조금의 전년 대비 증가액인 $109,430-93,514=15,916$(억 원)보다 많다.

11

| 정답 | ③

| 해설 | 노르웨이와 한국을 비교해 보면 한국이 노르웨이보다 아빠전속 육아휴직 기간이 5배 이상 길지만 노르웨이의 소득대체율이 더 높은 것을 알 수 있다. 따라서 육아휴직 기간이 길수록 소득대체율이 높은 것은 아니다.

| 오답풀이 |

① 육아휴직 사용자 중 남성의 비중이 가장 큰 국가는 아이슬란드로 45.6%이고, 가장 작은 국가는 일본으로 2.3%이다. 두 국가의 차이는 $45.6-2.3=43.3$(%p)이다.

② 아이슬란드 남성의 육아휴직 사용 비중은 45.6%로 가장 높지만 아빠전속 육아휴직 기간은 13주로 일본, 포르투갈, 한국 등에 비해 짧다.

④ 일본의 아빠전속 육아휴직 기간은 52주로 포르투갈의 17.3주보다 3배 이상 길다.

⑤ 아빠전속 육아휴직 기간이 가장 긴 국가는 52주인 일본과 한국이고 가장 짧은 국가는 6주인 핀란드이며, 그 차이는 46주이다.

12

| 정답 | ②

| 해설 | 2019년 4분기 자동차 수입액 2,475억 원의 5배는 $2,475×5=12,375$(억 원)으로 4분기 수출액 13,310억 원보다 적다. 따라서 2019년 4분기 자동차 수출액은 수입액의 5배 이상이다.

| 오답풀이 |

① 2020년 하반기 자동차 수출액은 $11,467.5+11,247.5=22,715$(억 원)이므로 2조 2천억 원 이상이다.

③ 분기별 수출액과 수입액의 차이가 가장 작은 때는 2020년 4분기로 그 차이는 $11,247.5-3,327.5=7,920$(억 원)이며, 8천억 원 미만을 기록하였다.

④ 자동차의 수입 대수와 수출 대수의 차이가 가장 큰 때는 2019년 1분기이며 수입 대수인 1,586대의 3배는 4,758대로 2019년 1분기의 자동차 수출 대수인 4,657대보다 많다. 따라서 2019년 1분기 자동차 수출 대수는 수입 대수의 3배 미만이다.

⑤ 자동차 수출액이 가장 많았던 분기는 2019년 4분기이고, 자동차 수출 대수가 가장 많았던 분기는 2019년 1분기이다.

www.gosinet.co.kr gosinet

1회 기출유형

2회 기출유형

3회 기출유형

4회 기출유형

5회 기출유형

6회 기출유형

13

|정답| ④

|해설| 독일과 프랑스의 고등학교 졸업자 평균 임금이 동일하다면 두 나라의 임금지수를 직접적으로 비교할 수 있다. 따라서 독일의 고등교육 이상 졸업자의 임금지수는 166, 프랑스는 154이므로 두 나라의 임금지수의 차이는 12이다.

|오답풀이|

① 뉴질랜드는 2017년 118에서 2021년 154로 증가하였다.

② 2021년 한국의 중학교 이하 졸업자의 임금지수는 〈자료1〉에서 72임을 알 수 있고, 고등교육 이상 졸업자 임금지수는 〈자료 3〉에서 141임을 알 수 있다. 따라서 두 그룹 간의 임금지수 차이는 69이다.

③ 한국의 중학교 이하 졸업자와 대학 졸업자의 임금 격차는 2016년 98, 2017년 93, 2018년 90, 2019년 79, 2020년 71로 점차 감소하나 2021년 73으로 소폭 증가하였다.

⑤ 스위스의 고등교육 이상 졸업자의 임금수준은 2018년 소폭 증가하였다가 감소추세에 접어들었다.

14

|정답| ①

|해설| 올바른 자료는 다음과 같다.

중국	미국	인도
−320.7	−141.9	24.5

15

|정답| ④

|해설| 전국 상업용 건축물은 1,246,859동이고, 수도권 지역의 상업용 건축물은 127,080+243,268+43,101=413,449(동)이다.

따라서 전국 상업용 건축물 중 수도권 지역의 건축물은 $\frac{413,449}{1,246,859} \times 100 ≒ 33.2(\%)$이다.

4회 창의수리   문제 177쪽

01	⑤	02	③	03	②	04	②	05	④
06	②	07	③	08	②	09	⑤	10	②
11	②	12	⑤	13	④	14	⑤	15	⑤

01

|정답| ⑤

|해설|

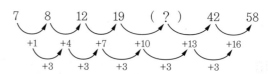

따라서 '?'에 들어갈 숫자는 19+10=29이다.

02

|정답| ③

|해설| 각 항의 분자 첫 번째 수와 분모의 곱은 나머지 분자의 합과 같다.

$\boxed{2} = \boxed{3+5+6}$
$\boxed{\times \quad 7}$

• 2×7=14   3+5+6=14
• 3×8=24   6+8+10=24
• 5×10=50   11+16+23=50

그러므로 마지막 항의 분자 첫 번째 수 7과 분모 14의 곱은 분자의 나머지 수 15, 29, □의 합과 같다.

7×14=15+29+□   ∴ □=98−44=54

03

|정답| ②

|해설| 분할된 각 칸을 다음과 같이 칭한다.

가	나
다	라

왼쪽 상자를 보면 '나+다=가+라'의 규칙임을 알 수 있다. 따라서 '?'에 들어갈 숫자는 $17+13-11=19$이다.

04

|정답| ②

|해설|

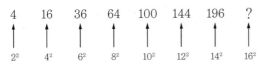

| 4 | 16 | 36 | 64 | 100 | 144 | 196 | ? |

2^2 4^2 6^2 8^2 10^2 12^2 14^2 16^2

따라서 '?'에 들어갈 숫자는 $16 \times 16 = 256$이다.

05

|정답| ④

|해설| 삼각형 안의 숫자는 위 꼭짓점 숫자와 왼쪽 꼭짓점 숫자를 곱한 후 오른쪽 꼭짓점 숫자를 더한 값이다.

· $4 \times 8 + 6 = 38$
· $2 \times 9 + 4 = 22$
· $4 \times 4 + 8 = (?)$

따라서 '?'에 들어갈 숫자는 $4 \times 4 + 8 = 24$이다.

06

|정답| ②

|해설| 아래 두 수를 더한 값에 3을 곱한 뒤 1을 뺀 값이 위의 숫자가 되는 규칙이 있다.

· $(1+2) \times 3 - 1 = 8$
· $(3+4) \times 3 - 1 = 20$
· $(5+6) \times 3 - 1 = 32$
· $(7+8) \times 3 - 1 = 44$
· $(8+20) \times 3 - 1 = 83$
· $(32+44) \times 3 - 1 = 227$
· $(83+227) \times 3 - 1 = (?)$

따라서 '?'에 들어갈 숫자는 $(83+227) \times 3 - 1 = 929$이다.

07

|정답| ③

|해설| A, B 두 톱니바퀴가 서로 맞물리는 부분의 규칙을 살펴보면 $2A-1=B$가 됨을 알 수 있다.

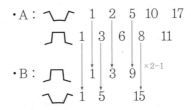

· A : ⊓ 1 2 5 10 17
     ⊔ 1 3 6 8 11

· B : ⊓ 1 3 9 ×2-1
     ⊔ 1 5 15

A, B 톱니바퀴의 모든 수를 알아야 하므로 B 톱니바퀴의 수를 구하기 위해 먼저 A 톱니바퀴의 튀어나온 바깥쪽 부분과 들어간 안쪽 부분의 수의 규칙을 살펴본다.

· A : ⊓ $1 \xrightarrow{+2} 3 \xrightarrow{+3} 6 \xrightarrow{+2} 8 \xrightarrow{+3} 11$ ⇨ +2와 +3이 번갈아 나타나는 수열

⊔ $1 \xrightarrow{+1} 2 \xrightarrow{+3} 5 \xrightarrow{+5} 10 \xrightarrow{+7} 17$ ⇨ 계차수열
   +2   +2   +2

두 규칙을 적용하여 A, B 톱니의 수를 구하면 다음과 같다.

톱니의 모든 수를 구해야 하므로,

· A : ⊓

$1 \to 3 \to 6 \to 8 \to 11 \to 13 \to 16 \to 18 \to 21 \to 23$

⇨ 톱니의 합 $S_{A_1} = 120$

⊔

$1 \to 2 \to 5 \to 10 \to 17 \to 26 \to 37 \to 50 \to 65 \to 82$

⇨ 톱니의 합 $S_{A_2} = 295$

$B=2A-1$이므로. A 톱니바퀴와 각각 맞물리는 부분의 수는

· B : ⊔

$1 \to 5 \to 11 \to 15 \to 21 \to 25 \to 31 \to 35 \to 41 \to 45$

1회 기출유형
2회 기출유형
3회 기출유형
4회 기출유형
5회 기출유형
6회 기출유형

⇨ 톱니의 합 $S_{B_1}=230$

$1 \rightarrow 3 \rightarrow 9 \rightarrow 19 \rightarrow 33 \rightarrow 51 \rightarrow 73 \rightarrow 99 \rightarrow 129 \rightarrow 163$

⇨ 톱니의 합 $S_{B_2}=580$

따라서 톱니바퀴 A, B의 톱니의 총 합은 $(120+295)+(230+580)=415+810=1,225$이다.

> **보충 플러스+**
>
> 2A-1에 의한 B 톱니바퀴의 수에도 규칙이 있으므로 이를 찾아 구할 수 있다.
> - 들어간 안쪽 부분 : $1 \rightarrow 5 \rightarrow 11 \rightarrow 15 \rightarrow 21$ ⇨ +4와 +6이 번갈아 나타나는 수열
> - 튀어나온 바깥쪽 부분 : $1 \rightarrow 3 \rightarrow 9 \rightarrow 19 \rightarrow 33$ ⇨ 계차수열

08

|정답| ②

|해설| 주어진 조건대로 B=8C라 하면, 직사각형의 둘레의 길이는 (세로 길이+가로 길이)×2이므로,

$(C+8C)\times2=A \qquad 18C=A \qquad \therefore C=\dfrac{A}{18}$

따라서 C의 길이는 $\dfrac{A}{18}$ cm이다.

09

|정답| ⑤

|해설| 25%의 소금물 600g에 녹아 있는 소금의 양을 xg이라고 하면 식은 다음과 같다.

$\dfrac{x}{600}\times100=25 \qquad \dfrac{x}{6}=25 \qquad \therefore x=150(g)$

30%의 소금물을 만들기 위해 증발시켜야 하는 물의 양을 y라고 하면 식은 다음과 같다.

$\dfrac{150}{600-y}\times100=30 \qquad \dfrac{150}{600-y}=\dfrac{3}{10}$

$1,500=1,800-3y \qquad \therefore y=100(g)$

따라서 100g의 물을 증발시켜야 한다.

10

|정답| ②

|해설| 수영장의 물을 가득 채우는 일을 1이라 하면 두 수도꼭지가 1시간당 하는 일의 양은 각각 $\dfrac{1}{6}$, $\dfrac{1}{4}$이다. 두 수도꼭지를 함께 사용하면 1시간당 하는 일은 $\dfrac{1}{6}+\dfrac{1}{4}=\dfrac{5}{12}$이므로 A와 B 수도꼭지를 모두 틀어 수영장 물을 다 채우는 데 걸리는 시간은 $1\div\dfrac{5}{12}=2.4$(시간)이다.

11

|정답| ②

|해설| A 차가 회사에서 워크숍 장소까지 가는 데 걸린 시간은 x시간이고, B 차가 회사에서 워크숍 장소까지 가는 데 걸린 시간은 $\left(x+\dfrac{1}{4}\right)$시간이다. '거리=속력×시간'이므로,

$80x=70\left(x+\dfrac{1}{4}\right) \qquad 10x=\dfrac{70}{4}$

$x=\dfrac{7}{4}$

따라서 회사에서 워크숍 장소까지의 거리는 $80\times\dfrac{7}{4}=140$(km)이다.

12

|정답| ⑤

|해설| 굴렁쇠가 이동한 거리를 구하는 문제이므로 원의 둘레를 이용한다. A 굴렁쇠의 둘레는 $2\times\pi\times16=32\pi$(cm)이고 B 굴렁쇠의 둘레는 $2\times\pi\times20=40\pi$(cm), C 굴렁쇠의 둘레는 $2\times\pi\times26=52\pi$(cm)이다. 32π, 40π, 52π의 최소공배수는 $2,080\pi$ cm이므로 A 굴렁쇠가 $\dfrac{2,080\pi}{32\pi}=65$(바퀴), B 굴렁쇠가 $\dfrac{2,080\pi}{40\pi}=52$(바퀴), C 굴렁쇠가 $\dfrac{2,080\pi}{52\pi}=40$(바퀴) 돌았을 때 같은 위치에서 멈추게 된다.

13

|정답| ④

|해설| 가습기의 정가를 x 원, 서랍장의 정가를 y 원이라고 하면 다음 식이 성립한다.

$0.85x + 0.75y = 183,520$ ·················· ㉠

$0.8(x+y) = 183,520$ ·················· ㉡

㉠, ㉡을 연립하여 풀면

$0.05x = 0.05y$ $x = y$

이를 ㉠에 대입하면

$0.85x + 0.75x = 183,520$ $1.6x = 183,520$

$x = 114,700$(원)

따라서 가습기의 정가는 114,700원이다.

14

|정답| ⑤

|해설| • 주사위 2개를 던지는 모든 경우의 수는 $6 \times 6 = 36$ 이고, 주사위 2개를 던져서 나온 수의 합이 10 이상일 경우는 (4, 6) (5, 5) (6, 4) (5, 6) (6, 5) (6, 6)으로, 총 6가지이므로 확률은 $\frac{6}{36}$ 이다. 따라서 그 기댓값은 $\frac{1}{6} \times 300 = 50$(원)이며, 이를 20번 반복했을 때의 기댓값은 $50 \times 20 = 1,000$(원)이다.

• 다른 한 사람과 가위바위보를 할 때 모든 경우의 수는 $3 \times 3 = 9$ 이고, 가위바위보를 해서 이기거나 비길 확률은 (가위, 가위) (바위, 바위) (보, 보) (가위, 보) (바위, 가위) (보, 바위)로, 총 6가지이므로 확률은 $\frac{6}{9}$ 이다.

따라서 그 기댓값은 $\frac{2}{3} \times 120 = 80$(원)이며, 이를 20번 반복했을 때의 기댓값은 $80 \times 20 = 1,600$(원)이다.

따라서 두 기댓값의 차이는 $1,600 - 1,000 = 600$(원)이다.

15

|정답| ⑤

|해설| '거리=속력×시간'이므로 A 지역에서 출발한 독수리와 B 지역에서 출발한 기차가 만나는 데 걸리는 시간을

t 시간이라 하면 다음과 같은 식이 성립한다.

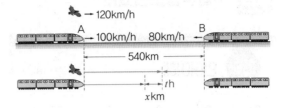

$120t + 80t = 540$ $200t = 540$ $t = 2.7$(시간)

• A 지역에서 출발한 기차가 2.7시간 동안 달린 거리 : $100 \times 2.7 = 270$(km)

• B 지역에서 출발한 기차가 2.7시간 동안 달린 거리 : $80 \times 2.7 = 216$(km)

독수리가 B 지역에서 출발한 기차와 만났을 시점에 두 기차 사이의 거리를 x km라 하면 $540 = 270 + 216 + x$ 이므로 $x = 540 - 486 = 54$(km)이다.

1회 기출유형
2회 기출유형
3회 기출유형
4회 기출유형
5회 기출유형
6회 기출유형

5회 기출유형모의고사

01 ②	02 ③	03 ⑤	04 ⑤	05 ①
06 ④	07 ⑤	08 ②	09 ②	10 ①
11 ②	12 ④	13 ④	14 ③	15 ②

01

| 정답 | ②

| 해설 | 제시된 글에서는 '사회적 증거의 법칙'에 대해 설명하면서 이러한 사회적 증거의 특성은 장점이 되기도 하고 약점이 될 수도 있으므로 맹목적으로 따라 하는 것을 지양해야 한다고 설명하고 있다. 따라서 글의 주제는 ②가 적절하다.

| 오답풀이 |

①, ③ '사회적 증거의 법칙'이 주어진 상황에서 어떻게 행동해야 할 것인가를 결정하는 지름길로 사용될 수 있다고 하였으므로 항상 비판적으로 바라봐야 한다는 것과 피해야 한다는 것은 주제로 적절하지 않다.

④ '사회적 증거의 법칙'을 맹목적으로 따르게 되면 이용당할 수도 있다고 하였으므로 무조건 많은 사람들이 하는 행동을 따라 해야 한다는 것은 주제로 적절하지 않다.

⑤ 일반적으로 다수의 행동이 올바르다고 인정되는 경우가 많다.

02

| 정답 | ③

| 해설 | 진술의 종류에 따라 그 진위를 결정할 수 있는 방법이 달라진다. 사실 진술의 경우 사실적 증거를 확인함으로써 그 진위를 가릴 수 있지만, 의견 진술의 경우 사실에 대해 내린 진술자의 판단을 서술한 것이기 때문에 사실적 증거를 확인하는 것으로는 그 진위를 가릴 수 없다. ㉠ ~ ㉤ 중 사실을 전달하는 진술은 ㉠, ㉢, ㉣이다.

03

| 정답 | ⑤

| 해설 | 개성적인 인간과 두뇌 개발 간의 연관성은 제시된 글에서 찾아볼 수 없다.

| 오답풀이 |

① 인간은 평생 뇌의 극히 일부분만을 사용하고 있다는 것이 중심내용이므로, 무엇이 인간의 두뇌를 다 사용하지 못하게 하는지에 대한 연구와 관련성이 있다.

② 두뇌 활용도를 어린이나 학생으로 한정하고 있는 것이 아니므로 뒤이어 나올 수 있다는 내용이다.

③ 재능을 발휘하는 것은 그만큼 두뇌 개발이 이루어졌다는 의미이므로 관계가 있다.

④ 인간의 두뇌 활용도를 높이기 위한 방법으로 두뇌 개발 촉진 프로그램 개발을 제안할 수 있으므로 이어지는 내용으로 나올 수 있다.

04

| 정답 | ⑤

| 해설 | 제시된 글에서 인체에 유해하다고 한 공정은 금속으로 플라스틱을 도금하는 것이 아니라, 플라스틱으로 금속을 도금하는 것이다.

| 오답풀이 |

① 첫 번째 문단에 전기 도금은 내구성이 뛰어나다는 언급이 있다.

② 두 번째 문단에 도금할 물체를 음극에 연결한다는 내용이 있다. 물론 두 번째 문단은 구리 도금에 대한 설명을 하고 있지만, 구리 도금은 전기 도금의 한 종류에 불과하다. 따라서 다른 전기 도금의 진행 과정도 이와 유사할 것임을 추론할 수 있다.

③ 구리 도금은 금속 도금에 속하므로, 구리가 금속에 해당함을 알 수 있다. 또한 두 번째 문단에 구리가 산화되어 이온이 발생한다는 내용이 있으므로, 이를 통합하면 금속이 산화되어 이온이 발생함이 추론가능하다.

④ 세 번째 문단에 다양한 색상에 대한 언급이 있다.

05

|정답| ①

|해설| ㉠ 다음 문장에서 비용 절감을 위해 모노 방식의 카메라를 고수한다고 하였으므로 스테레오 방식의 카메라는 가격이 비싸다(ⓐ)는 것을 알 수 있다. 또한 스테레오 방식을 사용하면서 영상신호데이터 처리 속도를 높이기 위한 칩을 사용한다 했으므로 스테레오 방식의 카메라는 처리해야 할 데이터 양이 많아 속도가 느리다(ⓓ)는 것을 알 수 있다.

06

|정답| ④

|해설| B가 키오스크 사용을 선호하는 민원인에 대해 말하고 있는데 C는 '하지만'으로 대화를 시작하고 있으므로 B와는 반대되는 내용의 말을 해야 한다. 또한 D는 키오스크 이용에 대한 문제점을 말하고 있으며 이와 함께 '게다가'를 사용하여 C의 말에 부연설명하고 있다. 이를 바탕으로 C의 대화를 추론하면 ④가 적절하다.

07

|정답| ⑤

|해설| 첫 번째 문단을 보면 현재 하나의 사건이나 이슈에 대해 수많은 뉴스 생산 주체들이 다르게 보도하고 있다는 것을 알 수 있다. 이후 두 번째 문단을 보면 미디어 환경 및 뉴스 산업 구조로 인해 뉴스 생산환경이 급속하게 변화했으며 기자, 블로거, 시민기자, 팟캐스터 등 다양한 사람들이 뉴스 생산에 기여한다고 이야기하고 있다. 마지막 문장에서는 '뉴스를 바르게 이해하기 위해서는 뉴스 생산자의 역할과 임무에 대한 이해가 선행되어야 한다.'고 말하고 있다. 이를 모두 종합하면 올바른 뉴스를 소비하기 위해서는 뉴스 생산자의 역할과 임무에 대해 소비자가 능동적으로 판단하고 이해해야 한다는 것을 알 수 있다.

08

|정답| ②

|해설| 제시된 글의 내용은 사회라는 실체가 인간과 떨어져 존재하는 것처럼 생각되는 경우가 있지만, 인간 이외에 사회의 실체를 구성할 수 있는 것은 없다는 점을 잊어서는 안 된다는 것이다. ㉠은 역접을 의미하는 '하지만'의 다음으로 이어지는 문장이므로 앞 문단의 내용과 상반되는 내용이 들어가야 한다. 따라서 앞 문단의 '사회는 인간과는 별개의 존재다'와 상반되는 내용인 ②가 들어가는 것이 적절하다.

|오답풀이|

① ㉠ 뒤에 '사회가 실체로서 존재한다고 했을 때, 사회의 실체라고 믿어지는 조직이나 제도 등도 인간이 만든 것'이라고 말하고 있으므로, 사회가 인간의 생활에 영향을 끼치고 있다는 내용은 글의 주장과 반대된다.

④ 이 글은 변화의 속도에 대해서 전혀 관여하고 있지 않으므로 사회의 실체를 설명하기 위해 속도를 언급하는 것은 적절하지 않다.

09

|정답| ②

|해설| 상대와 '노는' 경우, 자기 형성은 상대의 자기 형성과 떼어놓을 수 없는 관련성을 지닌다. 이러한 모습은 동물에게서도 찾아볼 수 있는데 동물의 놀이는 생명적인 것과 직접적인 친화성을 나타내지만 인간의 경우, 능동적으로 반복되는 사상적인 형성이라는 근원이 있기 때문에 놀이는 인간의 마음 그 자체가 된다. ②는 전반부에서 동물의 놀이에 대해 말하고, 후반부에서는 그것과 비교하여 인간의 놀이에 대해 정리하고 있으므로, 제시된 글이 말하고자 하는 바를 잘 요약하고 있다.

|오답풀이|

① '동물의 자기 형성에 있어서는 놀이의 상대로부터 받는 영향은 비교적 적다'고는 말하지 않았다.

③ '로서 노는 것'이나 '위해서 노는 것'이 어떤 역할을 하는지 직접 설명한 부분은 없다.

④ 동물에게 있는 것은 '와 노는 것'이라고 나와 있다.

⑤ 동물의 '자기 형성'이 어떤 것인지에 대한 언급이 없었고, 인간의 자기 형성이 '불안정하고 변하기 쉬운 것'이라고도 말하지 않았다.

www.gosinet.co.kr gosinet

1회 기출유형
2회 기출유형
3회 기출유형
4회 기출유형
5회 기출유형
6회 기출유형

10

|정답| ①

|해설| 제시된 글은 상대방에게 말할 때 '까'를 활용한 열린 문장으로 말하면 저항이 적어져 마음이 열리게 되고, 질문에 대해 스스로 생각하여 내린 결론을 거부감 없이 받아들일 수 있게 됨을 설명하고 있다. 따라서 글의 주제로 ①이 적절하다.

11

|정답| ②

|해설| 불확실성을 불안과 두려움이 아닌 기회로 평가하게 되면, 그에 따른 적절한 의료진의 간호와 함께 환자의 적응력은 더 나아질 수 있다는 것이 필자의 주장이다. 따라서 불확실성 자체보다 불확실성을 받아들이는 환자의 수용 방식에 따라 적응력이 달라진다는 판단은 적절하다고 할 수 있다.

|오답풀이|

① 무작위배정 및 눈가림이 환자에게 불확실성을 유발시켜 불안 심리를 자극한다고 설명되어 있으나, 이를 배제하는 것이 불안 심리를 없애 준다고 확신할 수는 없다.

③ 임상시험에 대한 대처 능력의 관건은 어느 단계의 임상시험에 응하는지를 아는 것이 아니라, 불확실성을 기회로 평가하고 받아들일 수 있는지 여부이다.

④ 항암제 자체의 효과보다 환자의 심리 상태를 항암제 약효 자체의 판단 기준으로 보는 것은 적절하지 않다.

⑤ 3상 임상시험을 거치지 않은 항암제는 기존 치료제와의 비교자료 없이 치료에 활용될 것이다. 환자에게 사용가능한 최대용량에 대해서는 1상 임상시험을 통해 알 수 있다.

12

|정답| ④

|해설| 인간이 생각하고 말을 할 수 있는 복잡한 생물임에도 가지고 있는 의미 있는 유전자 수는 단순한 동물들의 유전자 수와 크게 다르지 않으며, 심지어 식물이 가진 유전자보다 그 수가 적다는 것이 확인되었으므로 복잡한 생물일수록 보유 유전자 수가 많다는 내용은 적절하지 않다.

|오답풀이|

① 생명공학 기술의 발달로 기존에 15년으로 예상되었던 인간 게놈 프로젝트가 13년 만에 완료되었다.

② 염기서열의 수가 워낙 방대하여 세계 각국의 유전자 센터와 대학 등에서 나누어 실시되었다.

③ 침팬지와 사람의 유전자가 99% 일치함에 따라 침팬지 기원설에도 확신을 얻게 되었다.

⑤ 염기서열이 모두 밝혀지는 것의 단점으로 태아의 염기서열에서 유전병 요인이 발견될 경우 아이를 포기하는 일이 생길 수 있다는 문장에서 추론할 수 있다.

13

|정답| ④

|해설| 제시된 글에서는 4차 산업혁명으로 인해 나타날 수 있는 다양한 시대의 모습 중에서 가장 핵심적인 모습인 초연결성에 대해 언급하고 있다. 이러한 초연결성이 활성화되는 사회를 초연결사회로 제시하고 있으며, 초연결사회가 되면서 변화하는 직업세계를 설명하고 있다. 따라서 이 글의 핵심내용으로는 '새로운 문화와 가치를 형성하는 초연결사회'라고 할 수 있다.

14

|정답| ③

|해설| 제시된 글은 지구온난화로 인한 지구의 기온 상승에 대해 이야기하고 있다. 제시된 지문에서 지구온난화로 인해 기온 상승이 일어나고 있으며 이러한 변화는 인간생활에 영향을 미칠 것이라고 이야기하고 있으므로 다음에는 지구온난화의 원인이 나와야 한다. 따라서 원인을 제시하고 있는 (라)가 맨 먼저 나오게 된다. (라)에서는 CO_2와 다른 기체들의 농도 증가에 대해 설명하고 있으므로 이후에는 CO_2에 대한 설명과 CO_2의 농도 평형이 파괴되기 시작했다는 (가)가 제시되어야 한다. 다음은 CO_2의 농도 평형의 원인에 대해 설명하고 있는 (다)가 제시되어야 하며 (나)를 통해 부연설명과 결론을 제시해야 한다. 마지막으로 (마)로 기온 상승뿐만 아니라 생태계 파괴까지 불러일으킬 수 있다며 글을 마무리해야 한다. 따라서 (라)-(가)-(다)-(나)-(마) 순이 적절하다.

15

|정답| ②

|해설| 두 번째 문단에서 '살아 있는 동안만이 내가 의식하는 삶의 전부'라고 언급한 바와 같이 내세(來世)에 대한 가치를 추구하는 것은 에피쿠로스가 지향하는 행복에 맞지 않는다.

|오답풀이|

① 물질적, 육체적 쾌락이 아닌 정신적 쾌락을 추구하는 방법으로 우정을 행복의 요소로 볼 수 있다.

③, ④ 마음의 근심을 덜어 내고 자유로운 상태에서 편안함을 추구하는 것은 에피쿠로스가 지향하는 행복의 핵심적인 내용이다.

⑤ 에피쿠로스는 물질적인 것을 추구하는 행위 자체를 헛된 욕구라고 보지 않았다. 헛된 욕구에 해당하는 것은 과도하게 물질적인 것을 추구하는 사치욕이나 정복욕이다.

5회 언어추리
문제 196쪽

01	③	02	④	03	④	04	④	05	②
06	⑤	07	①	08	④	09	②	10	②
11	④	12	⑤	13	①	14	②	15	⑤

01

|정답| ③

|해설| '축구를 잘할 수 없으면 농구를 잘할 수 없다'는 명제가 참이라면 이 명제의 대우인 '농구를 잘할 수 있다면 축구를 잘할 수 있다'라는 명제도 참이다. '야구를 잘할 수 있으면 농구를 잘할 수 있다'라는 명제도 참이므로 삼단논법에 의해 '야구를 잘할 수 있으면 축구를 잘할 수 있다'라는 명제 또한 반드시 참이 된다.

|오답풀이|

① '야구를 잘할 수 있으면 축구를 잘할 수 있다'라는 명제는 참이다. 따라서 '야구를 잘할 수 있으면 축구를 잘할 수 없다'는 명제는 거짓이다.

②, ⑤ 주어진 명제들로는 이 명제의 참과 거짓을 판별할 수 없다.

④ '농구를 잘할 수 있다면 축구를 잘할 수 있다'라는 명제가 참이므로 '농구를 잘할 수 있으면 축구를 잘할 수 없다'라는 명제는 거짓이다.

02

|정답| ④

|해설| B 사원의 말이 참인지 거짓인지를 말하는 D 사원의 말을 기준으로 살펴보면 다음과 같다.

ⅰ) D 사원의 말이 참일 경우
B 사원의 말은 거짓이 되고 다른 사원들의 말은 모두 참이다. 이때 A 사원과 C 사원의 말에 따라 1월과 2월은 둘 다 방류를 하거나 하지 않으므로 1, 2월에 방류를 한다면 다른 두 달은 방류를 하지 않게 된다. 이에 따라 B 사원의 말이 거짓이 되므로 상충한다.

ⅱ) D 사원의 말이 거짓일 경우
B 사원을 비롯한 다른 사원들의 말이 모두 참이다. E 사원의 말에 따라 3월에 방류를 하고 1월과 2월은 둘 다 방류를 하거나 하지 않는데, 방류할 경우 C 사원의 말에 모순이 생기므로 방류하지 않는다. B 사원의 말에 따라 1월에 방류하지 않을 경우 4월에는 방류한다. 따라서 방류하는 달은 3월과 4월이다.

03

|정답| ④

|해설| 제시된 명제를 $p \sim u$ 정리하면 다음과 같다.

p : 대전으로 출장 간다. q : 부산으로 출장 간다.

r : 광주로 출장 간다. s : 원주로 출장 간다.

t : 대구로 출장 간다. u : 제주로 출장 간다.

(가) $p \rightarrow q$ (대우 : $\sim q \rightarrow \sim p$)

(나) $\sim p \rightarrow \sim r$ (대우 : $r \rightarrow p$)

(다) $\sim s \rightarrow \sim t$ (대우 : $t \rightarrow s$)

(라) $\sim s \rightarrow \sim p$ (대우 : $p \rightarrow s$)

(마) $\sim u \rightarrow \sim q$ (대우 : $q \rightarrow u$)

'제주로 출장 가지 않는 사람은 광주에도 가지 않는다.'는 $\sim u \rightarrow \sim q \rightarrow \sim p \rightarrow \sim r$이므로 참이다.

|오답풀이|

① 제주로 출장을 간다는 전제의 명제가 없으므로 알 수 없다.

② $\sim q \to \sim p \to \sim r$인 것은 알 수 있으나 대구에도 가지 않는지는 알 수 없다.

③ $r \to p \to q \to u$이거나 $r \to p \to s$ 이지만 대구에도 가는지는 알 수 없다.

⑤ $q \to u$임은 알 수 있으나 원주에도 가는지는 알 수 없다.

04

|정답| ④

|해설| 제시된 문장을 읽고 참이 되는 명제를 추론하는 문제이다. 요리를 잘하는 사람은 반드시 청소를 잘하고 청소를 잘하는 사람은 반드시 키가 크므로 '요리를 잘하는 사람은 반드시 키가 크다'가 성립한다. 세 번째 명제에서 '나는 요리를 잘한다'고 하였으므로 '나는 키가 크다'가 성립한다. 따라서 정답은 ④가 된다.

05

|정답| ②

|해설| 세 번째 조건에서 정 사원은 맞은편에 빨간색 우산을 쓴 직원만 보인다고 하였으므로 정 사원의 맞은편에는 한 명의 직원이 있고, 정 사원은 다른 두 직원과 함께 있다는 것을 알 수 있다. 그리고 두 번째 조건에서 이 대리는 맞은편에 여러 명이 보인다고 하였으므로, 정 사원 맞은편에 있는 직원은 이 대리이며 빨간색 우산을 썼다는 것도 알 수 있다. 네 번째 조건에서 이 대리가 볼 때 송 차장이 검은색 우산을 쓴 직원의 왼편에 있으므로 송 차장은 검은색 우산의 오른편에 있고, 검은색 우산은 정 사원, 파란색 우산은 송 차장이 쓴 것이 된다. 즉, 이 대리의 맞은편에는 노란색 우산을 쓴 김 과장, 검은색 우산을 쓴 정 사원, 파란색 우산을 쓴 송 차장이 나란히 서 있다.

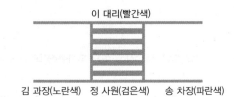

이 대리(빨간색)

김 과장(노란색)   정 사원(검은색)   송 차장(파란색)

따라서 김 과장과 정 사원은 나란히 서 있다.

06

|정답| ⑤

|해설| 명제가 참이면 대우도 참이라는 것과 명제의 삼단논법 관계를 이용한다.

• 세 번째 명제 : 음악을 좋아한다. → 창의력이 높다.
• 두 번째 명제 : 창의력이 높다. → 작곡을 잘 한다.

따라서 '음악을 좋아하면 작곡을 잘 한다.'가 성립하므로 이 명제의 대우인 ⑤는 참인 문장이다.

|오답풀이|

① 주어진 문장이 성립하려면 첫 번째 명제를 이용하여 '창의력이 높으면 음악을 좋아한다.'가 성립되어야 하는데, 이는 세 번째 명제의 역에 해당하므로 반드시 참인 문장이 아니다.

② 세 번째 명제와 두 번째 명제를 통해 '음악을 좋아하면 작곡을 잘 한다.'가 성립한다. 그러나 주어진 문장은 명제의 역에 해당하므로 반드시 참이라고 할 수는 없다.

③ 세 번째 명제의 역에 해당하므로 반드시 참이라고 할 수는 없다.

④ 세 번째 명제와 두 번째 명제를 통해 '음악을 좋아하면 작곡을 잘 한다.'가 성립한다. 그러나 주어진 문장은 명제의 이가 되므로 반드시 참이라고 할 수는 없다.

07

|정답| ①

|해설| 〈보기〉에서 한 명이 거짓을 말하고 있다. B와 C는 둘 다 ⓒ 부분에서 오류가 나지 않았다고 말하고 있으므로 둘은 진실을 말하고 있는 것이 되며 A와 D 둘 중 한 명이 거짓말을 하고 있음을 알 수 있다.

- A의 증언이 거짓일 경우

  B, C, D의 증언이 진실이 되며 이들의 증언은 서로 상충하지 않는다. A의 증언이 거짓이므로 ⓒ 부분에서는 오류가 발생한 것이 아니게 되고 B, C, D의 증언에 따라 ⓛ과 ⓔ에도 오류가 발생하지 않았으므로, 오류가 있는 실험은 ㉠이다.

- D의 증언이 거짓일 경우

  A, B, C의 증언이 진실이 된다. D의 증언이 거짓임에 따라 ⓔ 부분에 오류가 발생한 것이 되는데 이 경우 ⓒ에서 오류가 있었다는 A의 진술에 의해 오류가 있는 실험은 2개가 되므로 이는 조건에 맞지 않는다. 따라서 D는 거짓말을 하지 않았다.

즉, 거짓을 말한 사람은 A이고 오류가 있는 실험은 ㉠이다.

08

|정답| ④

|해설| 제시된 조건을 선택지와 비교하여 해결해야 한다. 먼저 두 번째 조건과 마지막 조건으로 가 지사장은 본사와 가장 가까운 곳에 근무하므로 A 지사로, 바 지사장은 본사에서 제일 먼 지사에서 근무하므로 F 지사에 있다.

세 번째 조건에서 나와 다 지사장은 바로 옆 지사에 근무하지 않는다고 하였으므로 연이어 있는 ①, ③은 제외된다. 라 지사장은 다 지사장 바로 옆에서 근무하므로 연이어 있지 않은 ②도 제외된다. 마지막으로 마 지사장은 가, 나 지사장 사이에서 근무하므로 가장 적합한 지사장 배열은 ④가 된다.

09

|정답| ②

|해설| B, C, D가 뽑은 볼펜은 빨간색, 보라색, 초록색 볼펜이 각각 한 개씩 있고, A와 F는 같은색 볼펜을 뽑아야 하는데 두 개를 뽑을 수 있는 색은 빨간색 뿐이므로 A와 D는 빨간색을 뽑았다. 이에 따라 E는 보라색을 뽑게 된다.

(ㄱ) E는 보라색을 뽑아 5점을 얻으므로 1점과 10점을 얻지 못했다는 것은 옳다.

(ㄷ) E와 D가 같은 색의 볼펜을 뽑았다면 B와 C는 각각 빨간색과 초록색을 뽑은 것이 되므로 두 사람 점수의 합은 11이다.

|오답풀이|

(ㄴ) A와 F가 같은 색을 뽑아야 하는데 가능한 것은 빨간색이므로 점수의 합은 2이다.

(ㄹ) C가 뽑은 볼펜이 빨간색이면 D가 뽑은 볼펜은 초록색 또는 보라색이다.

10

|정답| ②

|해설| 조건을 만족하는 수강 현황은 다음과 같다.

구분	영어회화(4명)	시사토론(4명)	수영(3명)
해진	○	×	×
예림	×	○	○
희은	×	○	×
찬빈	×	○	×
은희	○	×	○
영준	○	○	×
유민	○	×	○

11

|정답| ④

|해설| 주어진 명제와 각각의 대우를 정리하면 다음과 같다.

- 셜록 홈즈○ → 반지의 제왕 ×
- 반지의 제왕 × → 해리포터 ×
- 반지의 제왕 ○ → 스타트랙○

대우 ⇔

- 반지의 제왕 ○ → 셜록 홈즈 ×
- 해리포터 ○ → 반지의 제왕○
- 스타트랙 × → 반지의 제왕 ×

(가) 지연이는 해리포터를 좋아하고, 해리포터를 좋아하는 사람은 반지의 제왕을 좋아하며, 반지의 제왕을 좋아하는 사람은 스타트랙을 좋아하므로 지연이는 스타트랙을 좋아한다.

(나) 지연이는 해리포터를 좋아하고, 해리포터를 좋아하는 사람은 반지의 제왕을 좋아하는데, 반지의 제왕을 좋아하는 사람은 셜록 홈즈를 좋아하지 않으므로 지연이는 셜록 홈즈를 좋아하지 않는다.

따라서 (가), (나) 모두 항상 옳다.

| 오답풀이 |

(다) 이 결론이 참이 되기 위해서는 '스타트랙을 좋아하는
사람은 반지의 제왕을 좋아한다'가 참이 되어야 한다.
이는 세 번째 명제의 역에 해당하는데 참인 명제의 역
과 이는 참일 수도 있고 거짓일 수도 있으므로 참·거
짓을 알 수 없다.

12

| 정답 | ⑤

| 해설 | 〈정보〉에 맞게 회사의 위치를 나열하면 다음과 같
이 세 가지의 경우가 있다.

구분	i	ii	iii
10층	발전회사	발전회사	발전회사
9층	컨설팅회사	컨설팅회사	투자회사
8층	의류회사	의류회사	공실
7층	B 건설회사	B 건설회사	A 건설회사
6층	투자회사	공실	공실
5층	공실	투자회사	컨설팅회사
4층	공실	공실	의류회사
3층	A 건설회사	A 건설회사	B 건설회사
2층	공실	공실	공실
1층	×	×	×

따라서 8층에 의류회사가 있다면 컨설팅회사 바로 위층에
는 발전회사가 있음을 알 수 있다.

13

| 정답 | ①

| 해설 | ㄱ. 주어진 조건문의 대우이므로 참인 추론이다.

ㄴ. 명제의 앞, 뒤를 부정한 '이'이다. 이는 반드시 참이 되
지는 않는다.

ㄷ. '규칙을 잘 지키고 협동 정신이 강하다'는 조건문의 가
정인 '규칙을 잘 지키거나 협동정신이 강하다'에 포함
된다. 그러므로 '동정심이 강하고 성실하다'가 적절한
추론이다.

따라서 참인 추론은 ㄱ뿐이다.

14

| 정답 | ②

| 해설 | 각 사례의 공통점과 차이점에 주목하여 분석한다.
사례 A와 C는 해외공장을 설립하고 신제품 개발을 하지 않
는 것은 공통적이나 해외판매 유무에서 차이점이 나타난
다. 이때, 사례 A에서 해외판매를 확대하자 실패 위험성이
컸고, 사례 C에서 해외판매를 하지 않자 실패 위험성이 적
은 것으로 미루어보아 해외판매가 실패 위험성을 크게 하
는 원인으로 분석된다.

| 오답풀이 |

① 사례 A, B, C 중 실패 위험성이 큰 것으로 나타난 사례
는 A뿐이다. 이때 사례 A와 나머지 사례들 사이의 차이
점은 A만 해외판매를 확대했다는 점이다. 따라서 해외
판매 확대가 실패 위험성을 크게 했다고 볼 수 있다.

③ 사례 B는 해외공장 설립과 해외판매 확대를 하지 않았
고 사례 C는 해외판매 확대와 신제품 개발을 하지 않았
다. 두 사례는 모두 실패 위험성이 적은 것으로 나타났
으므로 해외공장 설립과 신제품 개발은 실패 위험성에
영향을 미치지 않는다고 분석할 수 있다.

④ 사례 B는 해외공장 설립, 해외판매 확대를 모두 하지
않았고, 사례 D는 모두 하였는데 사례 B는 실패 위험성
이 적었고 사례 D는 위험성이 높았다. 따라서 해외공장
설립 또는 해외판매 확대 중 한 가지 요인 이상이 실패
위험성에 영향을 미친다고 분석할 수 있다.

⑤ 사례 C는 해외판매 확대와 신제품 개발을 모두 하지 않
았고, 사례 D는 모두 하였다. 그런데 사례 C는 실패 위
험성이 적었고 사례 D는 위험성이 높은 것으로 나타났
으므로 해외판매 확대 또는 신제품 개발 중 한 가지 요인
이상이 실패 위험성에 영향을 미친다고 분석할 수 있다.

15

| 정답 | ⑤

| 해설 | ㉠ 정보 2가 참이라면 회사 A에 투표를 한 투자자
의 수는 3명이므로 과반수 이상이 회사 B에 투표할 수
없다. 따라서 정보 1은 거짓이 된다.

㉡ 정보 1이 참이라면 회사 B에 투표한 투자자는 적어도 3
명 이상이 되며, 회사 A에 투표한 투자자는 최대 2명이
된다. 따라서 어떠한 경우에도 회사 A의 득표수는 회사

B와 회사 C의 득표수의 합을 넘을 수 없다. 따라서 정보 1이 참이라면 정보 3은 거짓이 된다.

ⓒ 정보 3이 참이라면 회사 B와 회사 C에 투표한 투자자들의 합은 최대 2명이 된다. 즉 적어도 3명 이상의 투자자들은 회사 A에 투표했으므로 과반수가 회사 B에 투표할 수 없다. 따라서 정보 3이 참이라면 정보 1은 거짓이 된다.

ⓔ 정보 3이 참이라면 회사 B와 회사 C에 투표한 투자자들의 합은 최대 2명이 된다. 이 경우 회사 A의 득표수는 3표일 수도, 4표일 수도 있으므로 정보 3이 참이라도 정보 2가 항상 참이 되지는 않는다.

5회 자료해석

문제 204쪽

01	③	02	③	03	④	04	③	05	④
06	⑤	07	⑤	08	⑤	09	①	10	④
11	①	12	①	13	⑤	14	⑤	15	③

01

| 정답 | ③

| 해설 | 5개 도시의 월별 미세먼지(PM2.5) 대기오염도 평균을 구하면 다음과 같다.

- 1월 : $\dfrac{29+27+21+26+27}{5}=26(\mu g/m^3)$

- 2월 : $\dfrac{28+23+22+26+21}{5}=24(\mu g/m^3)$

- 3월 : $\dfrac{25+21+16+20+18}{5}=20(\mu g/m^3)$

- 4월 : $\dfrac{21+16+17+18+17}{5}=17.8(\mu g/m^3)$

- 5월 : $\dfrac{19+15+17+20+18}{5}=17.8(\mu g/m^3)$

따라서 미세먼지(PM2.5) 대기오염도는 평균적으로 1월에 가장 높았다.

| 오답풀이 |

① 1월, 3월은 부산이 가장 낮았고, 2월은 광주가 가장 낮았으며, 4월, 5월은 인천이 가장 낮았다.

② 1 ~ 4월은 서울이 가장 높았으나 5월은 대구가 가장 높았다.

④ 부산의 경우 2월, 4월에 증가, 5월에 동일하였고, 대구의 경우 2월에 동일, 5월에 증가하였으며, 광주의 경우 5월에 증가하였다.

⑤ 조사기간 중 가장 낮은 수치를 기록한 곳은 인천으로 5월에 $15\mu g/m^3$를 기록했다.

02

| 정답 | ③

| 해설 | 마약밀수 단속 금액은 2016년에 620억 원, 2020년에 2,140억 원으로 $\dfrac{2,140-620}{620}\times100≒245.2(\%)$ 증가하여 300% 이상 증가하지 않았다.

03

| 정답 | ④

| 해설 | 2020년 국가유공자의 1인당 보상금액은 27,570(억 원)÷246(천 명)≒112.07(십만 원)이고 2019년에는 26,967(억 원)÷237(천 명)≒113.78(십만 원)이므로 약 17만 1천 원 감소하였다.

| 오답풀이 |

① 독립유공자, 고엽제후유의증환자 인원수는 변화가 없고 국가유공자는 10천 명이 증가하였지만 참전유공자 인원이 30천 명 감소하여 전체 대상자 인원이 감소하였다고 볼 수 있다.

② 2017년 참전유공자의 1인당 보상금액은 4,550(억 원)÷252(천 명)≒18.06(십만 원)이다. 2017년 고엽제후유의증환자의 1인당 보상금액은 2,209(억 원)÷37(천 명)≒59.70(십만 원)이므로 3배 이상이다.

③ 2019년 보훈 대상자는 전년 대비 527-524=3(천 명) 증가하였고 보상금액은 35,610-34,370=1,240(억 원) 증가하였다.

⑤ 2021년 고엽제후유의증환자의 보상금액은 전년 대비 2,590-2,512=78(억 원) 증가한 것을 확인할 수 있다.

1회 기출유형 · 2회 기출유형 · 3회 기출유형 · 4회 기출유형 · 5회 기출유형 · 6회 기출유형

04

|정답| ③

|해설| © $\frac{21,790}{42,870} \times 100 ≒ 50.83(\%)$이므로 50%가 넘는다.

② 운송 관련 서비스업에 종사하는 남자 임시근로자 수는 14,407명이고, 항공 운송업에 종사하는 여자 상용근로자 수는 11,150명이므로 올바른 설명이다.

|오답풀이|

㉠ 육상 운송업 종사자가 가장 많다.

© $\frac{74,983}{531,511} \times 100 ≒ 14.1(\%)$이므로 10%가 넘는다.

05

|정답| ④

|해설| ㉮의 설명에 의해 대구는 ㉠과 © 중 한 곳이며, 대전은 ©과 ② 중 한 곳임을 알 수 있다.

㉯의 설명에 의해 관광산업 사업체 수는 '부산>광주+대전>대구'이므로 부산이 대구보다 관광산업 사업체 수가 많음을 알 수 있다. 결국 ㉠이 부산, ©이 대구가 되며 ©과 ②은 광주와 대전 중 각각 한 곳이 된다.

㉰에서 언급된 비율은

$\frac{12,050 + 대전의\ 예술산업\ 사업체\ 수}{48,562} \times 100 ≒ 38.6(\%)$

라는 의미가 되므로 계산해 보면 대전은 ②이 됨을 알 수 있다.

따라서 빈칸의 지역명으로 알맞은 순서는 '부산 – 대구 – 광주 – 대전'이다.

06

|정답| ⑤

|해설| © 전체 직원 중에서 구강건강이 매우 건강한 직원은 19,597×0.0687≒1,346(명)으로 1,300명 이상이다.

② 구강건강이 매우 건강한 남성 직원은 10,154×0.0699 ≒710(명), 여성 직원은 9,443×0.0674≒636(명)으로 남성 직원이 더 많다.

|오답풀이|

㉠ 구강건강이 보통인 직원의 비율은 20대가 34.69%, 30대가 40.88%, 40대가 46.01%, 50대 이상이 47.93%로, 연령대가 낮을수록 낮다.

© 근무지별 구강건강이 매우 건강하지 않은 직원의 수는 다음과 같다.

• A 지사 : 8,487×0.0158≒134(명)
• B 지사 : 8,555×0.0103≒88(명)

따라서 B 지사에서 근무하는 직원이 A 지사에서 근무하는 직원보다 더 적다.

07

|정답| ⑤

|해설| '내수=생산−수출+수입'이므로 부품소재 산업동향의 빈칸에 들어갈 수치는 다음과 같다.

• 2017년 내수 : 658−280+176=554(조 원)
• 2018년 내수 : 660−294+179=545(조 원)
• 2021년 내수 : 658−301+179=536(조 원)

구분	2015년	2016년	2017년	2018년	2019년	2020년	2021년
생산	584	642	658	660	650	638	658
내수	491	545	(554)	(545)	538	532	(536)

'무역수지=수출−수입'이므로 2011~2017년의 무역수지를 구하면 다음과 같다.

• 2015년 무역수지 : 273−180=93(조 원)
• 2016년 무역수지 : 270−173=97(조 원)
• 2017년 무역수지 : 280−176=104(조 원)
• 2018년 무역수지 : 294−179=115(조 원)
• 2019년 무역수지 : 282−170=112(조 원)
• 2020년 무역수지 : 269−163=106(조 원)
• 2021년 무역수지 : 301−179=122(조 원)

조사기간 중 부품소재 무역수지는 지속적으로 증가하다가 2019, 2020년에는 감소하였다.

|오답풀이|

① 조사기간 중 전년 대비 부품소재 생산 규모 변화율은 다음과 같다.

• 2016년 : $\frac{642 - 584}{584} \times 100 ≒ 9.9(\%)$

- 2017년 : $\dfrac{658-642}{642} \times 100 ≒ 2.5\,(\%)$

- 2018년 : $\dfrac{660-658}{658} \times 100 ≒ 0.3\,(\%)$

- 2019년 : $\dfrac{650-660}{660} \times 100 ≒ -1.5\,(\%)$

- 2020년 : $\dfrac{638-650}{650} \times 100 ≒ -1.8\,(\%)$

- 2021년 : $\dfrac{658-638}{638} \times 100 ≒ 3.1\,(\%)$

2016년이 9.9%로 전년 대비 부품소재 생산 규모 증가율이 가장 높다.

② 2019년 부품소재 생산 규모는 660 → 650(조 원), 수출 규모는 294 → 282(조 원), 수입 규모는 179 → 170(조 원)으로 모두 전년 대비 하락하였다.

③ 조사기간 중 부품소재 생산 규모는 2015년 584조 원으로 600조 원대 이하였지만, 2016년부터 2021년까지는 600조 원 이상인 것을 볼 수 있다.

④ 조사기간 중 부품소재 무역수지 규모가 가장 큰 해는 무역수지가 122조 원인 2021년이다.

08

| 정답 | ⑤

| 해설 | (다) 8월 미국의 총수출 중 한국의 비중은 2.89%, 9월은 2.94%로 증가하였으나, 같은 시기 국별 순위는 7위에서 8위로 떨어졌다.

(라) 한국은 월별 수출액 비중과 국별 순위 모두 미국보다 중국에서 더 높은 수치를 보이고 있다. 따라서 한국에 대한 수출의존도는 미국보다 중국이 더 높다고 볼 수 있다.

| 오답풀이 |

(가) 1, 2, 8, 9, 10월에 3%보다 적은 비중을 보이고 있다.

(나) 2월과 3월 중국의 총수출 중 한국의 비중은 각각 약 5.5%와 약 5.1%를 기록하였다.

09

| 정답 | ①

| 해설 | 2015년 화재로 인한 사망자 수는 전년 대비 20% 감

소했으므로 305×0.8=244(명), 2016년 화재로 인한 부상자 수는 2015년 대비 20% 증가했으므로 2015년 화재로 인한 부상자 수는 1,956÷1.2=1,630(명)이다. 따라서 2015년 인명피해 인원은 244+1,630=1,874(명)이다.

10

| 정답 | ④

| 해설 | 비취업자는 개인유지(10 : 35)＞여가 활동(7 : 15)＞학습(5 : 17)＞가정관리(3 : 11) 순으로 많은 시간을 차지한다.

| 오답풀이 |

① 취업자는 개인유지보다 일이 더 많은 시간을 차지한다.

② 취업자 전체는 일이 11시간으로 가장 집중된 것은 옳으나, 비취업자들은 여가에 7 : 15, 학습에 5 : 17로 약 2시간 차이가 나므로 비슷하다고 하기 어렵다.

③ 가정관리 시간은 취업자의 경우 남성 124분, 여성 143분으로 약 1.15배, 비취업자의 경우 남성 88분, 여성 223분으로 약 2.5배 차이가 난다.

⑤ 취업자 전체의 참여 및 봉사활동 시간인 2:03보다 교제 및 여가 활동이 2:58로 더 많은 시간을 차지한다.

11

| 정답 | ①

| 해설 | 3아웃으로 공수가 교대되고, 아웃의 경우 1점이 감점되기 때문에 매 회마다 3점이 감점된다. 청팀과 홍팀의 감점(아웃)을 제외한 점수와 각각의 점수가 나올 수 있는 경우는 다음과 같다.

- 청팀

구분	1회	2회	3회	4회	5회
점수	5점	7점	5점	4점	2점
3아웃	-3점	-3점	-3점	-3점	-3점
감점을 제외한 점수	8점	10점	8점	7점	5점
홈런과 안타의 개수	안타 4개	홈런 2개 또는 안타 5개	안타 4개	홈런 1개 안타 1개	홈런 1개

청팀 선수들의 총 타석수는 4×4+3×5=31(타석)이고, 5회까지 총 15명이 아웃되므로 31-15=16(번)의 타석에서 안타 또는 홈런이 나왔음을 알 수 있다. 따라서 2회에는 안타 5개를 친 것이 된다.

∴ 안타 4+5+4+1=14(개), 홈런 1+1=2(개)

• 홍팀

구분	1회	2회	3회	4회	5회
점수	3점	6점	8점	7점	4점
3아웃	-3점	-3점	-3점	-3점	-3점
감점을 제외한 점수	6점	9점	11점	10점	7점
홈런과 안타의 개수	안타 3개	홈런 1개 안타 2개	홈런 1개 안타 3개	홈런 2개 또는 안타 5개	홈런 1개 안타 1개

홍팀 선수들의 총 타석수는 4×2+3×7=29(타석)이고, 5회까지 총 15명이 아웃되므로 29-15=14(번)의 타석에서 안타 또는 홈런이 나왔음을 알 수 있다. 따라서 4회에는 홈런 2개를 친 것이 된다.

∴ 안타 3+2+3+1=9(개), 홈런 1+1+2+1=5(개)

따라서 안타를 더 많이 친 팀은 청팀이고, 청팀의 홈런 개수는 2개이다.

12

| 정답 | ①

| 해설 | 20X9년 전체 인적재난 중 교통사고의 발생 비율과 인명피해 비율을 계산하면 다음과 같다.

• 발생 비율 : $\dfrac{221,711}{286,851} \times 100 ≒ 77.3(\%)$

• 인명피해 비율 : $\dfrac{346,620}{365,947} \times 100 ≒ 94.7(\%)$

13

| 정답 | ⑤

| 해설 | 건당 피해면적은 $\dfrac{피해면적}{피해건수}$로 구할 수 있다. 〈자료 1〉을 바탕으로 〈자료 2〉의 빈칸에 들어갈 수치를 구하면 다음과 같다.

• 20X2년 건당 피해면적 : $\dfrac{297}{282} ≒ 1.1$

• 20X6년 건당 피해면적 : $\dfrac{137}{492} ≒ 0.3$

(단위 : ha, 백만 원)

구분	20X2년	20X3년	20X4년	20X5년
건당 피해면적	(1.1)	3.9	0.4	1.9
피해액	4,451	29,063	2,542	25,020

구분	20X6년	20X7년	20X8년	20X9년
건당 피해면적	(0.3)	0.7	1.0	2.1
피해액	9,285	20,480	15,721	80,150

따라서 건당 피해가 가장 적은 해는 2014년이다.

| 오답풀이 |

① 20X2 ~ 20X9년을 피해건수가 많은 순서대로 나열하면 20X9년-20X7년-20X6년-20X8년-20X5년-20X2년-20X3년-20X4년 순이고, 피해액이 많은 순서대로 나열하면 20X9년-20X3년-20X5년-20X7년-20X8년-20X6년-20X2년-20X4년 순이다. 따라서 피해건수가 적을수록 피해액이 적은 것은 아니다.

② 20X8년의 피해건수는 391건, 20X9년의 피해건수는 692건이므로 20X9년의 피해건수는 전년 대비 $\dfrac{692-391}{391} \times 100 ≒ 77.0(\%)$ 증가했다.

③ 20X6년의 피해면적은 137ha, 20X4년의 피해면적은 72ha로, 20X6년의 피해면적은 20X4년 피해면적의 $\dfrac{137}{72} ≒ 1.9(배)$이다.

④ 20X9년이 피해건수 692건, 피해면적 1,477ha로 조사기간 중 피해건수가 가장 많고, 피해면적이 가장 크다.

14

| 정답 | ⑤

| 해설 | 2021년 고등교육기관을 졸업한 취업자 중 해외취업자(B), 개인창작활동종사자(D), 1인 창업·사업자(E)의 비율을 각각 구하면 다음과 같다.

• 해외취업자 : $\dfrac{2,333}{349,584} \times 100 ≒ 0.67(\%)$

• 개인창작활동종사자 : $\dfrac{3,125}{349,584} \times 100 \fallingdotseq 0.89(\%)$

• 1인 창업·사업자 : $\dfrac{4,791}{349,584} \times 100 \fallingdotseq 1.37(\%)$

따라서 그 비율은 모두 0.6%에서 1.2%의 범위에 있다.

| 오답풀이 |

① 2021년 고등교육기관 졸업자 수는 580,695명, 취업대상자 수는 516,620명이다. 따라서 고등교육기관 졸업자 중 취업대상자의 비율은 $\dfrac{516,620}{580,695} \times 100 \fallingdotseq 89.0$ (%)이다.

② 남자의 경우 국내진학자 19,066명, 국외진학자 349명으로 국내진학자는 국외진학자의 $\dfrac{19,066}{349} \fallingdotseq 54.6(배)$ 이고, 여자의 경우 국내진학자 16,893명, 국외진학자 530명으로 국내진학자는 국외진학자의 $\dfrac{16,893}{530} \fallingdotseq 31.9$ (배)이다.

③ 〈자료 2〉의 '취업 현황'을 보면 C(농림어업종사자)의 수가 가장 적은 것을 알 수 있다. 따라서 2021년 고등교육기관을 졸업한 취업자 중 농림어업종사자의 비율이 가장 낮으며, 그 값은 $\dfrac{617}{349,584} \times 100 \fallingdotseq 0.18(\%)$이다.

④ 〈자료 2〉의 '취업 현황'을 보면 A(건강보험 직장가입자)의 수가 가장 많은 것을 알 수 있다. 따라서 2021년 고등교육기관을 졸업한 취업자 중 건강보험 직장가입자의 비율이 가장 높으며, 그 값은 $\dfrac{318,438}{349,584} \times 100 \fallingdotseq 91.1$ (%)이다.

15

| 정답 | ③

| 해설 | 자료에는 영남 지방 전체가 아닌 영남 지방 내 주요 도시인 부산광역시, 대구광역시, 울산광역시에 관한 자료만 나타나 있다. 따라서 영남 지방의 평균 미세먼지 농도는 자료를 통해서 알 수 없다.

5회 창의수리

문제 220쪽

01	②	02	②	03	①	04	③	05	②
06	③	07	④	08	③	09	⑤	10	④
11	③	12	③	13	⑤	14	④	15	④

01

| 정답 | ②

| 해설 |

$$\dfrac{4}{9} \quad (\ ?\ ) \quad \dfrac{24}{54} \quad \dfrac{48}{162} \quad \dfrac{144}{324}$$

$$\xrightarrow{\times \frac{2}{3}} \quad \xrightarrow{\times \frac{3}{2}} \quad \xrightarrow{\times \frac{2}{3}} \quad \xrightarrow{\times \frac{3}{2}}$$

따라서 '?'에 들어갈 숫자는 $\dfrac{4}{9} \times \dfrac{2}{3} = \dfrac{8}{27}$ 이다.

02

| 정답 | ②

| 해설 |

$$\begin{array}{c}\xrightarrow{\ -6\ } \\ \begin{array}{c|c} 7 & (\ ?\ ) \\ \hline -11 & -5 \end{array} \Big\downarrow {\scriptstyle -6} \\ \xleftarrow{\ -6\ } \end{array} \qquad \begin{array}{c}\xrightarrow{\ -6\ } \\ \begin{array}{c|c} 121 & 115 \\ \hline 103 & 109 \end{array} \Big\downarrow {\scriptstyle -6} \\ \xleftarrow{\ -6\ } \end{array}$$

따라서 '?'에 들어갈 숫자는 7−6=1이다.

03

| 정답 | ①

| 해설 | 12시 방향의 4부터 시계 방향으로 다음과 같은 규칙으로 배열되어 있다.

$$4 \xrightarrow{+2^1} 6 \xrightarrow{+2^2} 10 \xrightarrow{+2^3} 18 \xrightarrow{+2^4} 34 \xrightarrow{+2^5} (\ ?\ )$$

따라서 '?'에 들어갈 숫자는 $34+2^5=66$이다.

04

|정답| ③

|해설| 화살표의 왼쪽 두 수를 곱한 값을 두 수를 더한 값으로 나누면 오른쪽 값이 된다.

• $(10 \times 10) \div (10 + 10) = 100 \div 20 = 5$

• $(3 \times 6) \div (3 + 6) = 18 \div 9 = 2$

• $(6 \times 12) \div (6 + 12) = 72 \div 18 = 4$

따라서 '?'에 들어갈 숫자는 $(10 \times 15) \div (10 + 15) = 150 \div 25 = 6$이다.

05

|정답| ②

|해설| 위·아래 칸 간의 차이는 4이고, 옆 칸 간의 차이는 2이다.

따라서 '?'에 들어갈 숫자는 21이다.

06

|정답| ③

|해설| B에 들어갈 수 있는 수는 17, 21, 25이다. 이를 제외한 수가 들어갈 경우 나머지 수를 합이 같도록 2개씩 짝지을 수 없다.

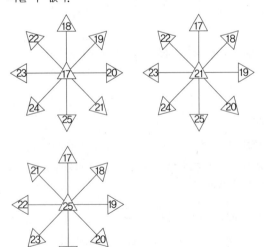

07

|정답| ④

|해설|

규칙을 찾아보면, 화살표가 모이는 위치의 숫자는 화살표들이 출발하는 위치에 있는 각 숫자의 합임을 알 수 있다. 그러므로 1+5+B=A이고, A−B=6이 된다.

08

|정답| ③

|해설| A 등산로의 편도 거리를 x km라 하면 '시간$=\dfrac{거리}{속력}$'이므로 다음의 식이 성립한다.

$\dfrac{x}{2} + \dfrac{x}{4} = 4.5 \qquad \dfrac{3x}{4} = 4.5 \qquad x = 6(\text{km})$

따라서 내려올 때 소요된 시간은 $\dfrac{6}{4} = 1.5$(h), 즉 1시간 30분이다.

09

|정답| ⑤

|해설| 정가를 x 원이라 하면, 정가에서 20% 할인된 가격은 $0.8x$ 원이 된다.

$0.8x = 5,000 + 5,000 \times 0.1 \qquad x = 6,875(\text{원})$

정가 6,875원은 원가 5,000원에 1,875원의 이익을 더한 가격이므로 인형의 본래 가격은 원가에 $\dfrac{1,875}{5,000} \times 100 = 37.5(\%)$의 이익을 더한 가격이다.

10

|정답| ④

|해설| 연수원에 있는 방의 수를 x 개, 신입사원의 수를 y 명이라 하면 다음과 같은 식이 성립한다.

$6x+4=y$ ·················· ㉠

$8(x-3)-6=y$ ············· ㉡

㉠, ㉡을 연립하여 풀면 다음과 같다.

$6x+4=8(x-3)-6$ $x=17$

따라서 신입사원의 수는 $6\times17+4=106$(명)이 된다.

11

|정답| ③

|해설| 각각의 평균을 식으로 나타내면 다음과 같다.

$\dfrac{A+B+C+D}{4}=18$ $A+B+C+D=72$ ··· ㉠

$\dfrac{B+C}{2}=17$ $B+C=34$ ················· ㉡

$\dfrac{B+C+D}{3}=20$ $B+C+D=60$ ·········· ㉢

㉠, ㉡, ㉢을 연립하여 풀면 $A=12$, $D=26$

따라서 A와 D의 평균은 $\dfrac{12+26}{2}=19$이다.

12

|정답| ③

|해설| 가위바위보를 한 번 할 때 나올 수 있는 결과는 소희가 현욱이를 이기는 경우, 현욱이가 소희를 이기는 경우, 비기는 경우로 총 세 가지이고, 가위바위보는 총 세 판을 하므로 모든 경우의 수는 $3\times3\times3=27$(가지)이다.

가위바위보 세 판을 하고 난 뒤 현욱이가 딸기 4개, 배 2개를 가지고 있으므로 현욱이는 한 번 지고 두 번 이긴 것이 된다. 이긴 경우를 ○로, 진 경우를 ×로 표시하면 (○, ○, ×), (○, ×, ○), (×, ○, ○)로 세 가지가 나오므로 $\dfrac{3}{27}$ $=\dfrac{1}{9}$이 된다.

13

|정답| ⑤

|해설| A 비커에 더 넣어야 하는 소금의 양을 xg이라 하면, 농도가 20%가 되는 식은 다음과 같다.

$300\times\dfrac{16}{100}+x=(300+x)\times\dfrac{20}{100}$

$48+x=60+0.2x$ $0.8x=12$

$\therefore\ x=15$(g)

B 비커에서 증발시켜야 하는 물의 양을 yg이라 하면, 농도가 20%가 되는 식은 다음과 같다.

$500\times\dfrac{16}{100}=(500-y)\times\dfrac{20}{100}$

$80=100-0.2y$ $0.2y=20$

$\therefore\ y=100$(g)

따라서 A 비커에는 15g의 소금을 더 넣고 B 비커에서 100g의 물을 증발시켜야 한다.

14

|정답| ④

|해설| A, B 두 양초의 길이를 1이라 하고, 동시에 불을 붙여 B의 길이가 A의 두 배가 되는 데까지 걸리는 시간을 t 시간이라 하면 시간당 A는 $\dfrac{1}{6}$씩, B는 $\dfrac{1}{10}$씩 녹고 t시간 후에 남는 길이는 A 양초가 $1-\dfrac{1}{6}t$, B 양초가 $1-\dfrac{1}{10}t$이다. B 양초의 길이가 A 양초의 2배여야 하므로 다음과 같은 식이 성립한다.

$2\left(1-\dfrac{1}{6}t\right)=1-\dfrac{1}{10}t$ $\dfrac{10-3}{30}t=1$

$t=\dfrac{30}{7}\fallingdotseq4.29$(시간)

따라서 두 양초에 동시에 불을 붙이고 약 4시간 17분이 지날 때 B 양초의 길이가 A 양초 길이의 두 배가 된다.

15

|정답| ④

|해설| 총매출액은 $(3,000\times24)+(4,000\times40)=232,000$(원)이고, 총매출원가는 $(900\times24)+(1,200\times40)=69,600$(원)이다. 매출 총이익은 $232,000-69,600=162,400$(원)이므로 총이익률은 $\dfrac{162,400}{232,000}\times100=70$(%)이다.

6회 기출유형모의고사

01

| 정답 | ④

| 해설 | 제시된 글은 섶 다리를 만드는 과정을 순서대로 나열하고 섶 다리를 만드는 방법을 상세히 설명하고 있다. 이와 같은 방식으로 전개한 글은 자동차의 작동 과정을 설명하는 ④이다.

| 오답풀이 |

① 얼굴의 생김새를 사실적으로 묘사하고 있다.

②, ③ 인물의 행동을 시간의 흐름에 따라 서술하고 있다.

⑤ 자동차의 연료 종류를 나열하고 있다.

02

| 정답 | ④

| 해설 | 마지막 문단에서 인간이 생산적인 사회에서 살 수 있을 경우에만 지식 교환의 가치를 얻을 수 있다고 하였다. 따라서 인간이 지식 교환의 가치를 얻을 수 없는 사회는 생산적인 사회가 아님을 알 수 있다.

| 오답풀이 |

① 제시된 글에 언급되어 있지 않다.

② 첫 번째 문장에서 인간은 누구나 생산적인 사회에서 평화롭게 살기를 원한다고 하였다.

③ 두 번째 문단에서 물리적 힘의 사용이 허용되는 경우에 개인의 권리가 침해당한다고 하였다.

⑤ 첫 번째 문단에 제시되어 있다.

03

| 정답 | ③

| 해설 | (나)에서 감각 정보는 단기간 또는 장기간 저장된다고 했고, 이를 (다)에서 두 기억 모두 대뇌피질에 저장된다고 했다. (가)에서 감각 정보의 대부분은 대뇌피질에서 인식되며, (라)에서 인식된 일부 정보는 단기기억으로 저장된다고 설명하므로 (나)-(다)-(가)-(라) 순이 적절하다.

04

| 정답 | ④

| 해설 | (A) '묘사는 본 사람이 무엇을 중요하게 판단하고, 무엇에 흥미를 가졌느냐에 따라 크게 다르다'는 내용의 예시가 (라)에 들어갈 수 있다.

05

| 정답 | ③

| 해설 | 2문단 첫 번째 문장에서 비행운은 쉽게 사라지는 특성 때문에 덧없는 것을 비유할 때 사용된다고 하였다.

| 오답풀이 |

① 1문단 첫 번째 문장을 통해 알 수 있다.

② 1문단 마지막 문장을 통해 알 수 있다.

④ 2문단 마지막 문장을 통해 알 수 있다.

⑤ 3문단 마지막 문장을 통해 알 수 있다.

06

| 정답 | ①

| 해설 | CCTV 비관론자는 범죄전이효과가 나타난다고 보아 감소한 범죄만큼 타 지역 범죄가 늘었다고 생각할 것이다.

| 오답풀이 |

② 이익확산이론은 잠재적 범죄자들이 다른 지역도 똑같이 CCTV가 설치되어 있을 것으로 오인하여 범행을 단념한다고 본다.

③ 경찰은 CCTV 설치 장소로 범죄 다발 지역을 선호하는 경향이 있다.

④ 방송사 카메라가 방송용 몰래카메라 콘텐츠를 찍지 않아도 CCTV로서 지위를 가진다.

⑤ 범죄전이효과에 따르면 범죄자들이 CCTV가 없는 곳으로 이동한다고 본다.

07

| 정답 | ①

| 해설 | 제시된 글에서는 사회적 상호작용과 질병 진행 속도 사이의 관계에 대하여 설명하고 있다.

| 오답풀이 |

② 프랑스 국립과학연구원(CNRS)의 연구 중 하나를 예시로 들었지만 이 연구소의 최신 연구 동향에 대해서는 알 수 없다.

③, ⑤ 사회적 상호작용이 암의 진행 속도에 미치는 영향에 대하여 제시하고 있다. 그러나 암의 발생에 미치는 영향에 대해서는 알 수 없다. 또한 초파리의 사회적 상호작용에서 나타나는 특이점을 주제라고 보기는 어렵다.

④ 초파리의 그룹 선택에 영향을 주는 인자들에 대한 설명들이 언급되어 있으나, 제시된 글의 주제라고 보기는 어렵다.

08

| 정답 | ①

| 해설 | 제시된 글에서는 말의 진정한 설명은 그것 자체 안에 있으므로 진정한 말이 되기 위해서는 체험과는 다른 경험 즉, 사물과 자기 자신 사이에 생기는 장애의식과 저항의 역사가 필수적이라고 주장하고 있다. 따라서 중심 내용으로 ①이 적절하다.

| 오답풀이 |

② 자기희생이 아니라 자신의 주관에 사로잡히는 주관주의를 배제하고 자기 포기를 하는 것이 필수 불가결하다고 말하고 있다.

③ 체험주의는 안일한 주관주의에 빠지기 십상이긴 하지만 '과장된 말밖에 생겨나지 않는다'고는 언급되어 있지 않다.

④ 대부분의 말에 대해 '사물과의 안일한 타협을 통해 생겨나는 관념의 유희'라는 언급은 나와 있지 않다.

⑤ 명론탁설의 상황에서는 아무리 이론을 깊게 파고들어간다 해도 진정한 말에 미치지 못한다고 언급되어 있다.

09

| 정답 | ③

| 해설 | 우선 (나)에서 Z세대의 특징으로 화두를 던지며 글의 중심소재인 '하이퍼텍스트'를 언급한다. 이어 (가)에서는 '하이퍼텍스트'에 대해 정의하며 구체적으로 설명하고 있다. 다음으로 (라)가 이어져 하이퍼텍스트와 일반적인 문서의 차이를 제시하고 있으며, 마지막으로 (다)에서는 하이퍼텍스트가 등장함에 따라 생길 변화에 대해 설명하고 있다. 따라서 (나)-(가)-(라)-(다)순이 적절하다.

10

| 정답 | ②

| 해설 | 식량안보를 위해 쌀과 감자를 제외한, 수입에 의존하고 있는 다른 작물 중심으로 자급률을 높일 수 있도록 해야 한다.

11

| 정답 | ③

| 해설 | 그레타는 아스퍼거 증후군으로 인해 일반 사람들이 쉽게 풀 수 있는 방정식을 이해할 수 없지만 우리가 직접 볼 수 없어 외면하고 있는 이산화탄소를 맨눈으로 알아차릴 수 있는 극소수의 사람이다. 마지막 문단을 보면 '그레타의 생각은 틀리고 우리가 옳다고 생각할 수는 없다'고 제시되어 있으므로, 우리와 생각이 조금 다르게 흘러간다고 해서 그레타의 인식이 잘못되었다고 판단할 수는 없다.

12

| 정답 | ④

| 해설 | 제시된 글을 보면 오존은 태양으로부터 오는 강력한 자외선을 막아 주어 생명체가 살 수 있도록 해 주는 등 적절히만 사용하면 우리에게 유익한 물질이라고 제시되어 있다. 하지만 대기오염의 부산물로 발생하는 오존은 생명체에 치명적인 손상을 입힘을 알려 주고 있다. 따라서 이 글의 제목으로는 '오존의 두 얼굴'이 가장 적절하다.

1회 기출유형
2회 기출유형
3회 기출유형
4회 기출유형
5회 기출유형
6회 기출유형

13

|정답| ⑤

|해설| 갑과 정의 의견을 종합했을 때, 논점은 '신뢰할 만한 사람 A가 신뢰하기 어려운 말 B를 말한 경우'에 있다. 또한 이 경우에 그의 말을 신뢰할 것인지 여부를 판단하는 기준으로 제시한 것은, A가 거짓은 '이따금'씩 말하게 되지만, B는 '지금까지 한 번도 일어나지 않은' 사건이라는 점이다. 결국, '이따금' 발생하는 A의 거짓 확률이 '아직 한 번도 일어나지 않은' B의 발생 확률보다 크기 때문에 더 높은 확률을 신뢰하여 A가 거짓을 말하는 것으로 판단해야 한다는 것이다. 따라서 갑과 정의 의견을 토대로 신뢰할 만한 사람이 기적이 일어났다고 하는 증언을 신뢰할 수 없는 것이다.

|오답풀이|

① 갑은 신뢰할 만한 사람의 증언 내용이 거짓일 확률이 그리 낮지는 않다는 주장을 하는 것이며, 거짓일 확률이 더 높다고 말한 것은 아니다. 병 역시 증언을 신뢰할 수 있는 조건을 언급한 것일 뿐, 신뢰할 만한 사람의 증언 내용이 거짓일 확률이 더 높다고 말한 것은 아니다.

② 을의 주장은 전체 논점과 동떨어진 것이며, 신뢰할 만한 사람은 항상 참을 말하는 사람이라는 정의를 주장할 뿐이다.

③ 병은 신뢰할 만한 사람이 거짓을 말할 확률보다 신뢰할 만한 사람의 증언 내용이 거짓일 확률이 더 높을 때 증언을 신뢰할 수 있다고 주장한다. 그러나 정은 사람과 관계 없이 증언 내용이 거짓일 확률이 매우 클 때 증언을 신뢰할 수 없다고 주장한다. 따라서 둘의 의견은 대립되는 것을 알 수 있다.

④ 병은 신뢰할 만한 사람이 기적이 일어났다고 하는 증언을 신뢰할 수 있다는 단정을 하는 것은 아니다.

14

|정답| ④

|해설| 전기 공급자가 많아지면 전기시장은 지금보다 더욱 경쟁적인 시장이 될 것이라고 판단할 수는 있으나, 그 경우 전기시장이 휘발유시장보다 더 경쟁적인 시장이 될 것이라고 판단할 근거는 제시되어 있지 않다.

|오답풀이|

① 시장에 참여하는 가계와 기업의 수가 많다면 이 시장은 경쟁적인 시장이 될 수 있으나, 그 수가 적은 경우 시장은 경쟁적일 수 없다.

② 시장으로의 진입장벽이 낮을수록 시장은 경쟁적이며, 진입장벽이 높을수록 기존 기업은 소비자들에 대해 어느 정도의 영향력을 갖게 된다.

③ 기존 기업들이 담합하여 단체행동을 하는 경우에는 그렇지 않은 경우에 비해 시장 지배력이 커져 경쟁시장의 특성에서 멀어진다.

⑤ 전기시장이 휘발유시장보다 시장가격에 영향을 미칠 수 있는 더 큰 시장 지배력을 갖고 있기 때문에 전기시장은 휘발유시장보다 경쟁적이지 못하다.

15

|정답| ④

|해설| (라)는 무조건적으로 비트코인 거래소를 폐쇄하는 등 불확실한 시장을 미리 방어하는 대응에 대한 회의적인 태도를 제시하고 있다. 따라서 (라)의 중심내용은 '불확실한 시장에 대한 방어 대책의 불확실성'이 적절하다.

6회 언어추리

문제 240쪽

01	①	02	②	03	③	04	④	05	④
06	③	07	③	08	①	09	②	10	④
11	⑤	12	⑤	13	⑤	14	③	15	④

01

|정답| ①

|해설| 제시된 명제를 정리하면 다음과 같다.

• 고양이 → 호랑이

• 개 → ~ 호랑이

• 치타 → 고양이

세 번째 명제와 첫 번째 명제의 삼단논법에 의해 '치타 → 고양이 → 호랑이'가 성립하므로 대우인 '~ 호랑이 → ~ 고양이 → ~ 치타'도 성립한다. 따라서 호랑이를 키우지 않는다면 치타를 좋아하지 않음을 알 수 있다.

|오답풀이|

② 두 번째 명제의 대우를 통해 '호랑이 → ~ 개'가 성립하므로 호랑이를 좋아하는 사람은 개를 좋아하지 않는다.

③, ⑤ 제시된 명제를 통해 알 수 없다.

④ 두 번째 명제와 세 번째 명제의 대우의 삼단논법에 의해 '개 → ~ 호랑이 → 고양이'가 성립하므로 개를 좋아하는 사람은 고양이를 좋아하지 않는다.

02

|정답| ②

|해설| '사실 3'의 대우 명제이므로 항상 참이다.

03

|정답| ③

|해설| 제시된 명제를 'p : 법학을 공부한다', 'q : 행정학 수업을 듣는다', 'r : 경제학 수업을 듣는다', 's : 역사를 공부한다', 't : 철학을 공부한다'로 정리하고 제시된 조건을 기호로 나타내면 다음과 같다.

• p → q(~q → ~p)
• r → ~s(s → ~r)
• p → t(~t → ~p)
• ~r → ~q(q → r)

따라서 두 번째 명제의 대우 명제와 네 번째 명제 그리고 첫 번째 명제의 대우 명제에 따라 '역사를 공부하는 사람은 법학을 공부하지 않는다'는 항상 참이 된다.

04

|정답| ④

|해설| 마지막 조건에 의하면 다음과 같이 배치된다.

			F			H

다섯 번째 조건에 의하면 B는 F와 H 사이에 위치해야 한다.
첫 번째 조건에 의해 A, B, C는 순서에 상관없이 연속되어

야 하고, 두 번째 조건으로 A와 F 사이에 1명의 식사 당번이 있어야 하므로 A는 여섯 번째 식사 당번이다.

			F		A	H

B와 C는 다섯 번째나 일곱 번째 식사 당번이 될 수 있다.

(1) B가 일곱 번째, C가 다섯 번째일 경우
C와 E 사이에 4명의 식사 당번이 있다는 네 번째 조건이 성립하지 못한다.

E			F	C	A	B	H

(2) B가 다섯 번째, C가 일곱 번째일 경우
세 번째 조건에 의해 D는 세 번째 식사 당번이 된다. 네 번째 조건에 의해 E는 두 번째 식사 당번이 되고 첫 번째 식사 당번은 G가 된다.

G	E	D	F	B	A	C	H

따라서 D 앞에는 G, E 두 명이 있다.

05

|정답| ④

|해설| A, B, E는 서로 상반된 진술을 하고 있으므로, 이 셋 중 두 명 이상이 잘못된 정보를 말하고 있다. 따라서 C와 D는 진실을 말하고 있다고 볼 수 있다. 이때 진실인 D의 말에 따라 A의 말 또한 진실이므로, 잘못된 정보를 말하는 사람은 B와 E이다.

06

|정답| ③

|해설| 제시된 명제를 'p : 나이가 많다', 'q : 기억력이 감퇴한다', 'r : 뇌의 부피가 크다', 's : 뇌에 필요한 산소의 양이 많다', 't : 치매에 걸릴 가능성이 크다'로 정리하고 제시된 조건을 기호로 나타내면 다음과 같다.

• p → q(~q → ~p)
• r → s(~s → ~r)
• q → t(~t → ~q)

따라서 첫 번째 명제와 세 번째 명제에 따라 '나이가 많으면 치매에 걸릴 가능성이 커진다'는 항상 참이 된다.

07

|정답| ③

|해설| C와 E의 진술이 상충하므로 둘 중 한명이 거짓을 말하고 있지만, E가 거짓일 경우 A의 진술도 거짓이 되므로 C가 거짓말을 하고 있다. 따라서 발주서를 작성한 직원은 C이다.

08

|정답| ①

|해설| 주어진 경기 결과를 토대로 표로 나타내면 다음과 같다.

구분	A와 대결	B와 대결	C와 대결	D와 대결	E와 대결	결과
A		×	×	○		
B	○			×		×	
C	○	○		○	○	4승
D	×		×			
E		○	×			

위 표에 따르면 A 팀은 1승 2패, B 팀은 1승 2패, C 팀은 4승, D 팀은 2패, E 팀은 1승 1패를 한 상태이다. 마지막 조건에서 모든 팀은 승률이 다르다고 하였으므로 현재 승률이 같은 A 팀과 B 팀이 1승 3패 또는 2승 2패를 한 경우로 나누어 생각해 보면 다음과 같다.

1) A 팀이 2승 2패, B 팀이 1승 3패를 한 경우

구분	A와 대결	B와 대결	C와 대결	D와 대결	E와 대결	결과
A		×	×	○	○	2승 2패
B	○		×	×	×	1승 3패
C	○	○		○	○	4승
D	×	○	×		× 또는 ○	1승 3패 또는 2승 2패
E	×	○	×	○ 또는 ×		2승 2패 또는 1승 3패

D와 E의 경기에서 어떤 결과가 나오더라도 A 팀, B 팀과 승률이 중복되므로 조건과 상충한다.

2) A 팀이 1승 3패, B 팀이 2승 2패를 한 경우

구분	A와 대결	B와 대결	C와 대결	D와 대결	E와 대결	결과
A		×	×	○	×	1승 3패
B	○		×	○	×	2승 2패
C	○	○		○	○	4승
D	×	×	×		×	4패
E	○	○	×	○		3승 1패

E가 D와의 대결에서 승리할 경우 모든 팀의 승률이 다르게 되므로 조건에 부합한다.

따라서 4위를 한 팀은 1승 3패를 기록한 A 팀이다.

09

|정답| ②

|해설| 제시된 명제를 'p : 매출이 증가한다', 'q : 영업이익이 증가한다', 'r : 부채가 줄어든다', 's : 재무건전성이 증가한다'로 정리하고 제시된 조건을 기호로 나타내면 다음과 같다.

• p → q(~ q → ~ p)   • r → s(~ s → ~ r)
• p → ~ s(s → ~ p)

따라서 두 번째 명제와 세 번째 명제의 대우에 따라 '부채가 줄어들면 매출이 증가하지 않는다'는 항상 참이 된다.

10

|정답| ④

|해설| A의 취미는 미술관 방문이므로(네 번째 조건) A는 5층에 근무한다. C는 등산이 취미인 직원(4층)보다 위층에 근무한다고 하였으므로 6층에 근무한다. 다음으로 D는 영화가 취미인 직원(3층)보다 아래층에 근무하며(세 번째 조건) 운동을 좋아하므로(여섯 번째 조건) 2층에 근무함을 알 수 있다. 따라서 B는 4층에 근무한다. 이를 정리하면 다음과 같다.

6층	게임	C
5층	미술관 방문	A
4층	등산	B

3층	영화	E or F
2층	테니스	D
1층	독서	E or F

따라서 B는 4층에서 근무하고 F는 1층 혹은 3층에 근무하므로 B가 F보다 높은 층에 근무하는 것은 참이다.

11

| 정답 | ⑤

| 해설 | 제시된 조건에 따르면 F가 D보다 먼저 들어오고(F−D), G가 F보다 먼저 들어왔다(G−F−D). 또한 A가 F보다 먼저 들어왔으나 1등은 아니므로 G−A−F−D 순으로 들어왔음을 알 수 있다 따라서 첫 번째로 결승점에 들어온 직원은 G이다.

12

| 정답 | ⑤

| 해설 | • 추론 C : 정보 3이 참이라면 카페라테를 주문 한 사람은 최소 3명이므로 정보 1도 참이 된다.
• 추론 D : 정보 3이 참이라면 아메리카노와 카페라테 두 종류를 주문한 것이므로 정보 2도 참이 된다.

| 오답풀이 |
• 추론 A : 정보 1에서 세 명 이상이 똑같은 종류의 음료를 시킬 수도 있으므로 정보 2가 참이 된다고 할 수 없다.
• 추론 B : 정보 2에서 두 명이 두 종류의 음료를 각각 한 잔씩 시킬 수도 있으므로 정보 2가 참일 때, 정보 1이 참이 된다고 할 수 없다.

13

| 정답 | ⑤

| 해설 | 네 사람이 배우는 기술들을 추론해 보면, 현재나 선우가 배우는 기술을 영훈이는 배우지 않고 영훈이가 배우는 기술은 학년이는 배우지 않는다. 따라서 영훈이는 다른 세 사람과 같은 기술을 배우지 않으므로 노래를 배운다. 스피치를 배우는 사람은 모두 세 명이므로 영훈이를 제외한 세 사람이 배운다는 것을 알 수 있다.

현재가 배우는 기술은 모두 학년이도 배우고 학년이가 배우는 기술 중 현재가 배우지만 선우는 배우지 않는 기술이 있다. 기타는 두 사람이 배우고 춤은 최소 두 명이 배우므로 이를 정리하면 다음과 같다.

현재	선우	영훈	학년
		노래	
스피치	스피치		스피치
기타 (또는 춤)	춤 (또는 기타)		기타
			춤

따라서 반드시 참인 것은 ⑤이다.

| 오답풀이 |
③ 선우가 스피치 외에 춤을 배우는지 기타를 배우는지는 명확하게 알 수 없으므로 반드시 참이라 할 수 없다.

14

| 정답 | ③

| 해설 | • 사원 A : 정보 1이 참이라고 하더라도 어느 지역에 생산기지를 건설하는지는 알 수 없다.
• 사원 B : 정보 2가 참이라고 하더라도 두 국가에만 생산기지를 건설할 수도 있으므로 옳지 않다.
• 사원 C : 정보 3이 참이라면 최소 네 국가에서 생산기지를 건설한 것이 되므로 정보 1도 참이 된다.

따라서 사원 C의 의견만 항상 타당하다.

15

| 정답 | ④

| 해설 | 〈조건〉을 통해 확실히 알 수 있는 내용을 정리하면 다음과 같다.

구분	서울	부산	대구	대전	광주	인천
A	○				○	
B		○				
C			○			
D	×	○			×	
E	×				×	

A는 서울과 광주, B는 부산, C는 대구, D는 부산에 방문했고, C는 3지점에, B, D는 2지점에 방문한 것을 알 수 있다. 1명이 3지점, 3명이 2지점, 1명이 1지점에 방문한다고 했으므로 이미 두 지점을 방문한 A가 남은 2지점 방문 직원이고 E는 1지점에 방문하게 된다.

세 명의 사원이 행사에 참여한 지점은 서울인데, D와 E는 서울 행사에 참여한 A와 방문 지점이 겹치지 않으므로 서울을 방문한 사원은 A, B, C이다. 또 인천에 방문한 사원은 2명인데 E가 인천에 방문했다면 E를 제외한 나머지는 인천을 방문할 수 없으므로 E는 인천을 방문하지 않는다. A, B는 방문 지점이 결정되었으므로 인천 지점에 방문하는 직원은 C, D이다. 직원 한 명만 방문하는 도시 대구, 대전, 광주 중 A와 C가 각각 광주와 대구를 방문하므로 E는 대전에 방문한다.

구분	서울	부산	대구	대전	광주	인천
A	○	×	×	×	○	×
B	○	○	×	×	×	×
C	○	×	○	×	×	○
D	×	○	×	×	×	○
E	×	×	×	○	×	×

따라서 사원과 행사에 참여한 도시의 연결이 바른 것은 ④이다.

6회 자료해석

문제 248쪽

01	③	02	④	03	③	04	⑤	05	③
06	④	07	③	08	③	09	②	10	②
11	②	12	②	13	②	14	②	15	③

01

|정답| ③

|해설| 2014년부터 2021년까지 자산 대비 부채의 비중은 다음과 같다.

- 2014년 : $\frac{4,619}{27,684} \times 100 ≒ 16.7(\%)$

- 2015년 : $\frac{5,205}{29,765} \times 100 ≒ 17.5(\%)$

- 2016년 : $\frac{5,450}{32,325} \times 100 ≒ 16.9(\%)$

- 2017년 : $\frac{5,858}{32,688} \times 100 ≒ 17.9(\%)$

- 2018년 : $\frac{6,051}{33,539} \times 100 ≒ 18.0(\%)$

- 2019년 : $\frac{6,257}{34,686} \times 100 ≒ 18.0(\%)$

- 2020년 : $\frac{6,719}{36,637} \times 100 = 18.3(\%)$

- 2021년 : $\frac{7,022}{38,164} \times 100 ≒ 18.4(\%)$

따라서 부채의 비중은 자산의 20% 이상이 아니다(단, 부채비율로 계산하면 모두 20% 이상이다).

|오답풀이|

① 2014년부터 2021년까지 가구의 자산 중 실물자산의 비중은 다음과 같다.

- 2014년 : $\frac{21,798}{27,684} \times 100 ≒ 78.7(\%)$

- 2015년 : $\frac{22,862}{29,765} \times 100 ≒ 76.8(\%)$

- 2016년 : $\frac{24,184}{32,325} \times 100 ≒ 74.8(\%)$

- 2017년 : $\frac{23,861}{32,688} \times 100 ≒ 73.0(\%)$

- 2018년 : $\frac{24,526}{33,539} \times 100 ≒ 73.1(\%)$

- 2019년 : $\frac{25,396}{34,686} \times 100 ≒ 73.2(\%)$

- 2020년 : $\frac{26,999}{36,637} \times 100 ≒ 73.7(\%)$

- 2021년 : $\frac{28,380}{38,164} \times 100 ≒ 74.4(\%)$

모든 해에서 70% 이상이다.

② 2014년부터 2021년까지 가구의 임대보증금 대비 금융부채는 다음과 같다.

- 2014년 : $\frac{3,151}{1,468} ≒ 2.1(배)$

www.gosinet.co.kr

gosi**net**

1회 기출유형

2회 기출유형

3회 기출유형

4회 기출유형

5회 기출유형

6회 기출유형

- 2015년 : $\dfrac{3,597}{1,608} \fallingdotseq 2.2$(배)

- 2016년 : $\dfrac{3,684}{1,766} \fallingdotseq 2.1$(배)

- 2017년 : $\dfrac{3,974}{1,884} \fallingdotseq 2.1$(배)

- 2018년 : $\dfrac{4,118}{1,933} \fallingdotseq 2.1$(배)

- 2019년 : $\dfrac{4,361}{1,896} \fallingdotseq 2.3$(배)

- 2020년 : $\dfrac{4,721}{1,998} \fallingdotseq 2.4$(배)

- 2021년 : $\dfrac{4,998}{2,024} \fallingdotseq 2.5$(배)

모든 해에서 금융부채는 임대보증금의 2배 이상이다.

④ 〈가구 순자산 현황〉의 자산 항목을 보면, 2014년부터 2021년까지 가구의 자산 규모는 지속적으로 증가하고 있는 것을 볼 수 있다.

⑤ 〈가구 순자산 현황〉의 부채 항목을 보면, 2014년부터 2021년까지 가구의 부채는 지속적으로 증가하고 있는 것을 볼 수 있다.

02

| 정답 | ④

| 해설 | 2021년의 전년 대비 5개 지역 고구마 총생산량 증감률은 $\dfrac{294,963-313,195}{313,195} \times 100 \fallingdotseq -5.8$(%)이다.

| 오답풀이 |

① 고구마 생산량이 증가한 지역은 A 와 E 지역이다.

② 2020년 대비 2021년 감자, 고구마의 E 지역 총 생산량은 37,498톤에서 39,184톤으로 증가하였다.

③ 지역별 2020년 대비 2021년 감자 생산량 증감률을 구하면 다음과 같다.

- A 지역 : $\dfrac{48,411-71,743}{71,743} \times 100 \fallingdotseq 32.5$(%)

- B 지역 : $\dfrac{63,391-89,617}{89,617} \times 100 \fallingdotseq -29.3$(%)

- C 지역 : $\dfrac{5,049-5,219}{5,219} \times 100 \fallingdotseq -3.3$(%)

- D 지역 : $\dfrac{14,807-18,503}{18,503} \times 100 \fallingdotseq -20$(%)

- E 지역 : $\dfrac{7,893-9,007}{9,007} \times 100 \fallingdotseq -12.4$(%)

따라서 A 지역 증감률의 절댓값이 가장 크다.

⑤ 지역별 2020년 대비 2021년 고구마 생산량 증감률을 구하면 다음과 같다.

- A 지역 : $\dfrac{12,704-12,406}{12,406} \times 100 \fallingdotseq 2.4$(%)

- B 지역 : $\dfrac{70,437-73,674}{73,674} \times 100 \fallingdotseq -4.4$(%)

- C 지역 : $\dfrac{83,020-100,699}{100,699} \times 100 \fallingdotseq -17.6$(%)

- D 지역 : $\dfrac{97,511-97,925}{97,925} \times 100 \fallingdotseq -0.4$(%)

- E 지역 : $\dfrac{31,291-28,491}{28,491} \times 100 \fallingdotseq 9.8$(%)

따라서 D 지역 증감률의 절댓값이 가장 작다.

03

| 정답 | ③

| 해설 | 3명이 2시간 30분 이용 시 금액은 다음과 같다.

요금제	기본요금	추가요금	총 요금
A 요금제	10,000×2 =20,000	200×30 =6,000	26,000
B 요금제	(6,000+4,000) ×2=20,000	150×30 +2,000=6,500	26,500

따라서 3명이 2시간 30분 이용 시 A 요금제가 B 요금제보다 저렴하다.

| 오답풀이 |

①, ② 2인 이하는 기본요금과 추가요금 모두 B 요금제가 A 요금제보다 저렴하다.

④ 4명이 3시간 30분 이용 시 금액은 다음과 같다.

요금제	기본요금	추가요금	총 요금
A 요금제	10,000×3 =30,000	200×30 =6,000	36,000
B 요금제	(6,000×3)×2 =36,000	(150×30)×2 =9,000	45,000

⑤ 4명이 4시간 30분 이용 시 금액은 다음과 같다.

요금제	기본요금	추가요금	총 요금
A 요금제	$10,000 \times 4$ $=40,000$	200×30 $=6,000$	46,000
B 요금제	$(6,000 \times 4) \times 2$ $=48,000$	$(150 \times 30) \times 2$ $=9,000$	57,000

04

|정답| ⑤

|해설| 부서별로 인원수가 다르므로 전체 평균 계산 시 가중치를 고려해야 한다.

• 전 부서원의 정신적 스트레스 지수 평균점수 :

$$\frac{100 \times 1.83 + 200 \times 1.79 + 100 \times 1.79}{400} = 1.80(점)$$

• 전 부서원의 신체적 스트레스 지수 평균점수 :

$$\frac{100 \times 1.95 + 200 \times 1.89 + 100 \times 2.05}{400} = 1.945(점)$$

따라서 두 평균점수의 차이는 0.145점으로 0.16점 미만이다.

05

|정답| ③

|해설| 2020년 대비 2021년에 판매 점유율이 감소한 제조사는 C사와 E사로, 판매량은 $140 \times (0.11 + 0.07) - 145 \times (0.06 + 0.06) = 25.2 - 17.4 = 7.8(만 대)$ 감소하였다.

06

|정답| ④

|해설| 30만 원을 건강보험료로 납부하므로 보수월액은 $\frac{30}{0.03} = 1,000(만 원)$이다.

|오답풀이|

① 가입자부담 건강보험료가 $400 \times 0.03 = 12(만 원)$이므로 총 건강보험료는 24만 원이다.

② 가입자부담 건강보험료가 $6,500 \times 0.03 = 195(만 원)$이므로 총 건강보험료는 390만 원이다.

③ 가입자부담 건강보험료가 $800 \times 0.03 = 24(만 원)$이므로 국가부담 건강보험료도 24만 원이다.

⑤ 12만 원을 건강보험료로 납부하므로 학교에서 부담하는 건강보험료는 $12 \times \frac{2}{3} = 8(만 원)$이다.

07

|정답| ③

|해설| 8월의 유입인원은 $6,720 - 3,103 = 3,617(천 명)$로 361만 7천 명이다. 9월의 유입인원은 348만 명으로 8월에 비해 13만 7천 명이 줄어들었다.

|오답풀이|

① 1분기부터 각 분기별 수송인원은 1,767만 3천 명, 1,913만 1천 명, 1,948만 4천 명, 2,050만 2천 명으로 점차 증가한다.

② 2분기의 유입인원은 987만 명이다.

④ 12월의 수송인원은 $3,010 + 3,900 = 6,910(천 명)$으로 691만 명이다. 유입인원과 수송인원이 가장 많은 달은 모두 12월이다.

⑤ 2월의 승차인원은 $5,520 - 2,817 = 2,703(천 명)$으로 가장 적다. 승차인원이 가장 많은 달은 7월로 316만 4천 명이다. 두 인원의 차는 46만 1천 명이다.

08

|정답| ③

|해설| 2017년 1인 가구의 구성비는 28.5%고, 부부와 자녀로 이루어진 가구의 구성비는 31.4%이다. 따라서 부부와 자녀로 이루어진 가구 수가 더 많은 비율을 차지한다.

09

|정답| ②

|해설| 2021년 우리나라의 GDP 대비 연구개발투자비율은 4.2%이므로, 총연구개발지출금은 $\frac{13,778 \times 10^8 \times 4.2}{100} = 5,786,760(만 달러)$이다.

10

| 정답 | ②

| 해설 | 2015년 인구 10만 명당 경찰관 수의 전년 대비 증가율은 $\frac{204-202}{202}\times100 ≒ 1(\%)$이므로, 2022년 국내 총경찰관 수는 $114,658\times(1+0.01)≒115,805$(명)이다.

11

| 정답 | ②

| 해설 | 각 가입자가 지급받는 탄소포인트를 정리하면 다음과 같다.

- 가입자 A : $0+2,500+5,000=7,500$(포인트)
- 가입자 B : $(5,000+0+5,000)\times1.1=11,000$(포인트)
- 가입자 C : $(5,000+1,250+2,500)\times1.1=9,625$(포인트)
- 가입자 D : $(5,000+1,250+0)\times1.1=6,875$(포인트)

따라서 가장 많이 지급받는 가입자는 B, 가장 적게 지급받는 가입자는 D이다.

12

| 정답 | ②

| 해설 | ⊙ 20X5년 우리나라의 수출액은 604,127.29백만 달러, 수입액은 518,292.67백만 달러이므로, 흑자규모는 $604,127.29-518,292.67=85,834.62$(백만 달러)이다.

⊜ 20X5년에 기타를 제외한 7개 지역 중 우리나라가 상품수지 적자를 보이고 있는 지역은 수출액보다 수입액이 더 많은 중동, 일본 2개 지역이다.

| 오답풀이 |

ⓛ 상품수지 흑자액을 계산하면 다음과 같다.

(단위 : 백만 달러)

구분		20X0년	20X5년
중국	수출	$131,577.1÷1.1404$ $≒115,378.0$	$131,577.1$
	수입	$88,973.7÷0.9367$ $≒94,986.3$	$88,973.7$
	흑자액	$115,378.0-94,986.3$ $=20,391.7$	$131,577.1-88,973.7$ $=42,603.4$
미국	수출	$95,485.0÷1.0496$ $≒90,972.8$	$95,485.0$
	수입	$48,511.9÷0.7726$ $≒62,790.4$	$48,511.9$
	흑자액	$90,972.8-62,790.4$ $=28,182.4$	$95,485.0-48,511.9$ $=46,973.1$

따라서 20X0년에 비해 20X5년 우리나라 상품수지 흑자액은 중국($42,603.4-20,391.7=22,211.7$)보다 미국($46,973.1-28,182.4=18,790.7$)이 더 적게 증가했다.

ⓒ 20X6년에 20X5년의 수출 상위 3개 지역만 수출액이 20%씩 증가한다면 수출 총액은 $(143,868.1+131,577.1+95,485.0)\times1.2+65,306.5+35,593.0+34,758.3+33,747.3+63,791.99=678,313.33$(백만 달러)가 된다.

13

| 정답 | ②

| 해설 | A : 〈자료1〉을 보면 2020년 조사에서 남자 중 앞으로 결혼할 의향이 없는 1인 가구의 비율은 50대가 20대에 비해 $\frac{20.8-15.1}{15.1}\times100≒38(\%)$ 많다.

| 오답풀이 |

B : 〈자료1〉을 보면 2019년 조사에서 여자 중 결혼할 의향이 없는 1인 가구의 비율은 연령대가 높아질수록 4.2% → 45.1%로 점점 비율이 높아지고 있음을 알 수 있다.

C : 〈자료2〉를 보면 2020년 조사에서 2년 이내에 1인 생활 종료가 예상된다고 응답한 사람의 비율은 16.0%로 전년 대비 $17.3-16.0=1.3$(%p) 줄어들었다.

D : 〈자료2〉를 보면 10년 이상 1인 생활을 지속할 것이라고 예상하는 사람의 비율은 34.5% → 38.0% → 44.7%로 갈수록 늘어나고 있다.

14

| 정답 | ②

| 해설 | ⓛ 20X0년 혼인 건수가 15,300건이므로 20X2년 혼인 건수는 $15,300\times(1-0.025)\times(1-0.033)≒14,425$(건)이다. 이 중 재혼 건수의 비율이 17.3%이므로, 남성과 여성이 모두 초혼인 건수는 $14,425\times(1-0.173)≒11,929$(건)이다.

1회 기출유형 2회 기출유형 3회 기출유형 4회 기출유형 5회 기출유형 6회 기출유형

ⓒ 20X3년의 재혼 건수가 2,330건이면 혼인 건수는 $\frac{2,330}{16.5}$ × 100 ≒ 14,121(건)이다.

| 오답풀이 |

㉠ 20X0년 혼인 건수가 15,300건이므로 20X4년 혼인 건수는 15,300×(1−0.025)×(1−0.033)×(1−0.022)×(1−0.047)≒13,445(건)이다.

㉣ 20X0년 혼인 건수가 15,300건이므로 20X1년 혼인 건수는 15,300×(1−0.025)≒14,918(건)이다. 이 중 재혼 건수는 14,918×0.15≒2,238(건)이고, 재혼 건수 중 남성의 재혼 비율이 63%이므로 남성의 재혼 건수는 2,238×0.63≒1,410(건)이다.

15

| 정답 | ③

| 해설 | 일본의 전년 대비 증가율은 다음과 같다.

• 2018년 : $\frac{355-355}{355}$ × 100 = 0(%)

• 2019년 : $\frac{353-355}{355}$ × 100 ≒ −0.6(%)

| 오답풀이 |

① 영국의 전년 대비 증가율은 다음과 같다.

• 2019년 : $\frac{488-484}{484}$ × 100 ≒ 0.8(%)

• 2020년 : $\frac{489-488}{488}$ × 100 ≒ 0.2(%)

② 이탈리아의 전년 대비 증가량은 다음과 같다.

• 2018년 : 492−518=−26(kg)

• 2019년 : 483−492=−9(kg)

④ 체코의 전년 대비 증가량은 다음과 같다.

• 2020년 : 310−307=3(kg)

• 2021년 : 317−310=7(kg)

⑤ 폴란드의 전년 대비 증가량은 다음과 같다.

• 2019년 : 297−314=−17(kg)

• 2020년 : 272−297=−25(kg)

6회 창의수리 문제 262쪽

01	④	02	③	03	③	04	②	05	③
06	③	07	③	08	④	09	④	10	①
11	⑤	12	①	13	②	14	⑤	15	⑤

01

| 정답 | ④

| 해설 | 각 항의 분자의 합을 분모로 나누면 그 나머지가 모두 동일하다.

• 1+2+3+5=11 → $\frac{11}{2}$ = 5 ⋯ 1

• 2+3+5+9=19 → $\frac{19}{3}$ = 6 ⋯ 1

• 3+5+7+10=25 → $\frac{25}{4}$ = 6 ⋯ 1

그러므로 마지막 항의 분자의 각 자릿수 3, 7, 10, □의 합은 분모 5의 n배수+1이 된다.

3+7+10+□=5n+1   □=5n−19

∴ □=−14, −9, −4, 1, 6, 11, 16, ⋯

따라서 선택지에서 알맞은 수는 16이다.

02

| 정답 | ③

| 해설 | '(첫 번째 숫자의 제곱)−(두 번째 숫자의 세제곱근)=(세 번째 숫자)'의 규칙이 있다.

• $5^2 - \sqrt[3]{27}$ =25−3=22   • $4^2 - \sqrt[3]{8}$ =16−2=14

• $3^2 - \sqrt[3]{1}$ =9−1=8   • $7^2 - \sqrt[3]{125}$ =49−5=(?)

따라서 '?'에 들어갈 숫자는 49−5=44이다.

03

| 정답 | ③

| 해설 | 주어진 숫자는 다음과 같은 규칙이 있다.

| a | b | c | $a^2 \div b = c$ |

- $1^2 \div 2 = \dfrac{1}{2}$ - $10^2 \div 5 = 20$ - $6^2 \div 18 = 2$

따라서 '?'에 들어갈 숫자는 $12^2 \div 18 = 8$이다.

04

|정답| ②

|해설| 주어진 숫자는 다음과 같은 규칙에 따라 배열되어 있다.

따라서 '?'에 들어갈 숫자는 9이다.

05

|정답| ③

|해설| 갈라지는 가지 중 위쪽 가지는 앞 숫자에 +2를 한 것이고, 아래쪽 가지는 앞 숫자에 −2를 한 값이다.
따라서 '?'에 들어갈 숫자는 $6+2=8$이다.

06

|정답| ③

|해설| 26을 시작으로 하여 세로 방향으로 내려갈 때는 5를 더하고, 가로 방향으로 이동할 때는 10을, 대각선 방향으로 이동할 때는 15를 더한다. 따라서 A에 들어갈 숫자는 $56+15=71$이다.

07

|정답| ③

|해설| 1의 직선상 아래에 있는 숫자들이 이루는 수열의 차를 계산하면 다음과 같다.

$$
\begin{array}{ccccc}
1 & 5 & 13 & 25 & 41 \quad \cdots \\
\end{array}
$$
$$
\underset{+4}{}\quad\underset{+8}{}\quad\underset{+12}{}\quad\underset{+16}{}
$$

이를 토대로 규칙을 파악하면 다음과 같다.

- 1번째 : 1
- 2번째 : $5 = 1+4$
- 3번째 : $13 = 1+4+8 = 1+4\times(1+2)$
- 4번째 : $25 = 1+4+8+12 = 1+4\times(1+2+3)$
- 5번째 : $41 = 1+4+8+12+16 = 1+4\times(1+2+3+4)$

따라서 31번째 수는 $1+4\times(1+2+3+\cdots+30)$이 된다.

$1+2+3+\cdots+30 = \dfrac{30\times(30+1)}{2} = 465$이므로 31번째 수는 $1+4\times465 = 1,861$이다.

08

|정답| ④

|해설| 현 지점에서 A 지점까지 왕복하는 데 3시간 이내의 시간이 걸려야 하므로, 먼저 현 지점에서 A 지점까지 가는 데 걸린 시간을 구해 3시간에서 빼면 A 지점에서 현 지점으로 돌아오는 데 필요한 최대 시간을 얻어 최소 속력을 구할 수 있다.

우선 현 지점에서 A 지점까지 가는 데 걸린 시간은 $\dfrac{20}{15} = \dfrac{4}{3}$ (시간), 즉 1시간 20분이다. 따라서 A 지점에서 현 지점까지 돌아오는 데 필요한 최대 시간은 1시간 40분이며, 1시간 40분은 $\dfrac{5}{3}$ (시간)이므로 최소 $20 \div \dfrac{5}{3} = 12$ (km/h)의 속력으로 돌아와야 한다.

09

|정답| ④

|해설| n명을 원형 탁자에 앉히는 경우의 수는 $(n-1)!$가지인데, 회의를 위해 모인 6명 중 A와 B가 서로 이웃하는 경우이므로 이 둘을 한 명으로 묶어서 5명의 자리를 배열해야 한다. 또한 서로 이웃한 A와 B 간의 순서가 2가지로 존재하므로 모든 경우의 수는 $(5-1)! \times 2 = 48$ (가지)이다.

10

|정답| ①

|해설| 큰 활자가 들어가는 장 수를 x장, 작은 활자가 들어가는 장 수를 y장이라 하면,

$x+y=16$ ···················· ㉠

$1,200x+1,500y=21,000$ ·············· ㉡

㉠, ㉡의 식을 연립하여 풀면 다음과 같다.

$1,200(16-y)+1,500y=21,000$

$19,200-1,200y+1,500y=21,000$

$300y=1,800$

$y=6, \ x=10$

따라서 작은 활자를 사용한 종이는 총 6장이다.

11

|정답| ⑤

|해설| 전체 일의 양을 1이라 할 때, A는 16일 모두 일한 것이므로 일한 기간은 $\frac{1}{18}\times 16$이고, B가 일한 기간은 $\left\{1-\left(\frac{1}{18}\times 16\right)\right\}\div \frac{1}{27}=3$(일)이다. 따라서 B가 일에 참여하지 않은 날은 $16-3=13$(일)이다.

12

|정답| ①

|해설| '소금의 양(g)$=\dfrac{\text{소금물의 농도}}{100}\times$소금물의 양'이므로, A%의 소금물 200g에는 2Ag의 소금이 녹아 있다. 이 소금물을 B%로 만들기 위해 첨가해야 할 물의 양을 Xg이라 하면,

$\dfrac{2A}{200+X}\times 100=B$ $2A\times 100=B(200+X)$

$200A=200B+XB$

$\therefore \ X=\dfrac{200A-200B}{B}$

따라서 $\dfrac{200(A-B)}{B}$g의 물을 더 넣어야 한다.

13

|정답| ②

|해설| 적어도 한 명이 합격하는 확률을 구하기 위해서는 전체 확률 1에서 모두 합격하지 못할 확률을 빼야 한다. 먼저 승아, 재연, 윤수가 합격하지 못할 확률은 각각 $\dfrac{2}{3}$, $\dfrac{3}{4}$, $\dfrac{5}{6}$이고, 전체 확률 1에서 모두 합격하지 못할 확률을 빼야 하므로 다음과 같이 계산된다.

$1-\left(\dfrac{2}{3}\times \dfrac{3}{4}\times \dfrac{5}{6}\right)=\dfrac{7}{12}$

따라서 적어도 한 명이 신입사원으로 합격할 확률은 $\dfrac{7}{12}$이다.

14

|정답| ⑤

|해설| 우선 혜정이가 백화점 상품권을 할인받아 구입한 가격은 $100,000\times 0.85=85,000$(원)이고, 상품권으로 구입한 구두의 할인된 가격은 $120,000\times 0.6=72,000$(원)이므로, 상품권으로 구매하고 현금으로 돌려받은 잔액은 28,000원이다. 따라서 실제로 구두를 구입한 금액은 $85,000-28,000=57,000$(원)이다. 구두 구입 시 할인받은 금액은 $120,000-57,000=63,000$(원)으로, 구두의 최종 할인율은 $\dfrac{63,000}{120,000}\times 100 ≒ 53$, 즉 53%가 되어 진행되고 있는 할인행사 40% 보다 약 13% 더 할인받은 가격이 된다.

15

|정답| ⑤

|해설| 승선부터 하선까지 소요되는 시간은 다음과 같다.

• 하류 선착장에서 승선 : 15분

• 하류 선착장에서 상류 관광지까지 이동 : 배의 속력은 $25-5=20$(km/h)이므로, 소요 시간은 $\dfrac{30}{20}=1.5$(h), 즉 1시간 30분이다.

• 상류 관광지에서 하류 선착장까지 이동 : 배의 속력은 $25+5=30$(km/h)이므로, 소요 시간은 $\dfrac{30}{30}=1$(시간)이다.

• 하류 선착장에서 하선 : 15분

따라서 총 3시간이 소요된다.

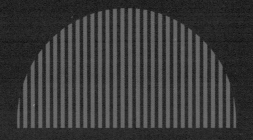

고시넷 대기업

LG그룹 온라인 인적성검사
최신기출유형 모의고사
6회

고시넷 20대기업 인적성검사
[온·오프라인] 통합기본서

848쪽 정가 28,000원

대기업 적성검사

고용·보건·SOC _NCS

금융_NCS